国家社科基金后期资助项目

清至民国婺源县村落契约文书辑录

Contracts and Other Documents in Wuyuan County: Qing Dynasty and Beyond

拾叁

段莘乡(二)

大汜村(2)

黄志繁 邵 鸿 彭志军 编

创于1897 商務印書館 The Commercial Press

2014年·北京

段莘乡大汜村 B 1—18

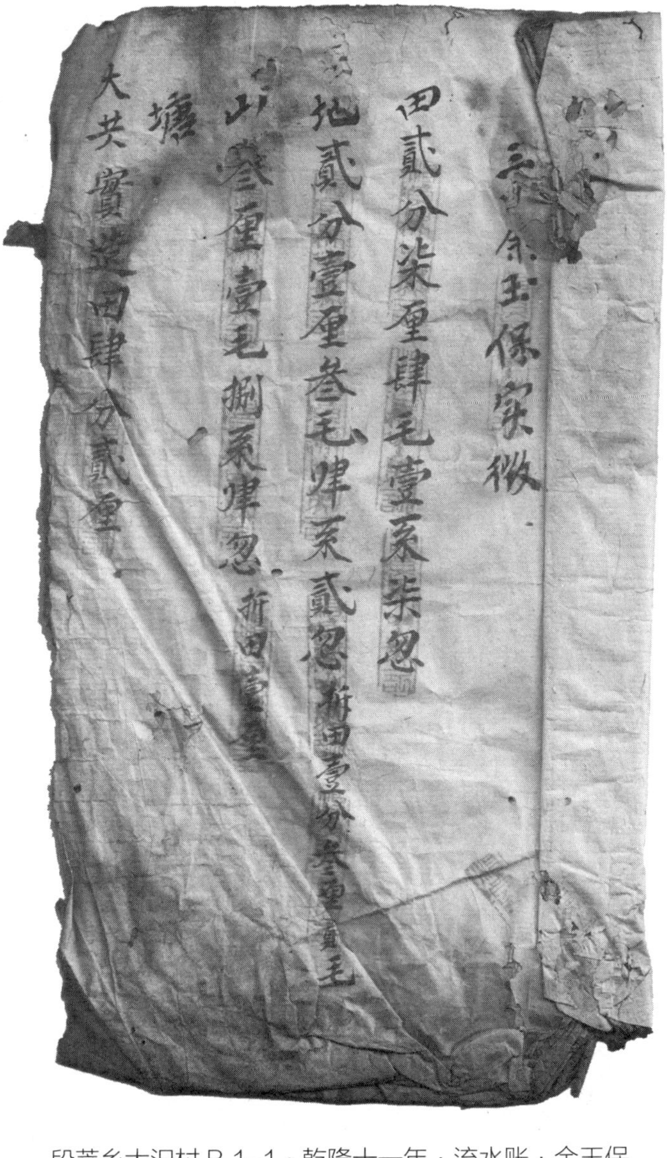

三[illegible]余玉保実徵
田貳分柒厘肆毛壹系柒忽
地貳分壹厘叁毛肆系貳忽 折田壹分叁厘壹毛
山叁厘壹毛捌系肆忽 折田壹厘
塘
大共實[illegible]田肆分貳厘

段莘乡大汜村 B 1-1 · 乾隆十一年 · 流水账 · 余玉保

可伸股 大共实造田伍分柒厘叁毛

國通股 大共实造田柒分捌厘叁[illegible]

二共田壹畝柒分柒厘陸毛

段莘乡大汜村 B 1-2 · 乾隆十一年 · 流水账 · 余玉保

莘字號田

四十九號　荒塘　壹厘陸毛伍系

四百七十九號　沙坦　陸厘壹毛壹系

五百六十九號　九畝坵　捌厘肆毛玖系叁忽

五百七十一號　七畝坵　貳分叁厘叁毛壹系肆忽

五百七十四號　過水坵　肆厘壹毛

段莘乡大汜村 B 1-3 · 乾隆十一年 · 流水账 · 余玉保

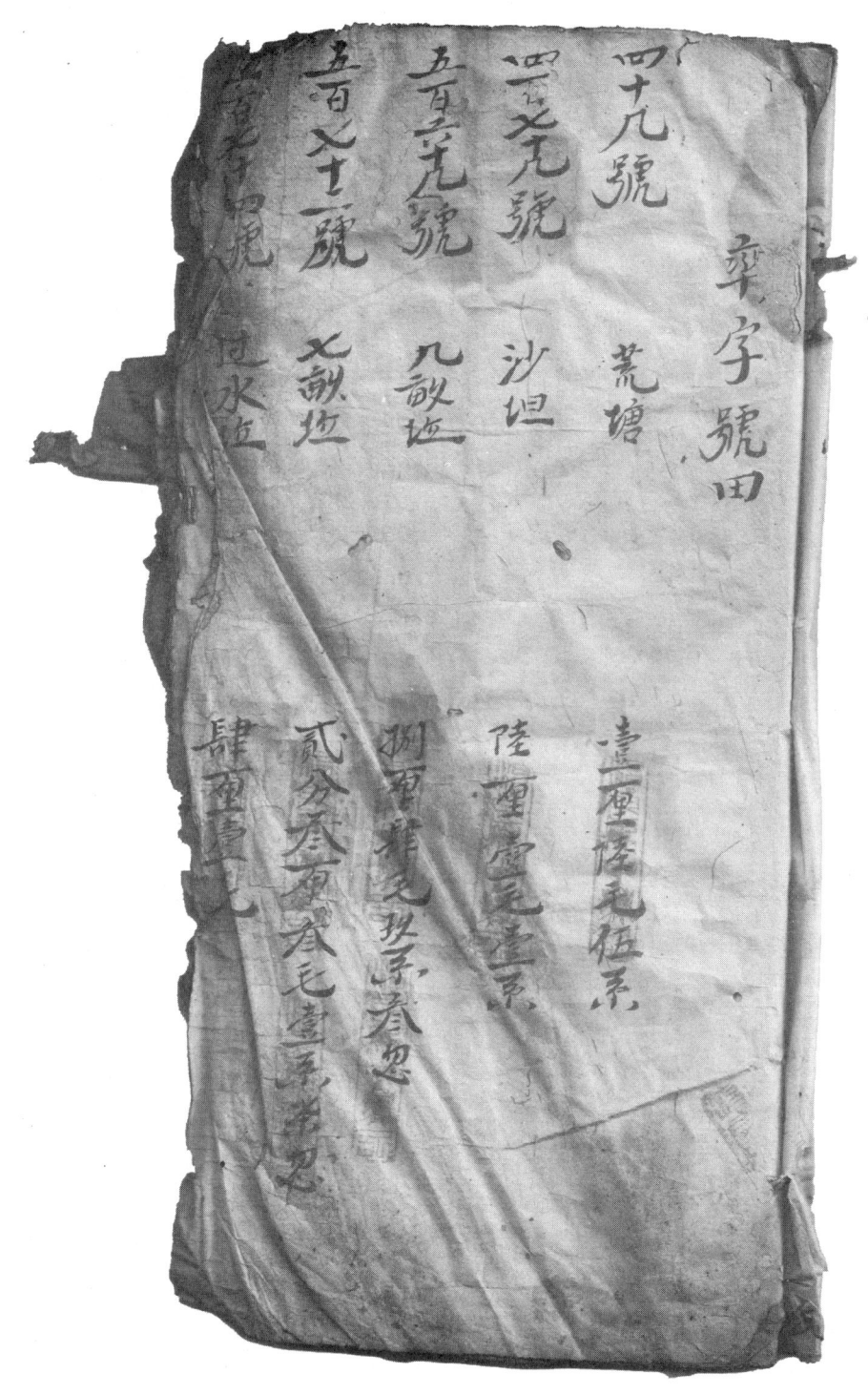

[illegible]十三九號　欄牛石

壹分壹[illegible]七三荒作坦

壹分壹厘七三

一百四十三號　率字地

社坛前

壹厘肆毛叁系贰忽

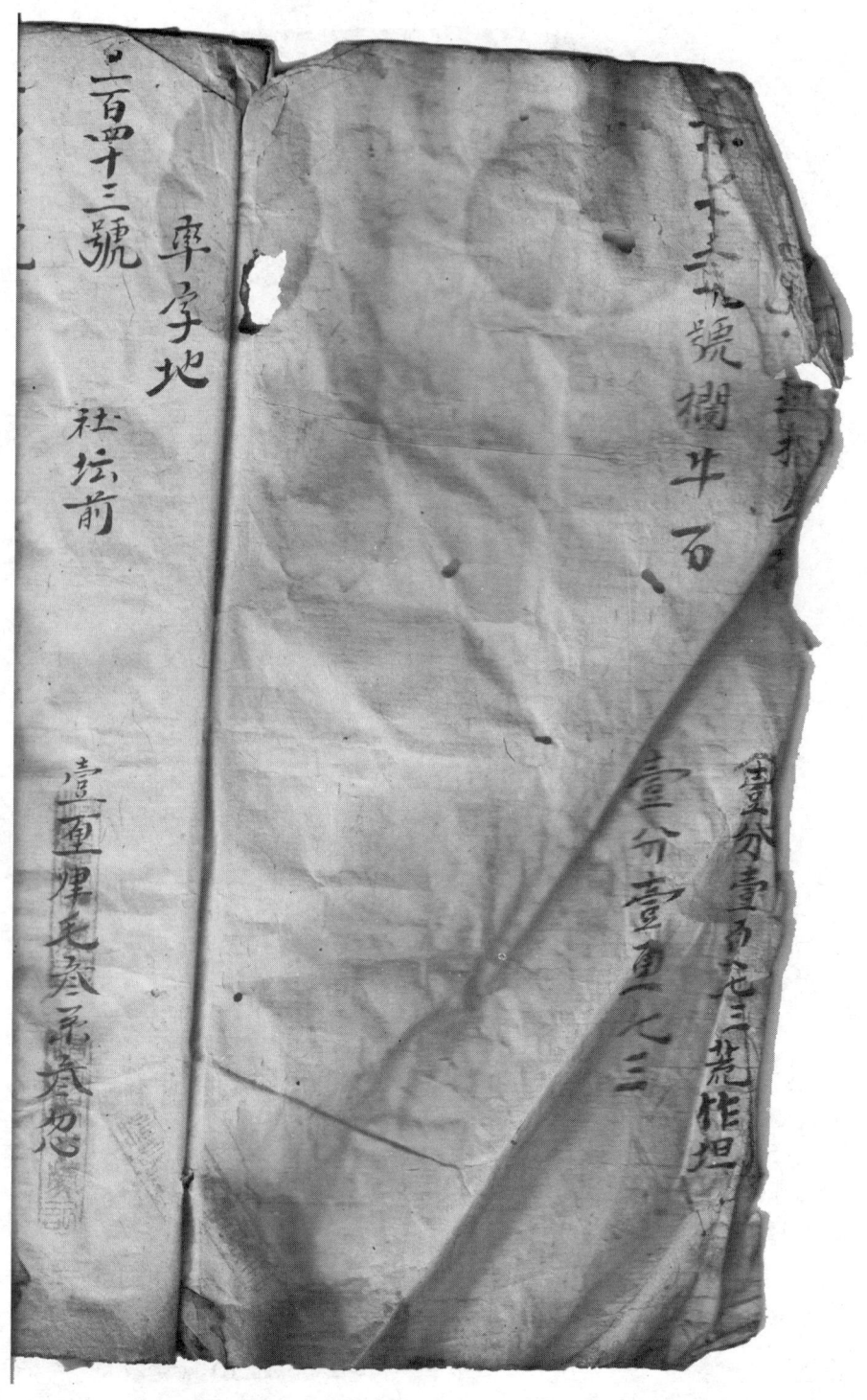

段莘乡大汜村 B 1-4 · 乾隆十一年 · 流水账 · 余玉保

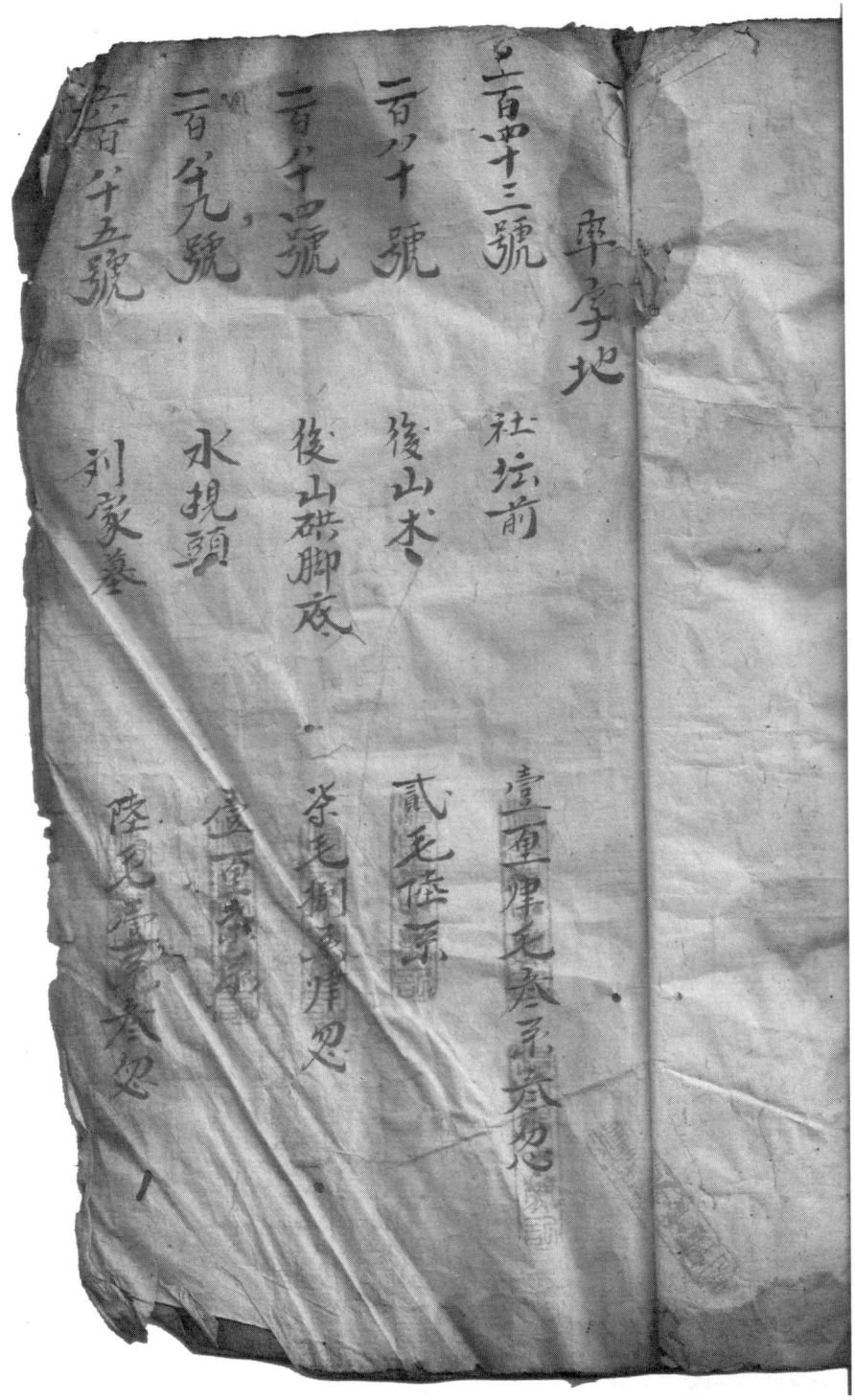

卒字地

二百四十三號　社坛前　壹厘肆毛叁系叁忽

二百八十號　後山术　貳毛陸系

二百八十四號　後山硔脚底　柒毛捌系肆忽

二百八十九號　水規頭　壹厘叁系

二百八十五號　刘家墓　陸毛壹系叁忽

段莘乡大汜村 B 1-5 · 乾隆十一年 · 流水账 · 余玉保

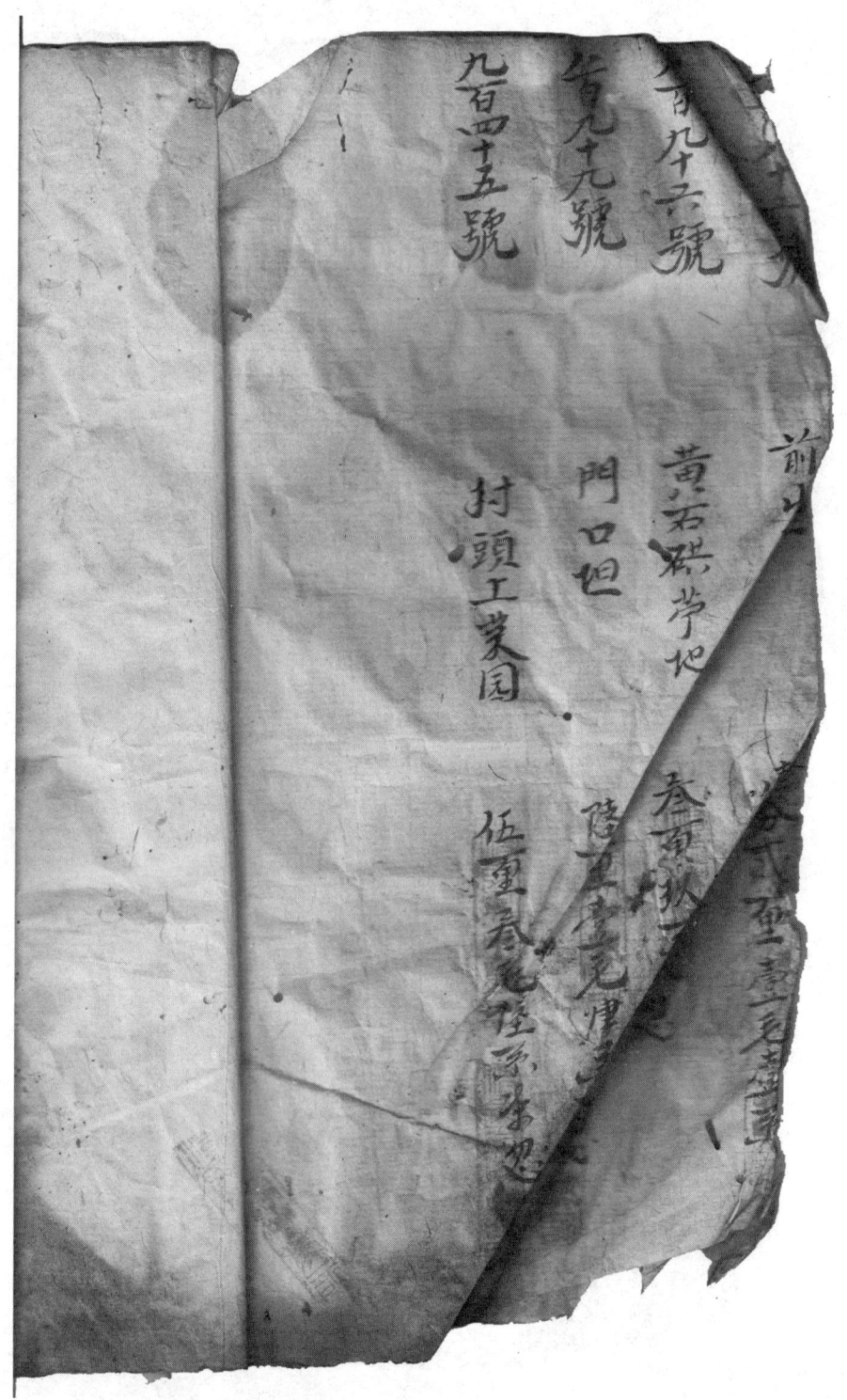

[illegible]百九十六號

[illegible]百九十九號

九百四十五號

前山[illegible]

黃若琪亭地

門口坦

村頭工菜园

[illegible]重壹毛叁[illegible]

叁畝玖[illegible]

陸厘壹毛肆[illegible]

伍厘貳毛陸系陸忽

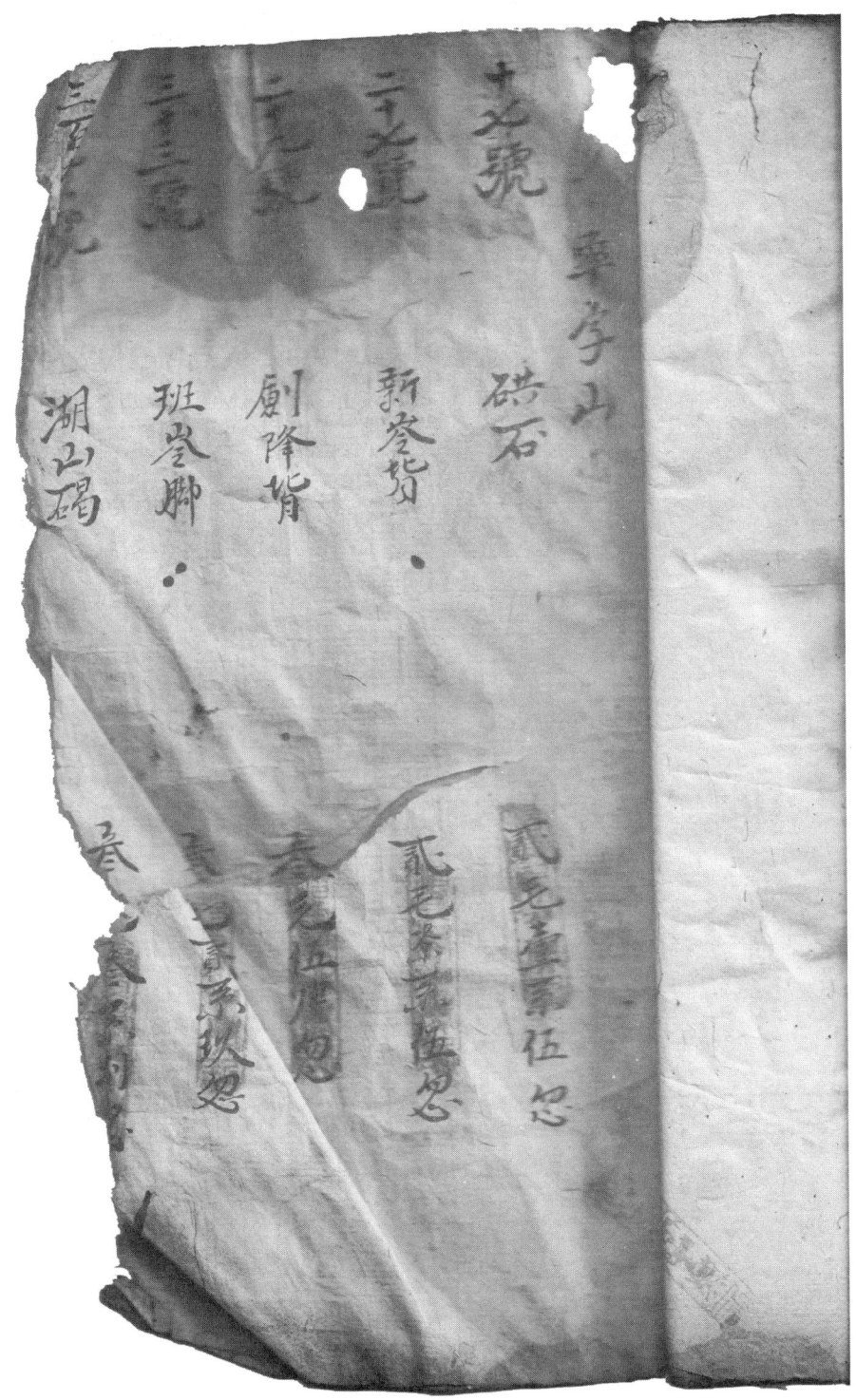

十九號　垂字山　磡石

二十九號　新答背

二十[illegible]號　劇降背

三十三號　班巻脚

三十[illegible]號　湖山碣

貳毛壹[illegible]伍忽

貳毛柒[illegible]伍忽

叁毛伍[illegible]忽

叁毛[illegible]玖忽

叁[illegible]

三[illegible]九號	攔牛石	[illegible]
三百廿五號	外列家墓	貳[illegible]弍毛捌忽
三百廿六號	門前山	壹厘伍毛伍系伍忽
三百廿九號	前山𢫬角	壹厘肆毛伍系
三百卅號	段末尖	玖毛陸系
[illegible]八號	後山	壹[illegible]八分伍重

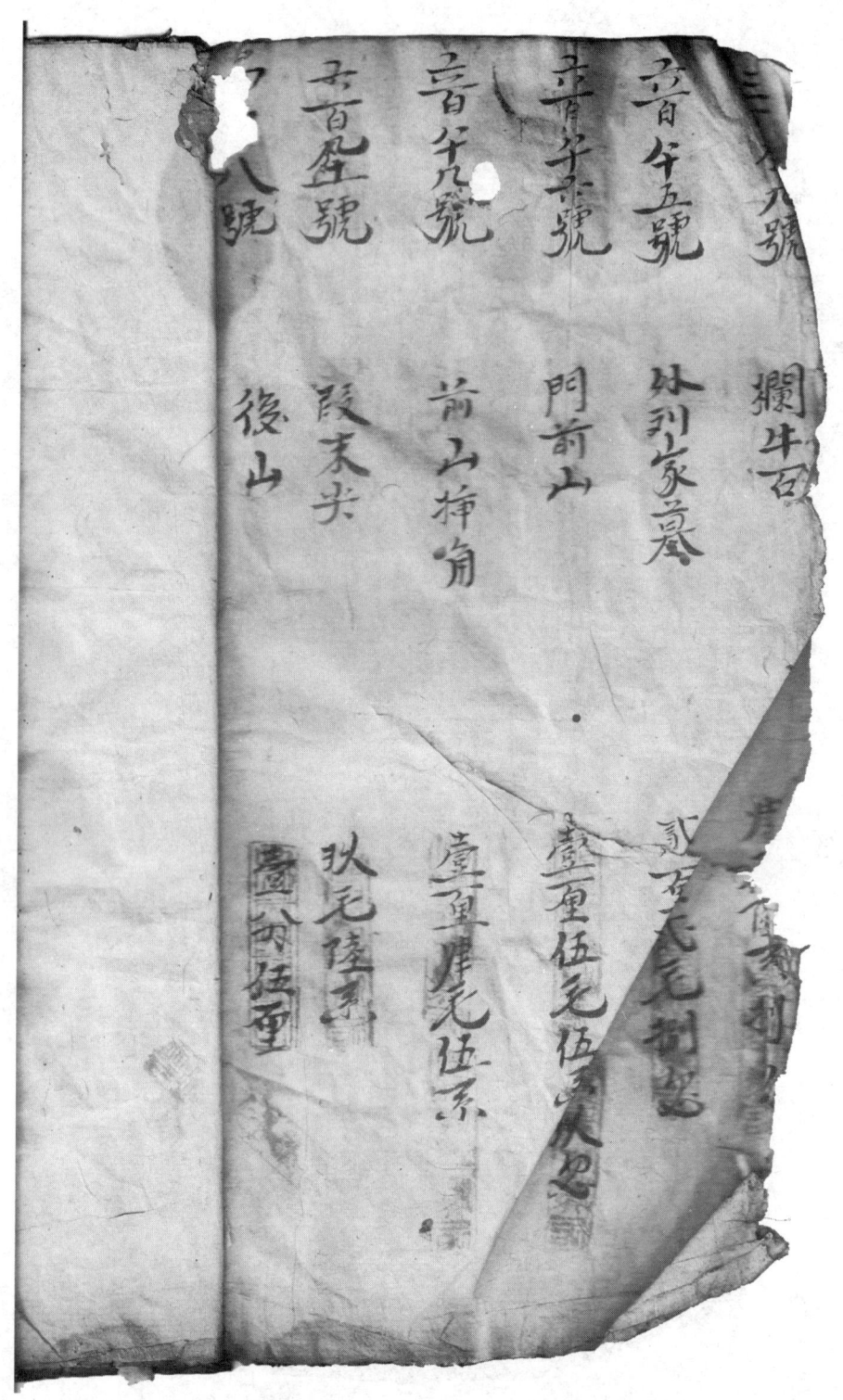

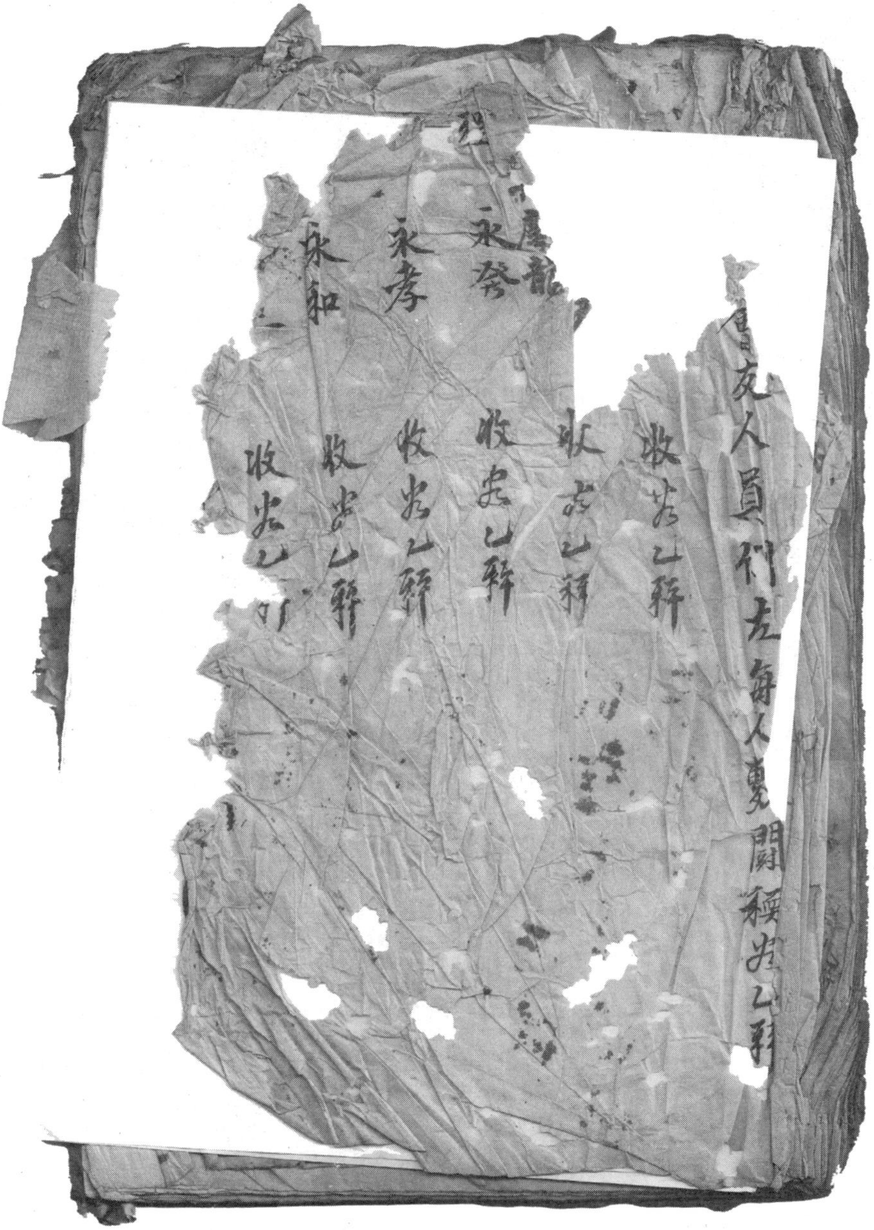

段莘乡大汜村 B 10-1 · 嘉庆元年至十六年 · 会产经营簿

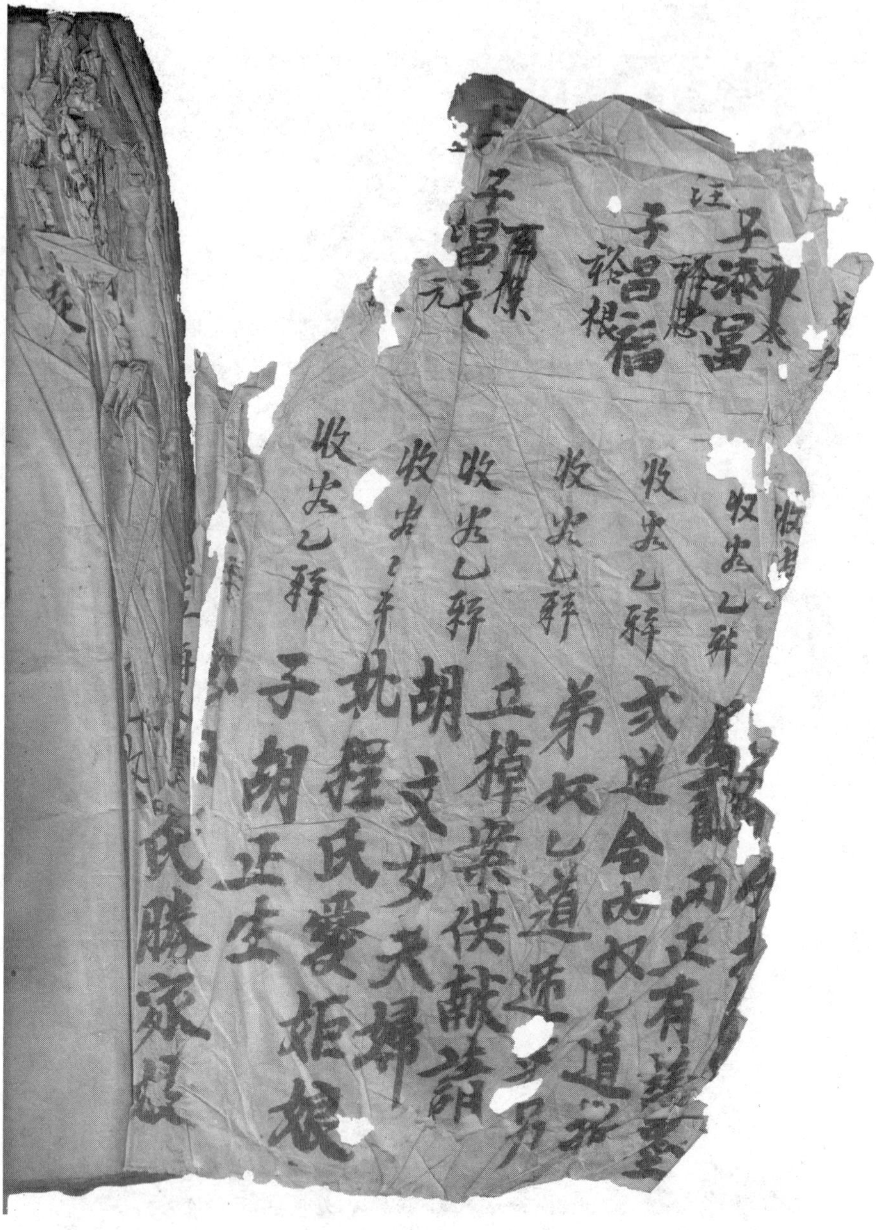

段莘乡大汜村 B 10-2 · 嘉庆元年至十六年 · 会产经营簿

嘉慶乙卯

秋
[元]年至二年本利山东枣八斤未收轉領
年九月廿二日收秋喜谷弍斗十八斤收乞

慶
元年至二年本利共山东枣八斤未收轉領

程
有來順
二年收本利共山东枣八斤乞

興
元年至二年本利山东枣八斤未收[illegible]斤領

段莘乡大汜村 B 10-3 · 嘉庆元年至十六年 · 会产经营簿

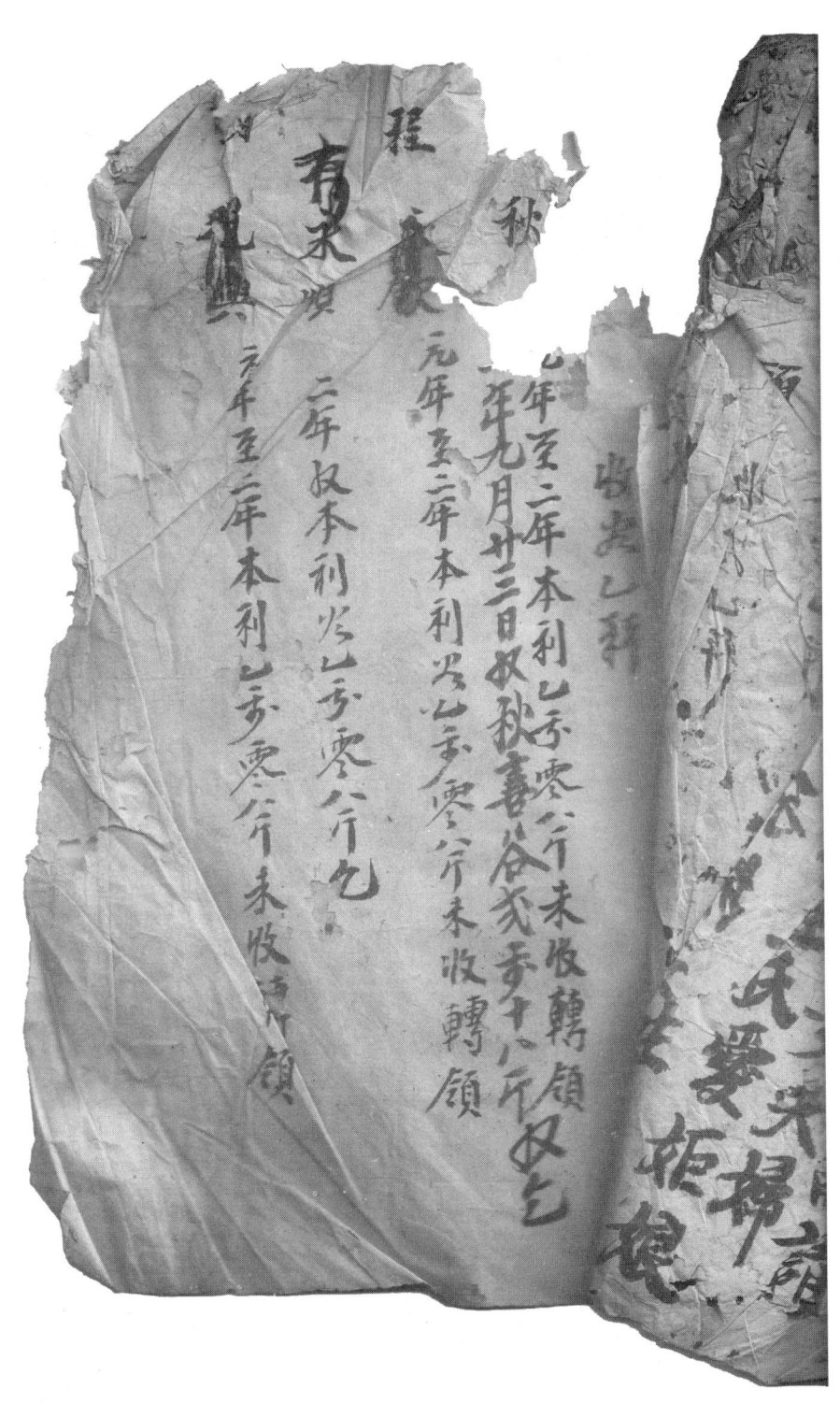

會〇　□粟拾陸升大角升零叁言八斤行息

會〇　□勝領去粟四升

上□　領去粟四升

〇祖癸領去粟四升

〇宗先領去粟四升

嘉慶二年十月廿日收其祥本利共係是升零升

會〇八宗先本利共係是升零升

……子代……是升零升

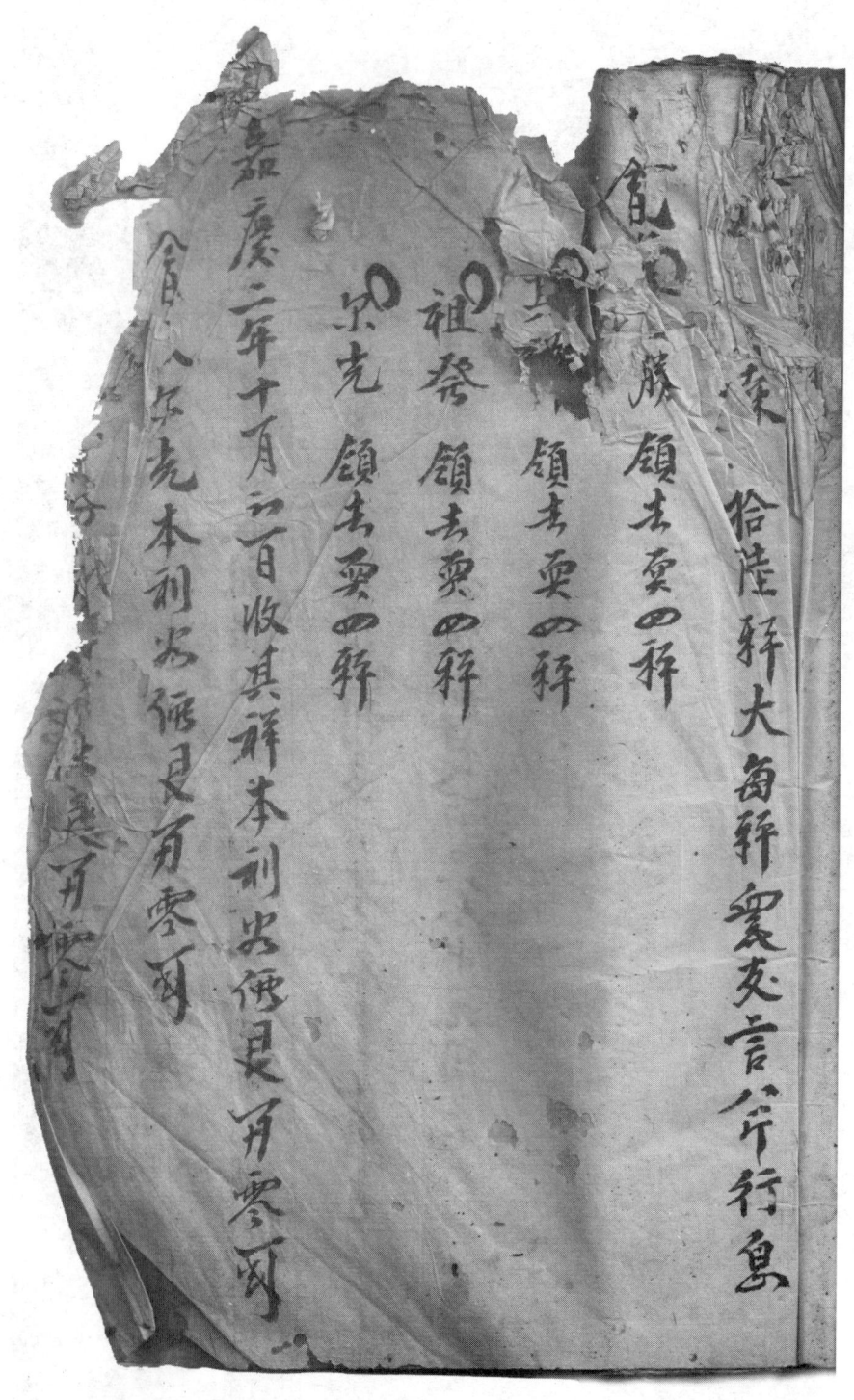

段莘乡大汜村 B 10-4 · 嘉庆元年至十六年 · 会产经营簿

[illegible]借艮一两零[illegible]

[illegible]借艮肆两叁钱一月祖佑借去有细约一道

嘉庆三年十一月二十日收祖佑利艮壹两零九分七厘中元用乞

付尔先收批

嘉庆四年七月十五日收祖佑利艮一两零八分中元用乞

五年七月十五日收祖佑利艮一两〇八分中元用乞

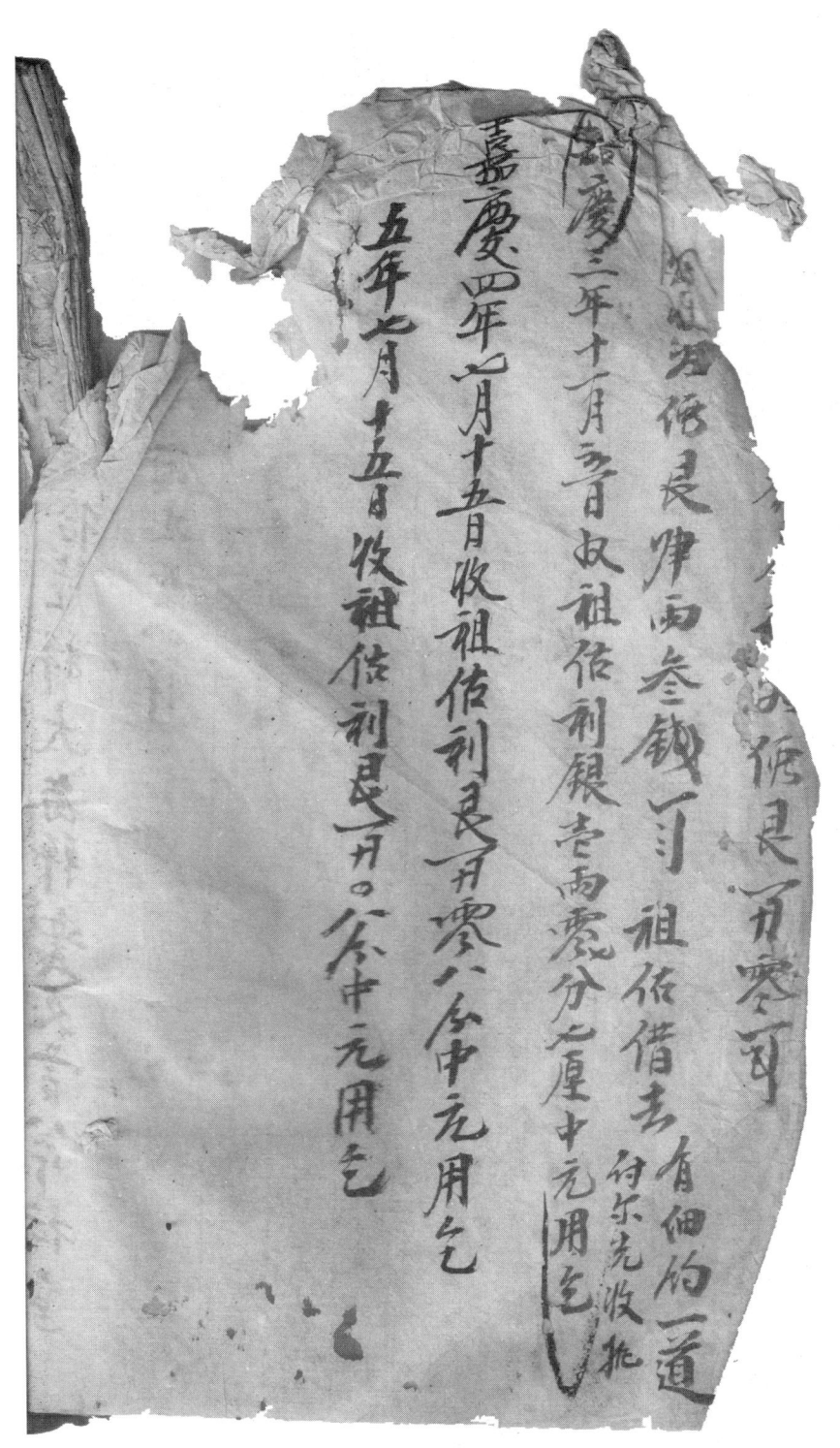

段莘乡大汜村 B 10-5 · 嘉庆元年至十六年 · 会产经营簿

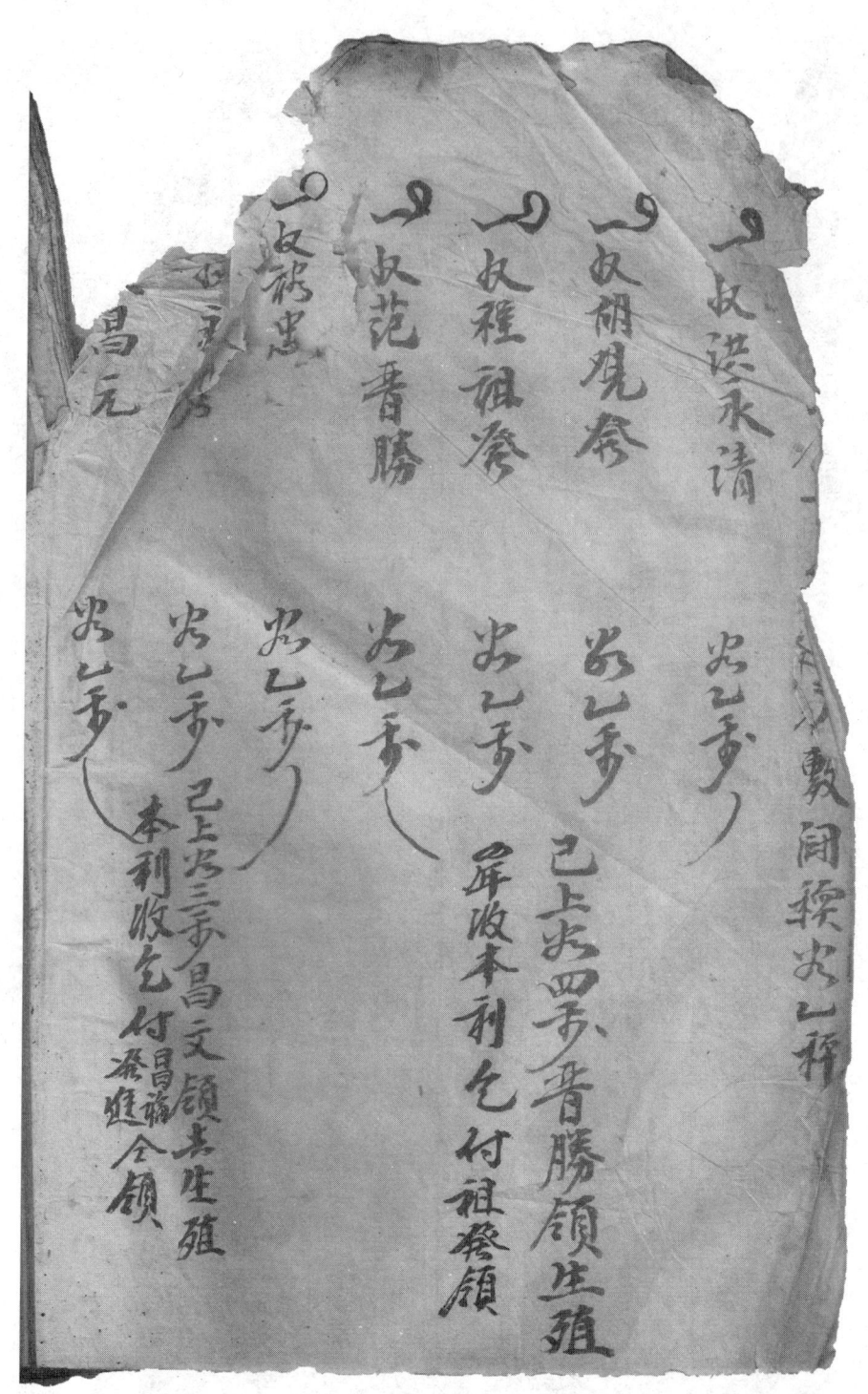

……數開稞出乙稈

ㄅ收洪永清　出乙季

ㄅ收胡兆聲　出乙季

ㄅ收程祖聲　出乙季

ㄅ收范晋勝　出乙季

ㄅ收祁忠　出乙季

收[illegible]　出乙季

昌元　出乙季

已上出四季晋勝領生殖

已收本利乞付祖聲領

已上出三季昌文領去生殖

本利收乞付昌福登進仝領

段莘乡大汜村 B 10-6 · 嘉庆元年至十六年 · 会产经营簿

森　　出乙两

一永孝　　出乙两

一收癸祿　　出乙两已上出伍两祖佑领去生殖
罗收本利出六两十斤自领

一收癸進　　出乙两

一收永和　　出乙两

一收秋壽　　出乙两　又收上年旧欠本利乙两十斤

一收昌文　　出乙两已上出四两十斤永和领去生殖

一收田（？）　　出乙两

段莘乡大汜村 B 10-7 · 嘉庆元年至十六年 · 会产经营簿

一收其□ 出山钱 作特偿足钱贰佰文 中元用之

一收宗光 出山钱 作特偿足钱贰佰文 中元用乞

一孜保 出山钱 未收 激乞四年收出山钱。付癸廷

一永歆 出山钱 未收

一癸具 出山钱 未收

段莘乡大汜村 B 10-8 · 嘉庆元年至十六年 · 会产经营簿

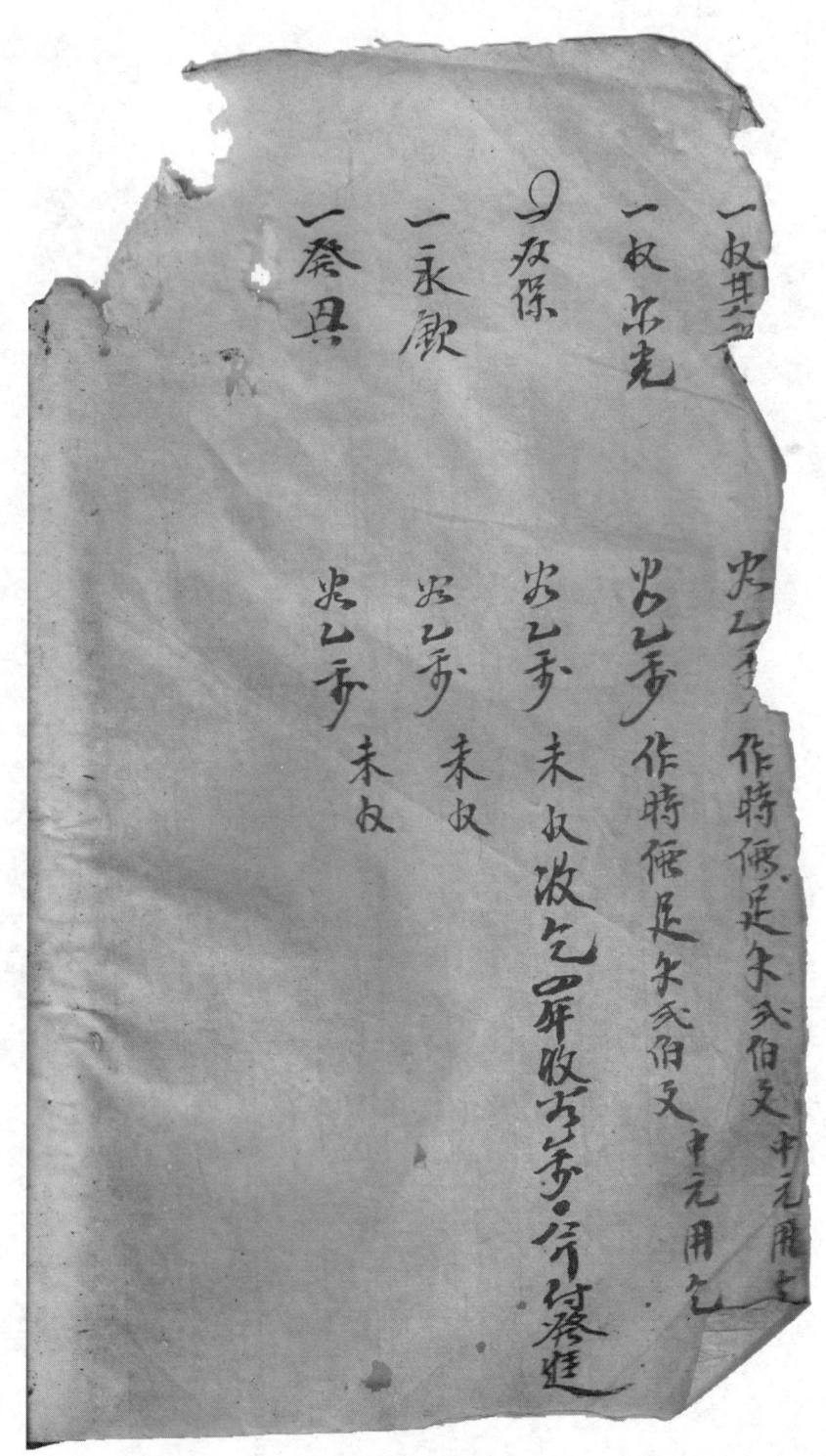

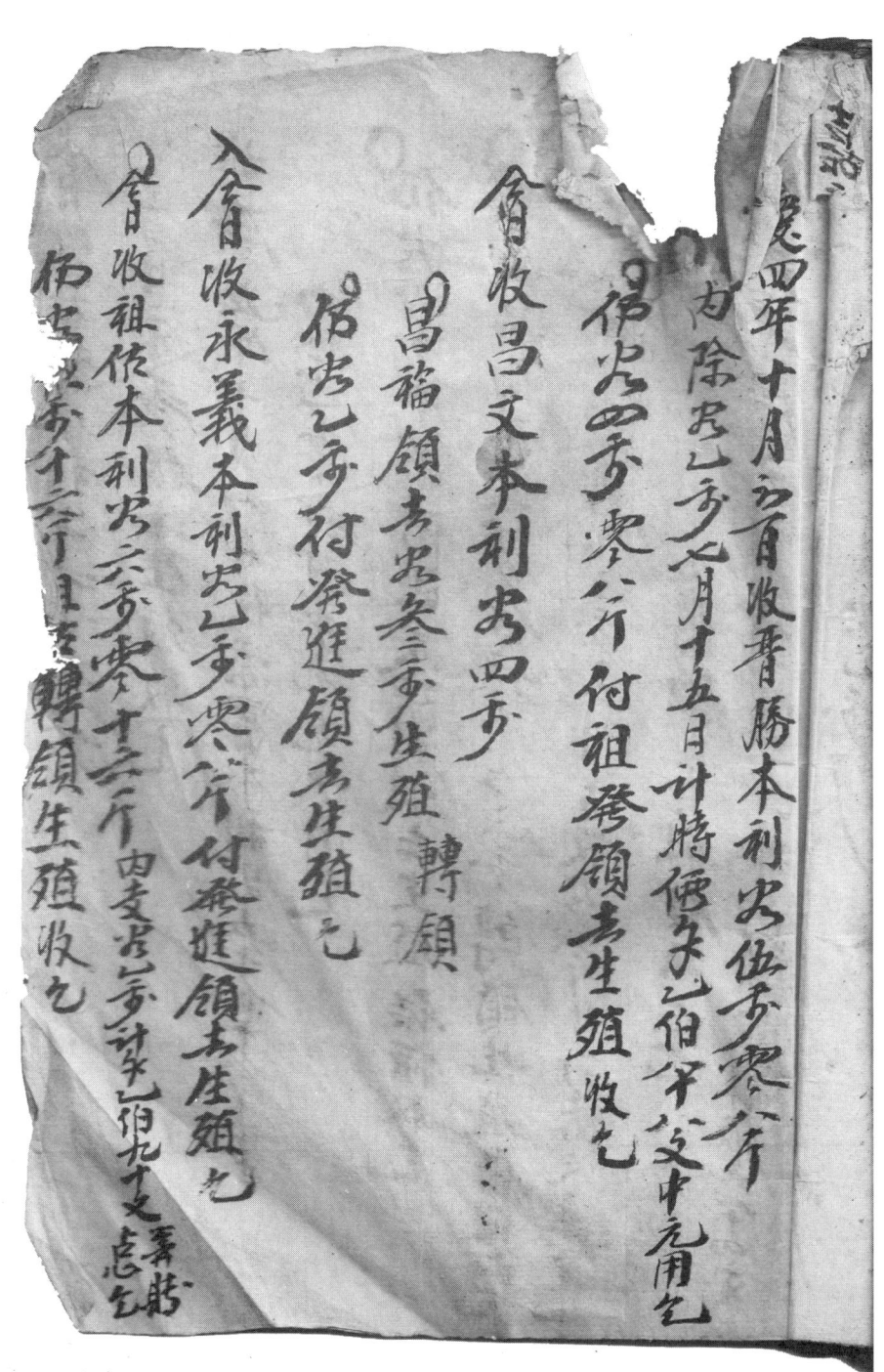

嘉慶四年十月六日收晉勝本利米伍石零八斤
內除米乙石七月十五日計時價每石乙伯八十文中元用乞
借米四石零八斤付祖發領去生殖收乞

會收昌文本利米四石
昌福領去米叁石生殖 轉領
借米乙石付發進領去生殖乞

入會收永義本利米乙石零八斤付發進領去生殖乞

會收祖依本利米六石零十六斤內支米乙石計錢乙伯九十文寄時点乞
借米[illegible]石十二斤目去轉領生殖收乞

會收永和本利艮六両零八斤

當日永秀領去生殖收乞

嘉慶五年十月初一日收添富本利艮五両石十八斤半

内除山両石二錢中元元宵用乞

仍艮四両半轉付洪永清領去生殖結佃收乞

會收昌福利艮山両仍該本艮三両轉領生殖結佃收乞

會收發進該本利艮三両石二錢當收艮叁斤半計錢廿文点用乞

仍艮三両發進轉領生殖結佃收乞

會收祖佑本利艮五両石十三斤[illegible]用乞 計佃錢八千四文

嘉慶六[illegible]

[illegible]轉領[illegible]生殖本利結佃收乞

段莘乡大汜村 B 10-10 · 嘉庆元年至十六年 · 会产经营簿

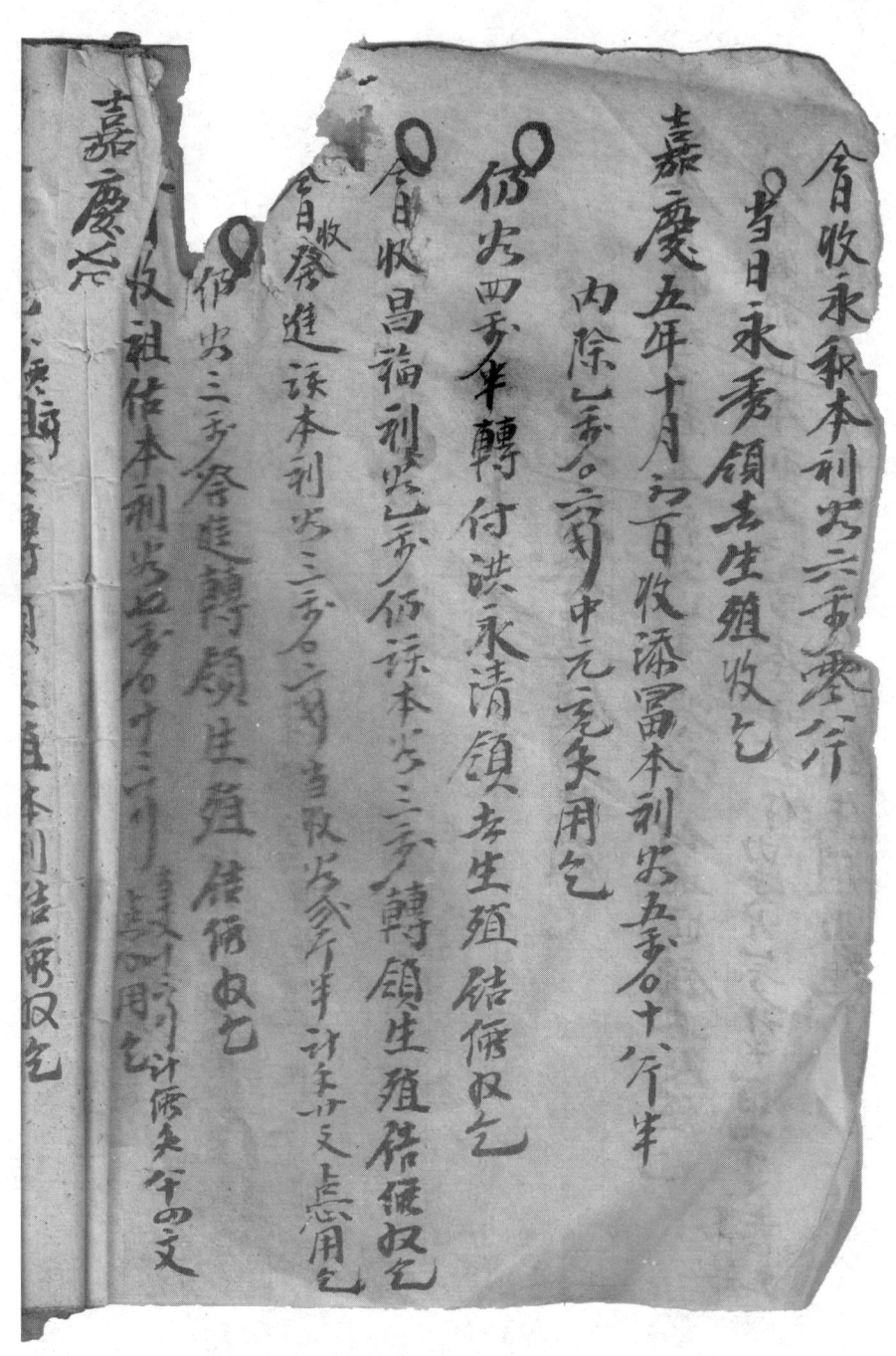

〇付出三千文發進轉領生殖估價收乞

會收祖佑本利出七千四百十二文 点心用乞 当支十二文計價大千四文

〇付出七千文祖佑轉領生殖本利估價收乞

收永秀本利出八千四百六十文 內支八千中元用乞

會內接出貳千文付洪永清領去生殖估價收乞

〇付出五千四百十文付永秀轉領生殖本利估價收乞

〇會永發領去出八千文生殖本利估價收乞

嘉慶六年九月廿八日收永清本利錢文一千二文 中元完文用乞

會收發進本利錢文一千四文 点心用乞

段莘乡大汜村 B 10-11 · 嘉庆元年至十六年 · 会产经营簿

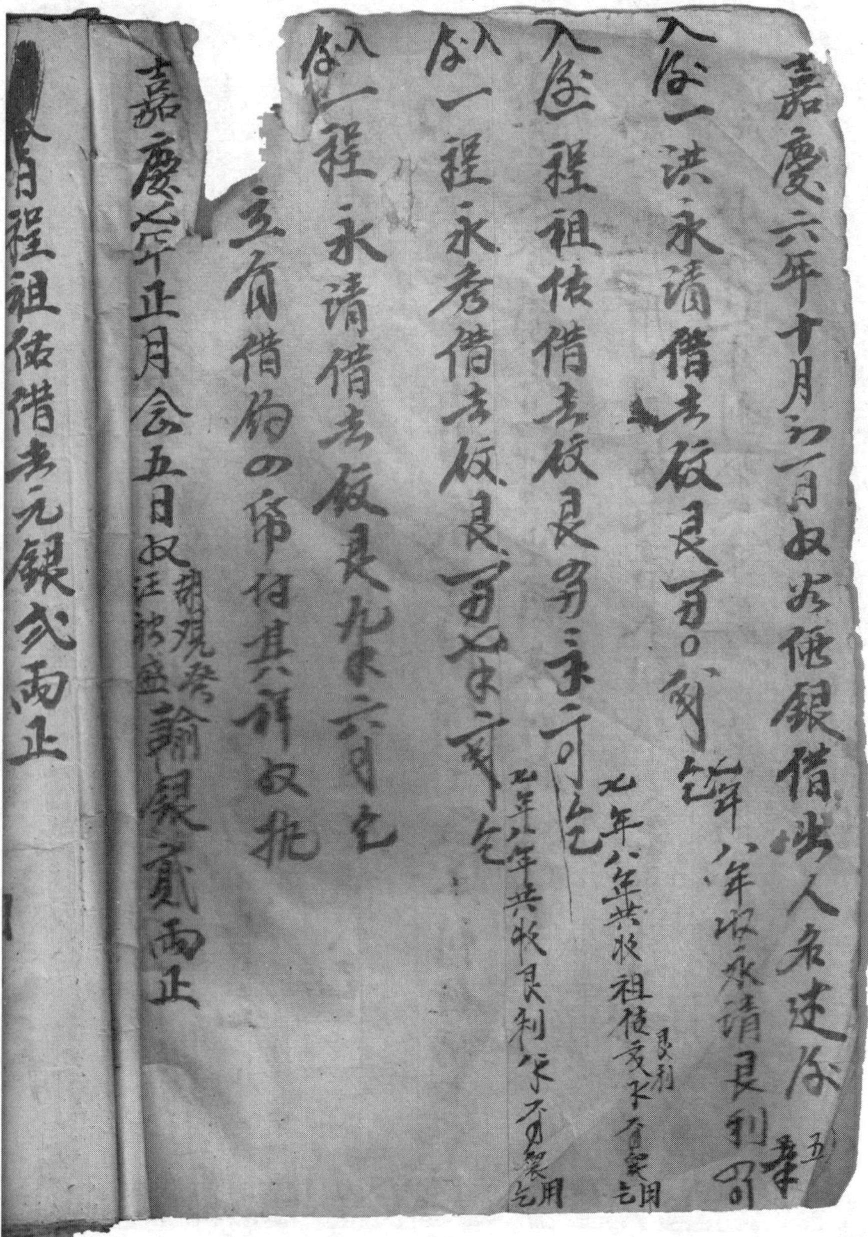

段莘乡大汜村 B 10-12 · 嘉庆元年至十六年 · 会产经营簿

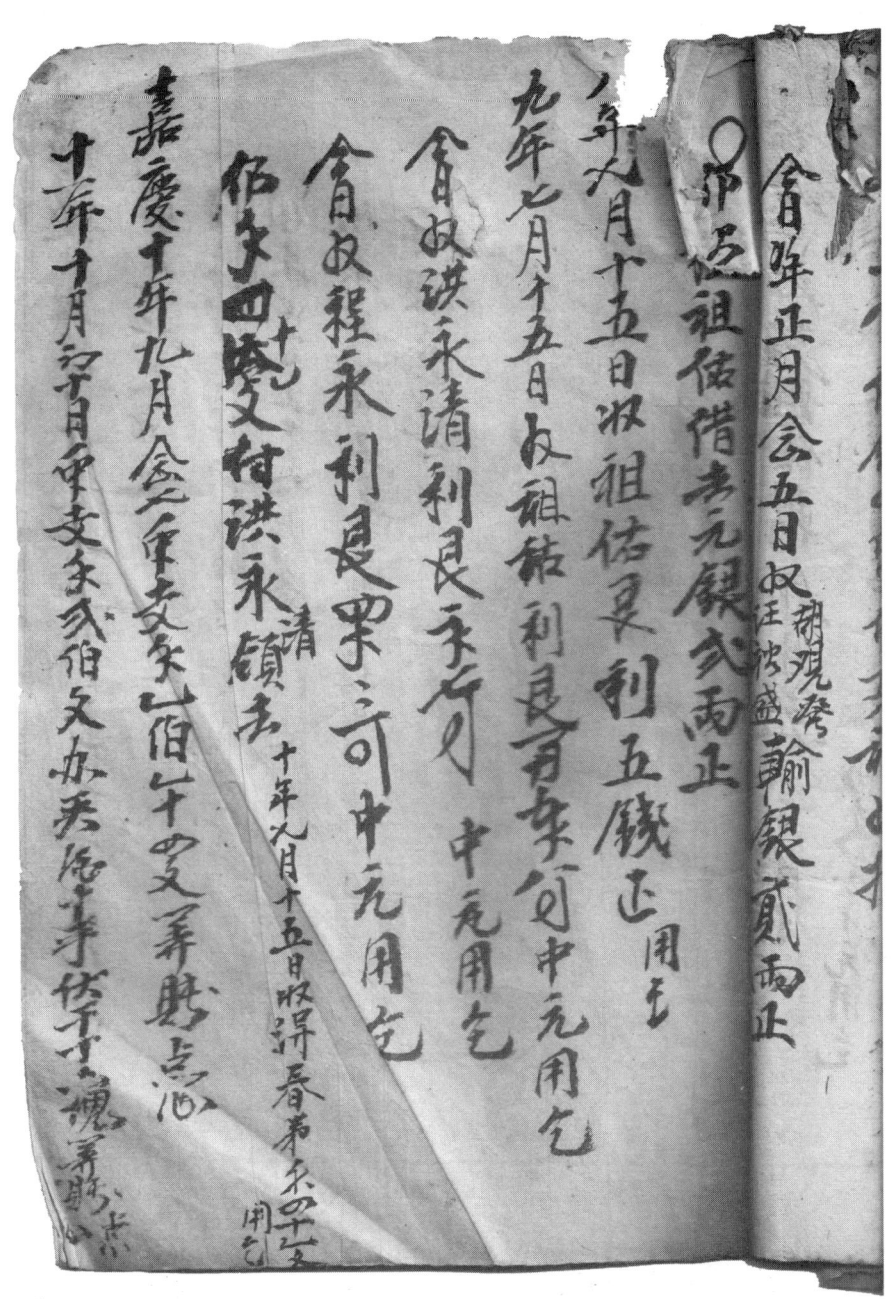

會年正月念五日收胡現癸汪沛盛輸銀貳兩正

付吕祖佑借去元銀弍兩正

八年九月十五日收祖佑息利五錢正 用去

九年七月十五日收祖祐利息弍錢 中元用乞

會收洪永清利息弍錢 中元用乞

會收程永利息四錢二分 中元用乞

付文四十九文付洪永清領去

十年九月十五日收洪春弟來四十二文 用乞

嘉慶十年九月念二日會支錢山佰山十四文算賬點心

十年十月初十日會支錢弍伯文办表修寺伕千丁算賬點心

段莘乡大汜村 B 10-13 · 嘉庆元年至十六年 · 会产经营簿

嘉慶十五年十二月念五日用禾三百卅文找田價

用禾廿六文 罗匣

用禾弍千十二文 找细宝

用禾四百五十文 塘谷

用禾五百四五文 更麦交易

存匣禾弍千卅文

段莘乡大汜村 B 10-14 · 嘉庆元年至十六年 · 会产经营簿

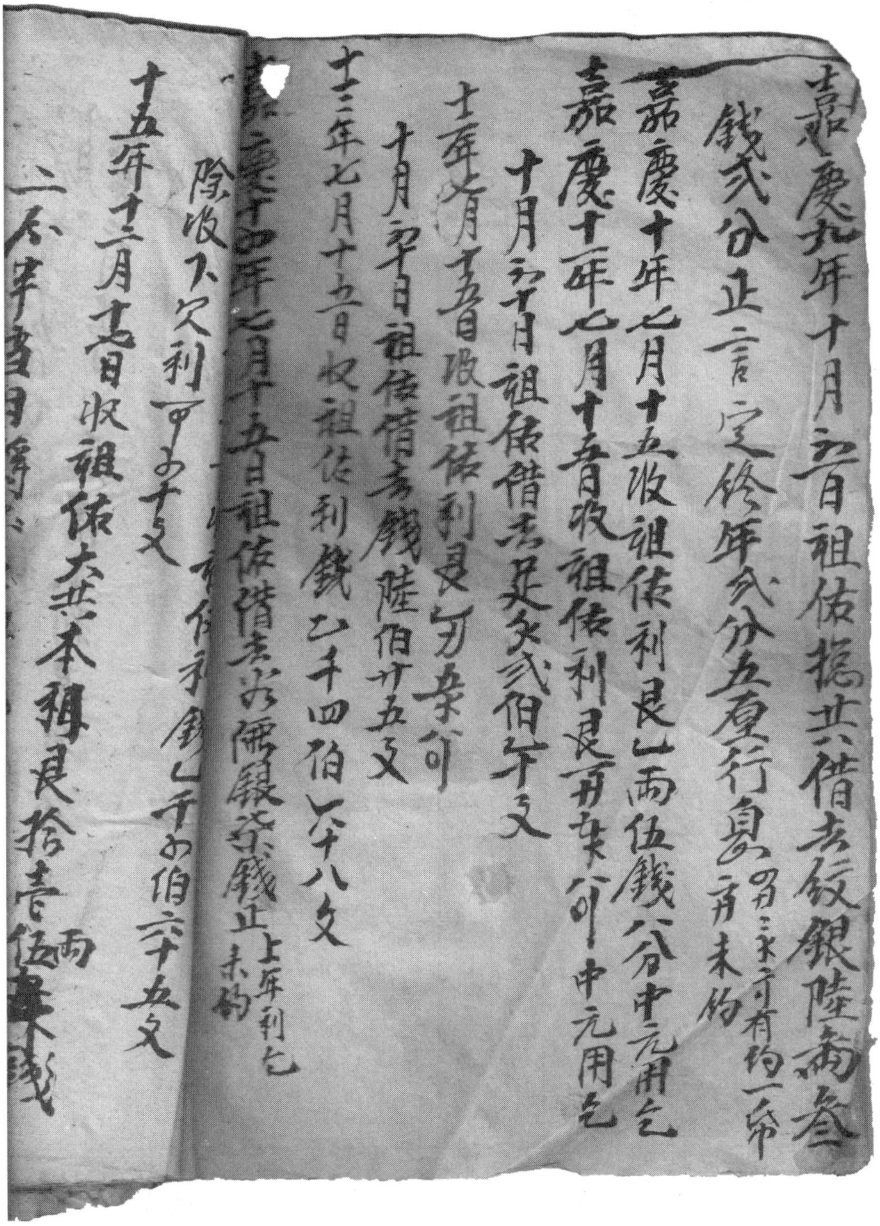

嘉慶九年十月二十一日祖佑揭共借去紋銀陸兩叁
錢弍分止言定終年弍分五厘行息 本月未付 四月二十一日有约一分
嘉慶十年七月十五收祖佑利艮山兩伍錢八分 中元用乞
嘉慶十一年七月十五日收祖佑利艮弍兩八分 中元用乞
十月二十一日祖佑借去足錢弍伯千文
十一年七月十五日收祖佑利艮一兩柒分
十月二十一日祖佑借去錢陸伯廿五文
十二年七月十五日收祖佑利錢乙千四伯七十八文
嘉慶十四年七月十五日祖佑借去公衆銀錢正 上年利乞 未付
除收下欠利四千十文
[illegible]佑利錢乙千五伯六十五文
十五年十二月十五日收祖佑大共本利艮拾壹兩伍錢
[illegible]

段莘乡大汜村 B 10-15 · 嘉庆元年至十六年 · 会产经营簿

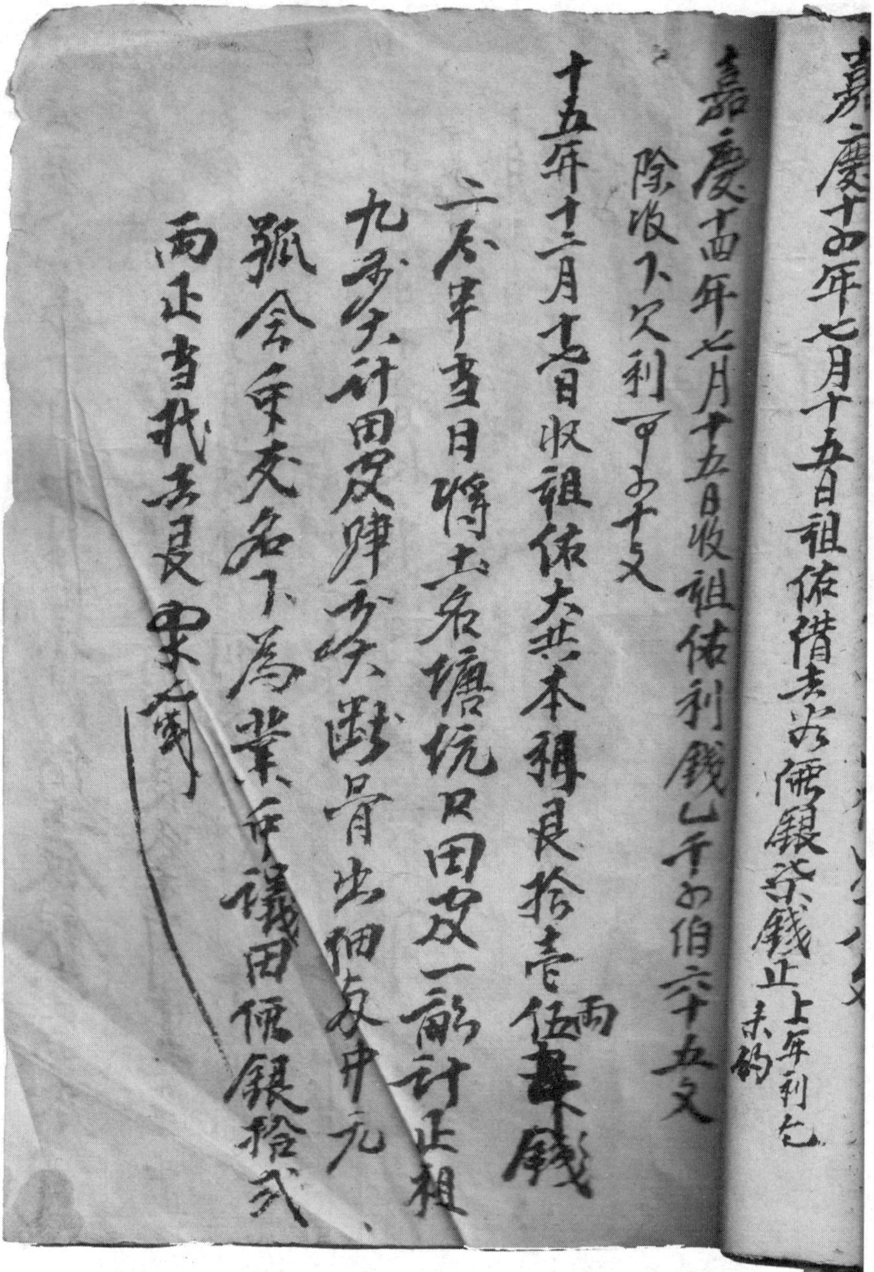

嘉慶十四年七月十五日祖依借去出佛銀叁錢正 上年利仑未的
嘉慶十四年七月十五日收祖佑利錢山千四伯六十五文
除收下欠利百四十文
十五年十二月十五日收祖依大共本利艮拾壹伍兩錢
二尺半十五日將土名塘坑口田皮一畝計正租
九斗大計田皮肆分大斷骨出佃交尹元
孤會衆交名下為業作議田價銀拾貳
兩正當我去艮衆立據

段莘乡大汜村 B 10-16 · 嘉庆元年至十六年 · 会产经营簿

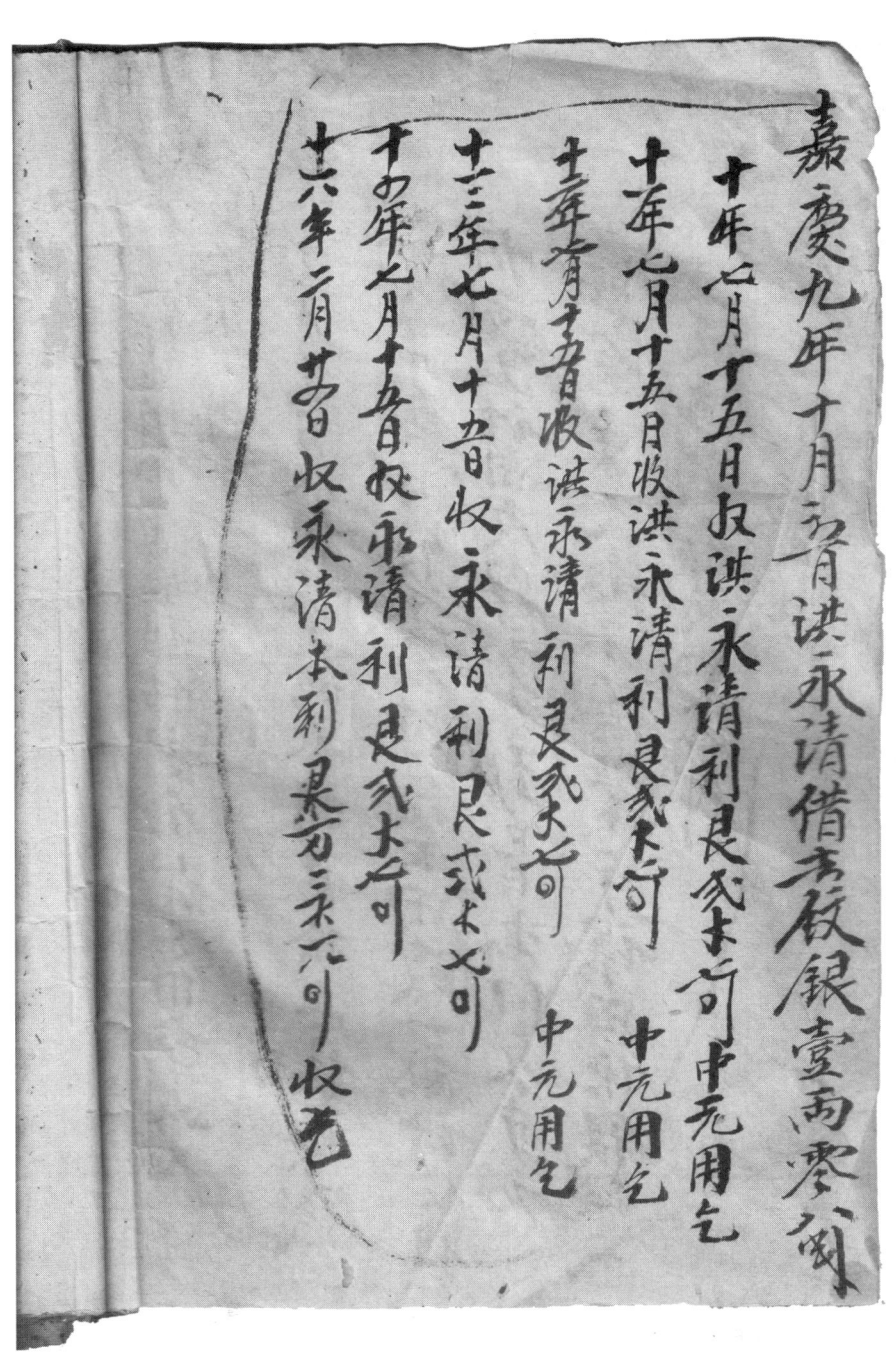

嘉慶九年十月廿六日洪永清借去會銀壹兩零八錢

十年七月十五日收洪永清利艮弍錢七分 中元用乞

十年七月十五日收洪永清利艮弍錢七分 中元用乞

十一年七月十五日收洪永清利艮弍錢七分 中元用乞

十三年七月十五日收永清利艮弍錢七分

十四年七月十五日收永清利艮弍錢七分

十六年二月廿五日收永清本利艮壹兩三錢六分收乞

段莘乡大汜村 B 10-17 · 嘉庆元年至十六年 · 会产经营簿

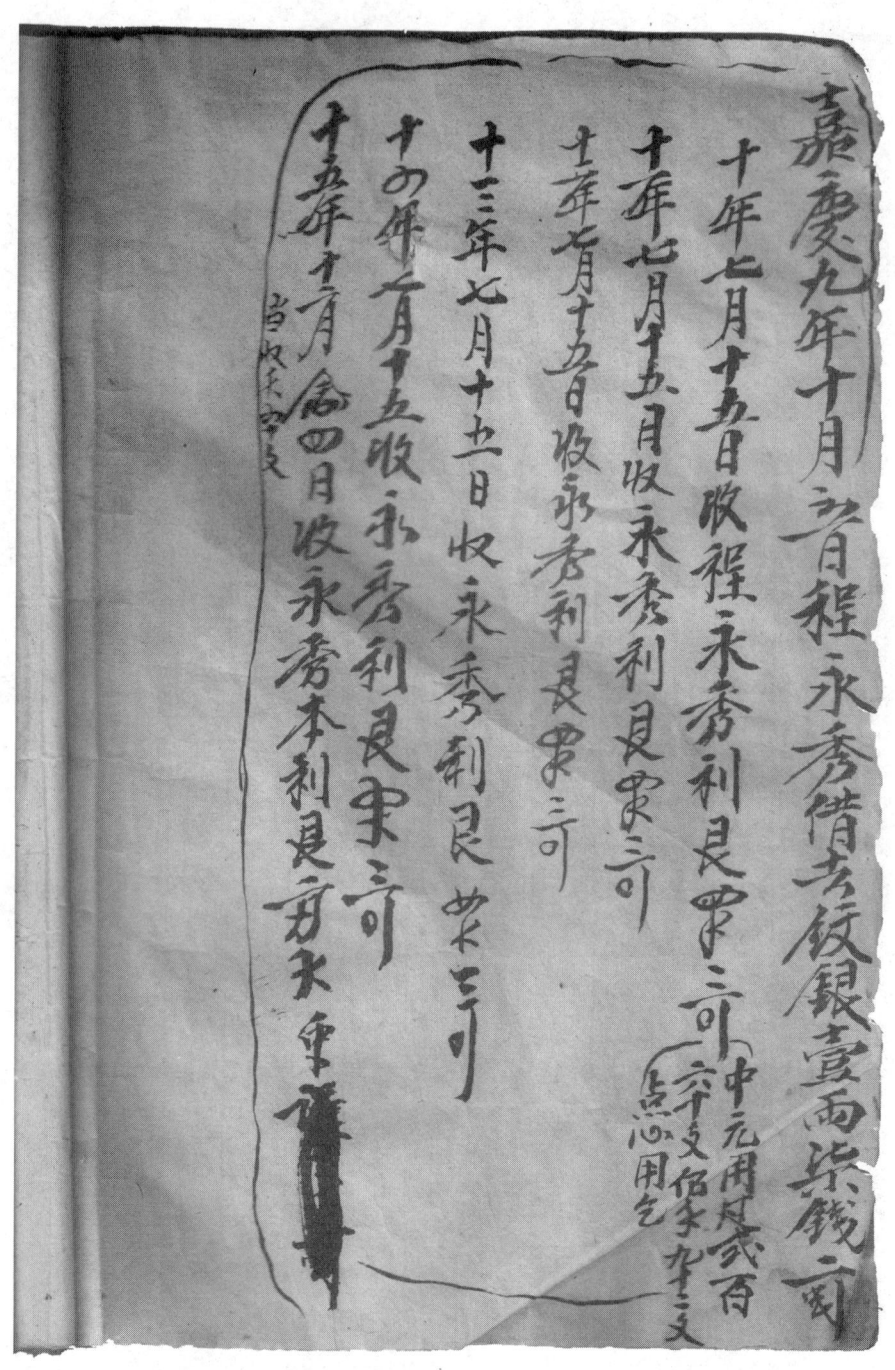

嘉慶九年十月初五日程永秀借去紋銀壹両柒錢二分

十年七月十五日收程永秀利艮四錢二分（中元用去貳百六十文伍十九十三文）

十一年七月十五日收永秀利艮四錢二分（点心用乞）

十二年七月十五日收永秀利艮四錢二分

十三年七月十五日收永秀利艮四錢二分

十四年七月十五收永秀利艮四錢二分

十五年十二月廿四日收永秀本利艮貳两柒錢[illegible]

当收夫四十文

段莘乡大汜村 B 10-18 · 嘉庆元年至十六年 · 会产经营簿

嘉慶九年十月初六日程永請面扣本利紋銀壹兩
陸錢八分借去生殖
十年七月十五日收程永請利艮四錢二分
十一年七月十五日收程永請利艮四錢分
十二年十月廿日收程永請利艮四錢二分
十三年十月十六日收順侄利艮四錢二分
十四年六月十五日收順侄利艮四錢二分
十五年十一月日順侄面結本利二兩五錢
當收元銀兩五錢正
下欠元錢正其詳承
收來錢一千一十八文乞

段莘乡大汜村 B 10-19 · 嘉庆元年至十六年 · 会产经营簿

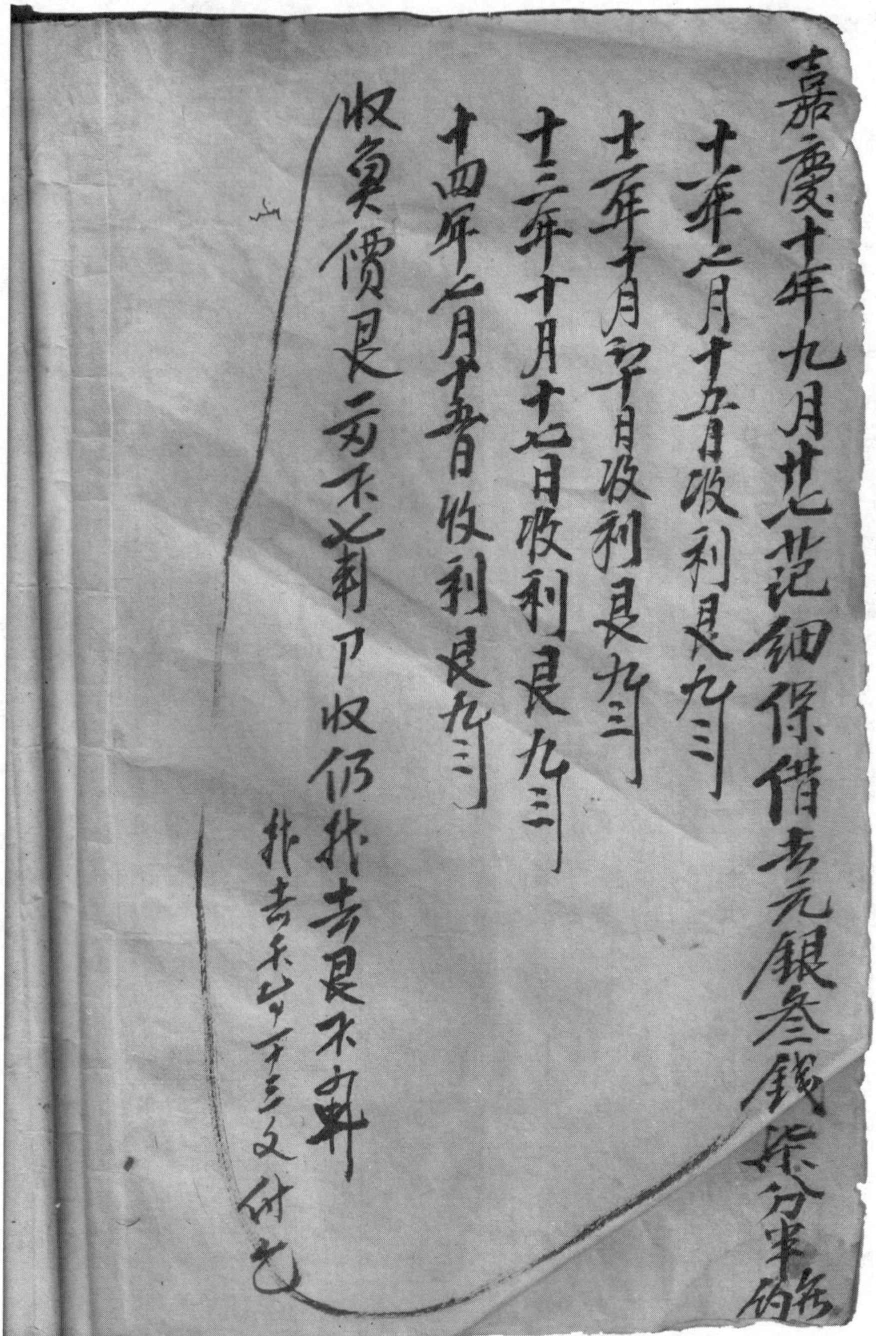

嘉慶十年九月廿七日范細保借去元銀叁錢柒分半[illegible]

十一年二月十五日收利艮九三

十二年十月廿二日收利艮九三

十三年十月十七日收利艮九三

十四年二月十五日收利艮九三

收魚價艮[illegible]收仍找去艮[illegible]

找去[illegible]文付[illegible]

段莘乡大汜村 B 10-20 · 嘉庆元年至十六年 · 会产经营簿

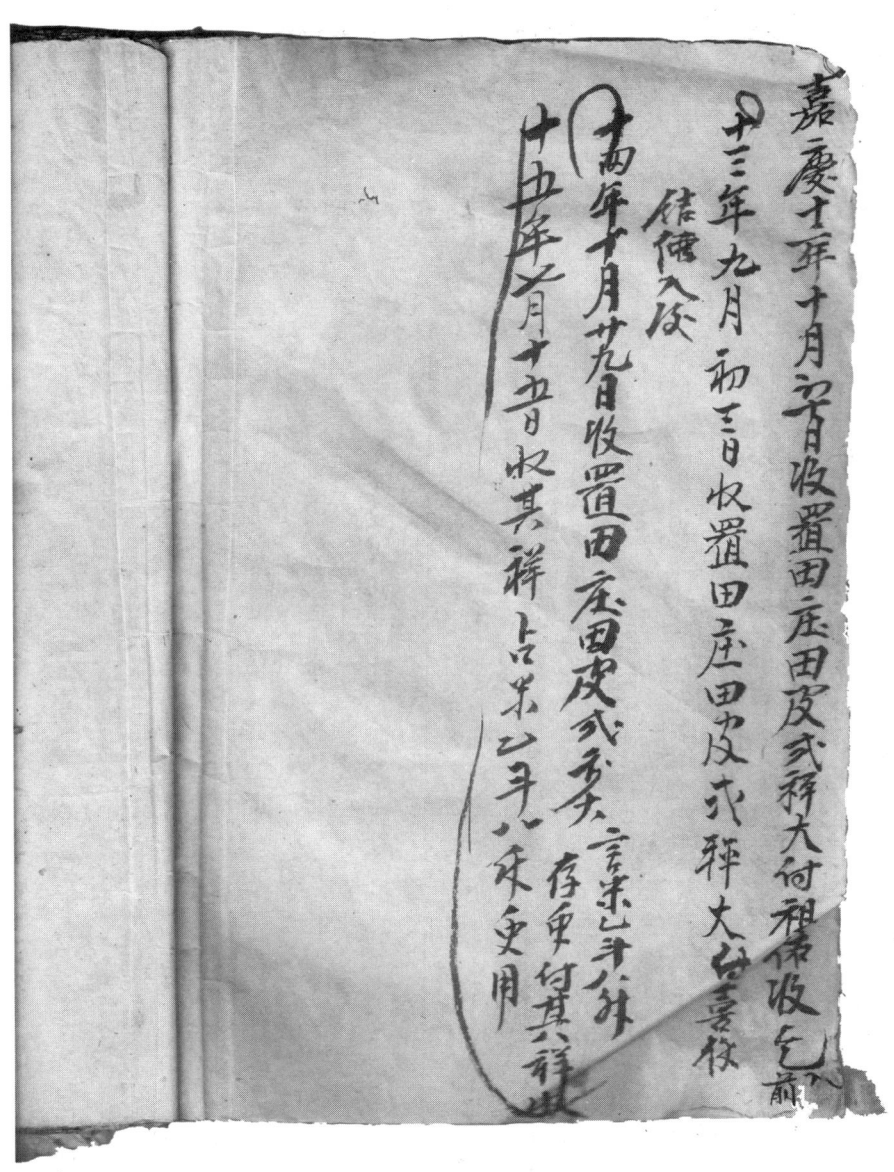

嘉慶十年十月廿六日收置田庄田皮弍秤大付祖佛收乞前

十三年九月初三日收置田庄田皮弍秤大台壹收

結傳入收

十四年十月廿九日收置田庄田皮弍秤大 占米山斗八升 存更付其祥收

十五年十月十五日收其祥占米山斗八升更用

段莘乡大汜村 B 10-21 · 嘉庆元年至十六年 · 会产经营簿

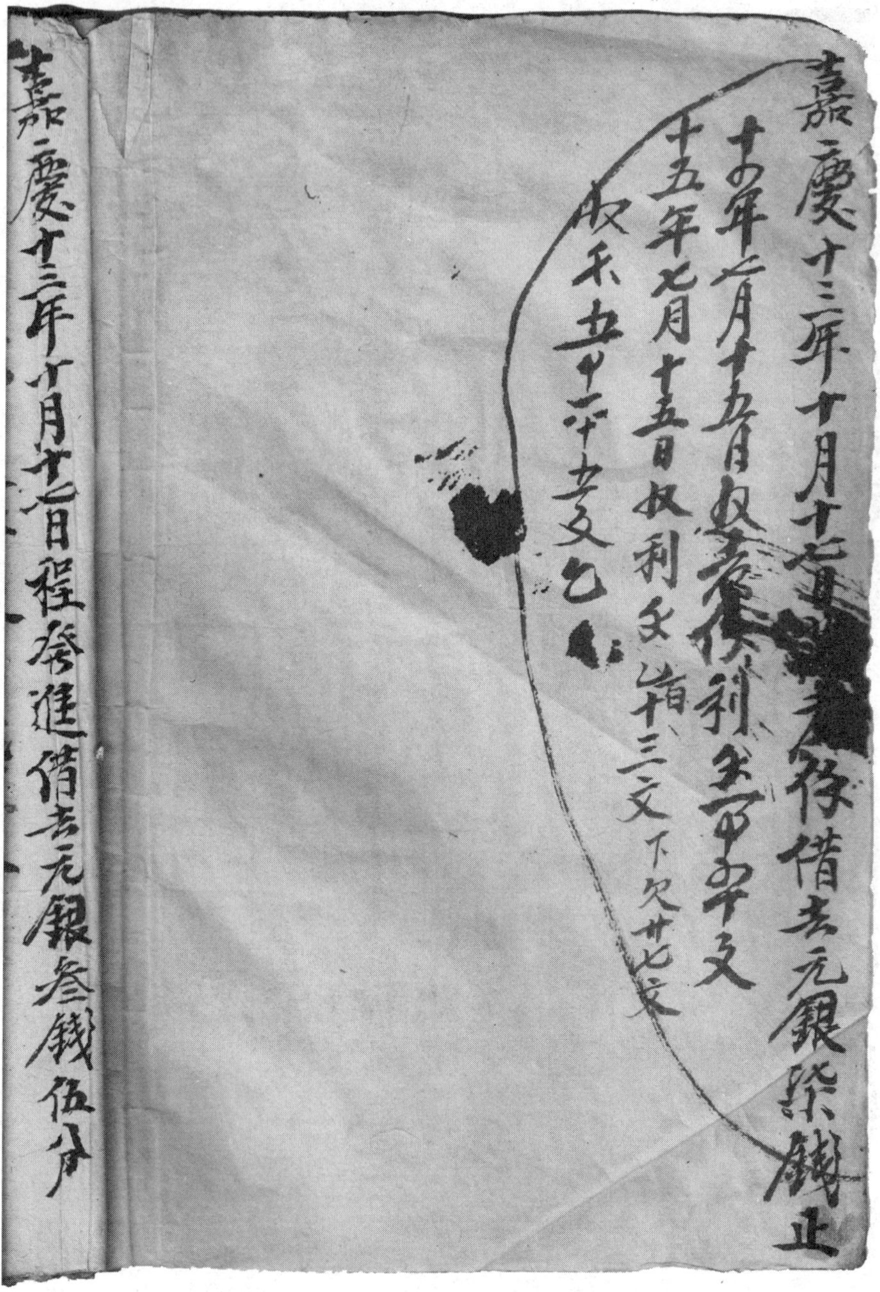

段莘乡大汜村 B 10-22 · 嘉庆元年至十六年 · 会产经营簿

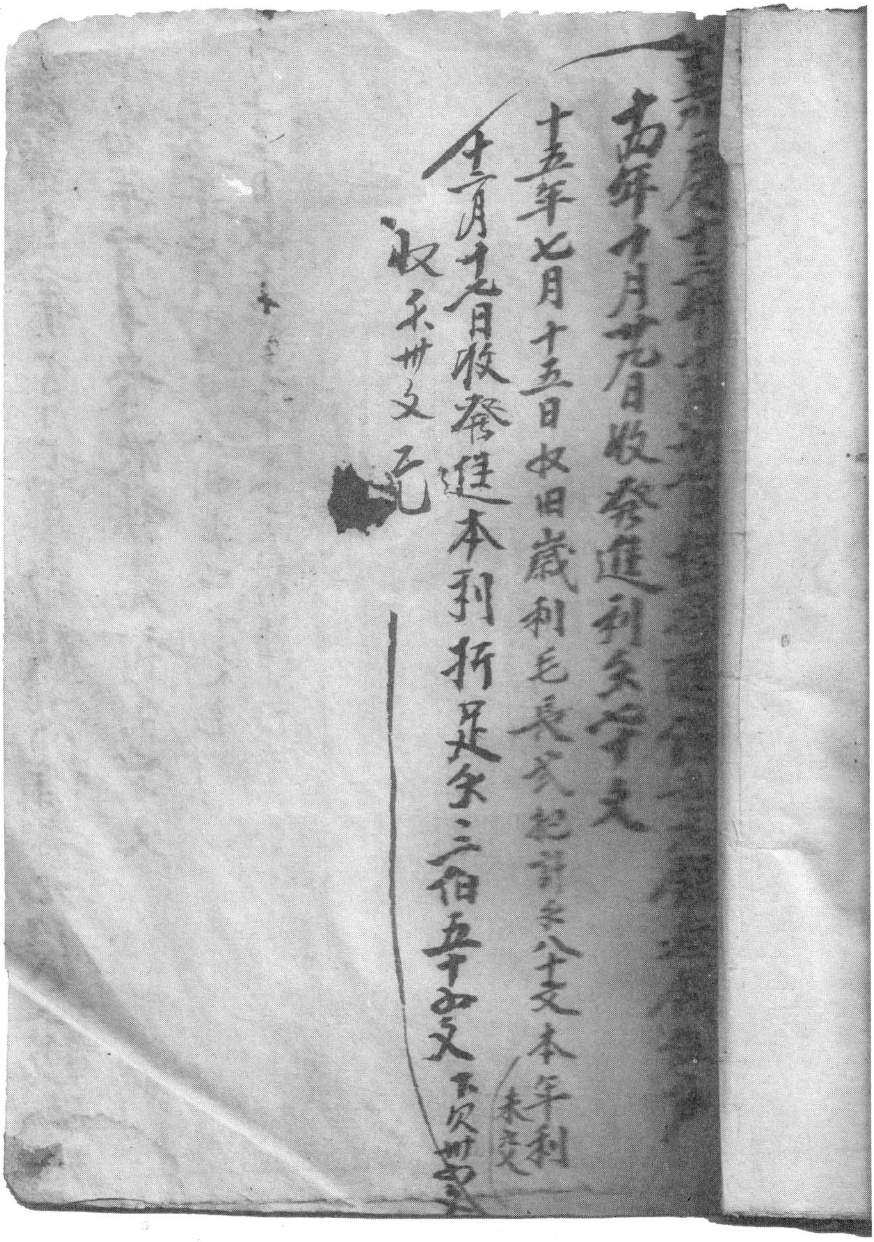
十四年十月廿九日收叅進利錢一千文
十五年七月十五日收旧歲利毛長弍紀計錢八十文本年利未交
十六年十月廿九日收叅進本利折足錢二百五十四文下欠卅四文
收禾卅文已完

段莘乡大汜村 B 10-23 · 嘉庆元年至十六年 · 会产经营簿

嘉慶十三年十月十二日馬秋喜借去元銀叁錢伍分

十四年六月十五日收秋喜利錢七十文

十五年七月十五日收利錢七十文乞

[illegible]月十二日收錢弍百八十文本利清乞

段莘乡大汜村 B 10-24 · 嘉庆元年至十六年 · 会产经营簿

嘉慶十三年十二月廿八日收洪癸元銀貳兩正文據康山集

段莘乡大汜村 B 10-25 · 嘉庆元年至十六年 · 会产经营簿

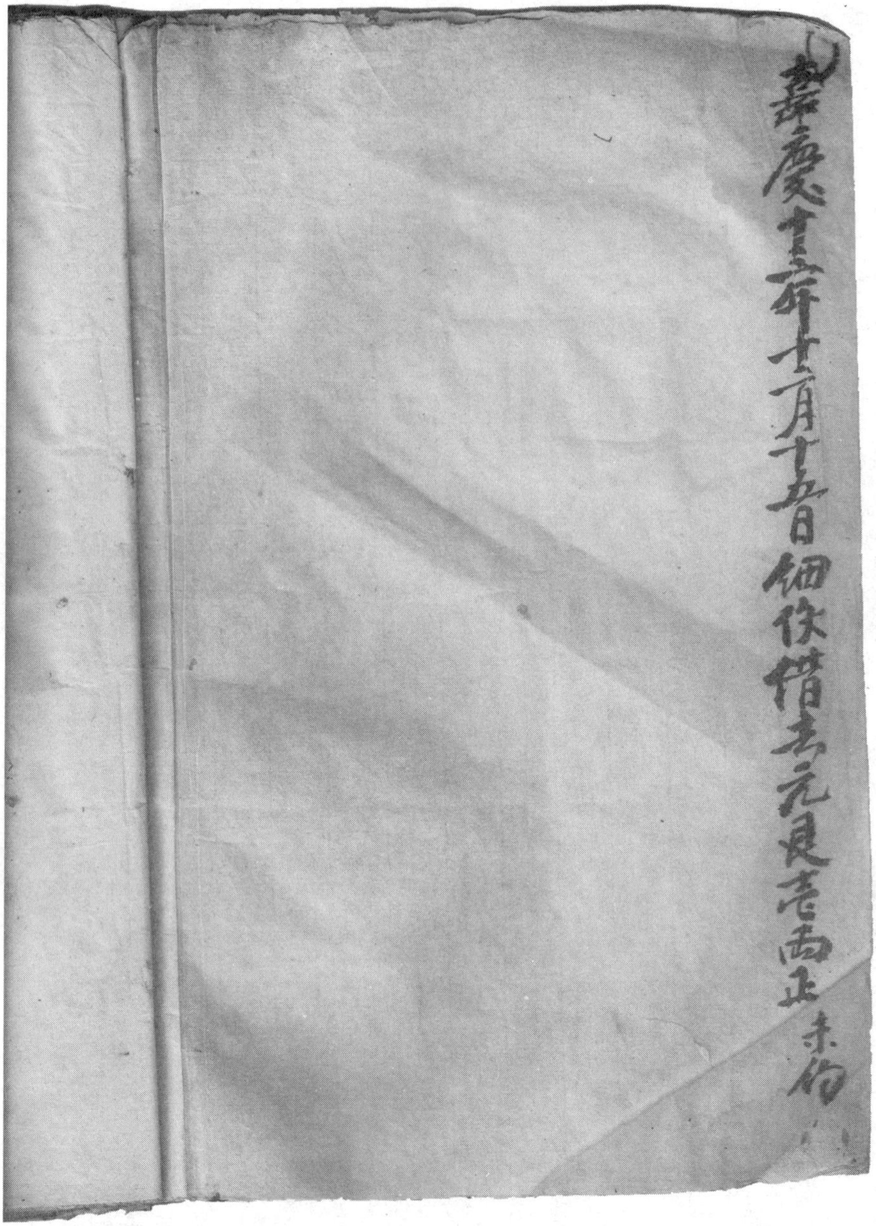
嘉慶十三年十一月十五日佃佚借去元艮壹两正

段莘乡大汜村 B 10-26 · 嘉庆元年至十六年 · 会产经营簿

嘉慶十六年十二月廿日祖佑借去元艮壹兩正未納乞

段莘乡大汜村 B 10-27 · 嘉庆元年至十六年 · 会产经营簿

嘉慶十二年十月廿日程宜富入會一足計銀捌錢正
其銀自領生殖　未收退回

段莘乡大汜村 B 10-28 · 嘉庆元年至十六年 · 会产经营簿

嘉慶十三年十一月將會友邑頭例左

一邑

程尔盈

程嗣昭

馬秋喜

汪昌元

汪昌文

范成遠

二邑

二甲
程永秀
程永和
程添富兄弟
程發進
汪天德
胡高荣
三甲

段莘乡大汜村 B 10-30 · 嘉庆元年至十六年 · 会产经营簿

[illegible]永癸

洪永森

洪大桂

程永順

汪裕根

程细保

程宜昌

[illegible]

安旺 守 光桃 牛 值旺 之 亮旺

值光 身 值五 守 求 [illegible] 值 [illegible]

段莘乡大汜村 B 10-31 · 嘉庆元年至十六年 · 会产经营簿

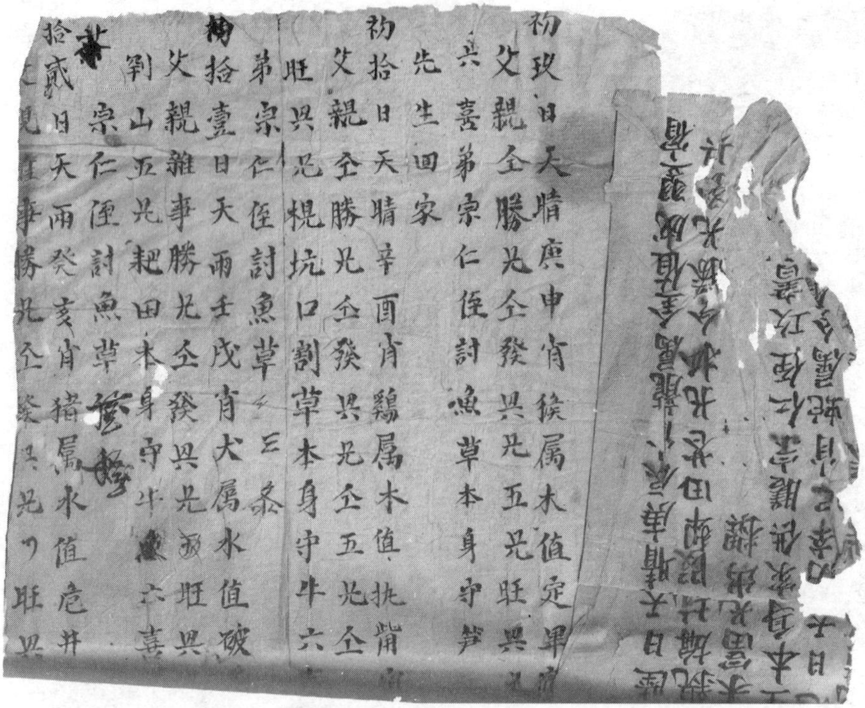
初玖日天晴庚申肖猴属木值定畢宿
父親全勝兄仝發興兄五兄旺興兄
興喜弟宗仁侄討漁草本身守笋
先生回家
初拾日天晴辛酉肖鷄属木值执背
父親全勝兄仝發興兄仝五兄仝
旺興兄梘坑口割草本身守牛六
弟宗仁侄討魚草々三条
初拾壹日天雨壬戌肖犬属水值破
父親雜事勝兄仝發興兄[illegible]旺興
山五兄耙田本身守牛[illegible]六喜
劉宗仁侄討魚草[illegible]
拾貳日天雨癸亥肖猪属水值危井
父親雜事勝兄仝發興兄刀旺興

段莘乡大汜村 B 10-32 · 嘉庆元年至十六年 · 会产经营簿

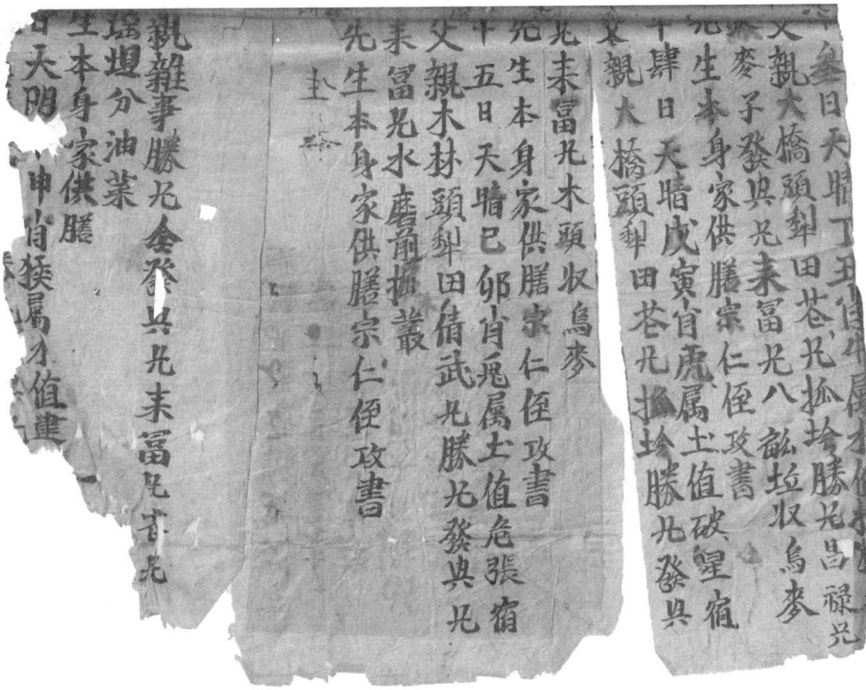

段莘乡大汜村 B 10-33 · 嘉庆元年至十六年 · 会产经营簿

魚塘發寶兄守牛
先生昌富兄家供膳
陸日天雨庚寅日虎屬木值破牛宿
又親雜事勝兄耒富兄江家苍兄江家
鵝日掘茶叢發寶兄守牛

段莘乡大汜村 B 10-34 · 嘉庆元年至十六年 · 会产经营簿

文親雜事勝先出休寧買荳發奐兄未

當兄劉山苍兄討魚草　守牛

先生昌祿兄家供膳本身攻書宗仁侄

伍日天陰己卯肖兎屬土值危井宿

文親守牛勝是出休寧買荳回家發奐荳

兄未當兄旗坑歇裡扳禾滿苍兄討魚

……膳本身全宗仁侄……

段莘乡大汜村 B 10-35 · 嘉庆元年至十六年 · 会产经营簿

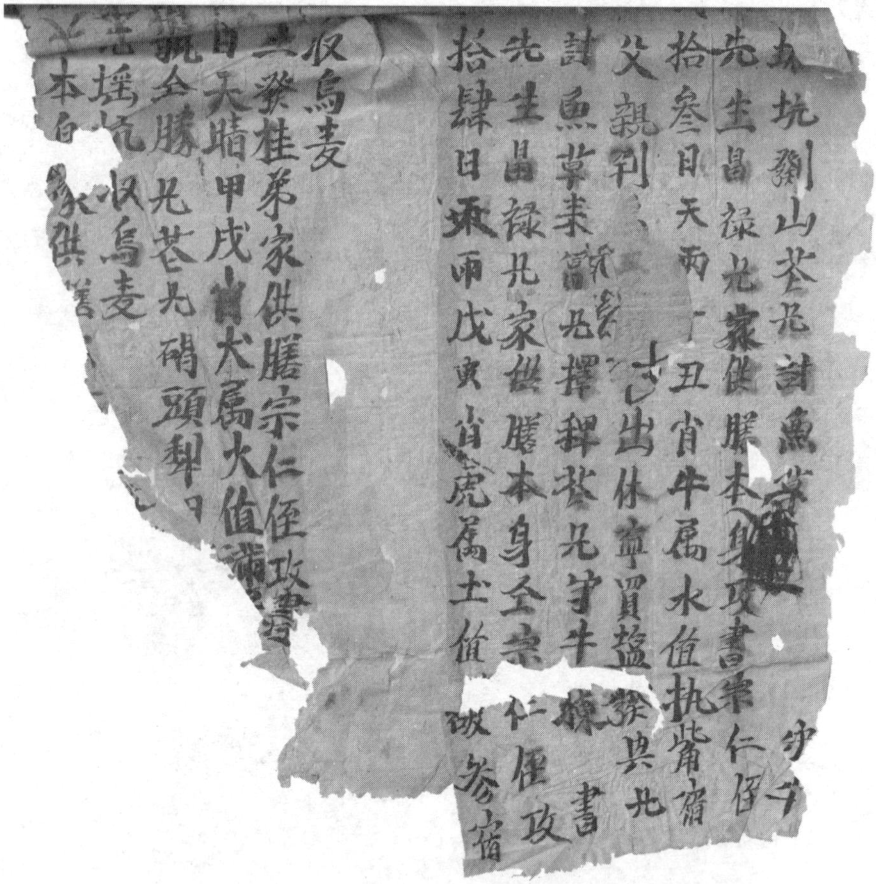

圡坑劉山荅兄討魚草[illegible]

先生昌祿兄家供膳本身攻書崇仁侄

拾叁日天雨丁丑肖牛屬水值执嘗宿

父親刊[illegible]出休寧買鹽叁與兄

討魚草來[illegible]兄擇秤荅兄守牛[illegible]書

先生昌祿兄家供膳本身合宗仁侄攻

拾肆日雨戊寅肖虎屬土值破叁宿

伊十

收烏麦

上癸桂弟家供膳宗仁侄攻書

[illegible]日天晴甲戌肖犬屬火值[illegible]

[illegible]金勝兄荅兄硝頭犁[illegible]

[illegible]埕坑收烏麦

本自[illegible]家供膳[illegible]

段莘乡大汜村 B 10-36 · 嘉庆元年至十六年 · 会产经营簿

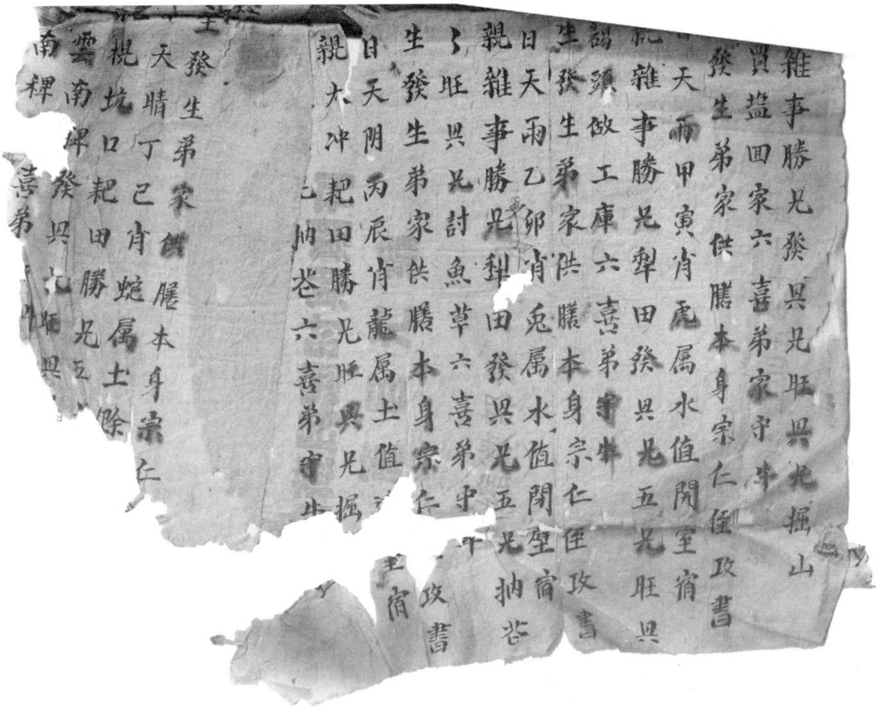

段莘乡大汜村 B 10-37 · 嘉庆元年至十六年 · 会产经营簿

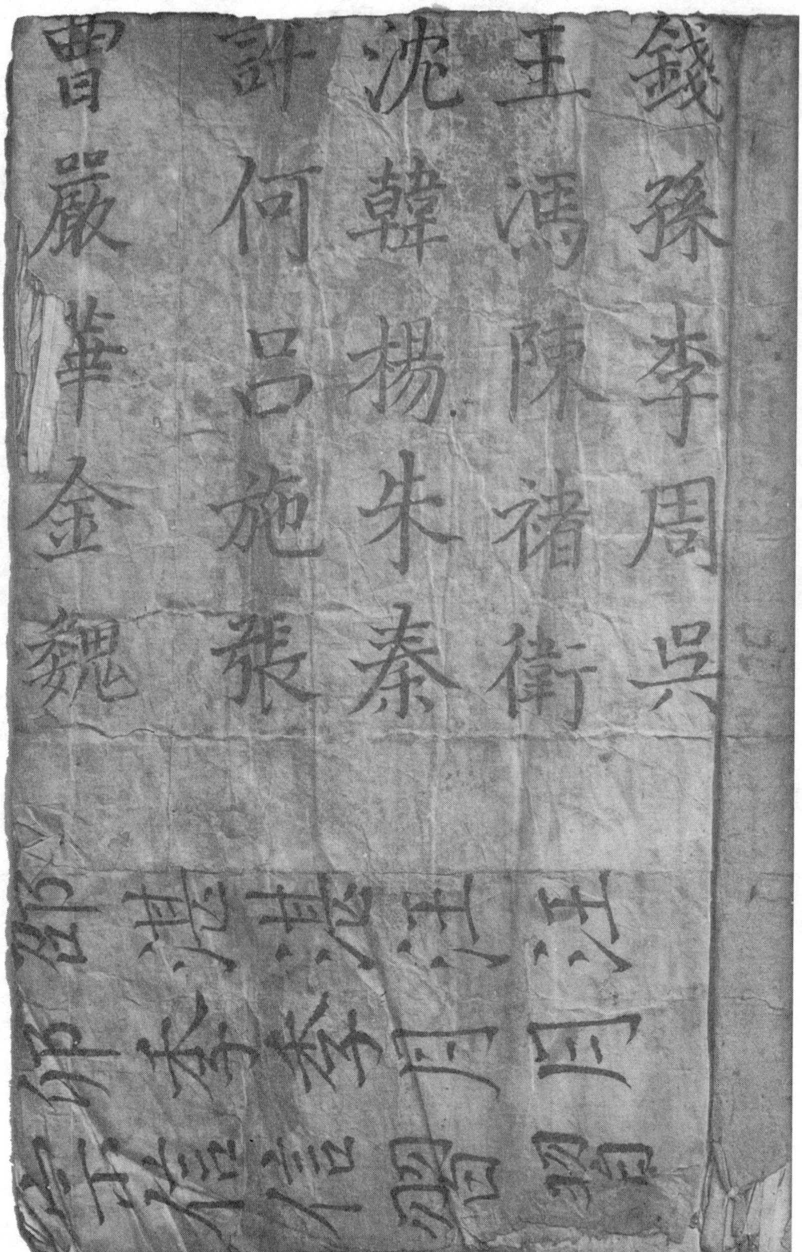

段莘乡大汜村 B 3-1 · 嘉庆二十年至道光十六年 · 永兴春醮会簿

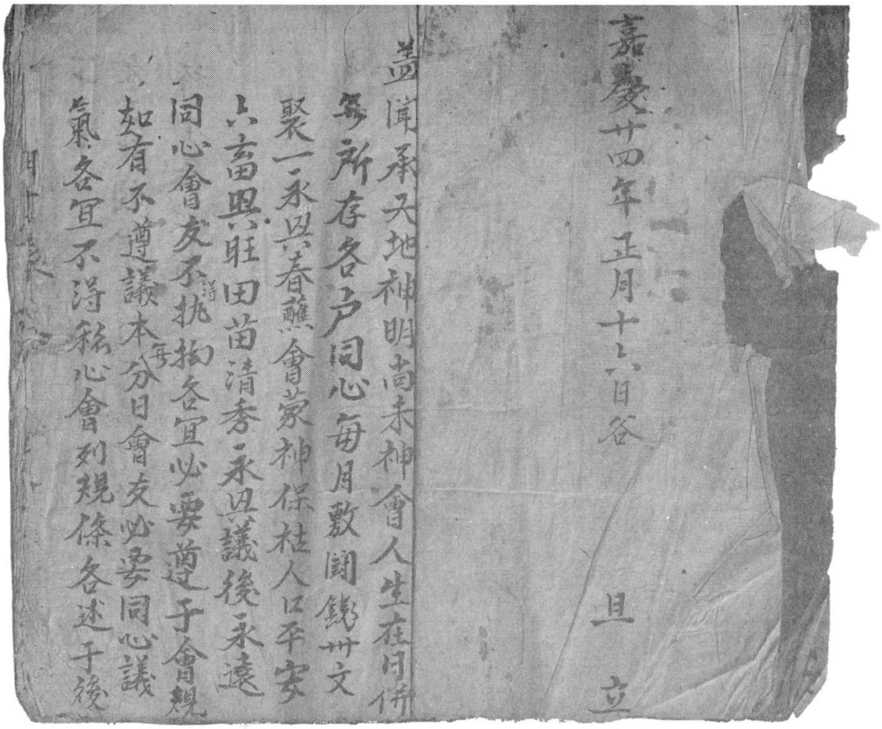
嘉慶廿四年正月十六日谷旦立

蓋聞承天地神明尚未神會人生在同併
等所存各户同心每月數闘錢卅文
聚一永興春醮會蒙神保祐人口平安
六畜興旺田苗清秀永興議後永遠
同心會友不得抛撒各宜必要遵守會規
如有不遵議本每分日會友必要同心議
氣各宜不得私心會列規條各述于後

段莘乡大汜村 B 3-2 · 嘉庆二十年至道光十六年 · 永兴春醮会簿

[illegible]年共足錢[illegible]仟弍百
乙十六文
各户敷谷壹秤共拾肆秤当付頭谷拾
秤本年做会

段莘乡大汜村 B 3-3 · 嘉庆二十年至道光十六年 · 永兴春醮会簿

衆議輪流首頭人名開後

一甲 天福
二甲 發義
三甲 天進
四甲 成遠

五甲 發孝
六甲 大柱
七甲 成林
八甲 天[illegible]

九甲 天[illegible]

十甲 天龍

十一甲 天[illegible] 茂松

十二甲 高荣

十三甲 天富

弍三百

十四甲 宗義

十五甲 光信 有德

十六甲 大根

十七甲 發旺

衆議定道年付頭公谷拾四秤半大

一定 肉 八斤 言定前腿並雞天華租秤

一定 紅魚 四斤熟 言定大鯚三尾天華官秤

一定 花菓 弍拾斤 天華租秤

一定 熟酒 卅弍斤 舞缸乙斤在內 需酒弍斤在外 宴觀邵家經撤

一定 水陂 中 錢弍文 錢四文共乙錢 錢

一定　大法礼　七四錢弍錢

一定　飯　听用

一定　大法礼　七四錢弍錢

一定　油燭　听用

一定每戶火炮十介　如有不出者公罰癸五分

火紙山隻　金銀廿錠

卅帖

一定　云馬一　寶馬一　甲馬一　衆神三

空座五　境主一　司命一　香火一

金銀六十帖

通用一　退煞一　七大册一　瘟王檄一　廿

段莘乡大汜村 B 3-7 · 嘉庆二十年至道光十六年 · 永兴春醮会簿

金銀六十帖

空座五　境主一　司命一　香火一

通用一　退煞一　七舟一　瘟王檄廿

焊馬七　蒼朮四兩　速香　衣　堂紅二　边黄六

直水一把　五色皆　外加五色紅卅　黄表廿

松江黑六　表青十　新紅下　大綠一　殺皂四

綿連一　火炮二十二串　香一斤

烔煤　鉛粉一斤　紅曲半斤

壇香二兩　皮紙三張

又

一道

司正上焊嶶火針神照上

段莘乡大汜村 B 3-8 · 嘉庆二十年至道光十六年 · 永兴春醮会簿

一定做会之日早飯不到者罰錢[illegible]

一定花菓不正色罰錢一文

一定熟酒㵼者罰酒五斤

一定紮扎照帳不到者罰錢三百

一定衆友做会之日剁嘴者罰錢一两一文

一定私正私心者罰文一文

一定会友唱曲不到者罰文八百

一定逢年每户数䦨谷一斗每淂推讓

一定算帳点心面八斤[illegible]

段莘乡大汜村 B 3-9 · 嘉庆二十年至道光十六年 · 永兴春醮会簿

一定私立私心者 罰錢一千

一定会友唱曲不到者 罰錢八百

一定逐年每户數閗谷乙斗等浮推議

一定弄帳点心 面八斤 官秤

一定做醮听凭衆擇吉

一定散火者 棹上則食 公罰錢一千

一定紅魚四斤熟 肚内魚子不用

一定各家内堂不得多嘴 如有多嘴 公罰

錢壹百伍錢正

段莘乡大汜村 B 3-10 · 嘉庆二十年至道光十六年 · 永兴春醮会簿

嘉慶廿年九月十八日衆交付[illegible]公拾[illegible]兩

米大来年充手

道光元年正月十八日癸茂充着会照上烈

物件佳好

仝日衆交徵会因添順 正一不到宋水者

公罰錢三分正

道光二年正月十四日添建充着徵会照上烈

物件佳好

因添龍徵会掉上則負公罰錢來不至因添龍子之

一成通則負公罰錢三分正

段莘乡大汜村 B 3-11 · 嘉庆二十年至道光十六年 · 永兴春醮会簿

物件佳好

因潑龍做会神上則食公罰以永来正因潑龍子

一放通則食公罰以永三分正

一双慶則食公罰九罰家五分正

一起鬧言明者更交公議不罰

一薦當因到大伯剔嘴公罰以永五分正

以上公罰以永永可衆交議定因神上洋

未情定簿如有再犯者照公罰

道光五年正月初九日戒遠克首做会照上

段莘乡大汜村 B 3-12 · 嘉庆二十年至道光十六年 · 永兴春醮会簿

雜物件在好

一添順因棹上剝紫嘴公罰討以系五分正

一成遠充首因挈手中饌木伏火之碗公罰討

三分正

一添進全充首之系在内

一添龍棹上會友不[illegible]敬罰討年擱分正

一添華群上照盃多紫嘴公罰討以系三分正

一大根言公平衆友不罰討

一德壽因敬多紫嘴公罰討以系三分正

段莘乡大汜村 B 3-13 · 嘉庆二十年至道光十六年 · 永兴春醮会簿

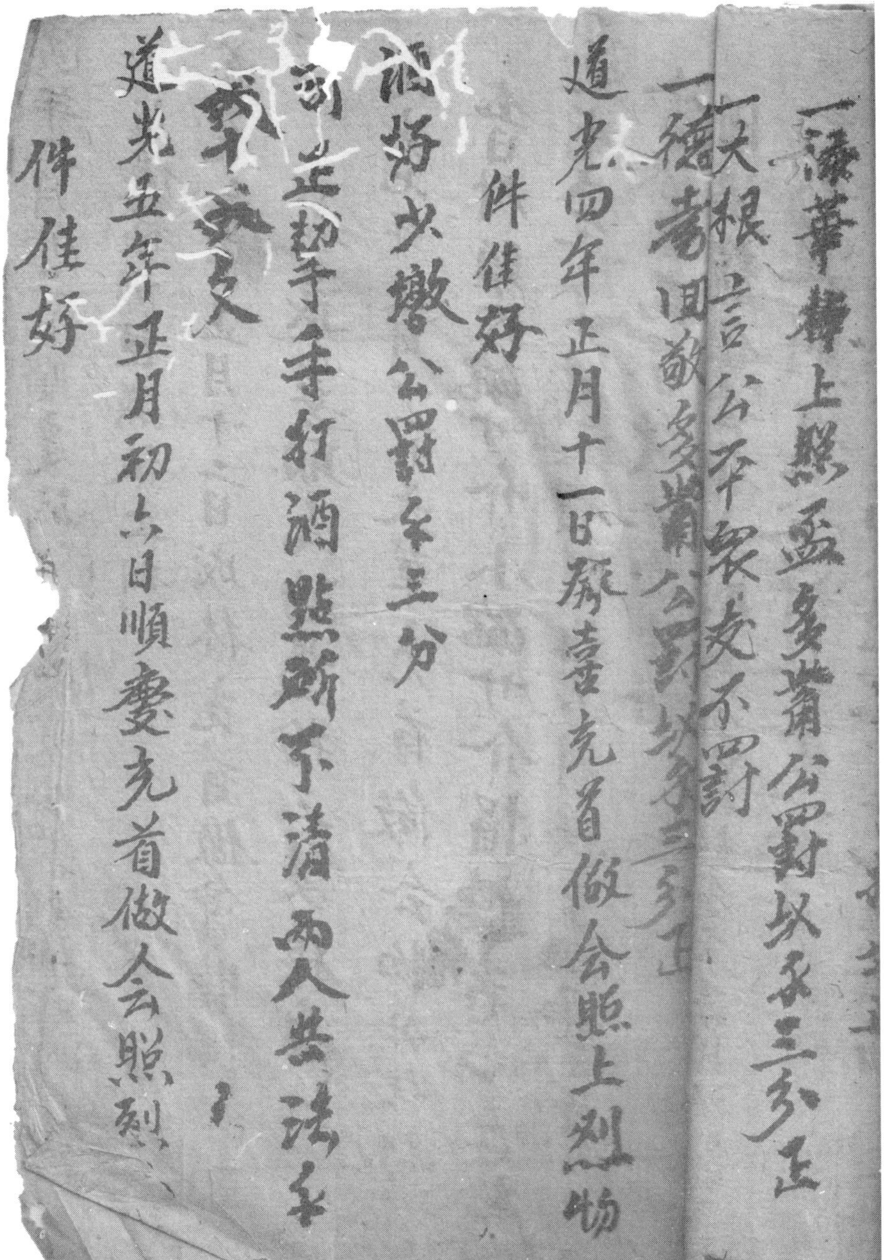

一議華樺上照孟多蕭公罰對以禾三分正
一大根言公平衆友不罰對
一德堯同敬多蕭公罰對以禾三分正
道光四年正月十一日聚臺充首做会照上列物
件佳好
酒好少繳公罰對禾三分
剛正初手手打酒照斷不清兩人共法禾
錢十文又
道光五年正月初六日順慶充首做会照列
件佳好

段莘乡大汜村 B 3-14 · 嘉庆二十年至道光十六年 · 永兴春醮会簿

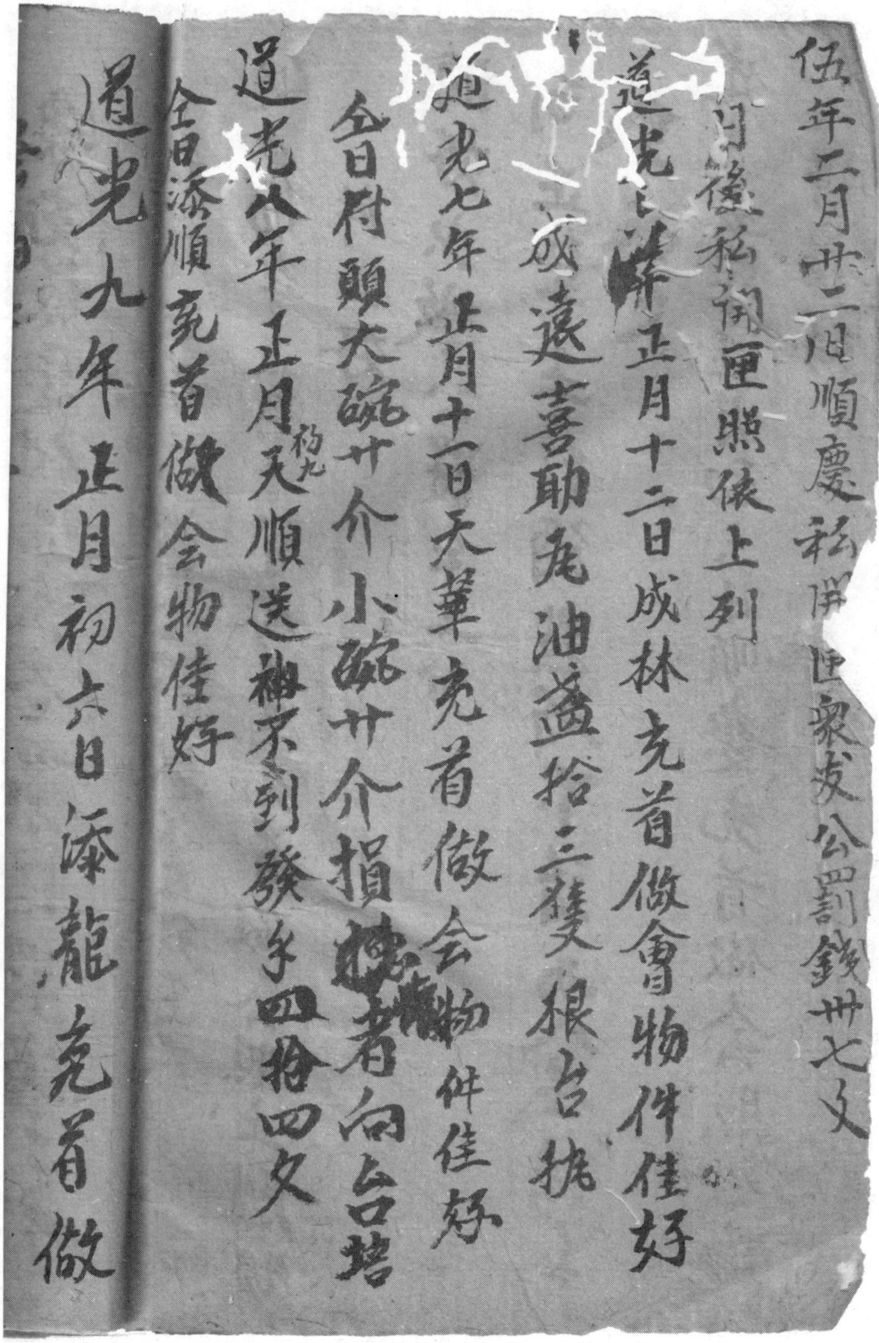

伍年二月廿二日順慶社俱匣衆友公罰錢卅七文
日後社俱匣照依上列
道光[illegible]年正月十二日成林充首做會物件佳好
成遠喜助花油盞拾三隻根台挑
道光七年正月十一日天華充首做会物件佳好
合村頭大碗廿介小碗廿介損[illegible]着向台培
道光八年正月初九天順送神不到發錢四拾四文
合日添順充首做会物佳好
道光九年正月初六日添龍充首做

段莘乡大汜村 B 3-15 · 嘉庆二十年至道光十六年 · 永兴春醮会簿

全舀添順充首做会物佳好

道光九年正月初六日添龍充首做

会物件佳好

初七日天順剁幣全三分因天龍剁幣不罰

是廷天順

道光十年正月十七日茂松充首做会物件佳好

道光十一年正月初八日高榮充首做会

道光十二年正月初七日德林充首做会佳好

段莘乡大汜村 B 3-16 · 嘉庆二十年至道光十六年 · 永兴春醮会簿

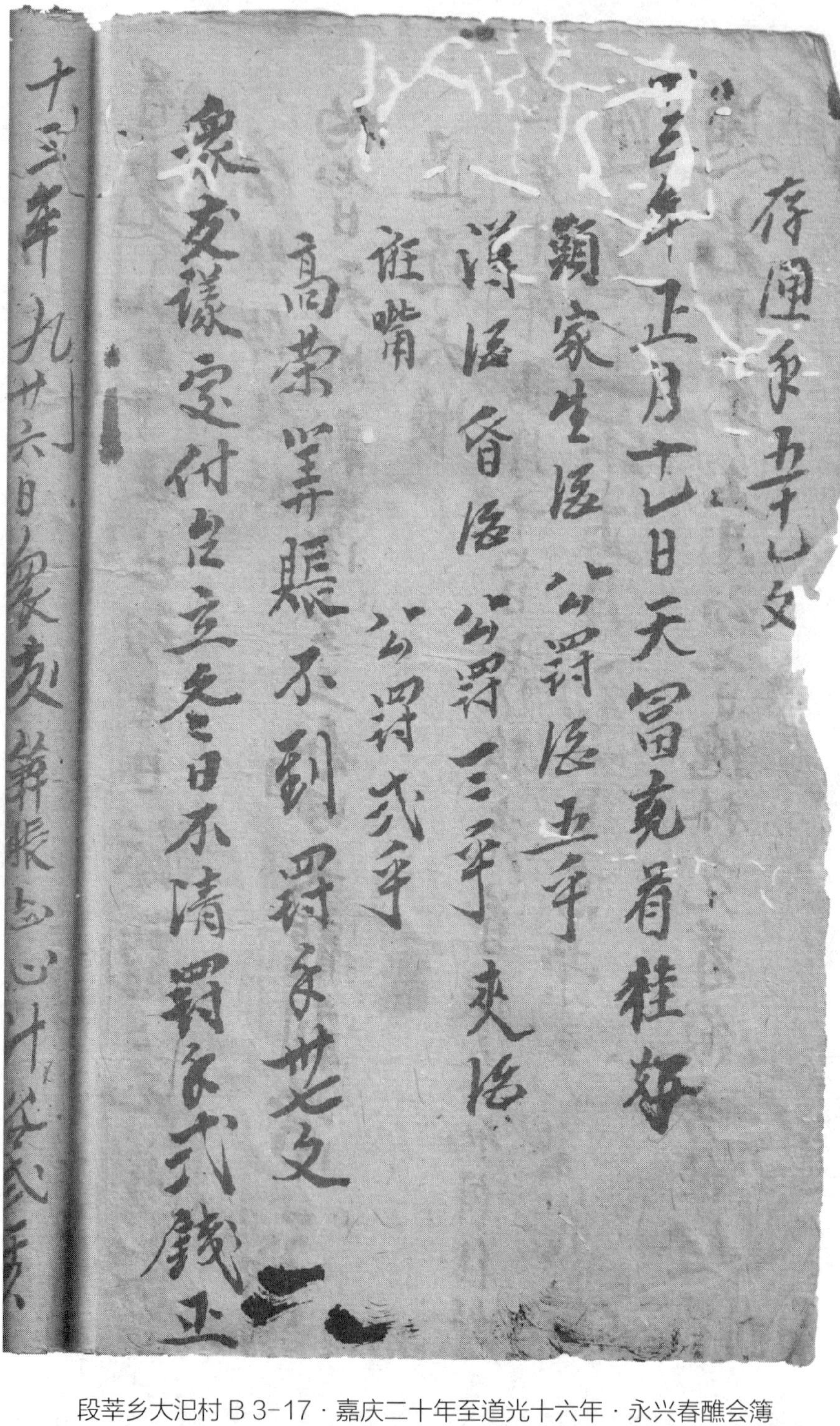

存匣錢五千七文
十五年上月十七日天富克肴桂好
劉家生伍　公罰伍五斗
滿伍昏伍　公罰一三斗夾伍
诳嘴　公罰弍斗
高荣罢弄赈不到罰錢卅七文
衆友議定付至立冬日不清罰錢弍錢五
十五年九月廿六日衆友辦賬出心廿

段莘乡大汜村 B 3-17 · 嘉庆二十年至道光十六年 · 永兴春醮会簿

衆友議定付當立冬日不清罰艮弍錢正

十三年九廿六日衆友新賬上心汁谷弍秀

汁特價每斗六十文仍存圓每五十八文

十四年正月初六日有德克首徵会鞋存

十五年正月初十日順慶克首徵会鞋存

十六年正月十五日順慶克首徵会

仝日衆友議定田皮江村下坑叁共拾壹秤付當徵会

佃扎谷柒秤付當弍共拾捌秤正

十八兩鯽乾魚一斤當家加

段莘乡大汜村 B 3-18 · 嘉庆二十年至道光十六年 · 永兴春醮会簿

十六年六月初二日付台谷十七秤十二斤卯欠谷

八斤

十七年正月十九日現林堯首做会

十八年正月廿乙日添華堯首做会物件佳好

十九年正月初十日慶林堯首做会物件佳好

段莘乡大汜村 B 3-19 · 嘉庆二十年至道光十六年 · 永兴春醮会簿

婶借去银捌两正有约一道

又十九日交收婶本利市元银拾两 王春标只有会

仝日澧洋镇去八合山芗羊 计钱二千文收足

廿五年正月十一日大社照会捐八会乙户计钱壹千文 收足

仝日观音照会捐八会山户计钱壹千文收足

长来回先……有零

余存……东办点心付台 在内

又用钱四千文

段莘乡大汜村 B 2-1 · 道光元年至咸丰三年 · 流水账

十八日粜

添賜鼓〻

一收高茂谷乙石

一收成遠谷乙石

一收添進谷乙石

一收振興谷乙石

一收添富〻谷乙石

段莘乡大汜村 B 2-2 · 道光元年至咸丰三年 · 流水账

一收[illegible]谷乙石
一收太根谷乙石
一收添華谷乙石
一收發青谷乙石
一收發光谷乙石
一收添福谷乙石
一收添順谷乙石
一收發旺谷乙石内[illegible]
[illegible]恭付[illegible]

段莘乡大汜村 B 2-3 · 道光元年至咸丰三年 · 流水账

一收添龍谷乙石

一收光信谷乙石

一各户數閏谷弍斤衆友算賬点心

大共谷拾捌石半内除十四石半付台仍谷

四石在吏生殖

道光元年正月十九日衆友算賬

一收大根入会本利足系六百六十二文

一收光信入会乙户本利足系六百六十二文

段莘乡大汜村 B 2-4 · 道光元年至咸丰三年 · 流水账

一收發旺入会一户計本利足錢…

一收成林塘去谷一石半照時價錢甲千文

一收添福餘谷一石半照時價錢甲千文

庚年

一收發保艮利弍两正十二月日

存田錢四十八文已

当日添賜至衆友借去市銀陸两柒二分

後正 道光二年至其衆友面算本…本上两九柒正

月初十日衆友各户敷谷

…付台

一收成遠谷乚秤
一收發旺谷乚秤
一收宗仁谷乚秤
一收添福谷乚秤
一添華谷乚秤收
一收添富谷乚秤
一收成林谷乚秤
一双龍谷乚秤來收乞

一收[illegible]谷乚秤
一收光信谷乚秤
一收添龍谷乚秤
一收添順谷乚秤
一收茂松谷乚秤
一收添進谷乚秤
一收大根米乚斗作谷乚秤
一双壽谷乚秤來收乞

段莘乡大汜村 B 2-6 · 道光元年至咸丰三年 · 流水账

一收流近谷二石

一收成林谷二石

一双龍谷二石 来收乞

一收大根米二斗作谷二石

一双青谷二石 来收乞

一收大柱谷二石

大共收谷拾柒石乃下拾四石半付與手添進來年

充手徵会

付谷弍石付上手双龍司正領去生殖收乞

当日衆支用谷半石財價作米四斗五文买扒点心

道光二年正月十四日衆支算賬

当日收接榮银利弍両 [illegible]両

今日松梢至衆借市元日[illegible] 欠錢正收乞 当扎長

段莘乡大汜村 B 2-7 · 道光元年至咸丰三年 · 流水账

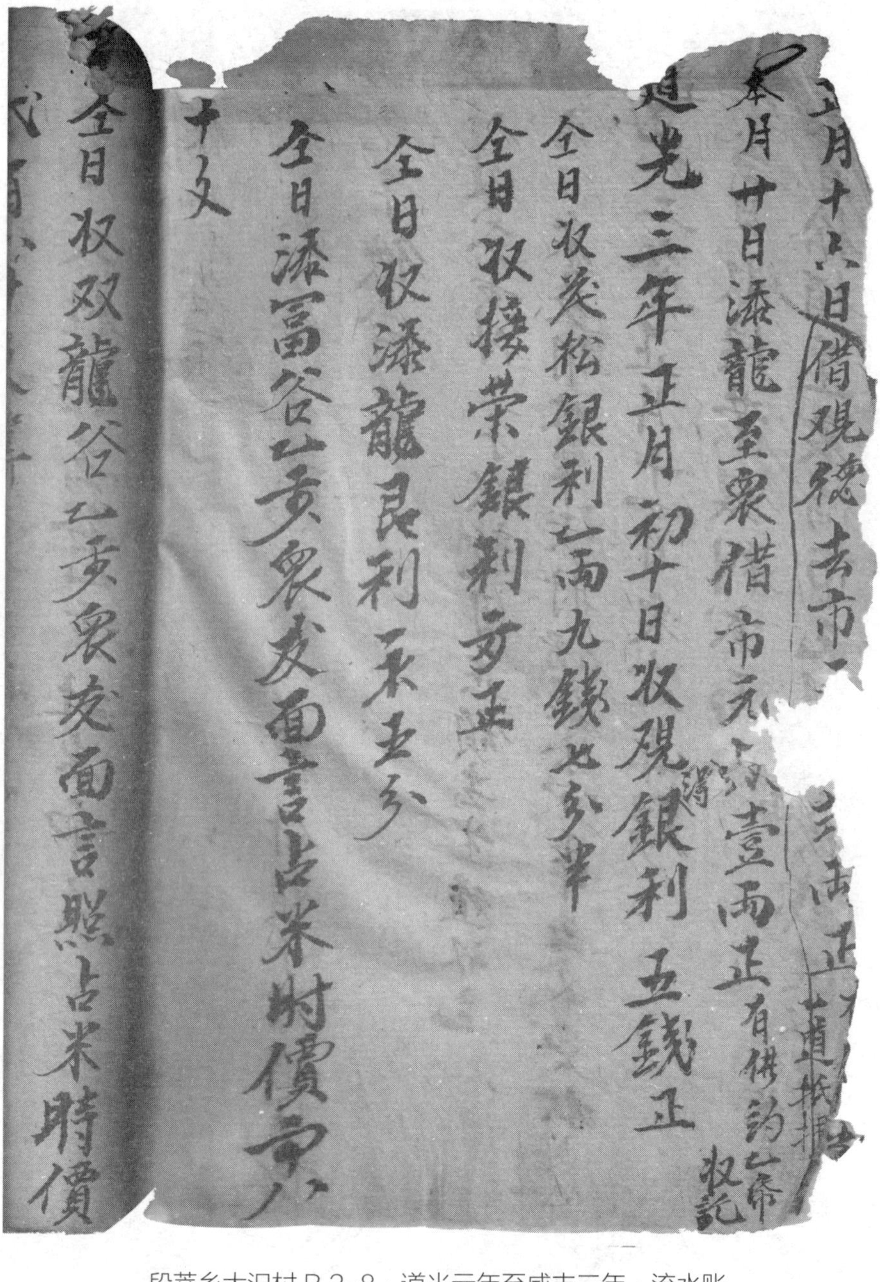
正月十六日借觀德去市[illegible]三两正
本月廿日添龍至衆借市元钱壹兩正　有借约六帋　收記
道光三年正月初十日收觀湾銀利　五錢正
仝日收炎松銀利六兩九錢七分半
仝日收接榮銀利六錢正
仝日收添龍艮利一錢五分
十文
仝日添富谷六秤衆交面言占米時價一兩八
仝日收双龍谷六秤衆交面言照占米時價

段莘乡大汜村 B 2-8 · 道光元年至咸丰三年 · 流水账

仝日添富谷山芽衆交面言□□□佰□

十文

仝日收双龍谷山芽衆交面言照占米時價

弍百八十文算

仝日每户各數錢伍文湊換添富艮两□□

道光十三年正月十九日𦍑松至会衆借去亮□

銀拾两正九月初二日收叢松市艮拾两二文正

會首衆交存厘實存艮两□□五支扑谷

衆存厘平可五十八文又存平三斗扑谷用乞

仝日衆收德喜着会□

以衆□录平

段莘乡大汜村 B 2-9 · 道光元年至咸丰三年 · 流水账

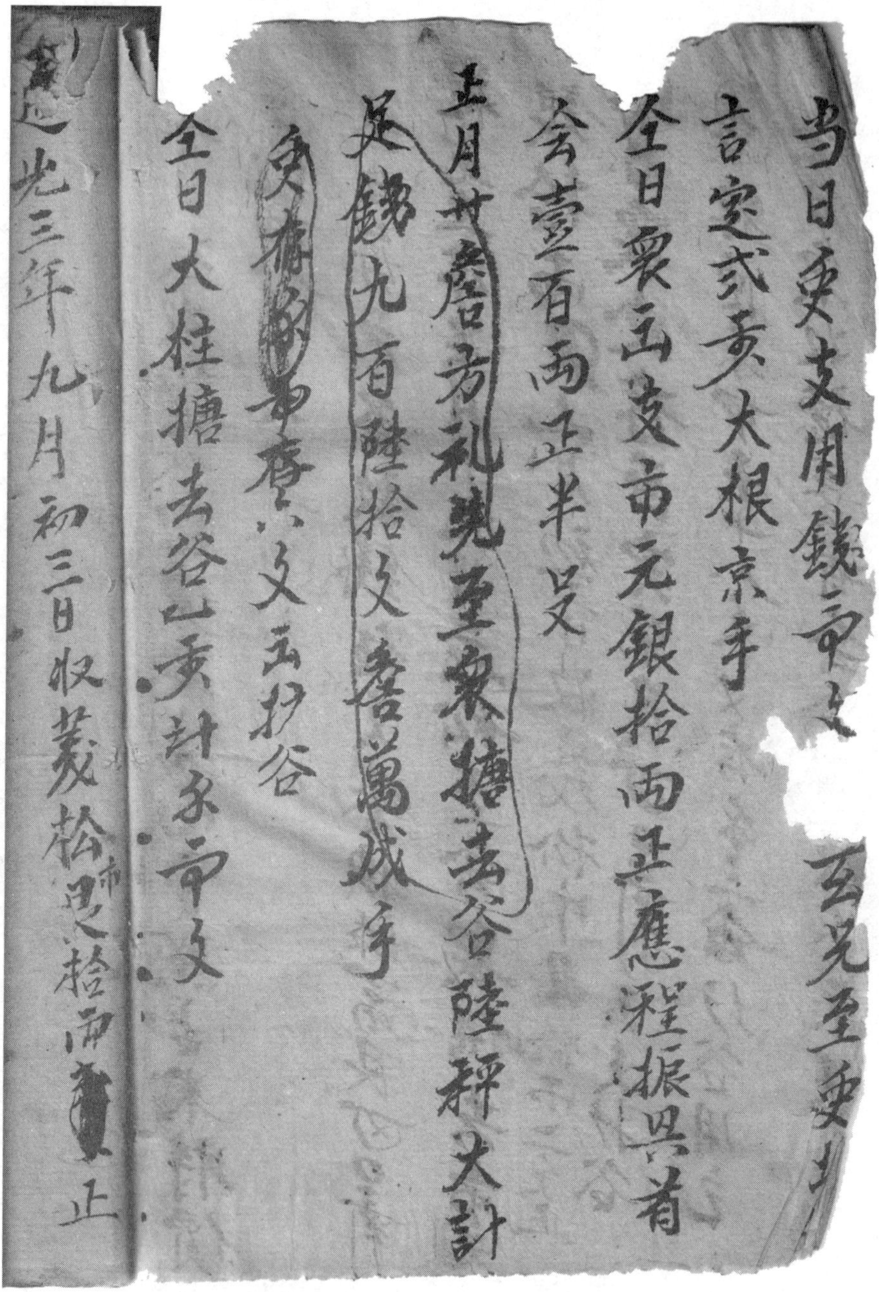

当日支用錢市文　至先至支
言定弍两大根京手
仝日衆立支市元銀拾两正應程振興首
会壹百两正半足
正月廿[illegible]方礼先至衆塘去谷陸秤大計
足錢九百陸拾文[illegible]萬成手
支糖[illegible]市[illegible]文立抄谷
仝日大柱塘去谷□支封永市文

道光三年九月初三日收義捨[illegible]拾两[illegible]正

段莘乡大汜村 B 2-10 · 道光元年至咸丰三年 · 流水账

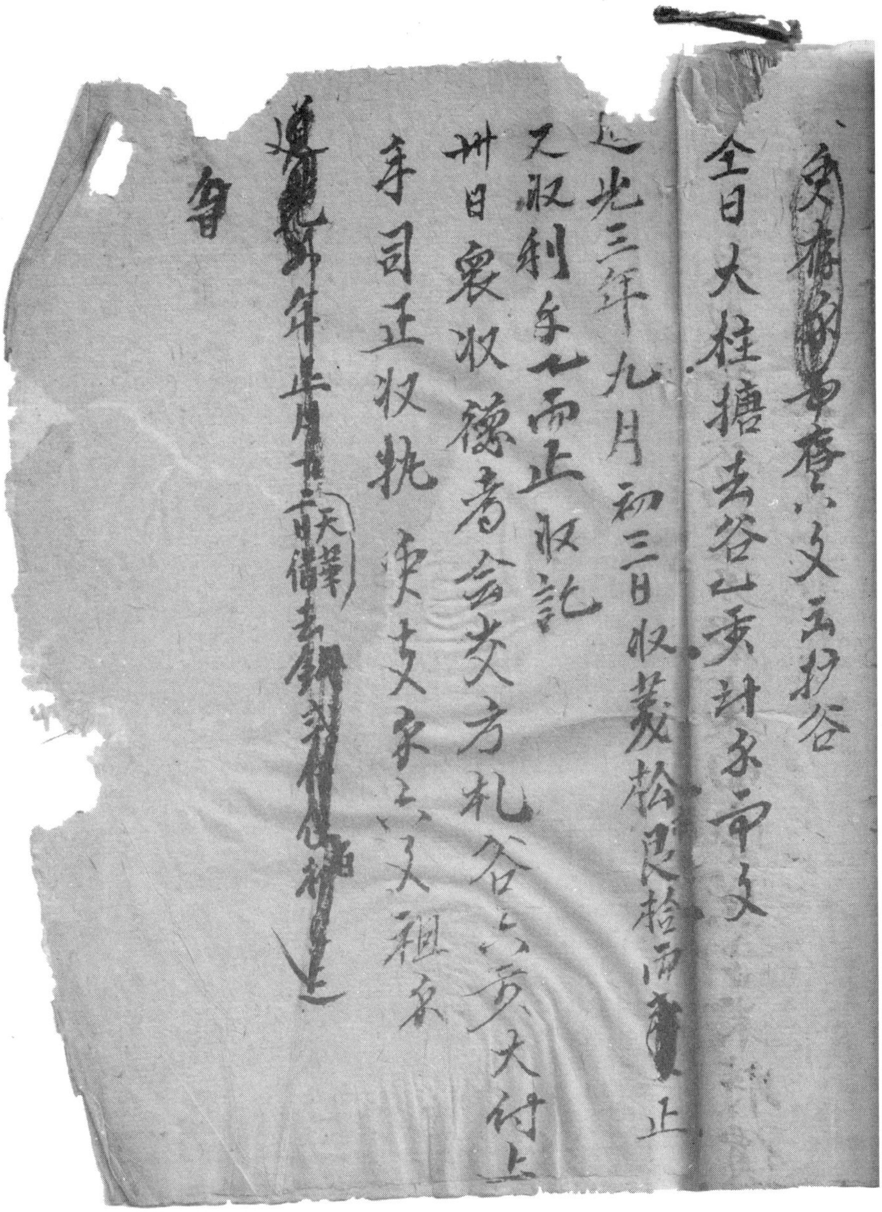

段莘乡大汜村 B 2-11 · 道光元年至咸丰三年 · 流水账

道光九年正月十二日天華借去錢弍仟伍百伍拾文
仝日大根借去錢壹仟文
仝日根只借去本利錢弍兩只八分七厘五 收乞
仝日發喜據去谷乙石計錢弍百八十文 收乞
仝日發生據去谷乙石計錢弍百八十文 收乞
仝日收泳龍上年當存欠谷乙石未交自
遷上午叁廿斤自後上年下清算帳知白
[illegible]上為送[illegible]

段莘乡大汜村 B 2-12 · 道光元年至咸丰三年 · 流水账

仝日收添富来乙升上乙斗

又仝日收添龍艮利弍千五分自領生殖 收訖

仝日收双龍谷乙斗内卩半斗付台

仝日年支用千廿文買豆伏

仝日收観德艮利五錢止

仝日存匣字七百卅乙文

仝日收存匣千卩卅七十文

廿二日天龍唐去谷乙斗計，字卩八十文收乞

又收天龍（干穗祥）谷□新付傳琛生書

段莘乡大汜村 B 2-13 · 道光元年至咸丰三年 · 流水账

仝日宗𠀋收天龍谷□錢付傳瑞生唐𠮷

谷叁秤計錢叁百六十文

曾德龍 唐谷壹秤計錢八十文 收乞

十四日元寿塘去谷乙秤計錢乙百八十文

仝日細保塘去谷乙秤計錢乙百八十文

五月初一日收年得林本利銀弍兩弍錢五分

宝安支交会起發邱收 仍交艮乙錢五分 受收

仝日收盛美足錢弍仟文 補記正月收 廿和

段莘乡大汜村 B 2-14 · 道光元年至咸丰三年 · 流水账

手七十七文買香爐火赤□仍淨該本利系

共佰卅肆文八後

今日收順慶足系八佰卅七文交會下收仍淨該

本利系一百卅三文八後

今日存匯罕一千四文當支出系叁二文買酒

九月八日衆收順慶足系千七十七文衆交當支會用

系四卅九文算賬上點心仍系廿六文存錢

是日順慶交會借去足系千六文

段莘乡大汜村 B 2-15 · 道光元年至咸丰三年 · 流水账

道光五年正月初七日衆友算賬

仝日收現德銀利柒正〡三兩

仝日收順慶谷乙石半作米乙石五升每升川

計財價足錢肆伯八十文為乙甲四千魚点心 更交

又為乙甲文打香爐壹周文 收義興春藥丞手 文打香爐錢

仝日收發喜餘谷七石每石乙算計財價足

錢弍仟弍伯四十文 當收足錢八伯四十文

付足錢乙仟四伯文 言 振興上月內还楚又

段莘乡大汜村 B 2-16 · 道光元年至咸丰三年 · 流水账

仝日収元寿谷乙秤計[illegible]叁伯廿文未収款

仝日収成林谷乙秤計財價錢叁伯廿文未収

仝日添華借去錢捌佰乙拾肆文乞

仝日順慶借去錢弍佰文乞

仝日存匣錢乙千伍佰〇捌文

当日五文錢壹千乙伯文打錫鑞用

初錢肆伯五十八文存匣

廿四日癸生塘去谷弍秤計錢三伯八十文

段莘乡大汜村 B 2-17 · 道光元年至咸丰三年 · 流水账

钱手七十八文存匣又出支手五十文打

錫鑼騾

（二）廿二日車安存匣錢叁伯八十五文

仝日收振興足錢壹仟肆伯文內有四伯九折算会双喜谷價

三月初十日双龍借去手壹伯文乞

四月廿五日大桂借去大手叁伯六十文

四月初十日收添龍本利艮壹兩伍戕

正村得林交會

段莘乡大汜村 B 2-18 · 道光元年至咸丰三年 · 流水账

十月廿五日漢榮借去手兩百文乞

五初八日順慶借去足錢伍百文乞

十一廿三日衆支用錢四〇二文　叓交弄貼点心

仝日衆交收君美谷弍秤作米弍斗計財價每斗

卅文　共谷價二千文

存厘錢乙千〇八十二文

十二月十六日添富塘去谷叁秤計錢六百文

廿一日添龍借去錢弍伯八十四文当日因添富不伏

段莘乡大汜村 B 2-19 · 道光元年至咸丰三年 · 流水账

……詳錢六百文

廿一日添龍借去錢弍佰八十四文当日因添富不伏

將原錢即还存匣

查冊時寄搪叁斗計價市[illegible]

道光六年正月十三日收添華利錢乙伯九十五文

仝日收順慶谷弍斗計時價每斗弍千文算

共三伯文

仝日付順慶市元銀乙両弍錢奇正存交会

仝日添華搪去谷肆斗大計錢伍千四百文

仝日添龍搪去谷乙斗計錢弍千文

段莘乡大汜村 B 2-20 · 道光元年至咸丰三年 · 流水账

仝日收添蒼本利錢市卅文

仝日慶龍搪去谷弍斗計[illegible]肆佰文收訖

仝日下收成林錢市七十二文

仝日衆友五交錢七十四文補頭家買干魚乙斤

仝日起開搪去谷六斗計價錢乙千市文

日春匣小錢市四十六文　又大[illegible]卅六文

三月初日收覌德華錢二元當扎錢市四十九文　經筭

二芙市元艮弍兩柒正本利訖

段莘乡大汜村 B 2-21 · 道光元年至咸丰三年 · 流水账

…前元艮弍文四柒正本利訖
仝日收汝高銀利弍柒正当扎乙千五十四
文淅扣算
七月初十日順慶至衆借去炆大錢四柒正收訖
九月初三日收汝高市艮拾両正利未收借約未繳
仝日天龍借去市銀拾両正收
初九日衆交算賬支用多五十九文点心
十月十三日收衆交收擂谷價錢伍仟弍伯卒文
[illegible]支銀弍拾両兑扴大錢六仟四伯弍十文 扣訖

段莘乡大汜村 B 2-22 · 道光元年至咸丰三年 · 流水账

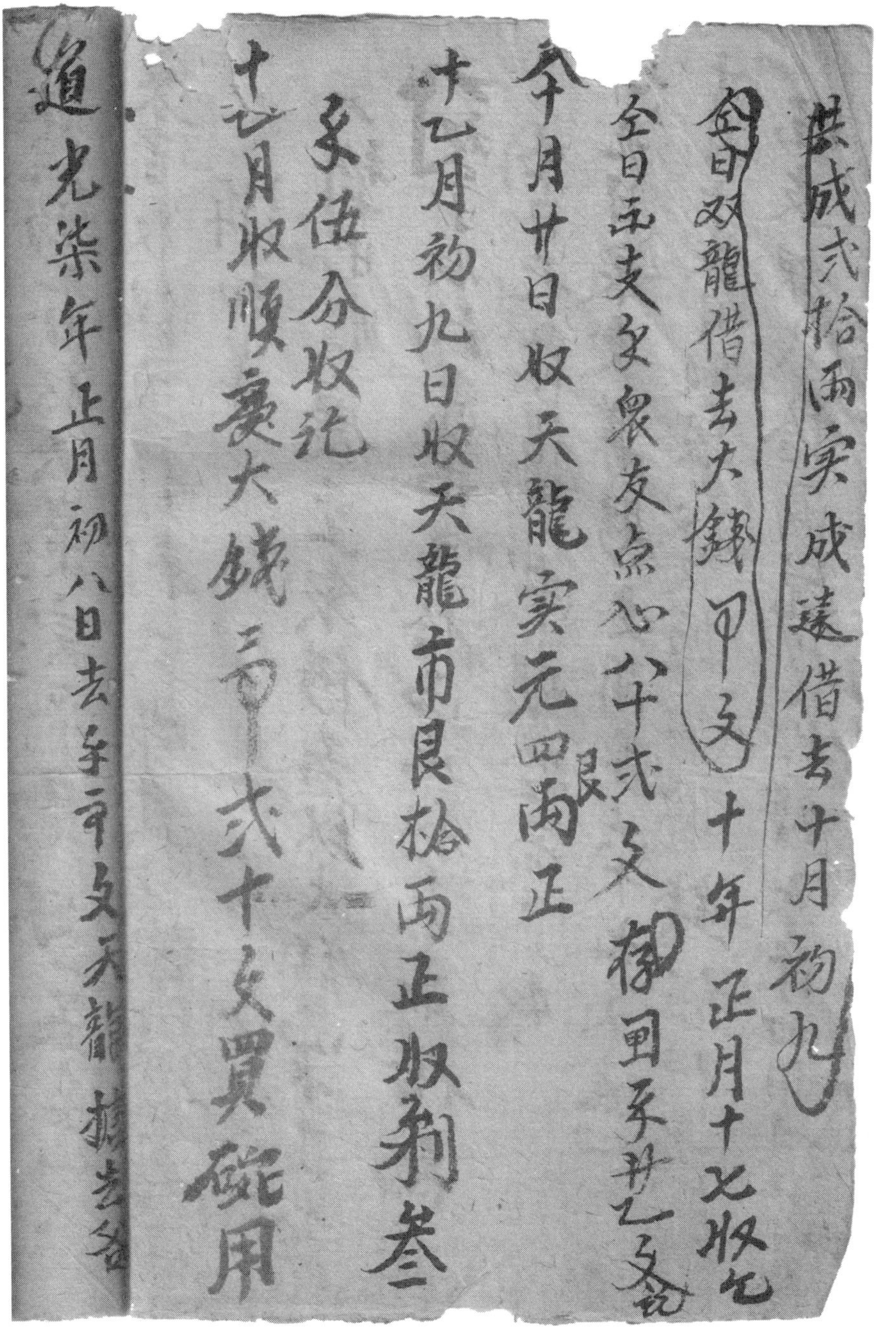

共成弍拾両实成遠借去十月初九

仝日双龍借去大錢甲文

十年正月十七收乜

仝日天吏交衆友点心八十弍文御回手廿乙文訖

今月廿日收天龍实元四両正

十乙月初九日收天龍市艮拾両正收利叁

又伍分收訖

十乙月收順爽大錢三□弍十文買碗用

道光柒年正月初八日去手一百文天龍□去訖

段莘乡大汜村 B 2-23 · 道光元年至咸丰三年 · 流水账

道光柒年正月初八日去錢千文天龍揹去谷
乙秤記
仝日天富借去錢丁三十文收記
十二日收慶龍谷價錢六佰收記
六年八月初九日振興借去市元拾四両九錢五甫記
七年正月十二日收成遠利艮[illegible]壹両〇一分實
仝日覌明揹去谷乙秤計錢千文記
仝日存匣錢一千六十七文又存匣實艮兩〇一分

段莘乡大汜村 B 2-24 · 道光元年至咸丰三年 · 流水账

正月十八日出支千[illegible]文順慶擔去拾乙千 收訖

二月初乙日順慶借去實平乙兩〇乙分正

三月初一日收得林利良帝元良乙兩弍錢正

仝日添華借去實平良乙兩伍錢正

仝日收金竹坑利良實平六錢六分半

初八日收德旅良利帝元乙兩弍錢正

仝日添龍借去帝元良乙兩弍錢正收之

五月初乙日收天華實平良乙兩五錢乙分

又收錢五千乙文利錢在內交會用

段莘乡大汜村 B 2-25 · 道光元年至咸丰三年 · 流水账

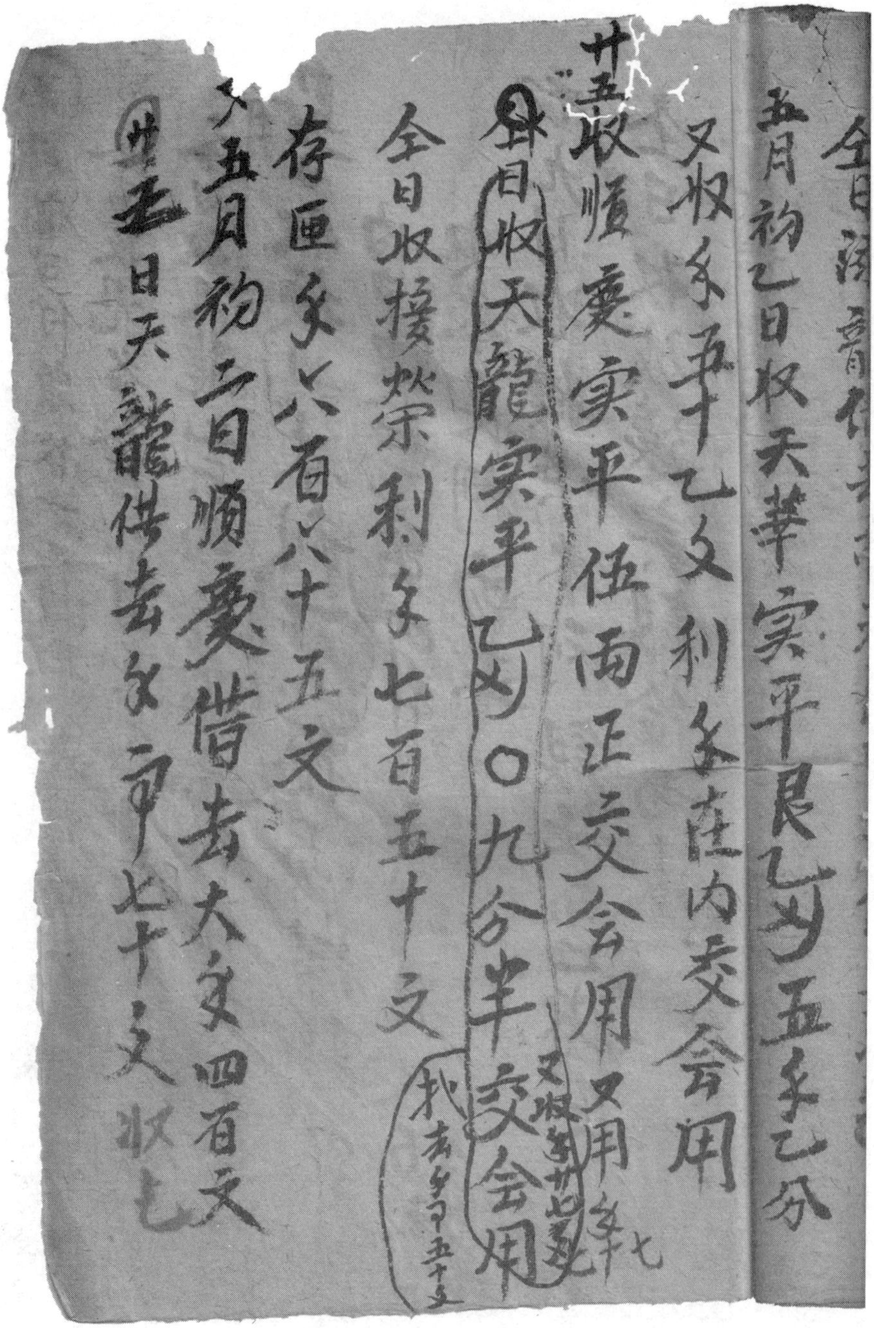
五月初乙日收天華實平艮乙两五钱乙分
又收钱乙千乙文利钱在内交会用
廿五收恒慶實平伍两正交会用 又用钱七
廿日收天龍實平乙两〇九分半交会用 又收钱[illegible]
仝日收接荣利钱七百五十文
找去钱乙千五十文
存匣钱八百八十五文
又五月初二日恒慶借去大钱四百文
廿五日天龍借去钱乙千七十文 收乜

段莘乡大汜村 B 2-26 · 道光元年至咸丰三年 · 流水账

十月初日付頭谷十四石半来年做會
仝日收觀各谷乙石討文弍百五十文点心用
仝日收天龍乙石丙除半石付頭半石点心用
十一月
暑收振興本利艮拾兩肆錢四年
內ア艮二分辛四年上利ア收伍淨
欠本艮捌兩正
初九日收接榮本利銀伍兩七錢正
仝日收成遠實銀拾兩正

段莘乡大汜村 B 2-27 · 道光元年至咸丰三年 · 流水账

仝日收成遠實銀拾兩正

仝日收汾高利市銀弍肆錢正

仝日至程宗佑借来市銀拾伍兩正还包

当日会交支用實銀叁拾弍兩正買田價

支用足錢六百五十文交易

支用實銀一兩柒正仁扣足錢一千七百六十文中用川錢

補記七月廿日衆五支大實銀肆兩正付成遠

段莘乡大汜村 B 2-28 · 道光元年至咸丰三年 · 流水账

大[illegible]成遠[illegible]去[illegible]銀玖両七錢正

道光八年正月初十日收順慶谷乙石計乇[illegible]六十文

收觀德谷乙石付上年

道光八年正月初十日觀德擔去乙石半谷 訖

乇叁伯文

全日觀明擔去谷乙石半 計乇三[illegible]文

全日存回乇六十八文

全日紙支乇買伏點心

全日收天養利乇廿五文

[illegible]收張興本利艮五兩[illegible]正

段莘乡大汜村 B 2-29 · 道光元年至咸丰三年 · 流水账

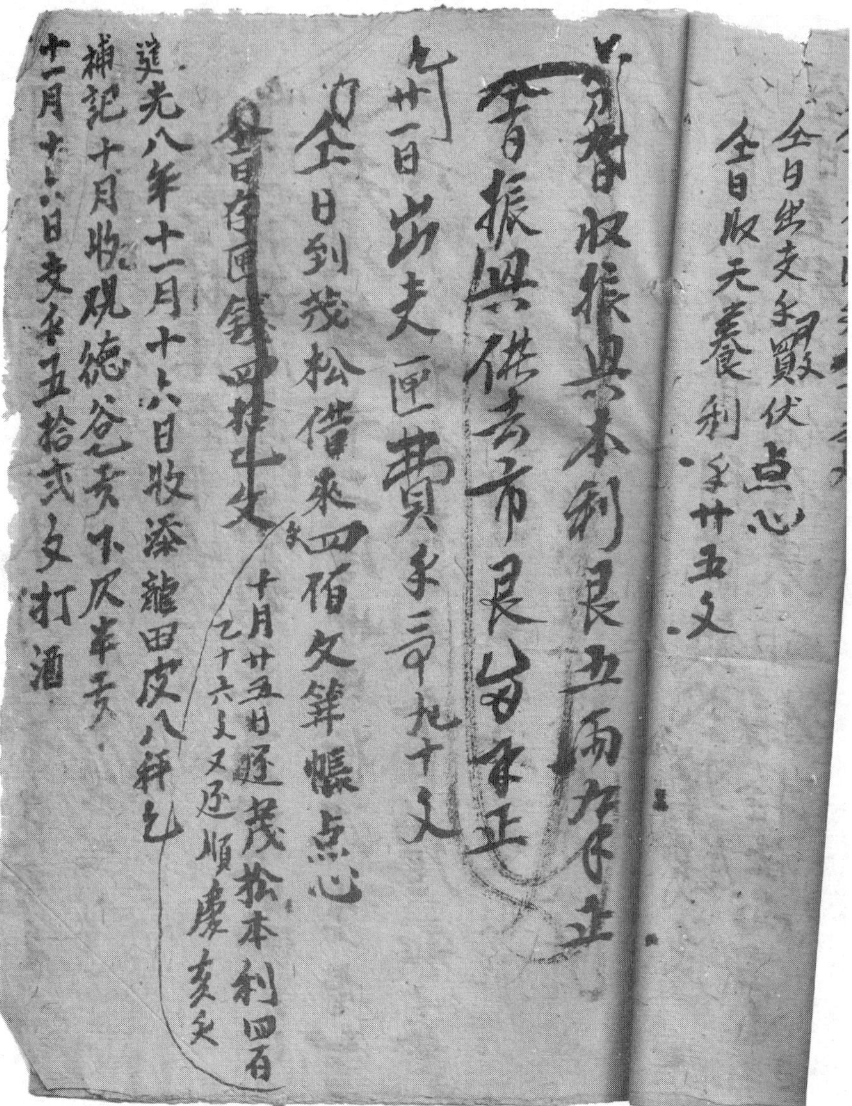

仝日出支手買伏点心
仝日收天養利手廿五文
仝日收振興本利艮五兩九錢正
仝日振興借去本艮肆錢正
廿一日出支匯費手二百九十文
仝日到發松借來四佰文算帳点心
十月廿五日還茂拾本利四百
乙十六日又還順康交
仝日存匯錢四拾千文
道光八年十一月十六日收添龍田皮八秤乙
補記十月收觀德谷乙秀下欠羊秀
十一月十六日支手五拾弍文打酒

段莘乡大汜村 B 2-30 · 道光元年至咸丰三年 · 流水账

存前順義二共領本利和市艮叁两二錢七[illegible]
吴萃年会还艮七两零錢今下欠艮八錢七厘
收俭林本利艮六两一錢八
收記對还俭榮本利艮五两四錢由謝 入後
道光八年十二月廿日收添多千乙百
六十文收利拾乙文仝日詹和喜
詹去谷伍石計多乙千文 收訖
十一月十六日收天龍田皮八石計米八斗

段莘乡大汜村 B 2-31 · 道光元年至咸丰三年 · 流水账

計價大钱弍仟六百八十文交会慶林会

艮七钱七分扣钱兯七十八文

十二月廿五日收慶林寨利实银拾弍两〇三分

內戶弍两〇三分交慶林首会

仍来钱二千九十乙文

九年正月初六七日收双龍利钱廿五文

廿一日現德揹去谷乙石計钱二千文又揹去谷乙石半 計

仝日收高荣谷乙石計钱一千五十文

段莘乡大汜村 B 2-32 · 道光元年至咸丰三年 · 流水账

仝日宗林擔去谷乙石 計錢大錢一千文

仝日硯明擔去谷乙石半 計大錢二千文 又收錢一千文

仝日德林借去大錢一千文 仝日明

仝日收干明谷貳石半

仝日收天龍谷乙石 計錢一千三文

仝日收順慶谷半石 計錢一千六文

仝日德高擔去谷乙石 收訖

仝日順慶擔去谷乙石 收訖

段莘乡大汜村 B 2-33 · 道光元年至咸丰三年 · 流水账

仝日順慶擔去谷乙秀 收訖

仝日細保擔去谷乙秀

仝日拾有擔去谷叁秀 收訖

仝日天福擔去谷乙秀半 收訖

仝日覌明擔去谷半秀

補記八年十月廿六日至乾大兄借实艮二两

二年六分 廷德榮

九年正月初六日廷乾大兄本利实艮两五叉

年乙分

段莘乡大汜村 B 2-34 · 道光元年至咸丰三年 · 流水账

存匣手五伯文又小手五十文

共存匣市艮八两正

其新翟汪村田皮山约道衆支付德林收拃
道光九年正月十二日衆支面議進出賬
籍言明每年式分四厘行息倘有積谷之
利是要照收一併賬籍分作四挈料理
遞年徵会筭之日上交下首如有不
清下首不領日後毋得推諉

嶤天順 慶林 覌明 順慶

覌有 覌寿 焕荣

段莘乡大汜村 B 2-35 · 道光元年至咸丰三年 · 流水账

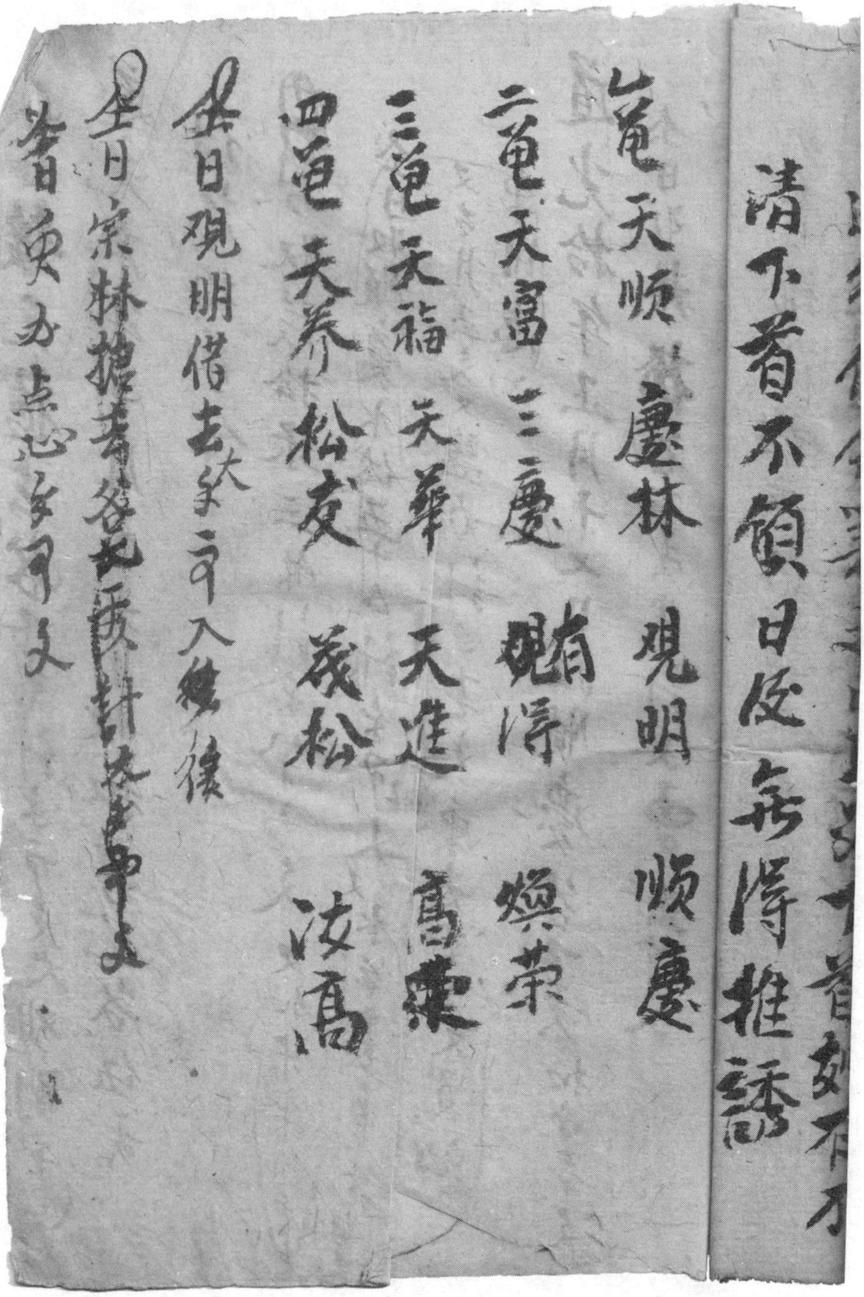
清下首不領日後無得推諉

長房天順 慶林 覌明 順慶

二房天富 三慶 覌有得 煥榮

三房天福 天華 天進 高榮

四房天養 松友 茂松 汝高

仝日覌明借去大錢千入幾後

仝日宗林揭去錢壹千文

首事办点心錢千文

段莘乡大汜村 B 2-36 · 道光元年至咸丰三年 · 流水账

廿日接元抽去谷乙秤计钱一百文大观明手

道光九年十月十六日收和喜兄谷伍秤

付茂松首会

卅日收茂松米三斗计钱八十四文 又加米半斗钱十文

仝日收顺庆水伏五十斤计钱四[illegible]文 又水[illegible]十六斤半计[illegible]

又十月五文又盐四两计钱十七文 东夫钱卅文买油

东用忘心

道光拾年正月十七日收顺庆谷乙秤和钱一百文

仝日收茂松谷乙秤半计钱一百五十文

仝日收现明谷四秤计乙千贰百文

段莘乡大汜村 B 2-37 · 道光元年至咸丰三年 · 流水账

仝日收茂松谷二秤半計钱四百五十文
仝日收現明谷四秤計乙千弍百文
仝日收有德付台谷乙秤衆收計钱二百文
仝日收天養本利钱百廿五文
仝日收天龍田皮八秤又付台乙秤二共叁谷九秤
計钱弍仟七百文衆收
仝日有德借去钱五百文衆观德谷價十一年吾初谷收讫
仝日天龍塘去谷乙秤半計钱三百文收讫
仝日收細保谷乙秤計钱二百文

段莘乡大汜村 B 2-38 · 道光元年至咸丰三年 · 流水账

仝日松有塘去谷弍秤計钱〤百文乞

仝日茂松塘去谷乙秤計钱亍文收乞

仝日德荣塘去谷乙秤計钱亍文乞

仝日細保借去钱二亍文 又借去钱五百文 二共钱八百文

仝日德林塘去谷乙秤計钱亍文 十二年正月收钱二亍五十八文

仝日收观明利钱〤十〤文

仝日观明塘去谷乙秤半計钱二亍文

仝日三德塘去谷半秤計钱乙百文 十一年正月初八日收钱亍五十九文

是日员钱〤七十五文 又華钱二元

段莘乡大汜村 B 2-39 · 道光元年至咸丰三年 · 流水账

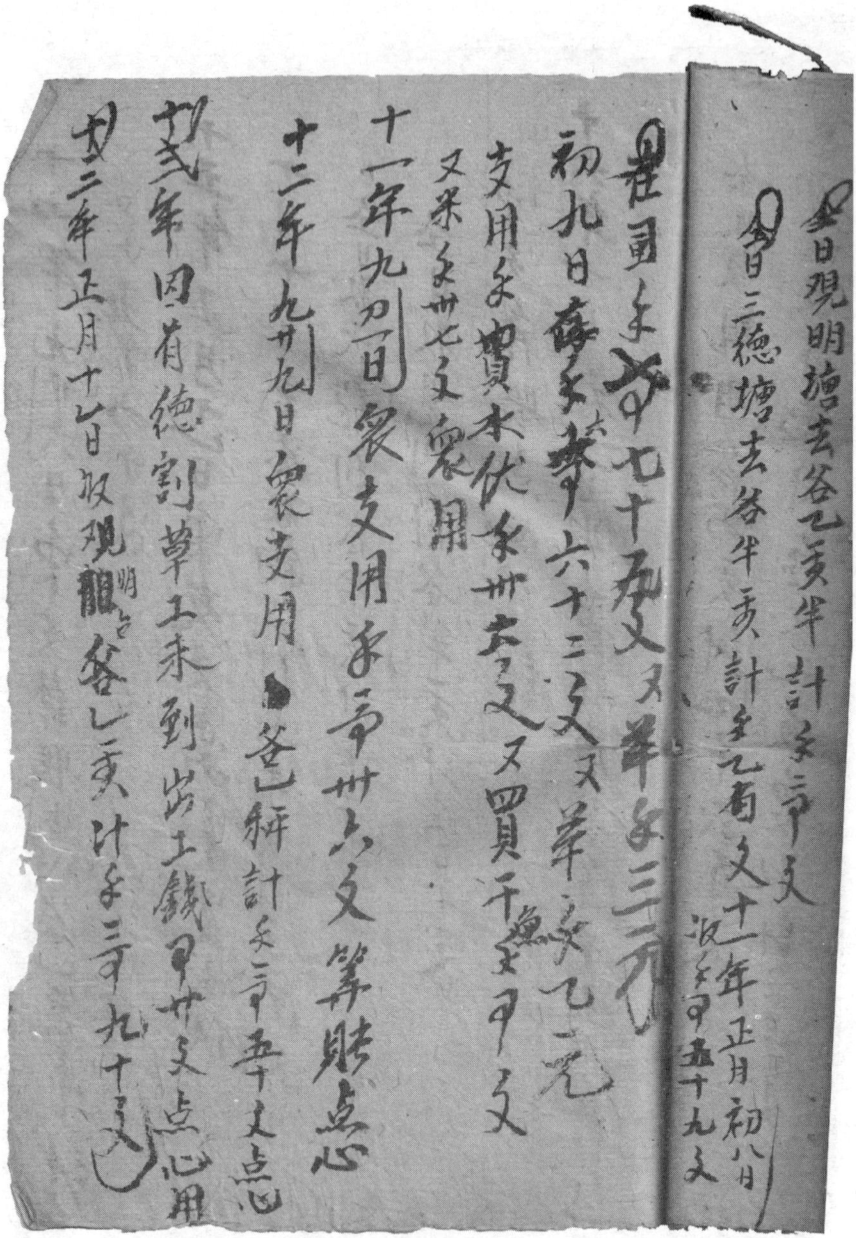

全日現明塘去谷乙石半 計钱二百文
全日三德塘去谷半石 計钱乙百文 十一年正月初八日 收钱[illegible]五十九文
是日钱[illegible]七十[illegible]文 又華钱三元
初九日[illegible]钱[illegible]六十二文 又華钱乙元
支用钱買木伏钱卅六文 又四貝千魚钱[illegible]文
又采钱卅七文衆用
十一年九月[illegible]日衆支用钱二百卅六文 算賬点心
十二年九月廿九日衆支用 [illegible]谷乙担 計钱二百五十文点心
十二年因有德割草工来到岗工錢[illegible]廿文点心用
十三年正月十六日收現明谷乙石 計钱三百九十二文

段莘乡大汜村 B 2-40 · 道光元年至咸丰三年 · 流水账

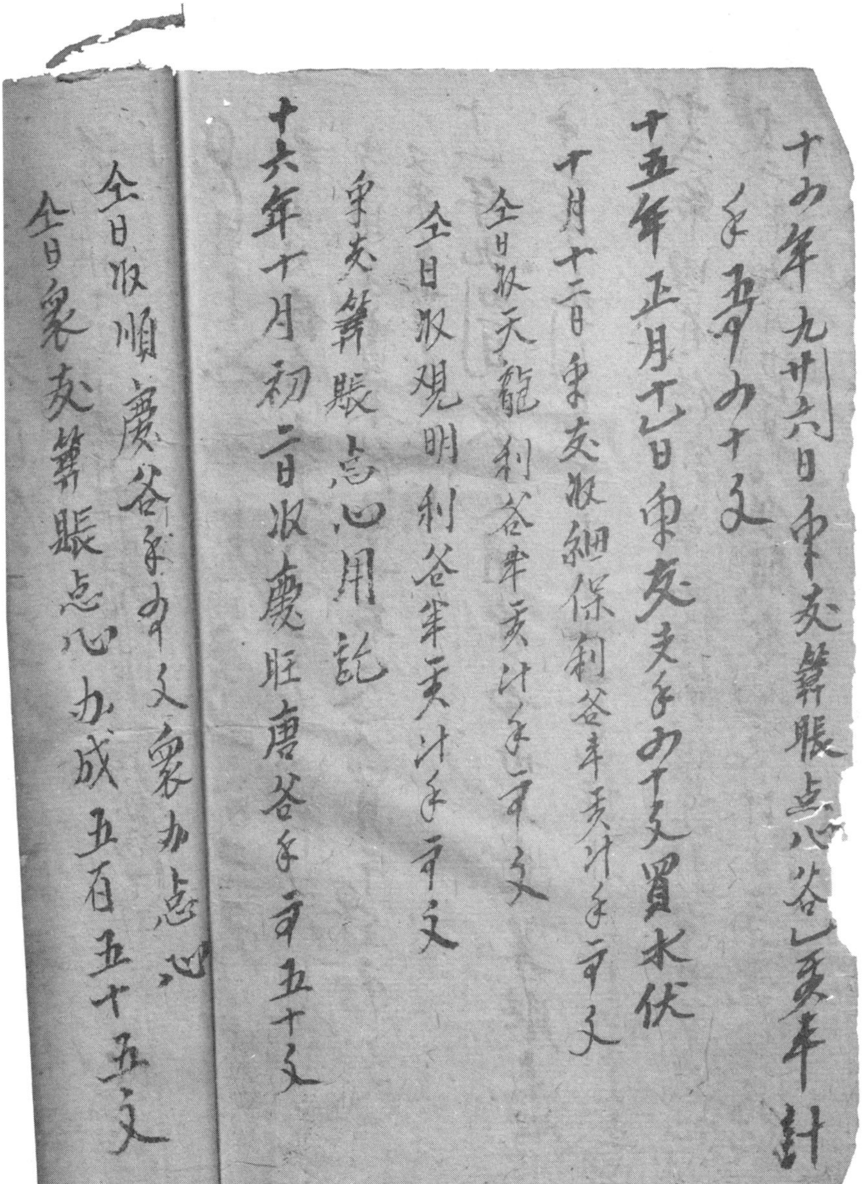
十四年九廿六日東交算賬点心谷一百八十斗計
乎五百四十文
十五年正月十六日東交支乎四十文買水伏
十月十二日東交收細保利谷半斗計乎一百文
仝日收天龍利谷半斗計乎一百文
仝日收現明利谷半斗計乎一百文
東交算賬点心用訖
十六年十月初二日收慶旺唐谷乎一百五十文
仝日收順慶谷乎四十文衆加点心
仝日衆交算賬点心加成五百五十五文

段莘乡大汜村 B 2-41 · 道光元年至咸丰三年 · 流水账

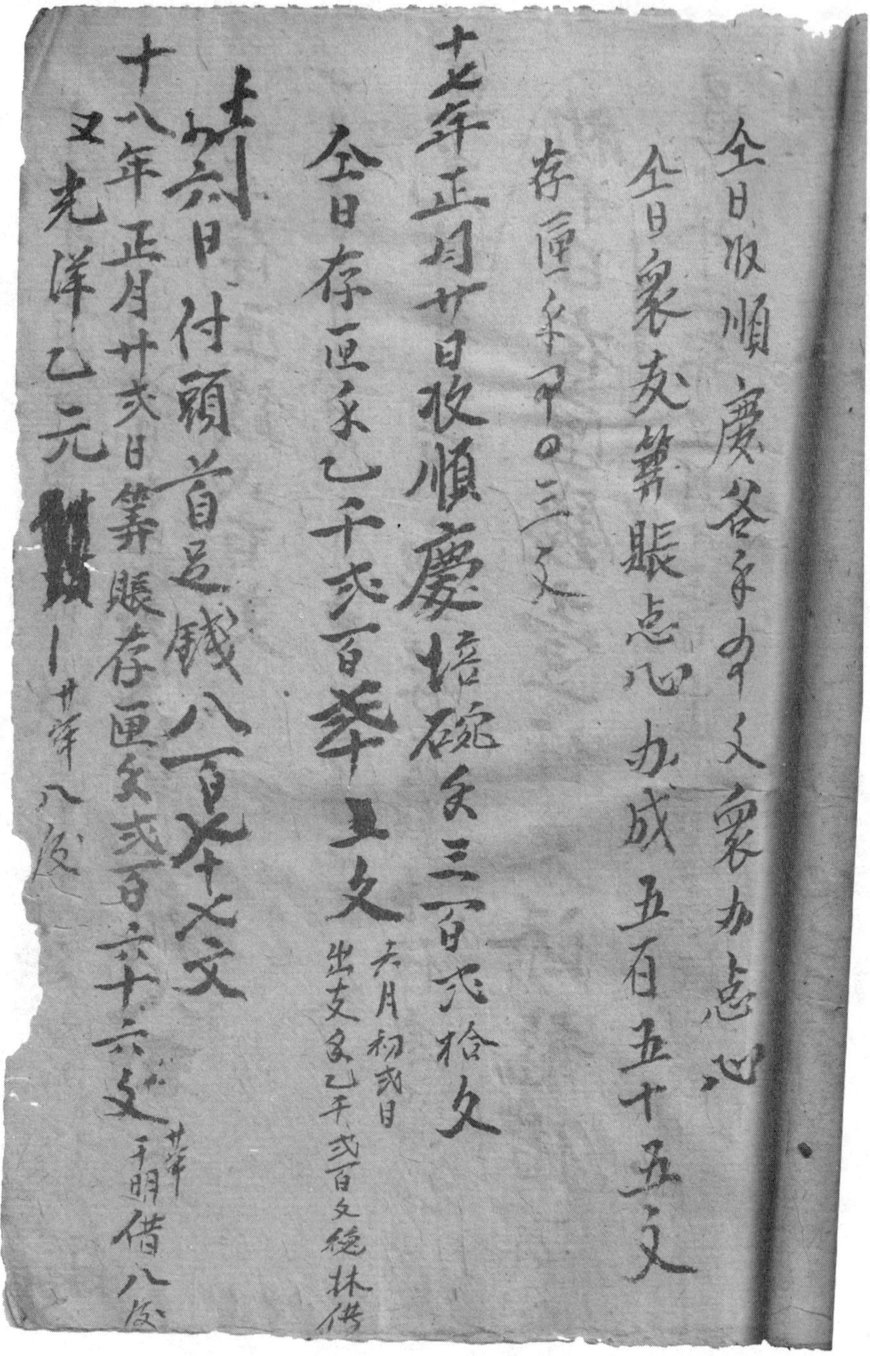
仝日收順慶各手中文衆加点心
仝日衆友算賬点心加成五百五十五文
存匯錢千〇三文
十七年正月廿日收順慶培碗錢三百弍拾文
仝日存匯錢乙千弍百叄五文
六月初弍日
出支去乙千弍百文德林借
十八初日付頭首足錢八百七十文
十八年正月廿弍日算賬存匯錢弍百六十六文
廿年
平朗借八倣
又光洋乙元[redacted]一
廿年八倣

段莘乡大汜村 B 2-42 · 道光元年至咸丰三年 · 流水账

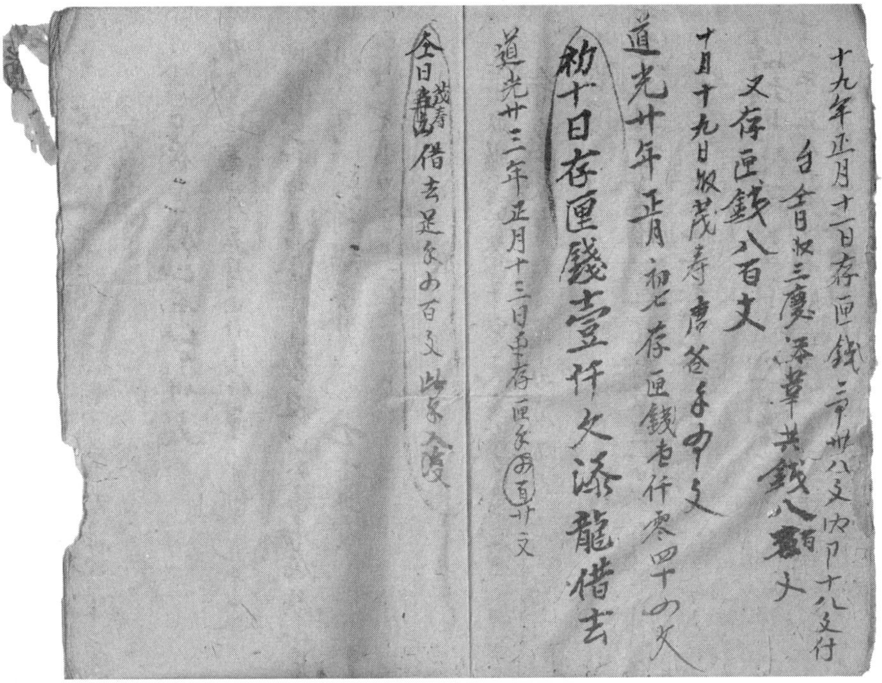
十九年正月十一日存匣錢二千卅八文内除十九文付
白舍叔三慶添華共錢八百文
又存匣錢八百文
十月十九日叔茂寿唐爸手中文
道光廿年正月初七存匣錢壹仟零四十四文
初十日存匣錢壹仟文添龍借去
道光廿三年正月十三日手存匣錢五百廿文
仝日茂寿借去足錢五百文 此錢入賬

段莘乡大汜村 B 2-43 · 道光元年至咸丰三年 · 流水账

道光廿八年正月十二日乘秀才点九千二
五十六文
仝日存匣钱七千四百卅文
咸丰元年五月廿四日存匣千四百九十文
咸丰三年正月十二日蒙友买卓为钱七千
四廿又汪村锡特钱三千七十五文
又安香光千廿二文

段莘乡大汜村 B 2-44 · 道光元年至咸丰三年 · 流水账

一

大共收人　人　付

成遠來年充首　仍谷半石衆交罗[illegible]

道光弍年十月廿七日收谷付頭

一收成林谷乙秉　一收添順谷乙秉

一收添福谷乙秉　一收添龍谷乙秉

一收添華谷乙秉　一收添進谷乙秉

一收公酒谷乙秉　一收高榮谷乙秉

乙秉

段莘乡大汜村 B 2-46 · 道光元年至咸丰三年 · 流水账

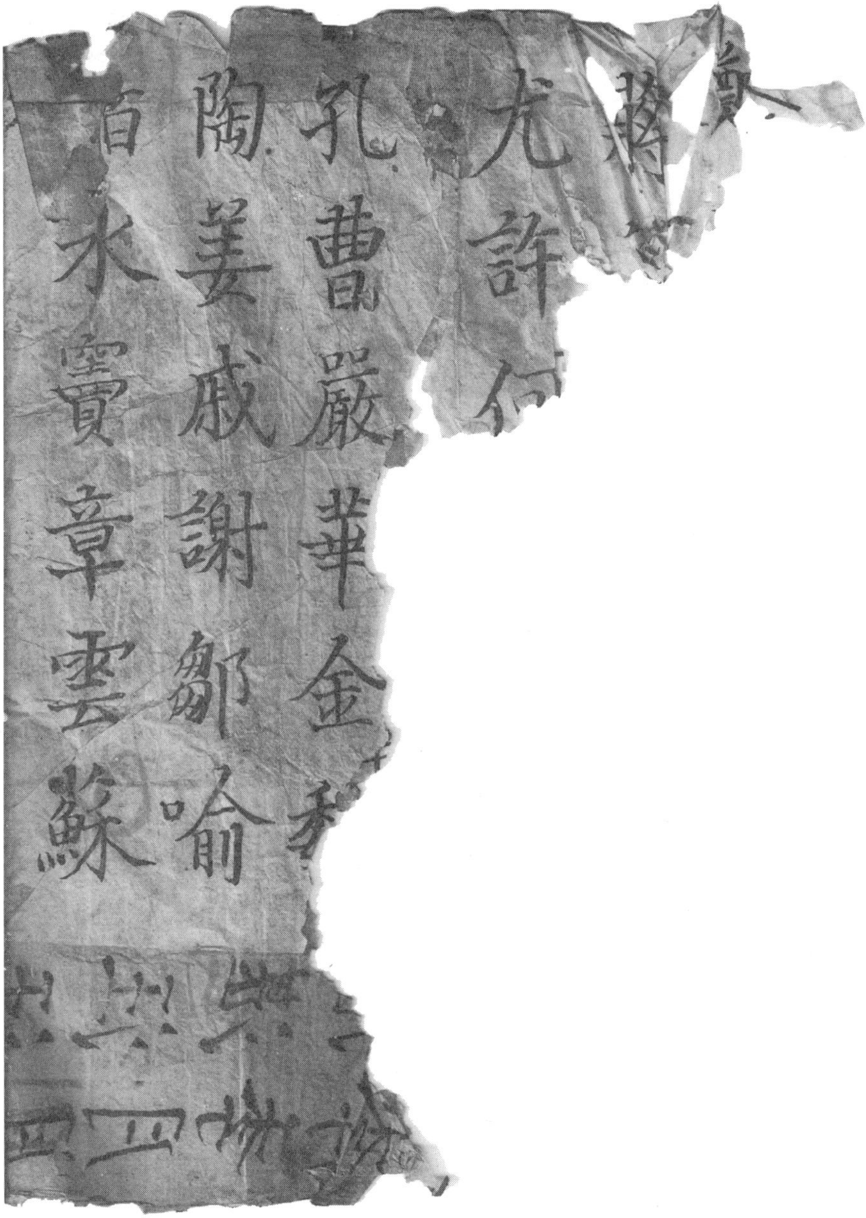
負
蔣
尤許何
孔曹嚴華金
陶姜戚謝鄒喻
柏水竇章雲蘇

段莘乡大汜村 B 2-47 · 道光元年至咸丰三年 · 流水账

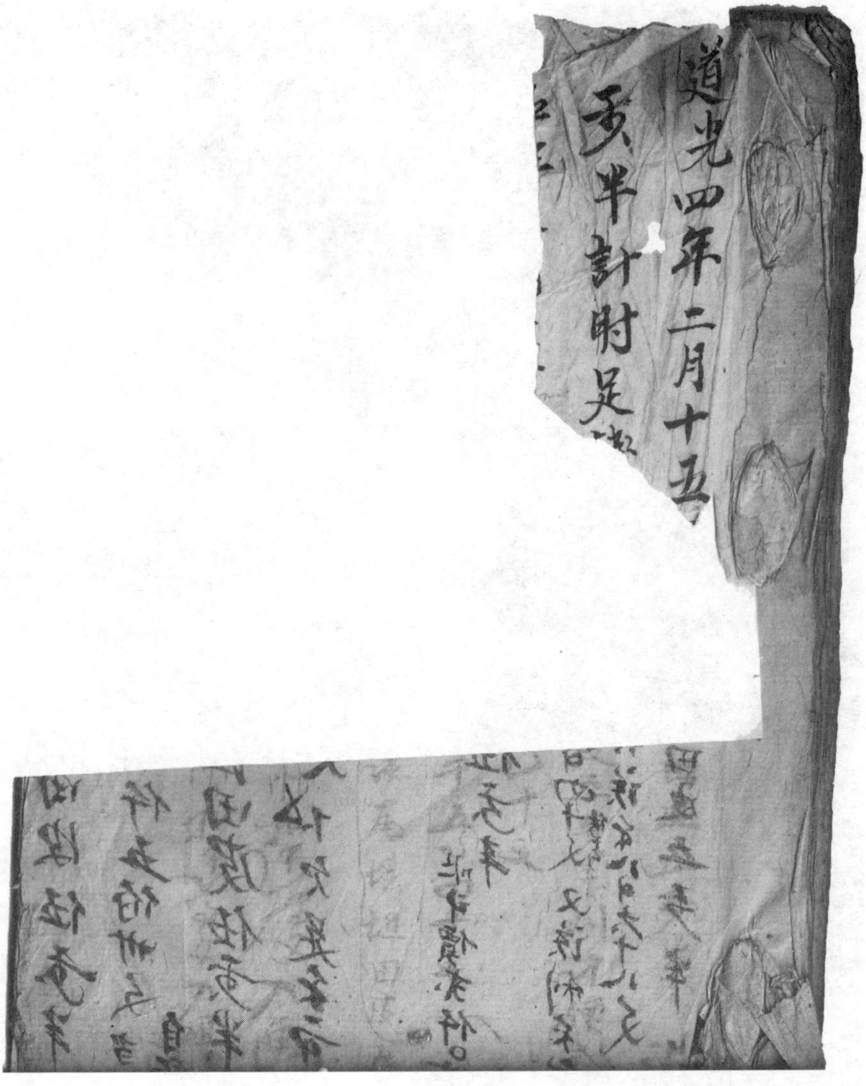
道光四年二月十五

段莘乡大汜村 B 5-1 · 道光四年至二十八年 · 流水账

……[illegible]……尾瑤坦田皮伍亩半

……交內讓乙亩 計米價錢壹仟五佰卅文 当收手卅文 自願生殖

……年二月十五日派添華尾瑤坦田皮伍亩半

計財帖錢乙千四佰八十五文 以下欠足錢乙仟八十五文

三月十七日收下二百八十五文訖

道光十二年二月十五收尾瑤坦田皮伍亩半 作計價貳仟四百卅五文

外收回抗磨谷貳石 作扣錢壹千四十文 借去 又該利錢壹千廿八文 二共該錢八百六十八文

道光十二年二月十五日收尾瑤坦田皮五亩半 [illegible]

段莘乡大汜村 B 5-2 · 道光四年至二十八年 · 流水账

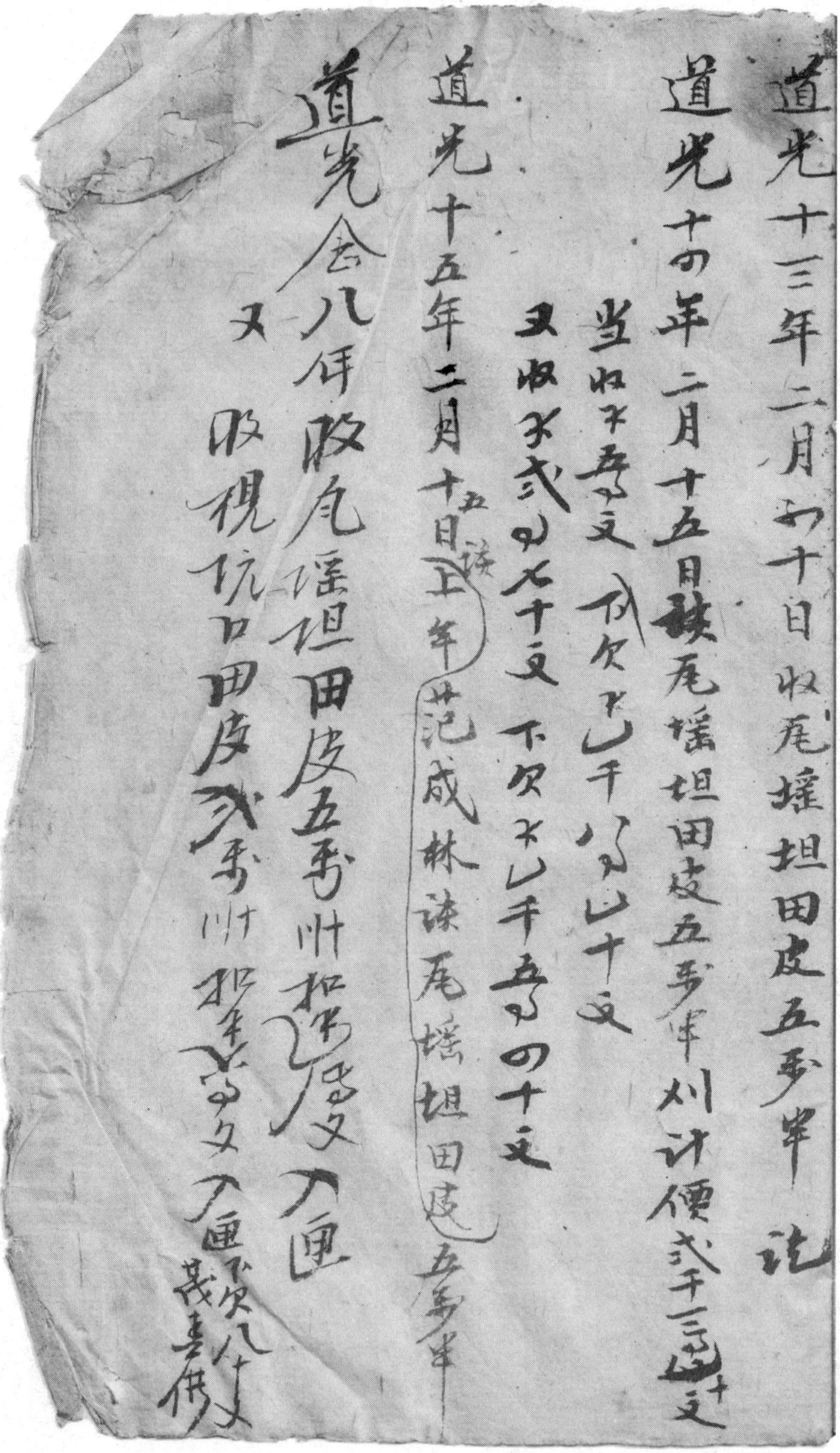
道光十三年二月初十日收尾摇坦田皮五号半讫
道光十四年二月十五日该尾摇坦田皮五号半刈计价弍千一百四十文
当收钱五百文　下欠钱一千六百四十文
又收钱弍百七十文　下欠钱一千五百四十文
道光十五年二月十五日该上年共范成林该尾摇坦田皮五号半
道光念八年收尾摇坦田皮五号卅把摇皮文入匣
又　收视坑口田皮弍号卅把手文入匣下欠八十文
義喜俵

段莘乡大汜村 B 5-3 · 道光四年至二十八年 · 流水账

道光五年二月十一日程發進借去市元銀拾叄兩弍錢正有約借約繳還

道光六年二月十五日收 收得根艮光正弍錢零三分 作文二千廿五文 收宗林艮利光正弍錢〇三分 作文二千廿五文

七年二月十五日收五年利文三伯卅文 係 得根 宗林 付出

八年二月十五日衆友面算發進墝光市元銀柒兩肆錢三分正衆友言明本利兩楚又外補谷二重畢

計財價禾亭七千五文

段莘乡大汜村 B 5-4 · 道光四年至二十八年 · 流水账

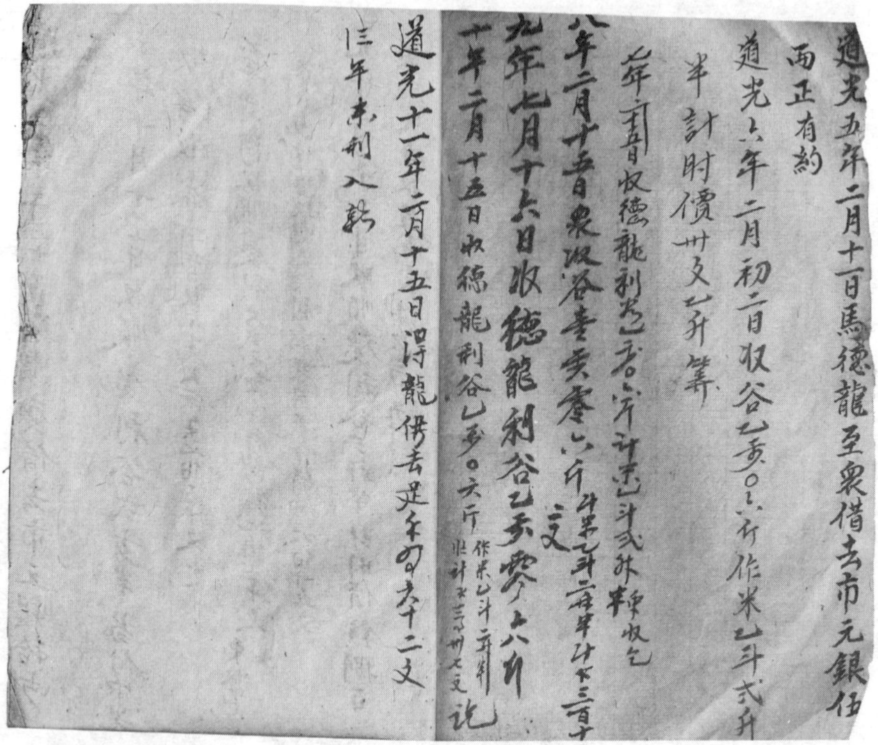
道光五年二月十一日馬德龍至衆借去市元銀伍
兩正有約
道光六年二月初二日收谷〡石〇〤斤作米〡斗弍升
半計財價卅文〡升算
七年二月十五日收德龍利谷〡石〤斤計米〡斗弍升外糠收乞
八年二月十五日衆收谷壹石零〤斤 斗米乙升二合半斗下三百十 文
九年七月十六日收德龍利谷乙石零〤六斤
十年二月十五日收德龍利谷〡石〇〤斤 作米〡斗二升半 計錢三百卅七文 訖
道光十一年二月十五日得龍借去足錢〤百十二文
三年未利入數

段莘乡大汜村 B 5-5 · 道光四年至二十八年 · 流水账

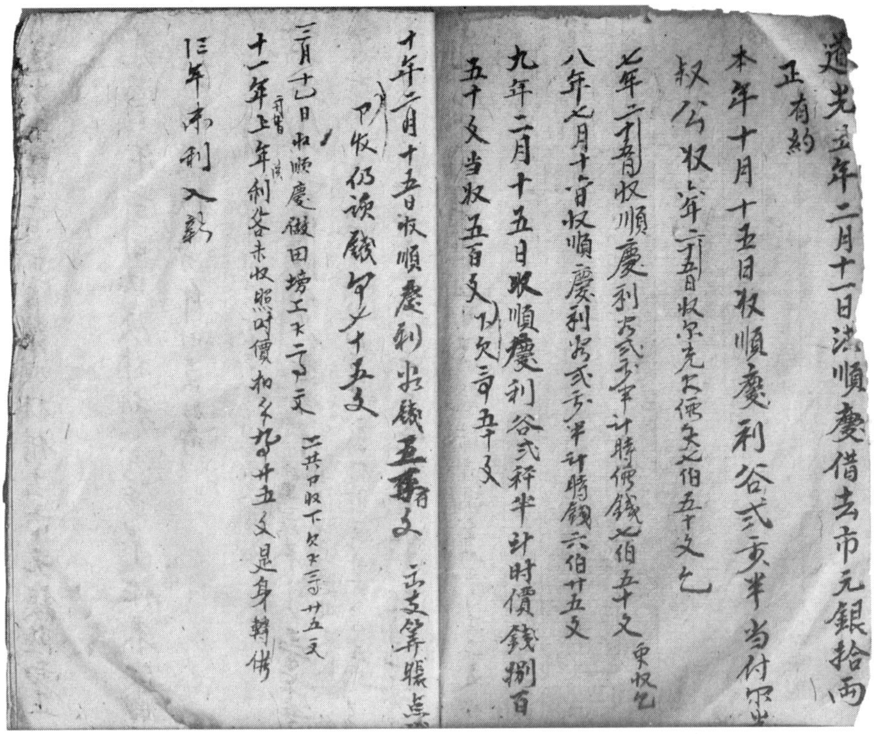
道光五年二月十一日流順慶借去市元銀拾両
正有約
本年十月十五日收順慶利谷弍秤半当付眾
叔公收六年二月十五日收眾先文倆足七伯五十文乞
七年二月十五日收順慶利谷弍秤半計時價錢七伯五十文　東收乞
八年七月十六日收順慶利谷弍秤半計時錢六伯廿五文
九年二月十五日收順慶利谷弍秤半計时價錢捌百
五十文当收五百文　仍欠三百五十文
十年二月十五日收順慶利谷錢五百文　云文算賬点
卩收仍該錢四十五文
三月十七日收順慶做田塝工錢二百卩文　二共卩收下欠錢二百廿五文
十一年上年利谷未收照时價加錢廿五文是身轉借
十三年本利入新

段莘乡大汜村 B 5-6 · 道光四年至二十八年 · 流水账

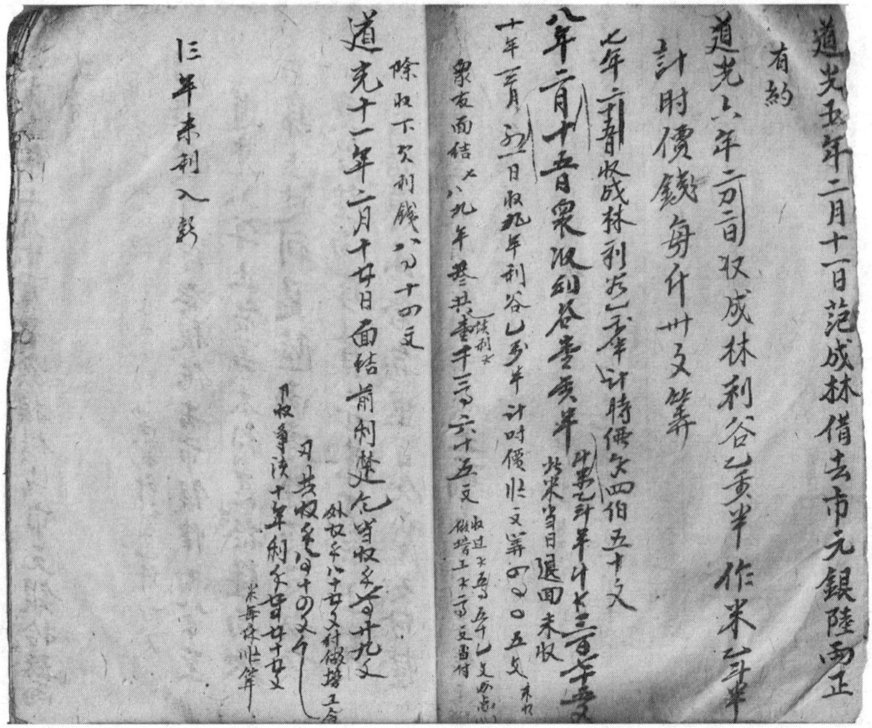
道光五年二月十一日范成林借去市元銀陸两正
有約
道光六年二月二日收成林利谷乙石半 作米
計時價錢每升卅文算
七年二月二日收成林利谷乙石半 計時價欠四伯五十文
八年二月十五日衆收到谷壹石半
十年二月 五日收九年利谷乙石半 計时價
衆友面結七八九年 共壹千三百六十五文
除收下欠利錢
道光十一年二月十六日面結前利楚訖
十三年未利入新

段莘乡大汜村 B 5-7 · 道光四年至二十八年 · 流水账

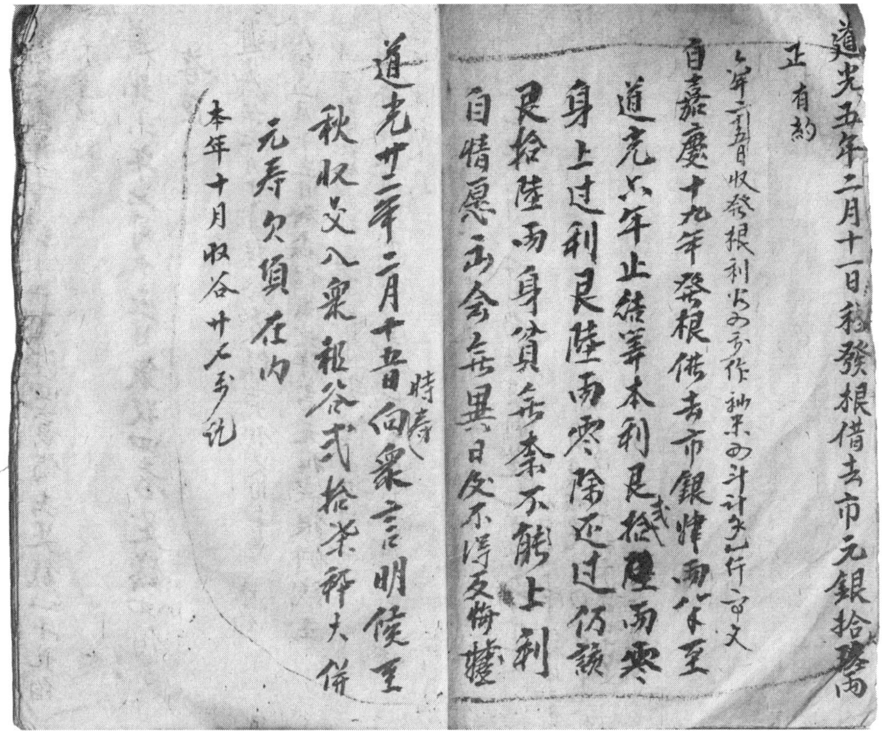

道光五年二月十一日移發根借去市元銀拾陸兩
正 有約
六年二月五日收發根利谷六斗作秋米四斗計錢九仟六百文
自嘉慶十九年發根借去市銀肆兩八錢至
道光六年止結筭本利艮貳拾陸兩零
身上过利艮陸兩零除还过仍該
艮拾陸兩身貧無奈不能上利
自情愿立会無異日後不得反悔據

道光廿二年二月十五日向眾時壽言明候至
秋收交入眾租谷弍拾柒秤大併
元壽欠項在內
本年十月收谷廿石零訖

段莘乡大汜村 B 5-8 · 道光四年至二十八年 · 流水账

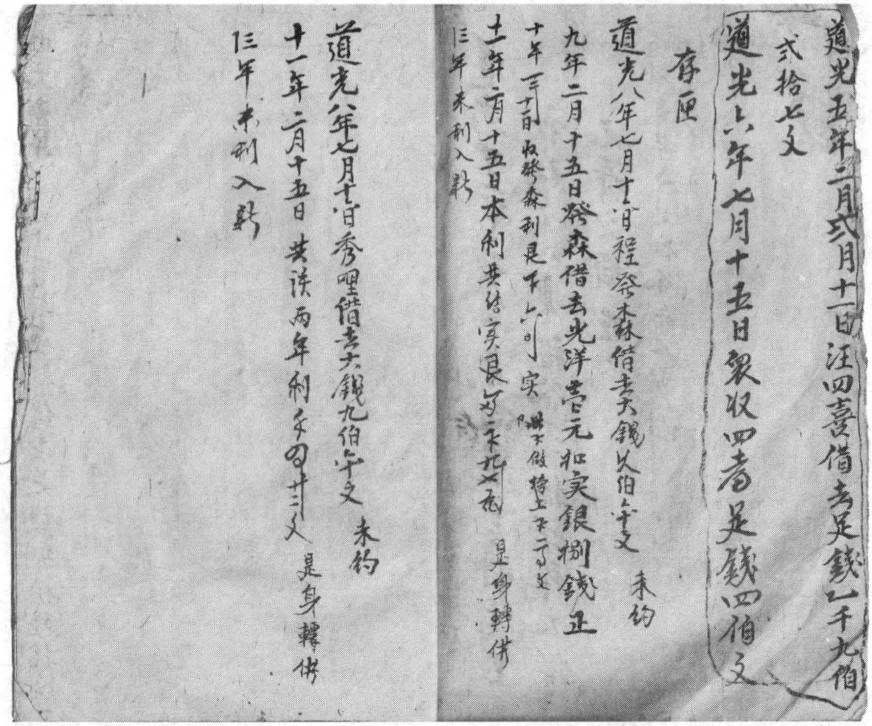
道光五年二月弍月十二日汪四喜借去足錢一千九伯
弍拾七文
道光六年七月十五日衆收四喜足錢四伯文
存匣
道光八年七月十二日程癸森借去大錢八伯六十文　未约
九年二月十五日癸森借去光洋壹元和实银捌錢正
十年二月十一日收癸森利足下六百实　[illegible]
十一年二月十五日本利共结实艮[illegible]　是身转借
三年未利入账
道光八年七月十二日秀哩借去大錢九伯六十文　未约
十一年二月十五日　共该两年利钱四十三文　是身转借
三年未利入账

段莘乡大汜村 B 5-9 · 道光四年至二十八年 · 流水账

道光五年二月十一日汪覌德借去足錢捌伯陸拾文乞

六年二月十五日收洋錢乙元作足錢八伯六十文本乞讓利錢二〇六文乞

段莘乡大汜村 B 5-10 · 道光四年至二十八年 · 流水账

道光五年二月十一日汪順德借去大錢肆伯[redacted]足

道光六年二月收三得利錢九十六文

七年二月十五日收三德利錢九十六文

八年二月十五日收三德本錢四伯文衆友面讓利一年

西楚

道光七年二月二十五日添龍借去實銀

叁兩正田皮約乙道存押

段莘乡大汜村 B 5-11 · 道光四年至二十八年 · 流水账

存匣手六佰二十四文

八年七月十六日收添龍利銀陸錢正

九十五日收添華谷價廿錢五千四百二十文

計谷廿乚石

入仝日德壽借去実銀万不可乞

卅日撥入收學佛去実銀四兩正　有木林魚木畏押

九年二月廿日收撥學洋錢壹元和実銀八平正　正八年見利

段莘乡大汜村 B 5-12 · 道光四年至二十八年 · 流水账

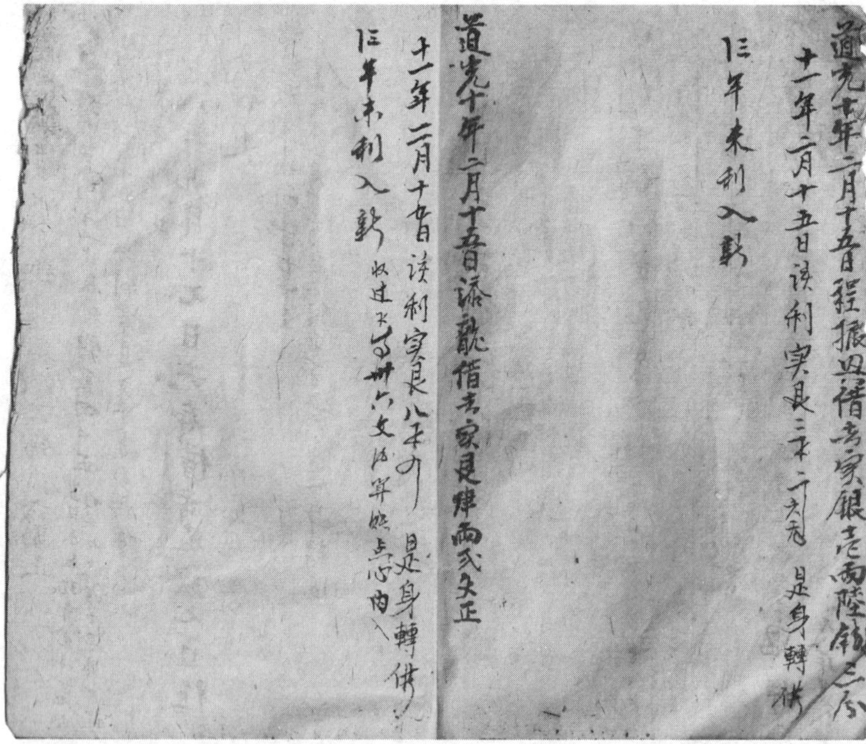
道光十年二月十五日程振丑借去家银壹两陆钱三分
十一年二月十五日读利实银二钱二分九毛 是身转借
仁年来利入账
道光十年二月十五日添龙借去家足肆两贰文正
十一年二月十五日读利实银八钱〇分 是身转借
仁年来利入账 收过本钱卅六文 ……

段莘乡大汜村 B 5-13 · 道光四年至二十八年 · 流水账

道光八年七月十七日程宗義借去實銀弍兩正

道光十年三月初一日收利實銀四卜正 当日未收現有光洋乚元抑 利足收訖洋水退回可訖

十二年六月十七日該利實是本卜是身轉借

仁年未利入數

道光八年九月十七日元壽借去足錢七百伍

拾文

道光玖年收利錢廿十文

十二年二月十七日該利錢五十文是身轉借

九年二月十五日添華借去足錢壹仟五佰文

段莘乡大汜村 B 5-14 · 道光四年至二十八年 · 流水账

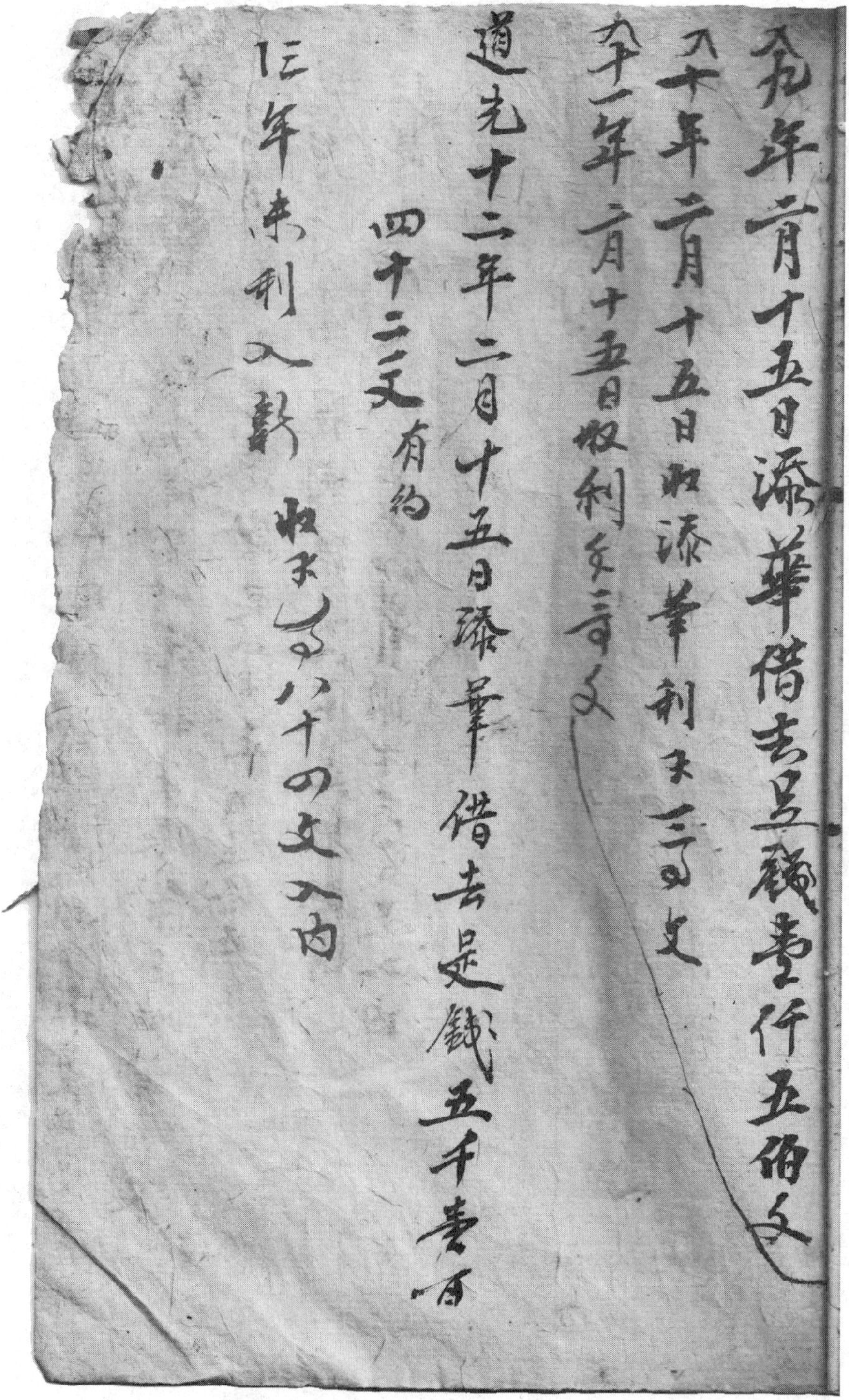
入九年二月十五日添華借去足錢壹仟五佰文
入十年二月十五日收添華利米一百文
入十一年二月十五日收利錢二百文
道光十二年二月十五日添華借去足錢五千壹佰
四十二文　有約
十三年來利入數　收米錢八十四文入內

段莘乡大汜村 B 5-15 · 道光四年至二十八年 · 流水账

道光□年九月卅日楊荣借去实艮四两正 有木林台木田皮押
九年二月十五日收楊荣洋去山元如实艮八钱正 还八年利艮
十年二月十五日收楊荣实艮八钱正 成述会还
十一年二月十五日该利实艮八钱是身轉借
十三年本利二入親 收米八升水米三〇又入内

段莘乡大汜村 B 5-16 · 道光四年至二十八年 · 流水账

道光廿一年元月□日北汜成遠借去大錢弍千文　未□

十一年二月十五日該利錢壹千文是身轉借

十三年未利入數

段莘乡大汜村 B 5-17 · 道光四年至二十八年 · 流水账

入道光十年三月初一日洪观寿借去足钱六百文

入道光十一年二月十五日收利钱四十文

道光十叁年二月十五日洪观寿借去足钱贰千柒百文 有约

仝年本利入新

道光十年三月初一日程新寿借去足钱四百文

十七年二月十五日收利钱四十九文 下欠廿七文

仝年本利入新

段莘乡大汜村 B 5-18 · 道光四年至二十八年 · 流水账

……十二日收……坟……三文　加工……

仝日高崇塘去田皮谷弍石大付文木四分文

道光十二年二月曾文付天帳收乙

道光十叁年三月十五日處德借去足錢壹千文

仁年本利入數

段莘乡大汜村 B 5–19 · 道光四年至二十八年 · 流水账

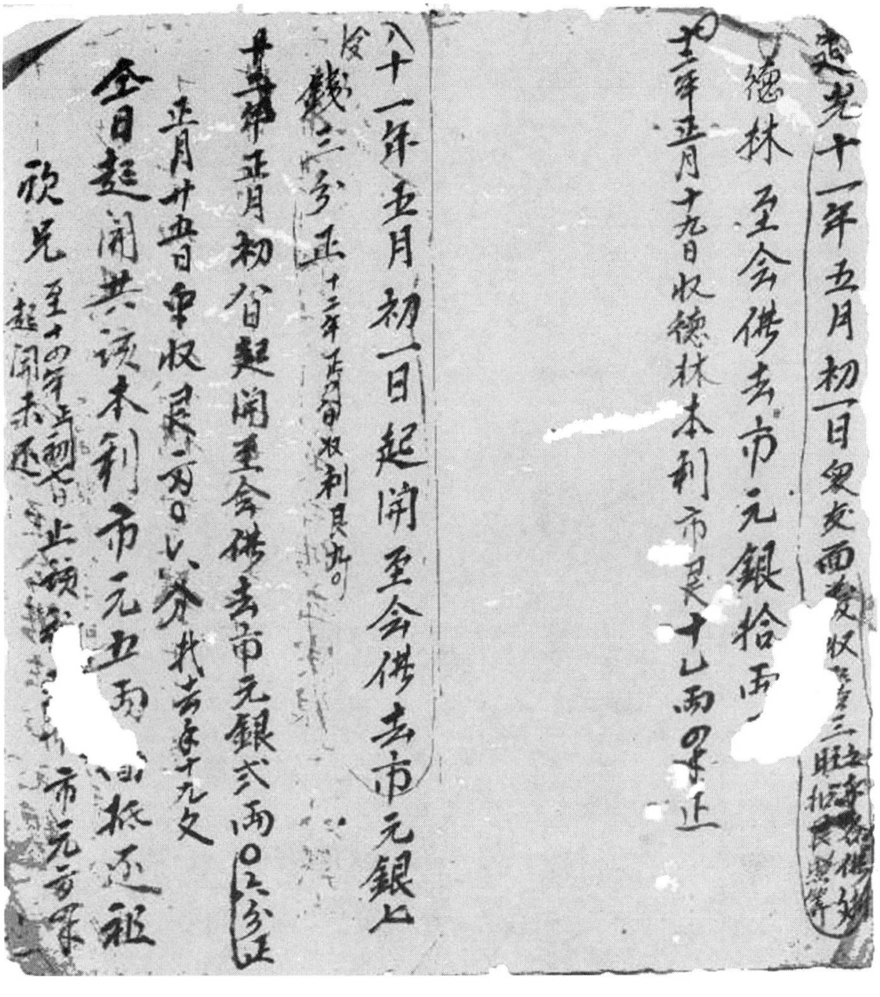
道光十一年五月初一日衆友面交收
德林 至会佛去市元銀拾兩
十二年五月十九日收德林本利市足十山兩の朵正
十一年五月初一日起開至会佛去市元銀上
段 錢二分正 十二年五月初日收利足九〇
十五年正月初六日起開至会佛去市元銀弍兩〇三分正
正月廿四日 收足一兩〇八分 找去錢十九文
全日起開共該本利市元五兩 抵還租
砍兄 至十四年正月初七日止該 市元
起開未還

段莘乡大汜村 B 7-1 · 道光十一年至二十一年 · 流水账

十一年五月初一日光松至会借去市元银弍两乙錢七分正 十二年五月旬收光松本利过□□乃永哥

補記

十年十二月初七日光松借去足錢乙千市文

十一年五月初八日收光松利錢市四十文

廿五年五月初八日光松至会借去实银乙两八錢六分

八分

還

段莘乡大汜村 B 7-2 · 道光十一年至二十一年 · 流水账

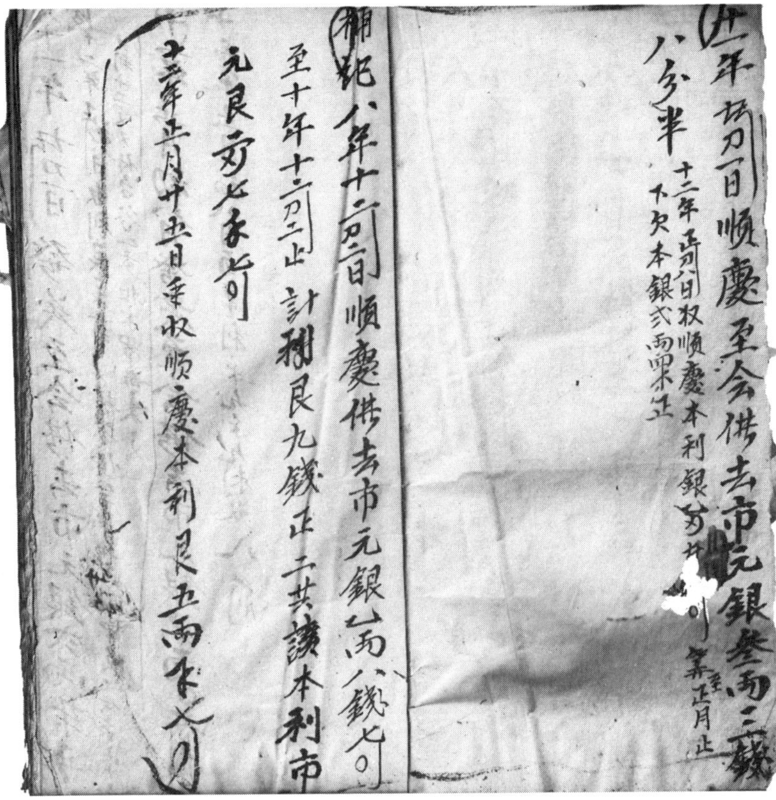
廿年拾月日順慶至今借去市元銀叁两二錢八分半 十二年正月八日收順慶本利銀 下欠本銀弍两 算至正月止
補記八年十二月日順慶借去市元銀六两八錢七分
至十年十二月止 計利艮九錢正 二共該本利市
元艮七两七錢七分
十二年正月廿五日手收順慶本利艮五两零七分

段莘乡大汜村 B 7-3 · 道光十一年至二十一年 · 流水账

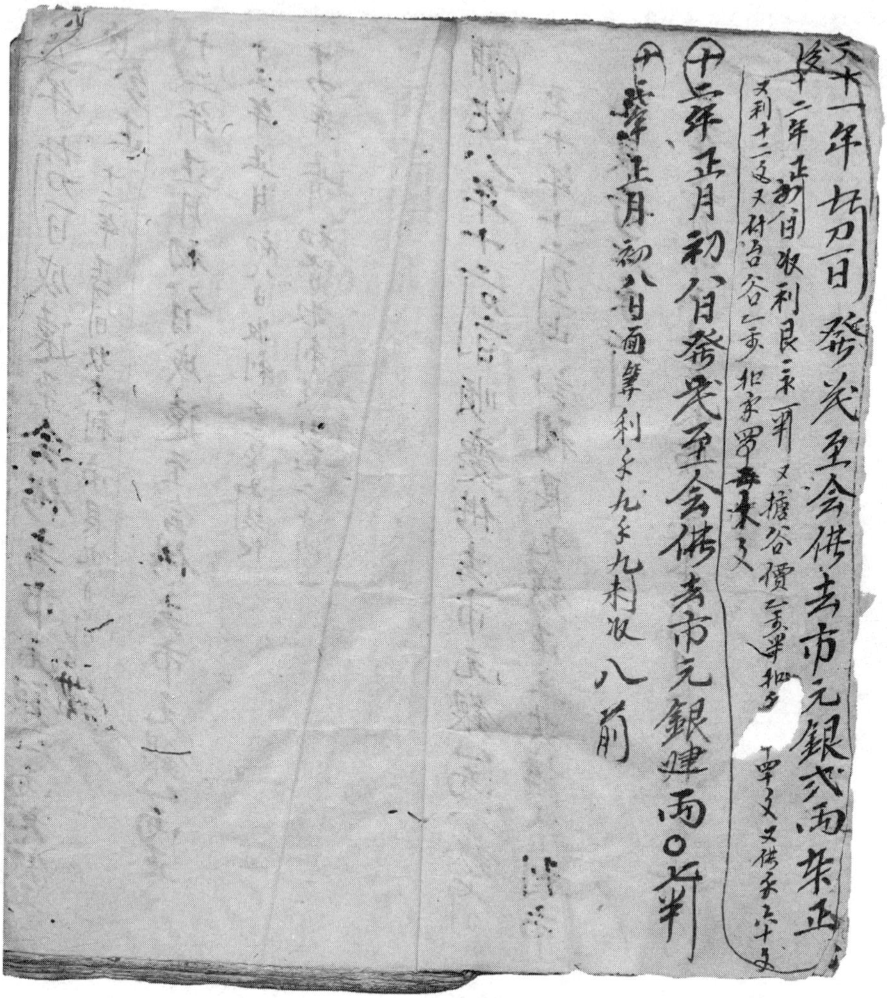

段莘乡大汜村 B 7-4 · 道光十一年至二十一年 · 流水账

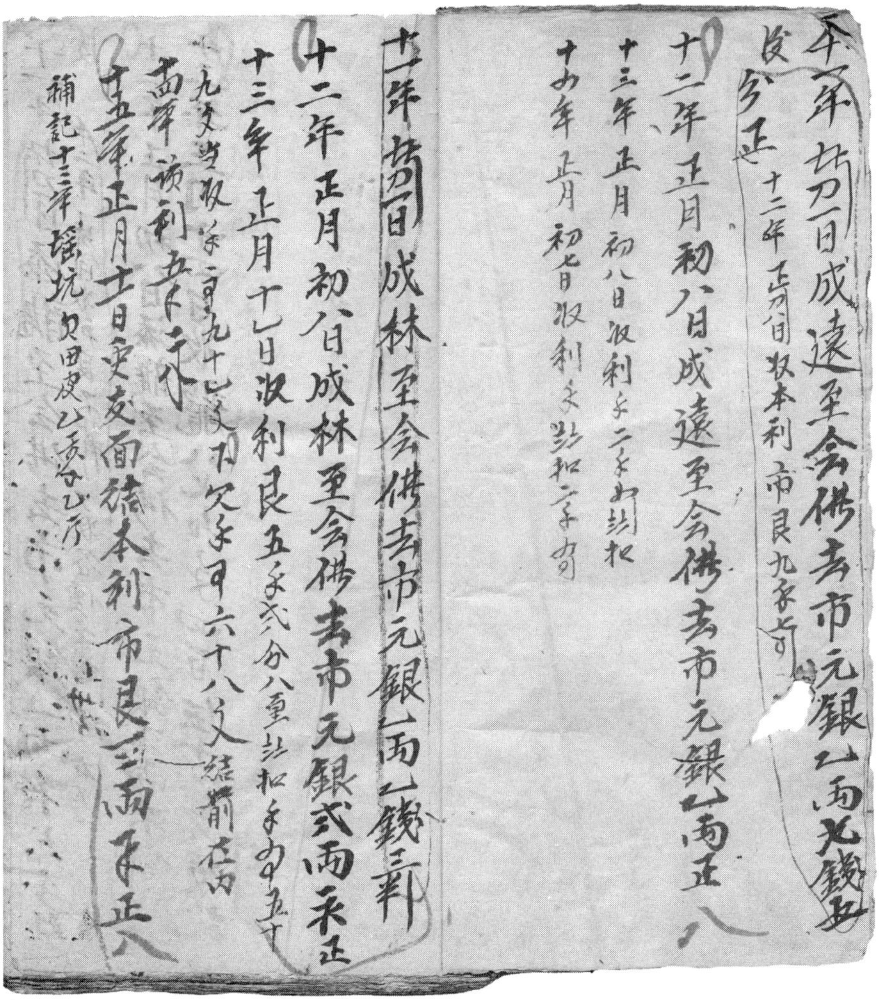
十一年十二月初一日成遠至会佛去市元銀乙両九錢五
分正 十二年正月初一日收本利市艮九[illegible]
十二年正月初八日成遠至会佛去市元銀乙両正
十三年正月初八日收利[illegible]
十四年正月初七日收利[illegible]
十一年十二月初一日成林至会佛去市元銀乙両乙錢三[illegible]
十二年正月初八日成林至会佛去市元銀式両[illegible]正
十三年正月十七日收利艮五[illegible]
[illegible]九文当收[illegible]九十七文[illegible]六十八文結[illegible]
十四年[illegible]利[illegible]
十五年正月十一日更交面結本利市艮[illegible]両[illegible]正
補記十三年[illegible]坑[illegible]

段莘乡大汜村 B 7-5 · 道光十一年至二十一年 · 流水账

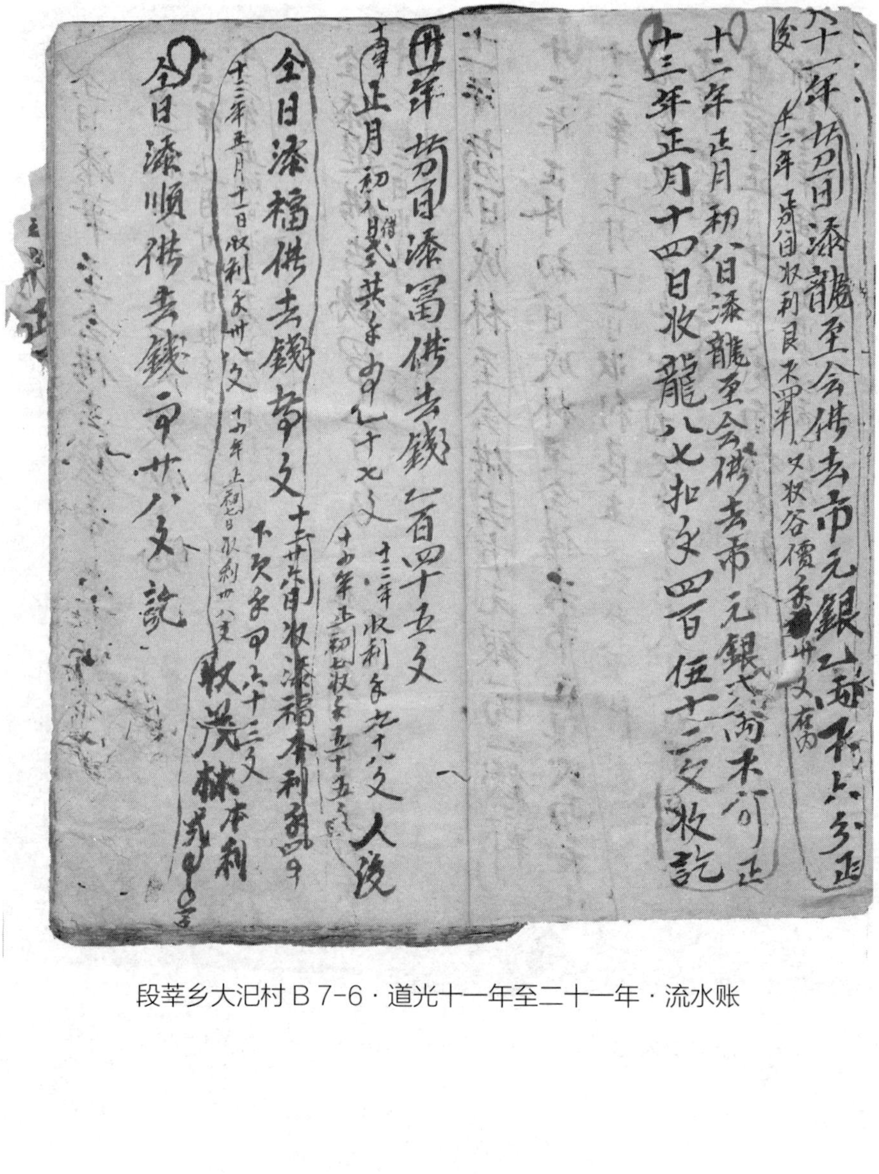

段莘乡大汜村 B 7-6 · 道光十一年至二十一年 · 流水账

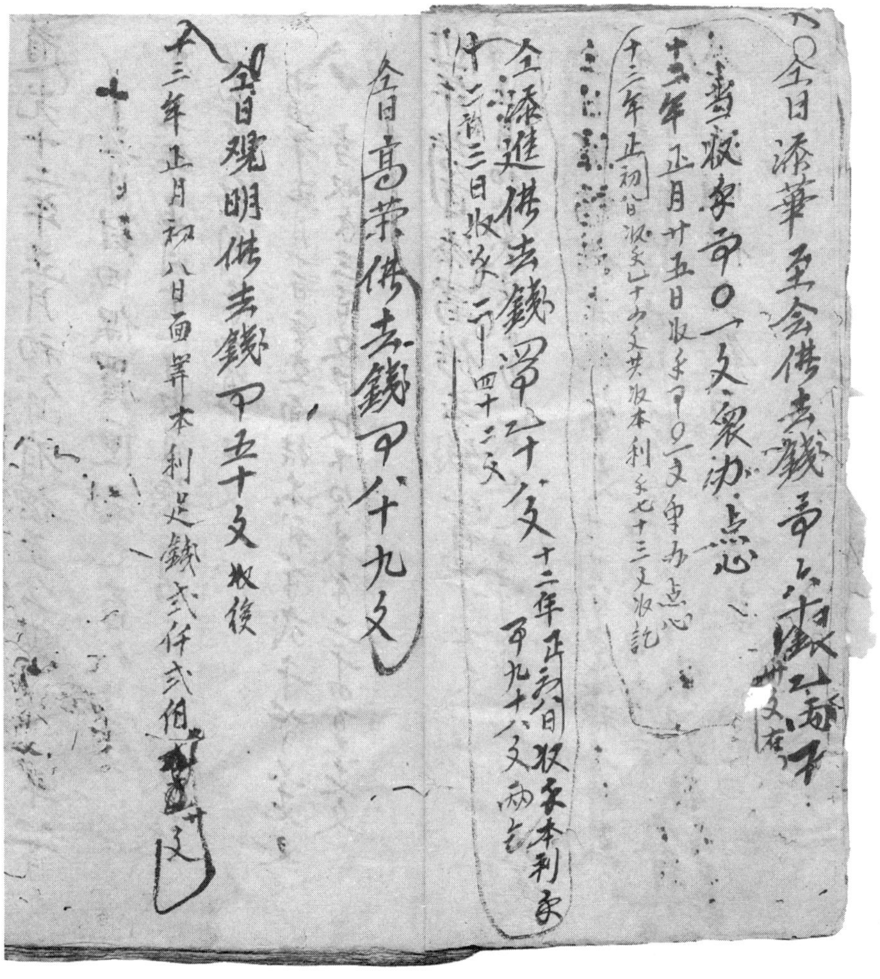

仝日添華至会借去錢[illegible]〇六千[illegible]廿文在
[illegible]壽椒家[illegible]〇一文眾功点心
十二年正月廿五日收[illegible]〇一文爭功点心
十二年正初八日收[illegible]十[illegible]文共收本利[illegible]七十三文收訖
仝添進借去錢[illegible]十八文 十二年正月初八日收[illegible]本利[illegible]九十八文兩訖
十[illegible]三日收[illegible]二[illegible]四十二文
仝日高[illegible]借去錢[illegible]八十九文
仝日𤩽明借去錢[illegible]五十文 收後
十三年正月初八日面算本利足錢弍仟弍佰[illegible]廿文

段莘乡大汜村 B 7-7 · 道光十一年至二十一年 · 流水账

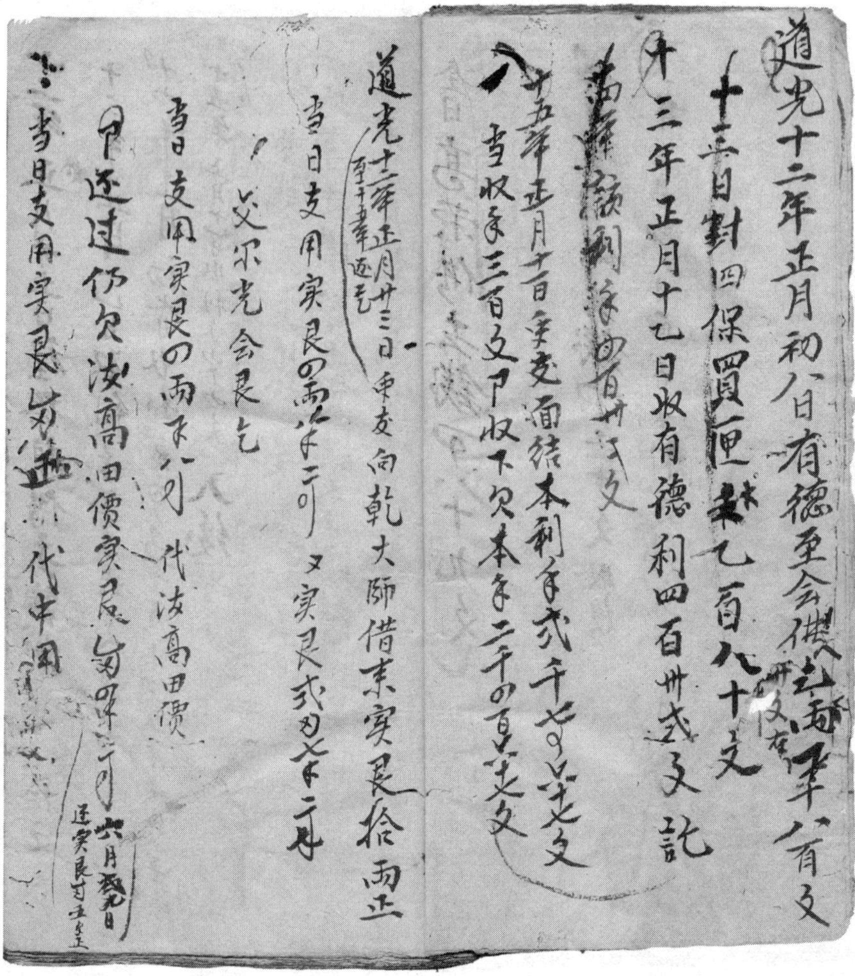
道光十二年正月初八日有德至会偿洋八百文
十二日對四保買亘米乙百八十文
十三年正月十七日收有德利四百卅弍文訖
八 十五年正月十日会走面结本利钱弍千七百五十七文
当收钱三百文 尚欠本钱二千四百五十七文

道光十一年正月廿三日東友向乾大師借来实艮拾两正 至十七年还讫
当日支用实艮四两八钱二分 又实艮弍两七钱二分
父尔光会艮乞
当日支用实艮四两五钱八分 代汝高田價
二月还过仍欠汝高田價实艮四两四钱二分 六月廿九日还实艮二两五钱
当日支用实艮四两 代中用

段莘乡大汜村 B 7-8 · 道光十一年至二十一年 · 流水账

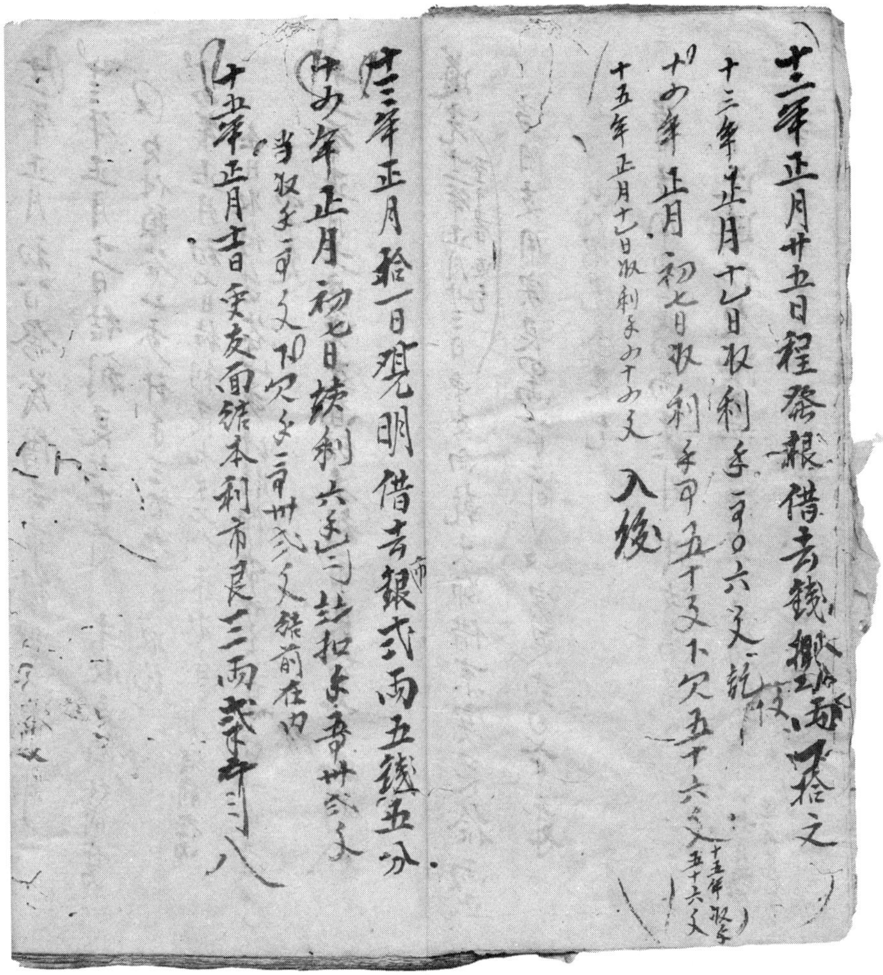
十二年正月廿五日程發報借去錢捌伍千拾文
十二年正月十四日收利錢一千〇六文 訖
十四年正月初七日收利錢一千五十文 下欠五十六文
十五年正月十四日收利錢四十四文 入總
十五年收錢五十六文
十三年正月拾一日現明借去銀弍兩五錢五分
十四年正月初七日收利六錢 該扣錢一千卅弍文
當收錢一千文 下欠錢一千卅弍文 錢前在內
十五年正月十二日要友面結本利兩艮十三兩弍錢三分八

段莘乡大汜村 B 7-9 · 道光十一年至二十一年 · 流水账

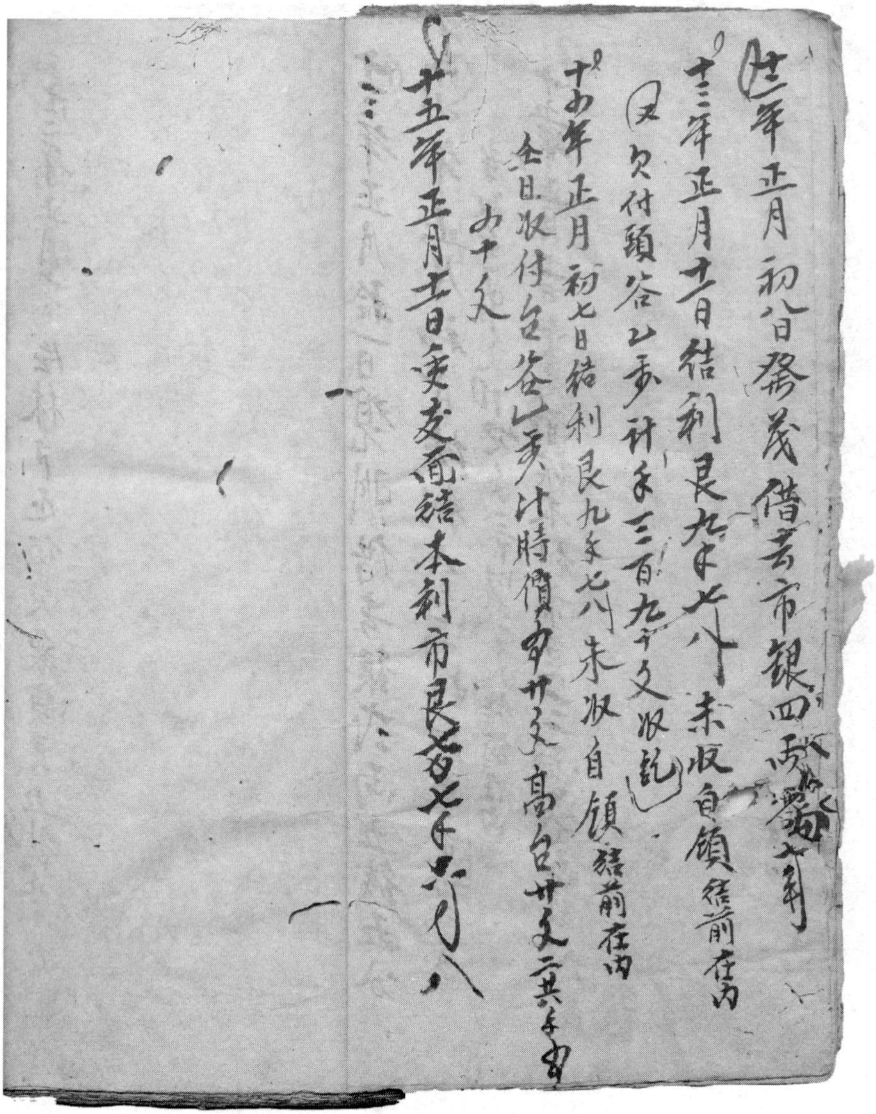

廿年正月初八日發茂借去市銀四兩[illegible]
十三年正月十二日結利良九千七八 未收自領 結前在內
又欠付頭谷山多計錢三百九十文收訖
十四年正月初七日結利良九千七八 未收自領 結前在內
仝日收付白谷山多計時價錢廿文 高白廿文 二共錢
四十文
十五年正月十二日更交前結本利市良[illegible]七千[illegible]八

段莘乡大汜村 B 7-10 · 道光十一年至二十一年 · 流水账

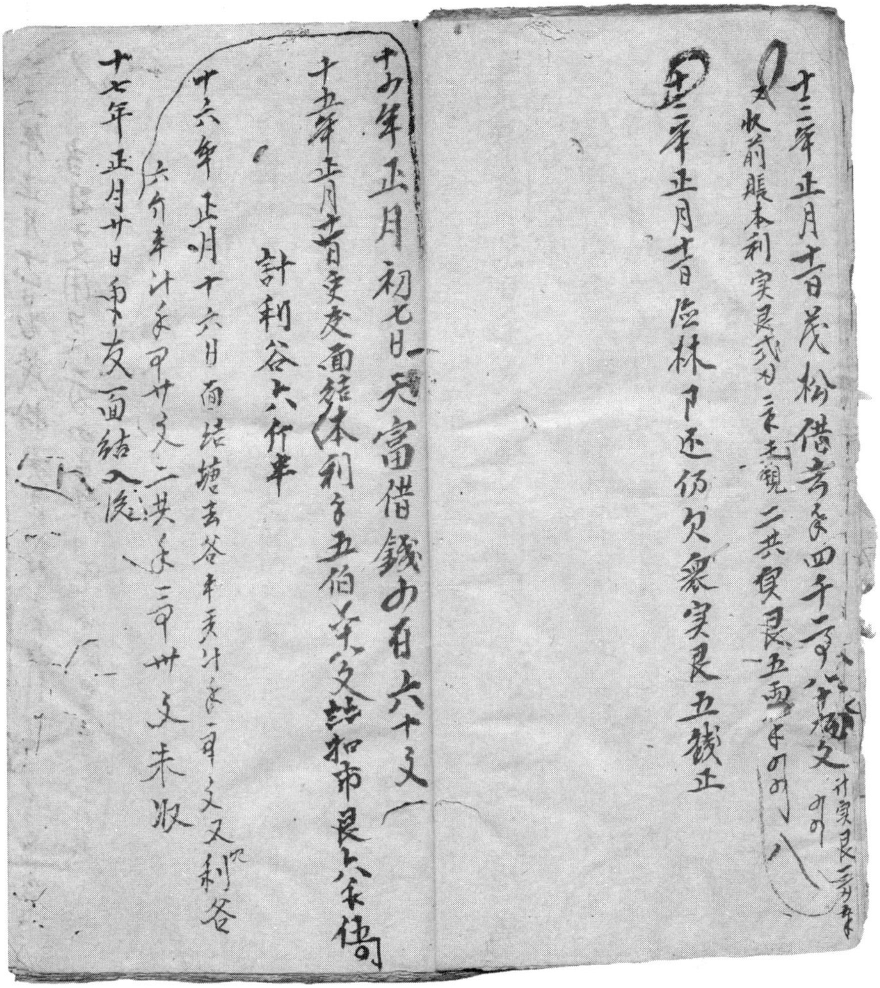

十二年正月十一日茂松借去钱四千二百八十五文 计实艮二两五钱
又收前账本利实艮贰两二钱七钱二共实艮五两……
十三年正月十一日德林下还仍欠众实艮五钱正

十四年正月初七日天富借钱六百六十文
十五年正月十一日天交面结本利五伯五十文 结扣市艮六钱……
计利谷六斤半
十六年正月十六日面结塘去谷本利计钱一百文 又利谷
六斤本计钱四百廿文 二共钱二百卅文未收
十七年正月廿日天友面结入后

段莘乡大汜村 B 7-11 · 道光十一年至二十一年 · 流水账

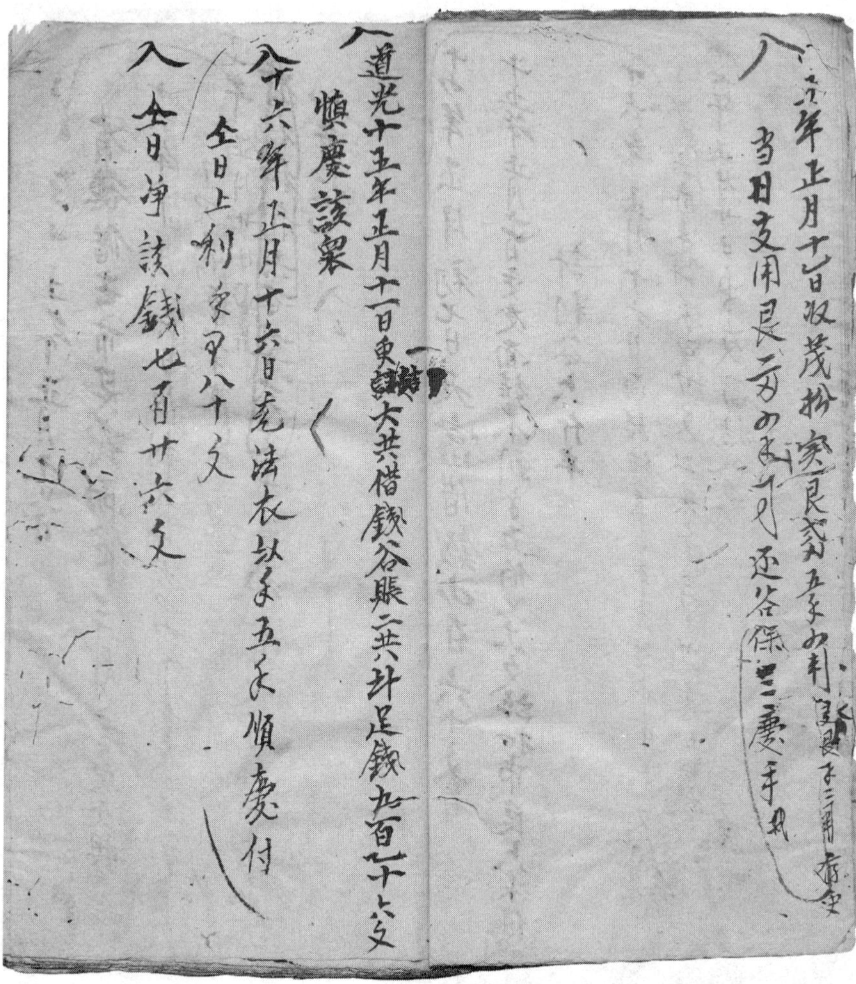

入 十六年正月十一日收茂扮实艮贰两五钱四利 [illegible]

当日支用艮二两四钱二分 还谷保三慶手 [illegible]

入 道光十五年正月十一日東[illegible]大共借錢谷賬二共六斗足錢九百七十六文

順慶該衆

入 十六年正月十六日充法衣錢五千五百文順慶付

仝日上利錢八十文

入 仝日淨該錢七百廿六文

段莘乡大汜村 B 7-12 · 道光十一年至二十一年 · 流水账

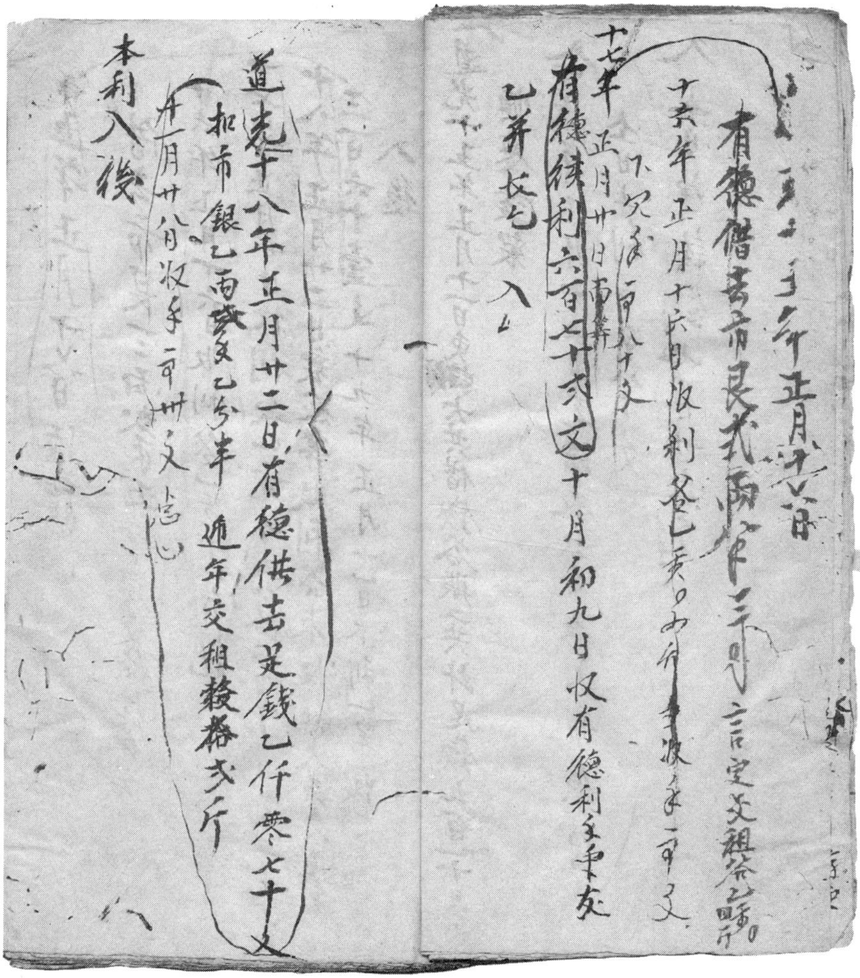

十五年正月廿六日
有德借去市艮弍两正二分　言定交租谷二百斤
十六年正月十六日收利谷乙百〇四斤　未收钱一百文
下欠钱一百八十文
十七年正月廿日当算
有德该利六百七十弍文　十月初九日收有德利钱乙千交
乙并长乙　入

道光十八年正月廿二日有德借去足钱乙仟零七十文
扣市银乙两钱文乙分半　遞年交租穀叁弍斤
廿一月廿八日收钱一百卅文总心
本利入後

段莘乡大汜村 B 7-13 · 道光十一年至二十一年 · 流水账

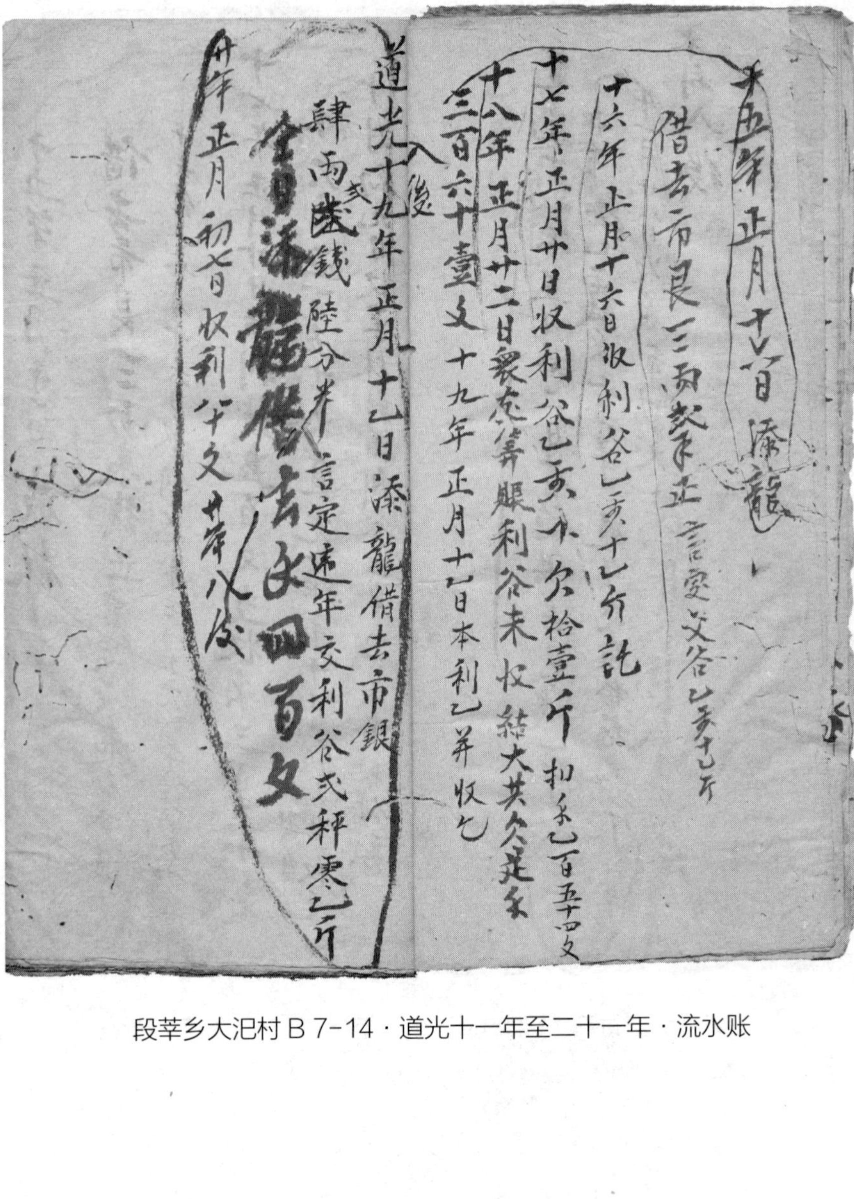

段莘乡大汜村 B 7-14 · 道光十一年至二十一年 · 流水账

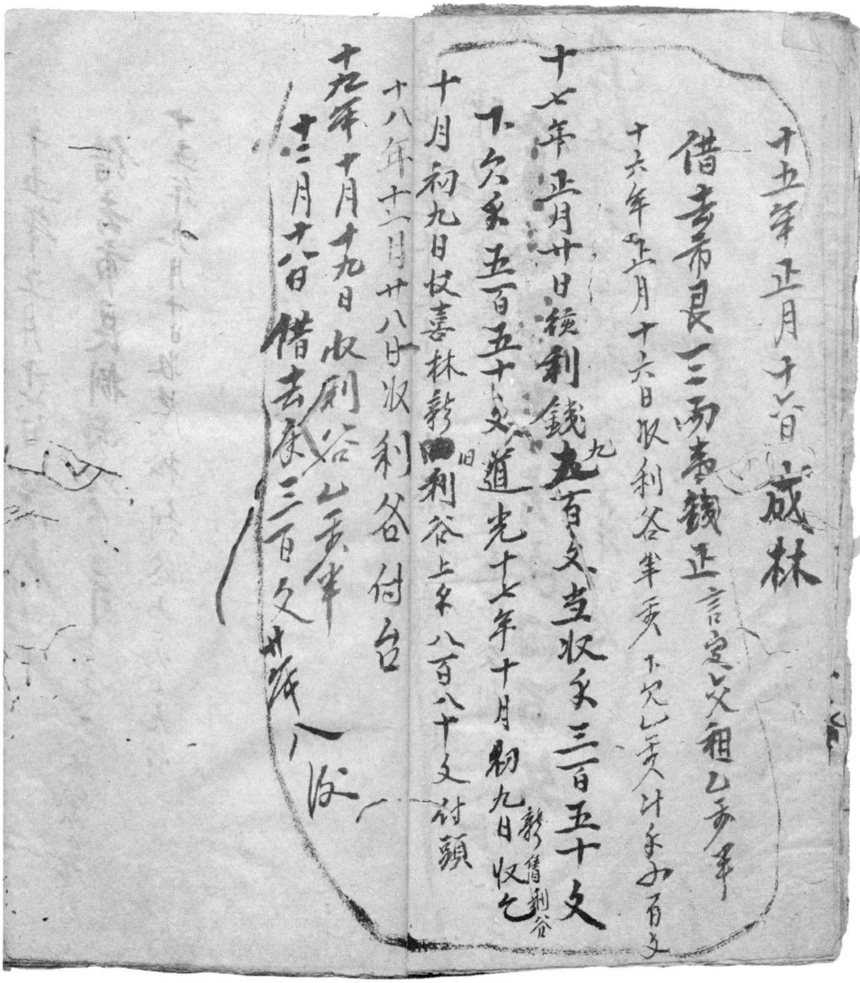

十五年正月十六日 成林
借去市艮三两壹钱正 言定文租乙分半
十六年正月十六日收利谷半石 下欠山斗八 计钱五百文
十七年正月廿日续利钱五百文 并收钱三百五十文
下欠钱五百五十文 道光十七年十月初九日收乞 新旧利谷
十月初九日收喜林新旧利谷上米八百八十文 付头
十八年十二月廿八日收利谷付台
十九年十月十九日收刚谷山石半
十二月十八日借去钱三百文

段莘乡大汜村 B 7-15 · 道光十一年至二十一年 · 流水账

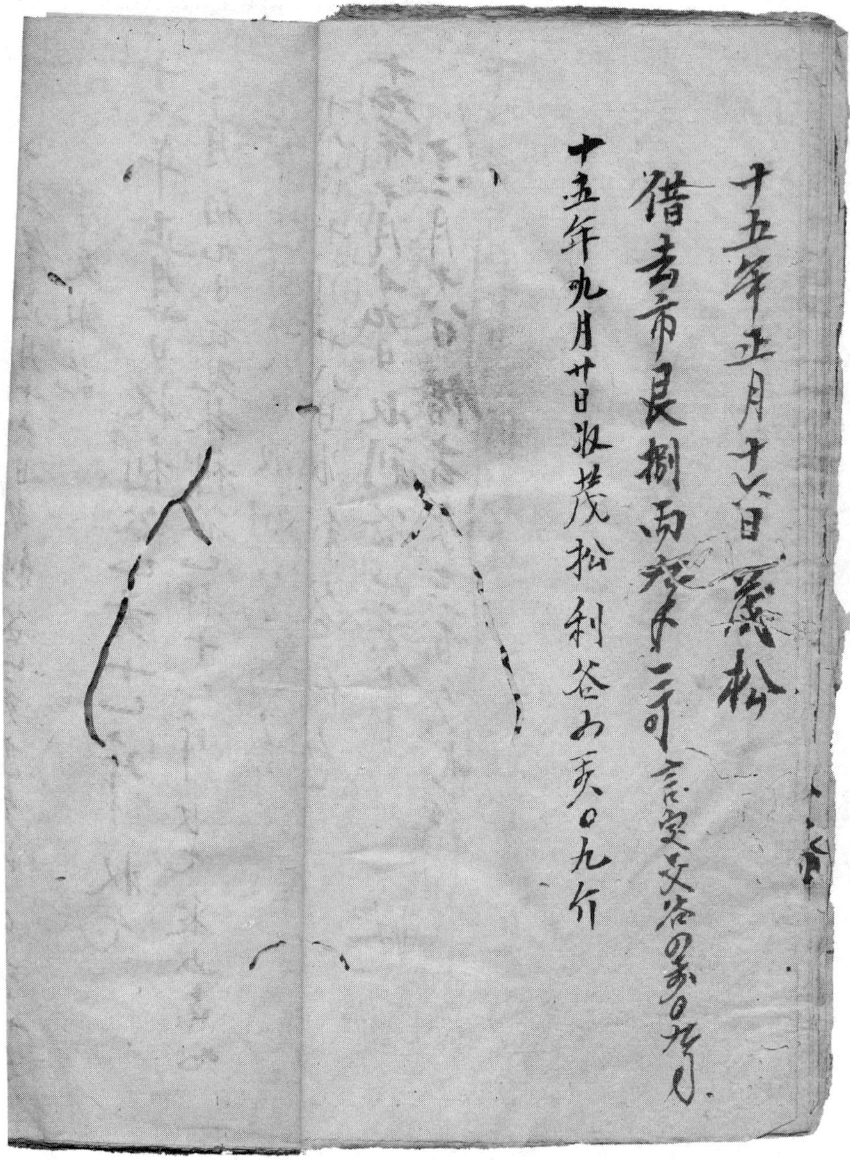
十五年正月十六日 茂松
借去市艮捌两五钱二分 言定交谷四秤〇九斤
十五年九月廿日收茂松利谷四秤〇九斤

段莘乡大汜村 B 7-16 · 道光十一年至二十一年 · 流水账

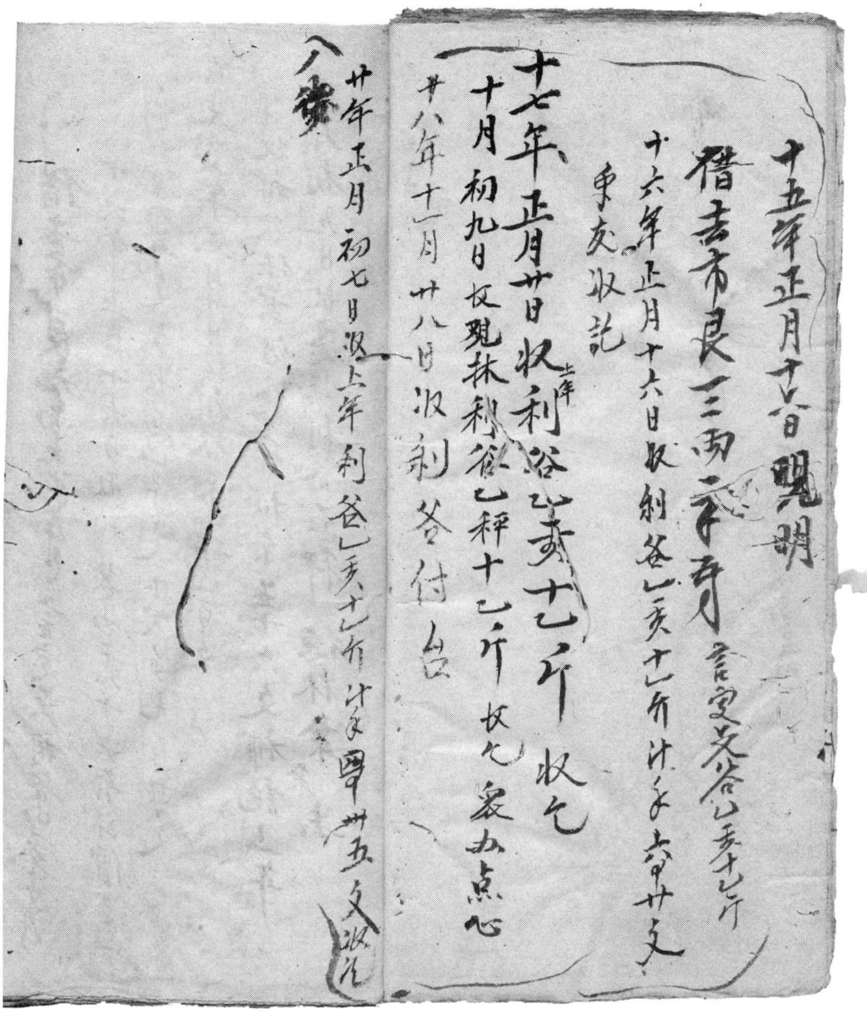
十五年正月十六日 覌明
借去市艮一三两二千五百 言定每年利谷一秤十七斤
十六年正月十六日收利谷一秤十七斤计钱六千廿文
手交收讫
十七年正月廿日收上年利谷一秤十七斤 收讫
十月初九日收覌林利谷一秤十七斤 收讫 农加点心
十八年十二月廿八日收利谷付台
廿年正月初七日收上年利谷一秤十七斤 计钱四千廿五文收讫
八號

段莘乡大汜村 B 7-17 · 道光十一年至二十一年 · 流水账

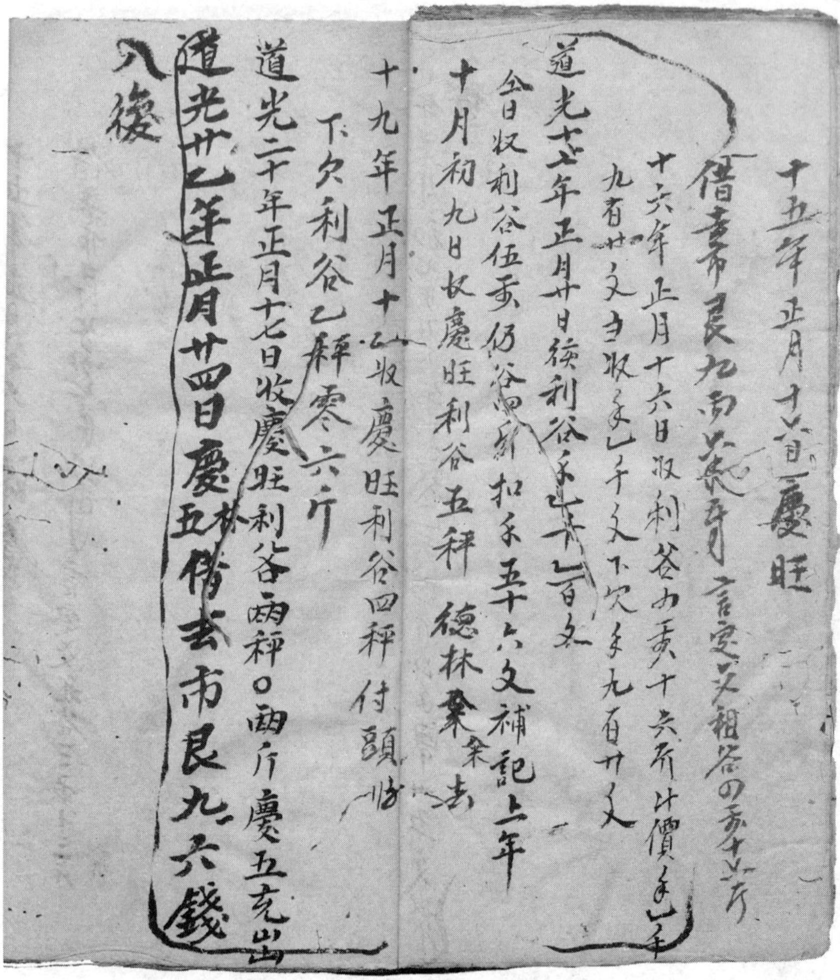

十五年正月十六日慶旺
借去市艮九两六錢算 言定交租谷四秤十六斤
十六年正月十六日收利谷貳秤十六斤 計價錢三千
九百廿文 又收錢三千文 下欠錢九百廿文
道光十七年正月廿日換利谷錢二千一百文
今日收利谷伍秤 仍谷四斤 扣錢五十六文 補記上年
十月初九日收慶旺利谷五秤 德林桼去
十九年正月十二收慶旺利谷四秤 付頭收
下欠利谷乙秤零六斤
道光二十年正月十七日收慶旺利谷兩秤〇兩斤 慶五交出
道光廿乙年正月廿四日慶五林借去市艮九六錢
入後

段莘乡大汜村 B 7-18 · 道光十一年至二十一年 · 流水账

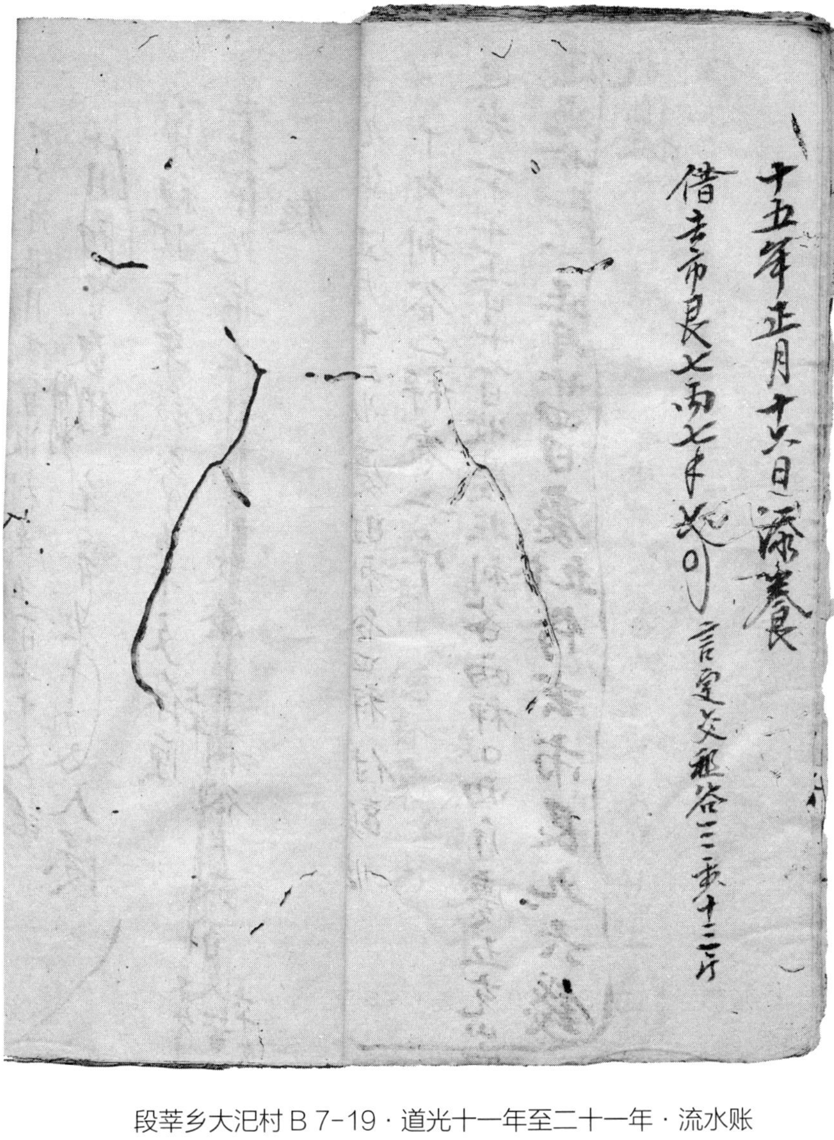
十五年正月十六日添養良
借去市艮七兩七千文正
言定交租谷二秉十二斤

段莘乡大汜村 B 7-19 · 道光十一年至二十一年 · 流水账

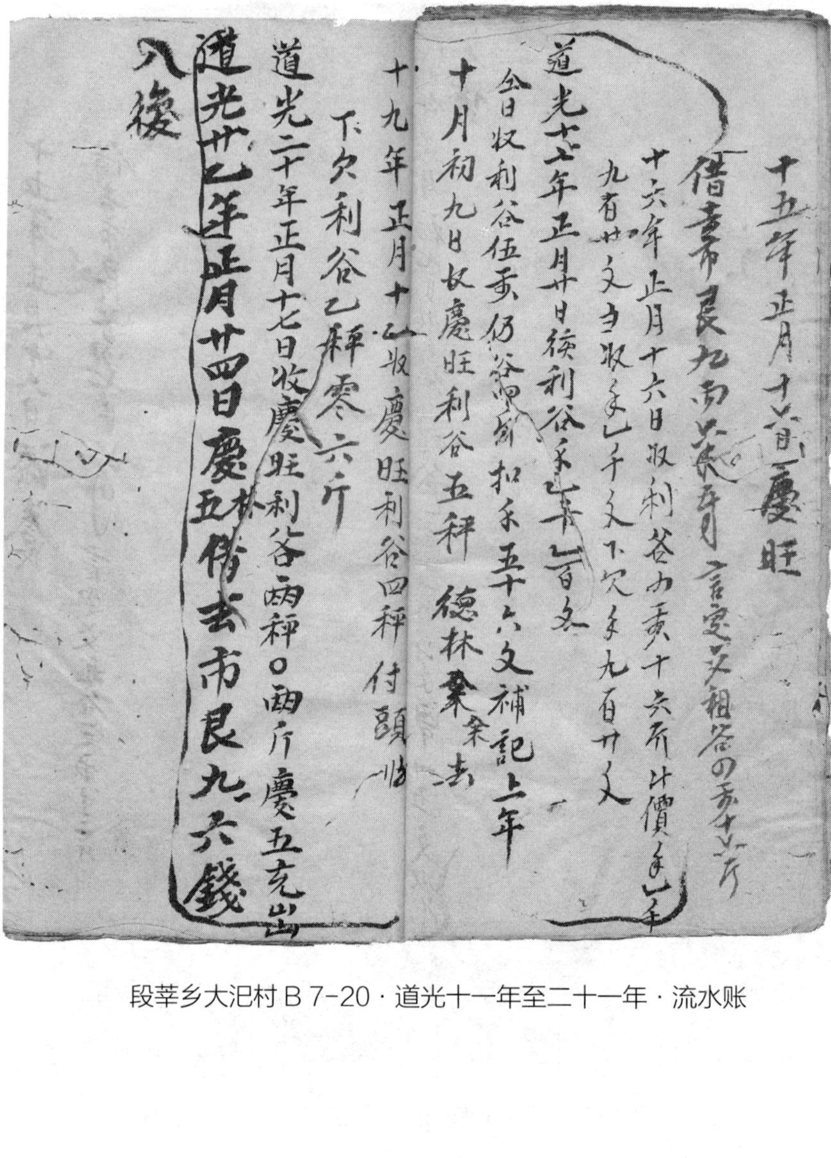
十五年正月十六日慶旺
借去市艮九両五錢正月 言定五租谷四秤十五斤
十六年正月十六日收利谷四秤十六斤 計價錢山千
九百廿文 当收錢山千文 下欠錢九百廿文
道光十七年正月廿日徐利谷錢七百文
今日收利谷伍秤 仍谷價錢扣錢五千六文 補記上年
十月初九日收慶旺利谷五秤 德林粲去
十九年正月十二收慶旺利谷四秤 付頭收
下欠利谷乙秤零六斤
道光二十年正月十七日收慶旺利谷兩秤〇兩斤 慶五充出
道光廿乙年正月廿四日慶五林借去市艮九六錢
入後

段莘乡大汜村 B 7-20 · 道光十一年至二十一年 · 流水账

十五年正月十六日添養艮

借去市艮七兩七千

言定交租谷二秤十二斤

段莘乡大汜村 B 7-21 · 道光十一年至二十一年 · 流水账

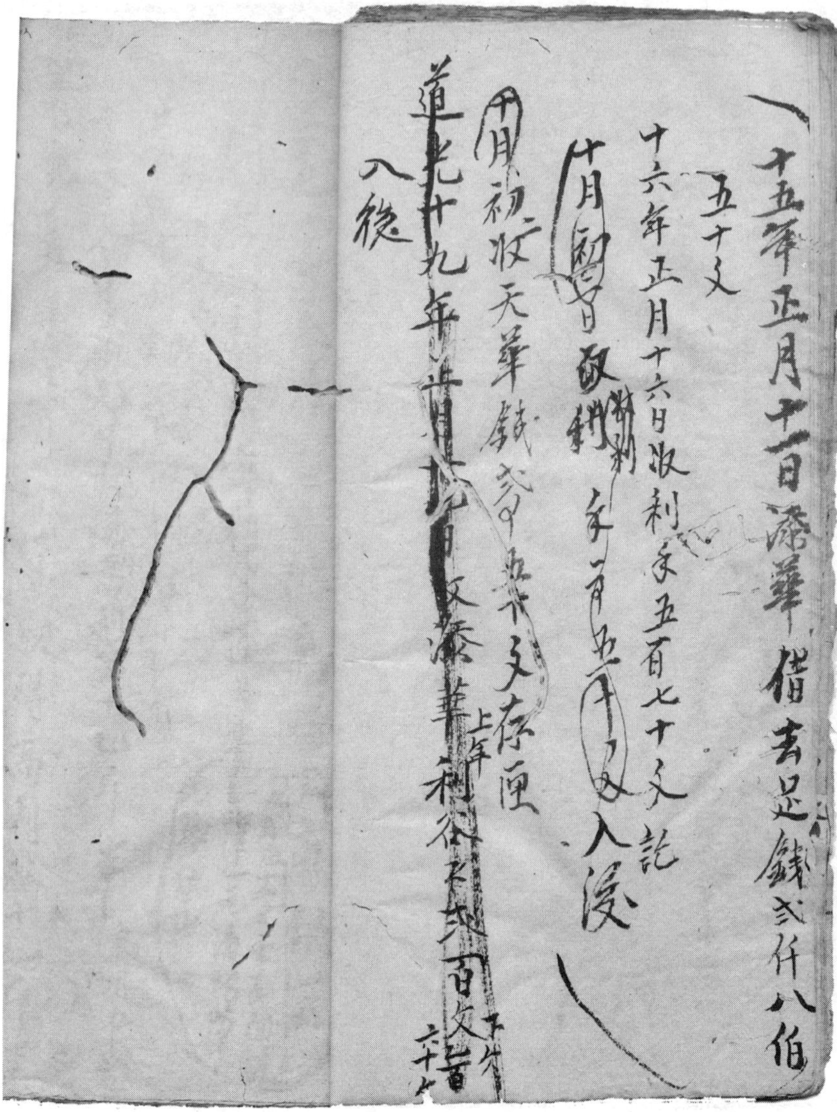
十五年正月十一日添華借去足錢弍仟八伯
五十文
十六年正月十六日收利錢五百七十文記
十月初四日收利錢一百五十文入後
十月初六收天華錢叁伍十文存匣
道光十九年十二月十九日收添華上年利谷米弍百文
下欠
六十文
入後

段莘乡大汜村 B 7-22 · 道光十一年至二十一年 · 流水账

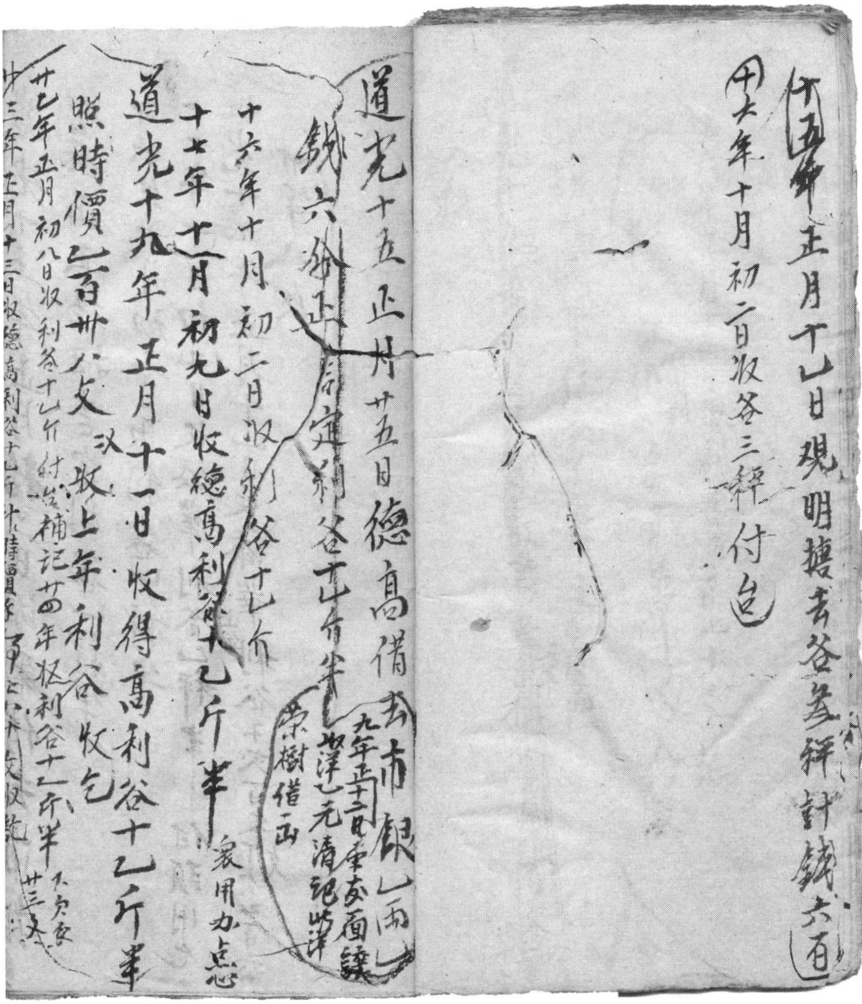
廿五年正月十山日觀明摛去谷叁秤計錢六百
廿六年十月初二日收谷三秤付包
道光十五正月廿五日德高借去市銀山兩
錢六串正 [illegible]定利谷十山斤半
九年正月十二日李发面錢 收洋山元清還此洋
崇樹借函
十六年十月初二日收利谷十七斤
十七年十二月初九日收德高利谷十乙斤半 衆用力点心
道光十九年正月十一日收得高利谷十乙斤半
照時價乙百卅八文 以收上年利谷 收包
廿七年五月初八日收利谷十山斤付[illegible]補記廿四年收利谷十乙斤半 廿三文
廿三年正月十三日收德高利谷十乙斤[illegible]時價[illegible]文收訖

段莘乡大汜村 B 7-23 · 道光十一年至二十一年 · 流水账

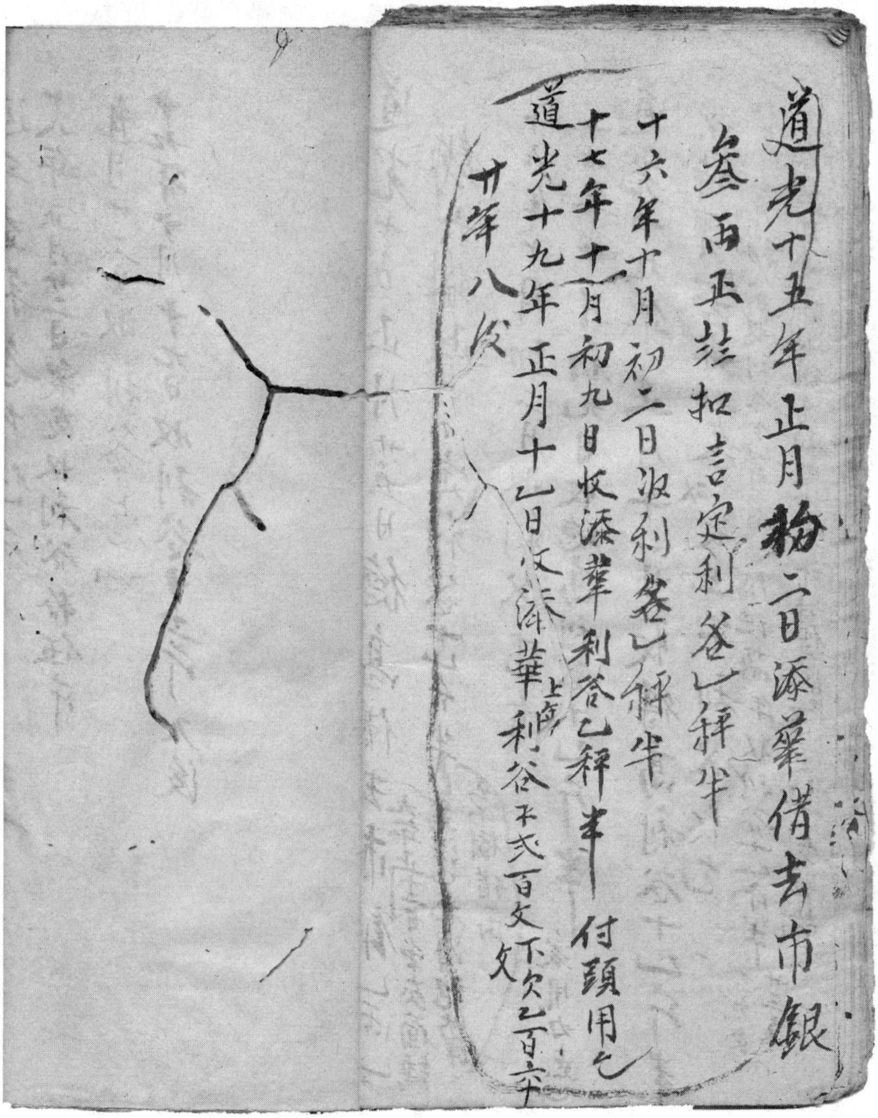
道光十五年正月初二日添華借去市銀
叁两正兹扣言定利谷乙秤半
十六年十月初二日收利谷乙秤半
十七年十一月初九日收添華利谷乙秤半 付頭用乙
道光十九年正月十八日收添華上商利谷乙弍百文下欠乙百文
廿年八收文

段莘乡大汜村 B 7-24 · 道光十一年至二十一年 · 流水账

道光十七年正月廿日姪大洪根借去市艮壹伍錢正有約

遞年交利谷拾伍斤

十八年正月廿二日衆交收利谷拾伍斤

九月廿二日收利谷点心

十九年十月十九日收利谷十五斤又後

段莘乡大汜村 B 7-25 · 道光十一年至二十一年 · 流水账

道光廿七年正月廿日观林借去钱弍百五十文

道光廿八年正月廿弍日更交长乙利钱广

十月廿八收利谷伍担

段莘乡大汜村 B 7-26 · 道光十一年至二十一年 · 流水账

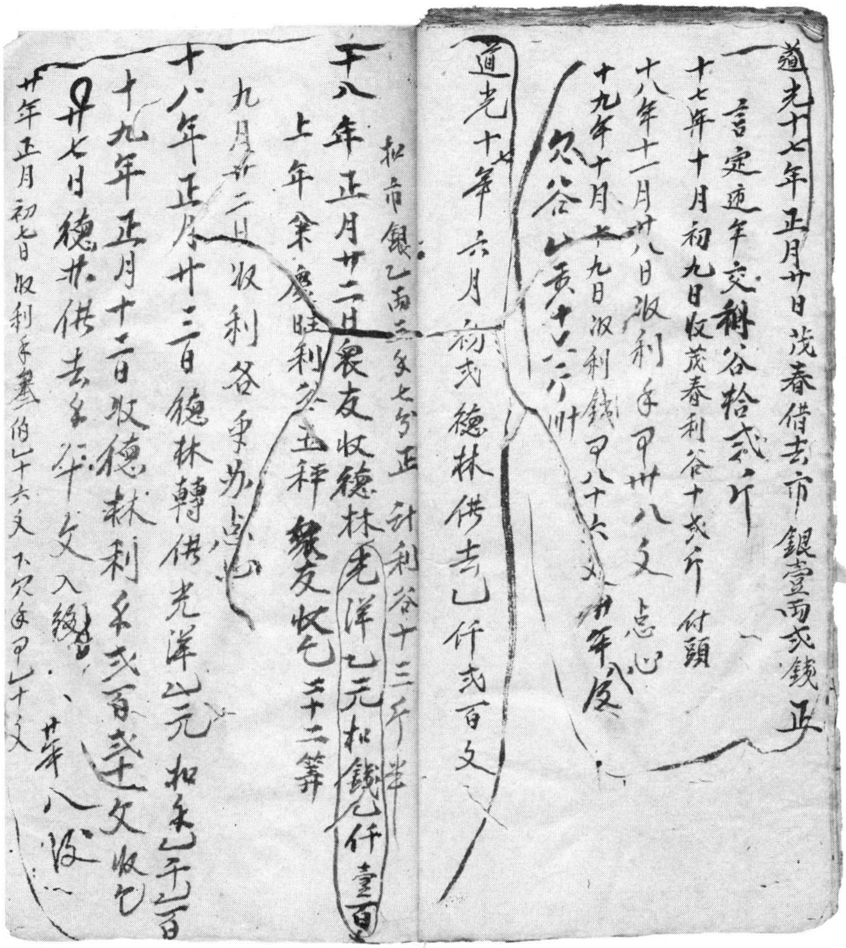
道光十七年正月廿日茂春借去市銀壹両弍錢正
言定迹年交稱谷拾弍斤
十七年十月初九日收茂春利谷十弍斤 付頭
十八年十一月廿八日收利钱甲廿八文 忠心
十九年十月廿九日收利錢甲八十六文 廿年交
欠谷[illegible]十六斤廿
道光十年六月初弍德林借去乙仟弍百文
和市銀乙両三钱七分正 計利谷十三斤半
十八年正月廿二日衆友收德林光洋乙元和錢乙仟壹百
上年衆處旺利谷五秤 衆友收乙十二箕
九月廿二日收利谷手办忠心
十八年正月廿三日德林轉借光洋乙元 和钱乙千乙百
十九年正月十二日收德林利钱弍百弍十文 收乙
廿七日德林借去钱乙千文入縂 廿年八没
廿年正月初七日收利钱的乙十六文 下欠钱甲乙十文

段莘乡大汜村 B 7-27 · 道光十一年至二十一年 · 流水账

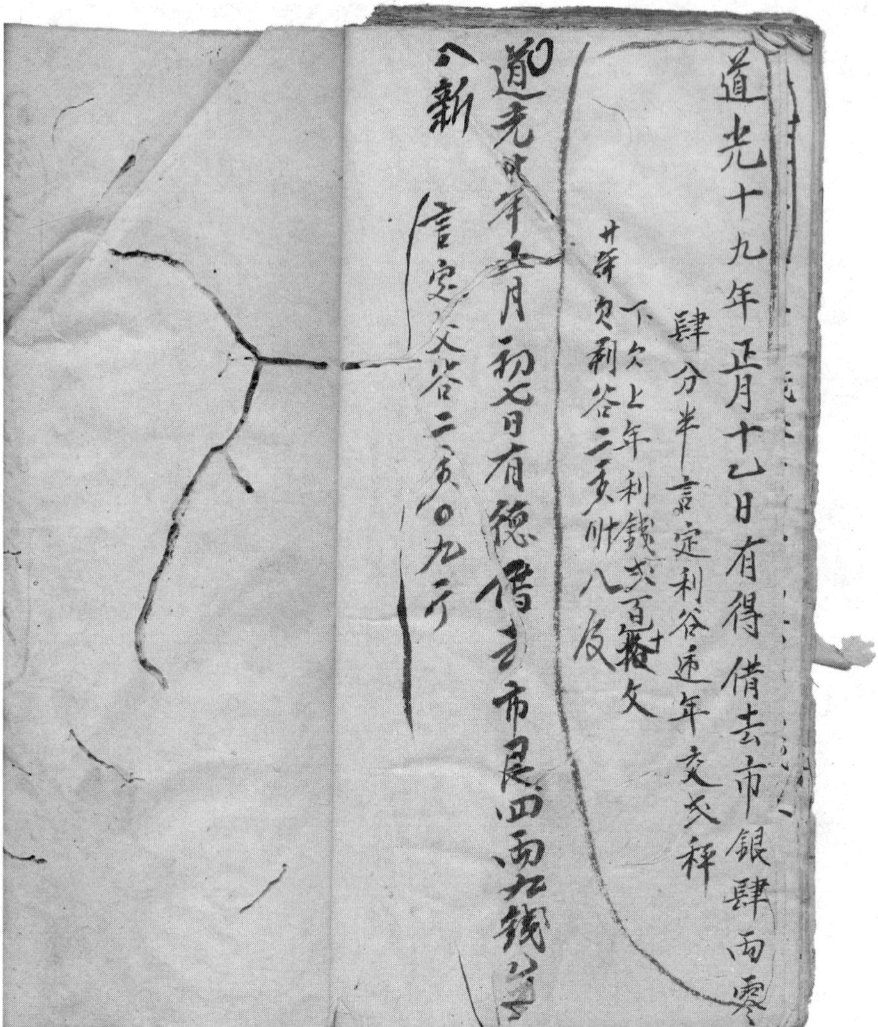

段莘乡大汜村 B 7-28 · 道光十一年至二十一年 · 流水账

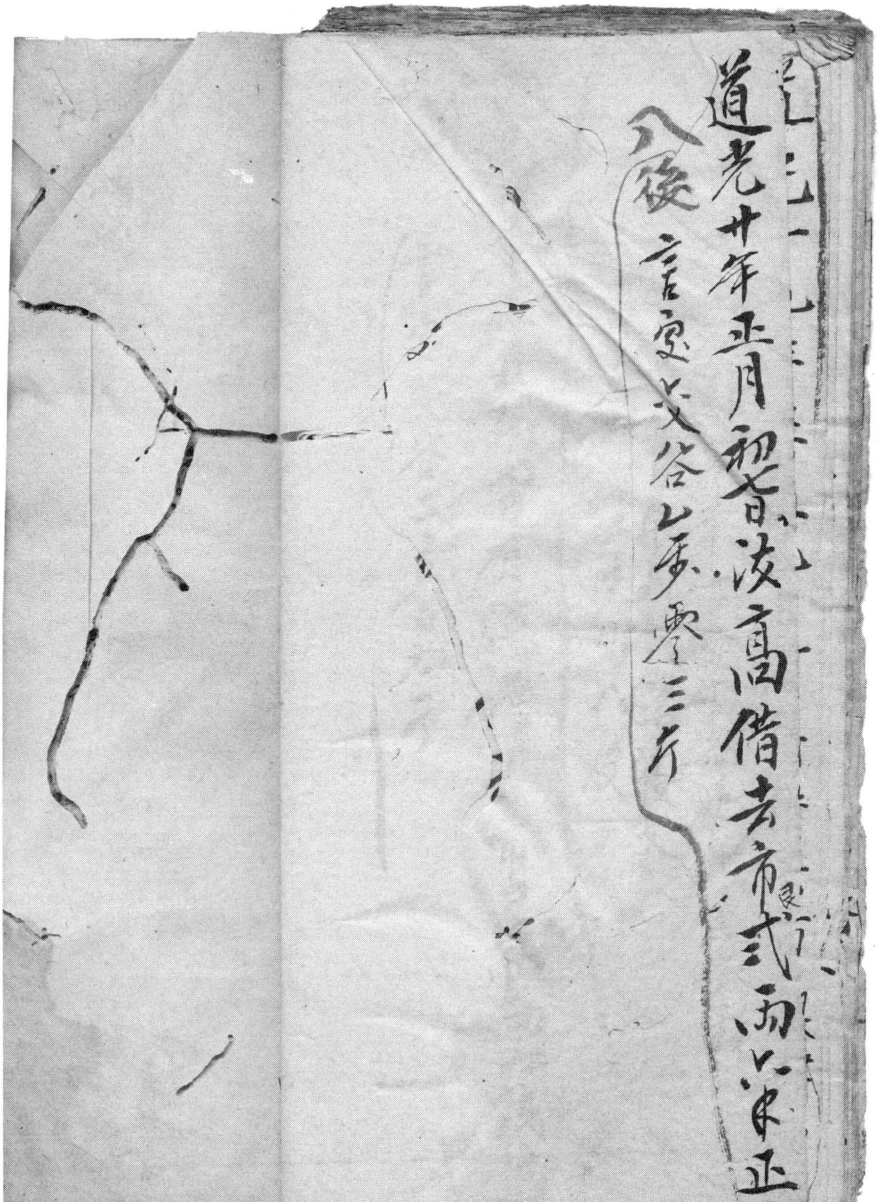

段莘乡大汜村 B 7-29 · 道光十一年至二十一年 · 流水账

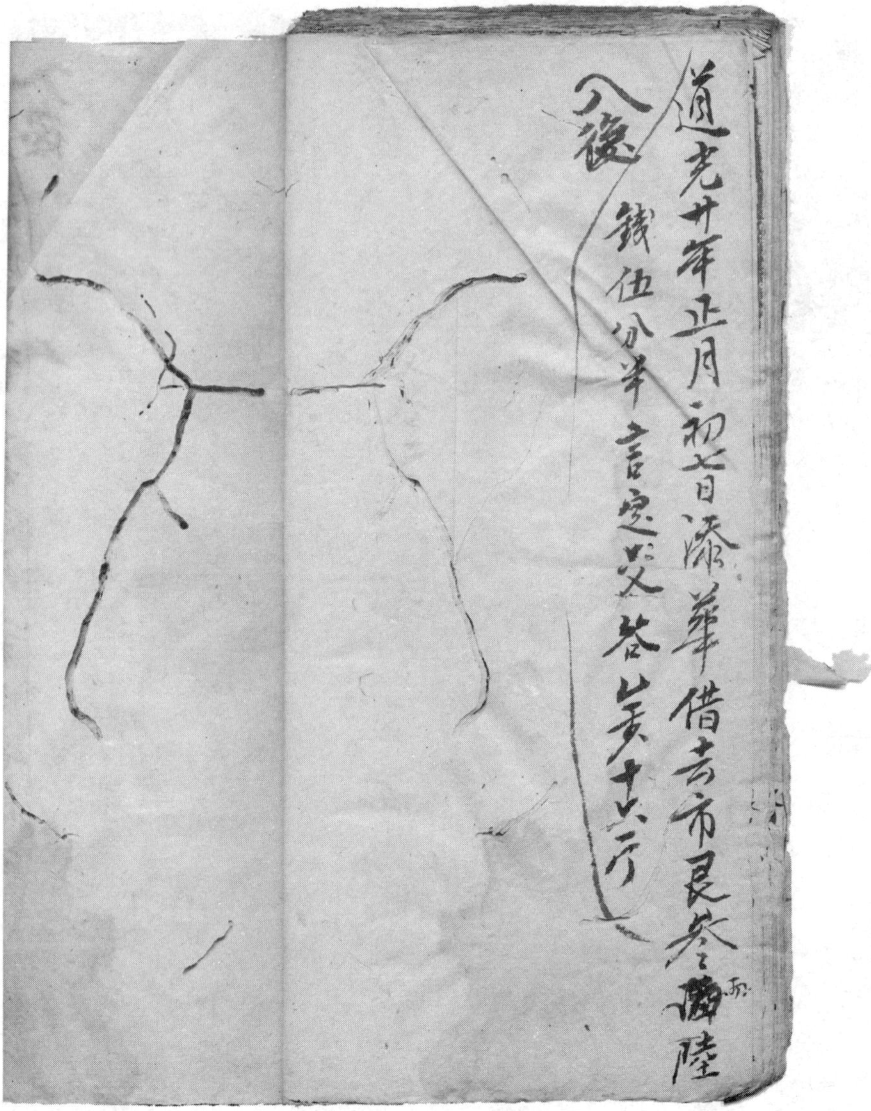

段莘乡大汜村 B 7-30 · 道光十一年至二十一年 · 流水账

道光廿年正月初七日考林借去吊艮叁兩四錢〇半[illegible]

言定交谷乙石十四斤

十七日收慶旺利谷乙秤計錢三百文喜林借去

入後

段莘乡大汜村 B 7-31 · 道光十一年至二十一年 · 流水账

一 道光廿年正月初二日觀明借去艮市洋三月

扣谷 借去共結

八後

言定交谷六斤

段莘乡大汜村 B 7-32 · 道光十一年至二十一年 · 流水账

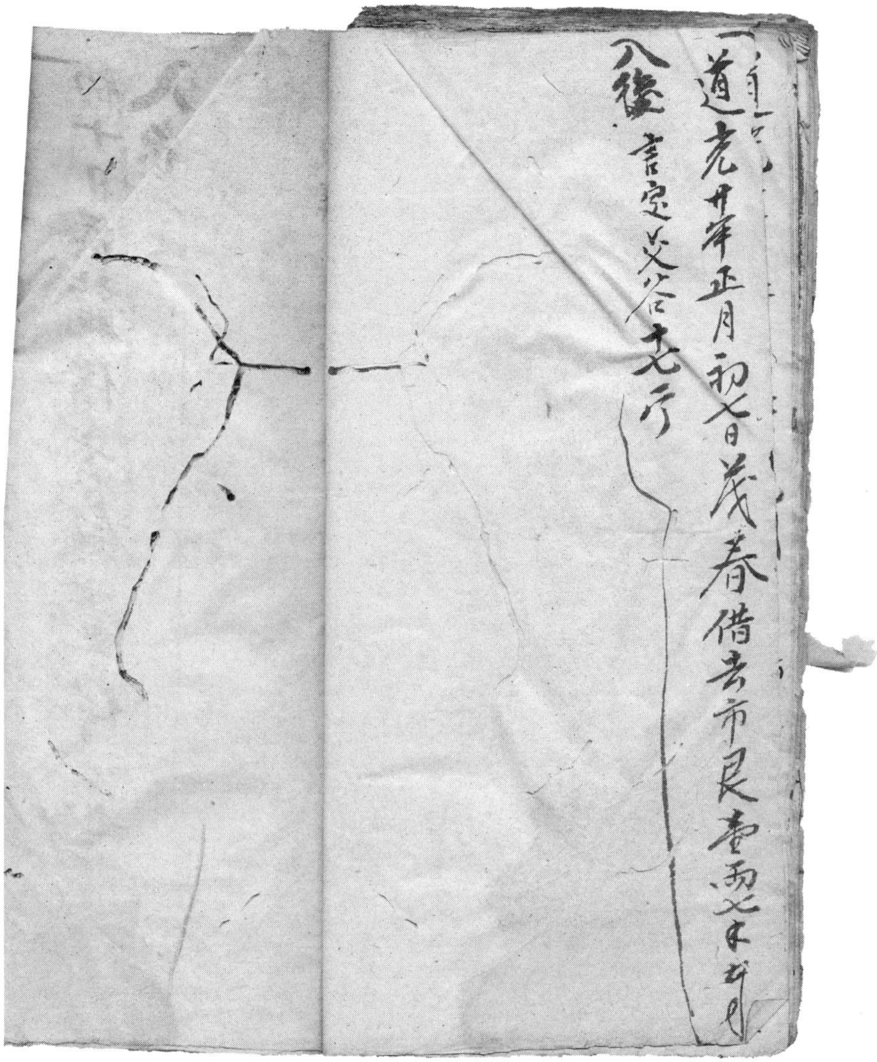

段莘乡大汜村 B 7-33 · 道光十一年至二十一年 · 流水账

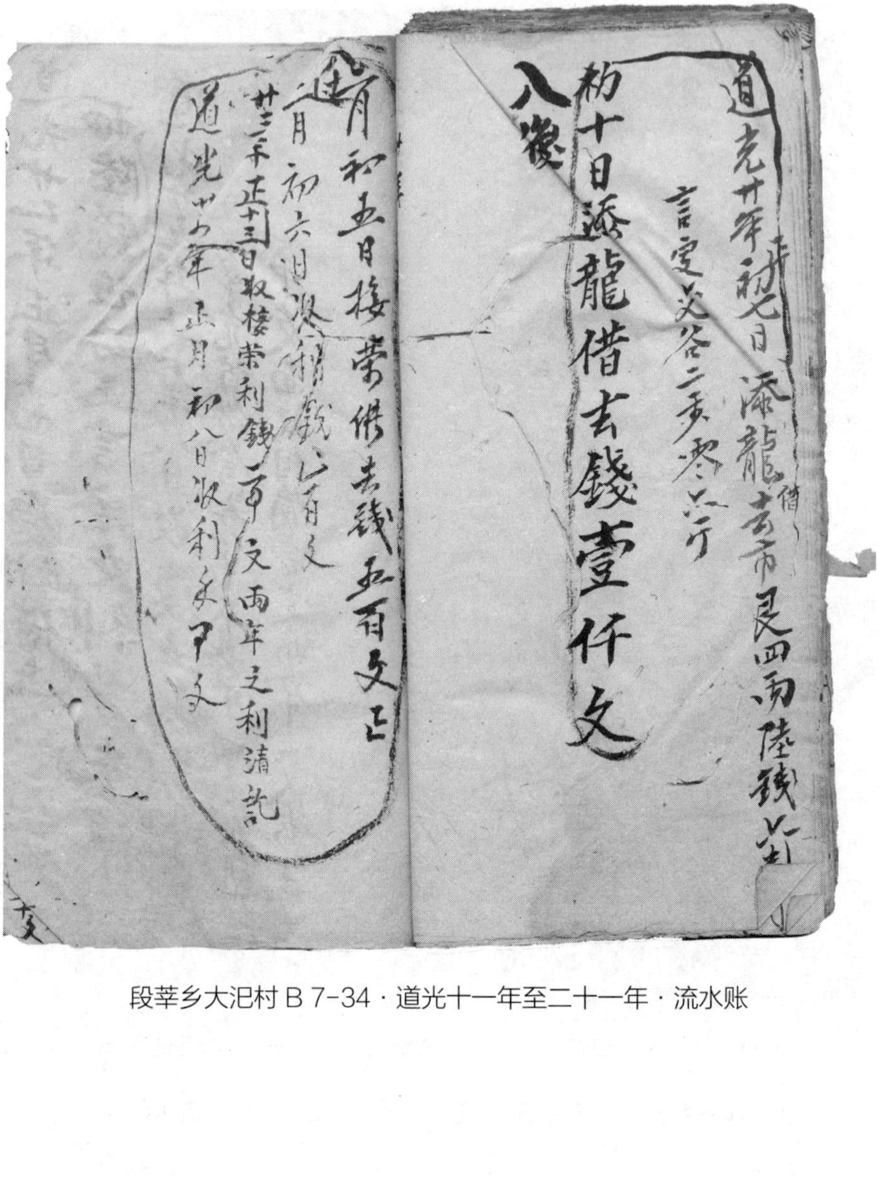
道光廿年正月初七日添龍借去市艮四两陆錢六分
言定交谷二斗零六升
初十日添龍借去錢壹仟文
入後
月初五日楼荣借去錢五百文
月初六日収錢六百文
廿二年正月十三日收楼荣利錢一百文 两年之利清訖
道光廿六年正月初八日收利錢□文

段莘乡大汜村 B 7-34 · 道光十一年至二十一年 · 流水账

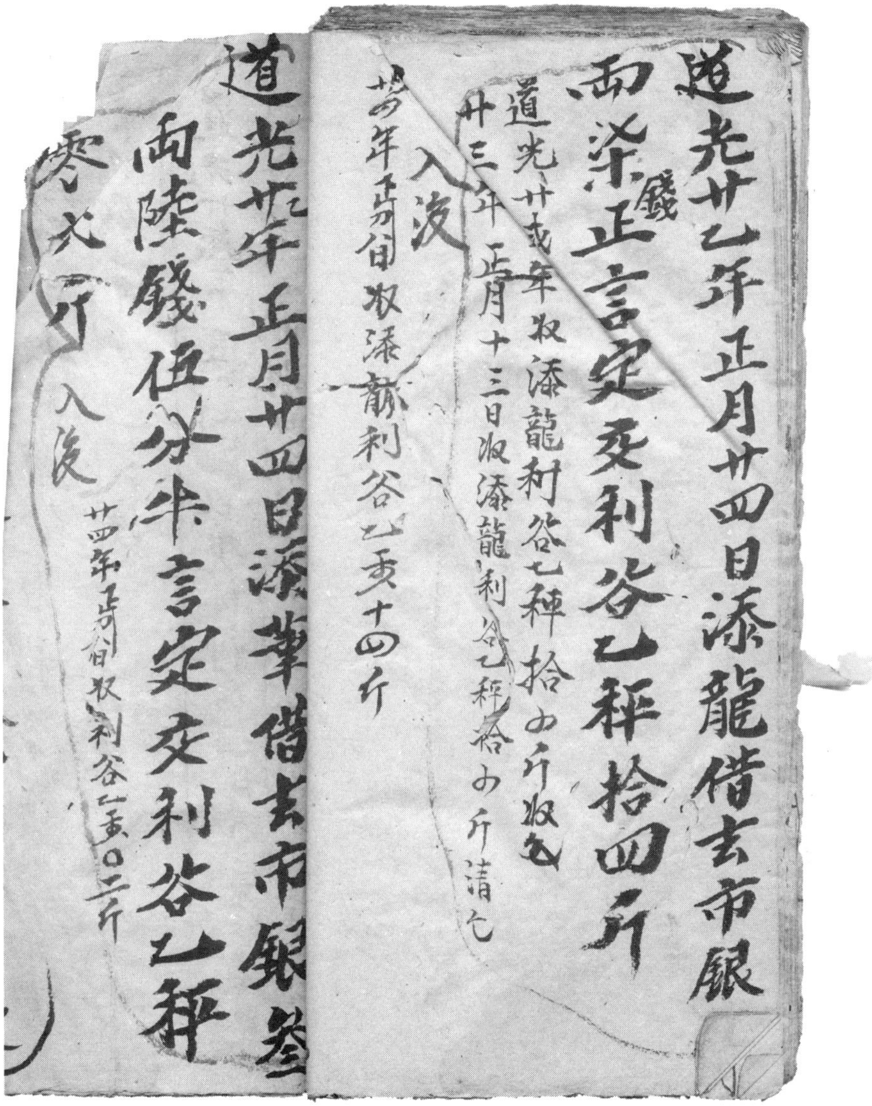
道光廿乙年正月廿四日添龍借去市銀
兩粜錢正言定交利谷乙秤拾四斤
道光廿弍年收添龍利谷乙秤拾四斤收乞
廿三年正月十三日收添龍利谷乙秤拾四斤清乞
入後
廿四年正月 日收添龍利谷乙秤十四斤
道光廿乙年正月廿四日添華借去市銀叁
兩陸錢伍分半正言定交利谷乙秤
零弍斤
入後
廿四年正月 日收利谷乙秤〇二斤

段莘乡大汜村 B 7-35 · 道光十一年至二十一年 · 流水账

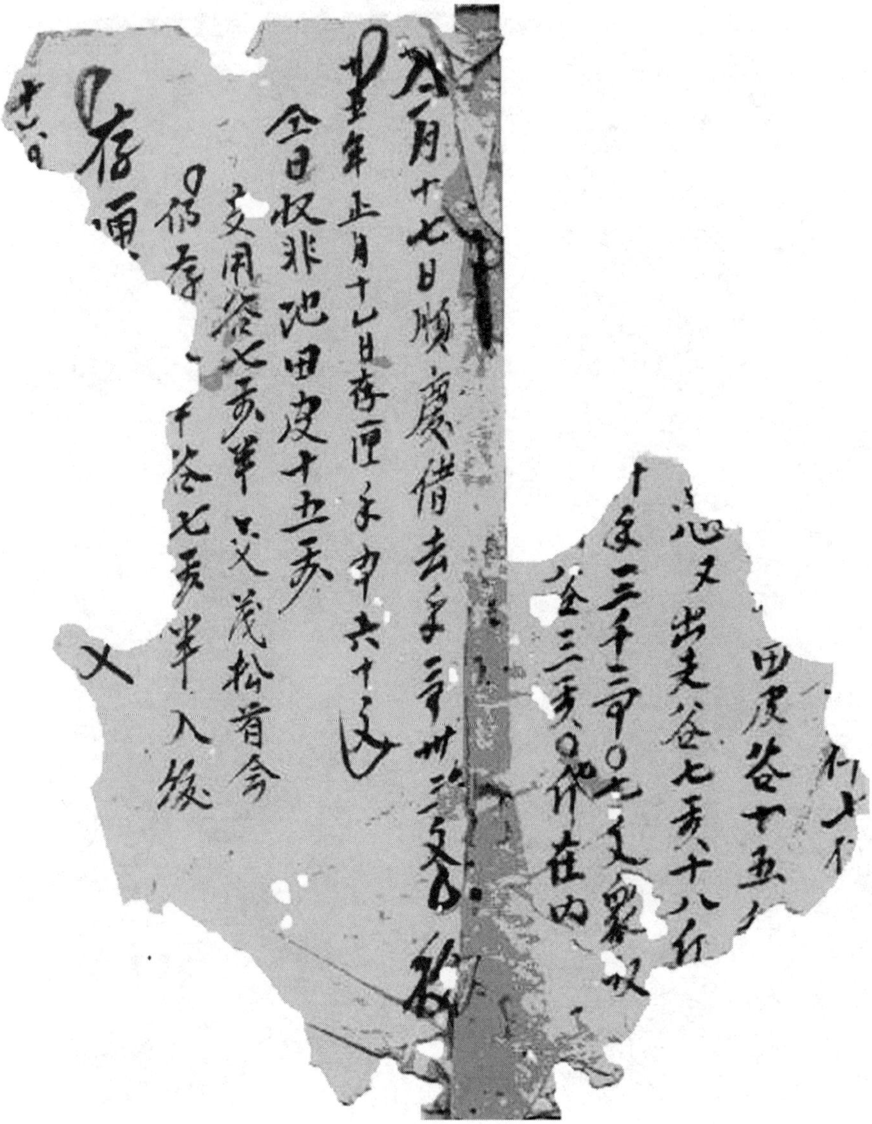
六月十七日顺庆借去钱二千卅文
廿五年正月十八日存厘钱六十文
仝日收非池田皮十五秀
支用谷七秀半□文茂松首会
仍存□十谷七秀半入缘
存项
文
泥又出支谷七秀、十八仟
十□二千二百〇七文聚收
谷三秀〇和仟在内
田皮谷十五

段莘乡大汜村 B 18-1 · 道光十六年至光绪二十八年 · 会产经营簿

異、各存

議例、欠項自存立約

交公……首清訖、來年做會、

交備有搃欠者各交負者向頭首、私議相

商、不得過期、倘有過期、照市價高錢每[illegible]

四千文、如有日後不遵衆議、自愿責會無異、

今因衆前借買田之項、各交欠更之項

段莘乡大汜村 B 18-2 · 道光十六年至光绪二十八年 · 会产经营簿

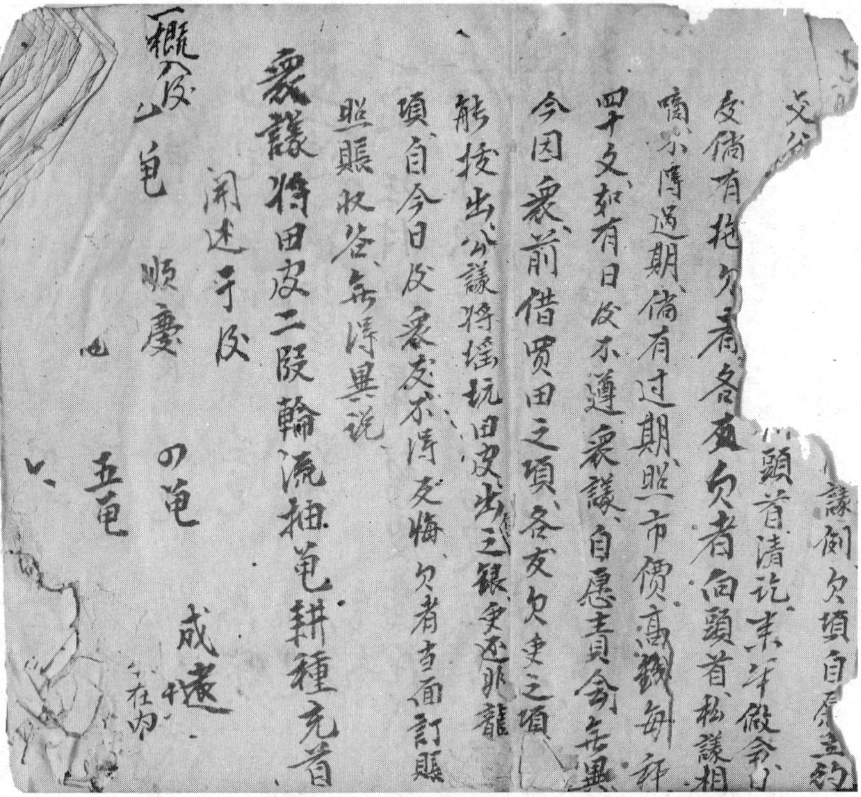
交公……
……議例欠項自[illegible]立约
……頭首清訖、未平做余……
交倘有拖欠者、各查欠者向頭首、私議相
嘀不得過期、倘有過期、照市價高錢每拜
四千文、如有日後不遵衆議、自愿责罰無異、
今因衆前借買田之項、各交欠吏之項、
能找出公議將搖坑田皮出之银吏还非龍
項、自今日後衆交不得反悔、欠者當面訂賬
照賬收谷、無得異説、
衆議將田皮二股輪流抽笆耕種充首
開述于後
一概入後
山笆 順慶 四笆 成遠
也 五笆 十在内
六、

段莘乡大汜村 B 18-3 · 道光十六年至光绪二十八年 · 会产经营簿

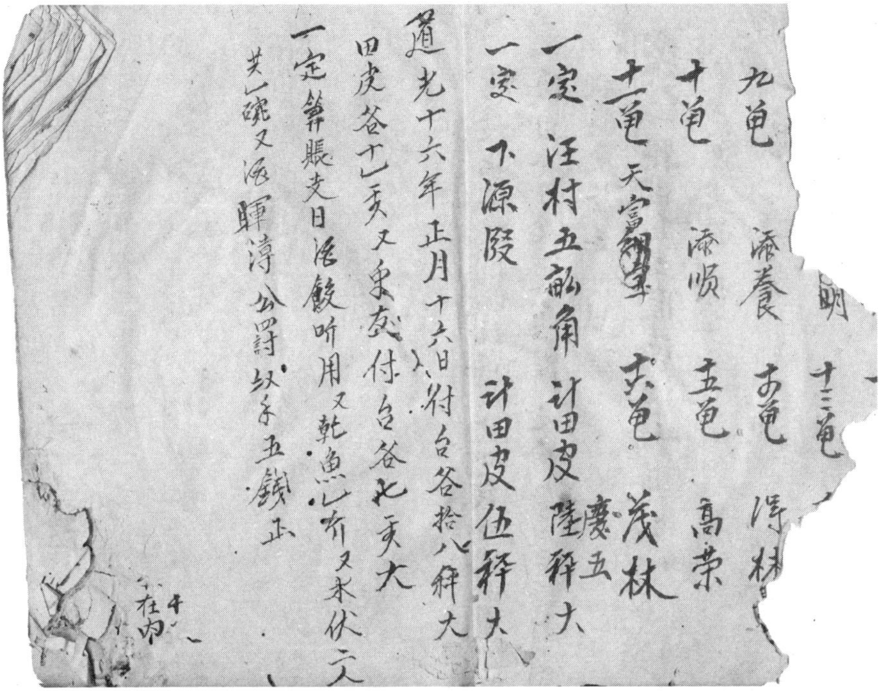

明 十三号

九号 添養 十四号 得林

十号 添顺 十五号 高荣

十一号 天富 十六号 茂林 庆五

一宅 汪村五亩角 计田皮陸秤大

一宅 下源段 计田皮伍秤大

道光十六年正月十六日入付台谷拾八秤大

田皮谷十九秤又秉交付台谷九秤大

一定算账支日伙食所用又乾魚乚斤又米伙文

共一碗又伙暉淳公习纹银五钱正

在内

段莘乡大汜村 B 18-4 · 道光十六年至光绪二十八年 · 会产经营簿

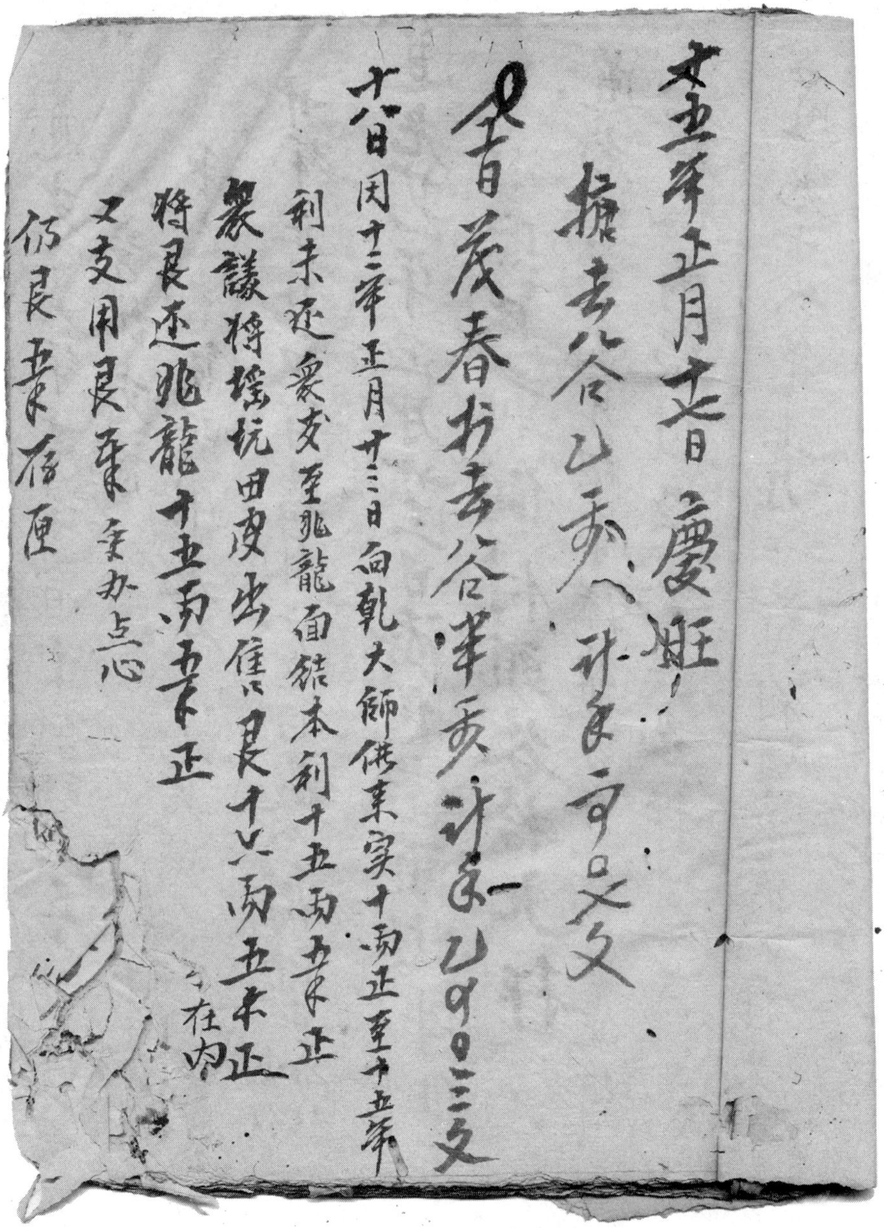

廿五年正月十七日 慶旺
撥去谷乙石、計錢[illegible]文
十七日 茂春撥去谷半石 計錢[illegible]文
十六日 因十二年正月廿三日向乾大師借來實十两正至十五年
利未还 衆交至兆龍面結本利十五两五錢正
衆議將瑶坑田皮出賃艮十八两五錢正 在内
將艮还兆龍十五两五錢正
又支用艮乙錢 衆办点心
仍艮五錢存匣

段莘乡大汜村 B 18-5 · 道光十六年至光绪二十八年 · 会产经营簿

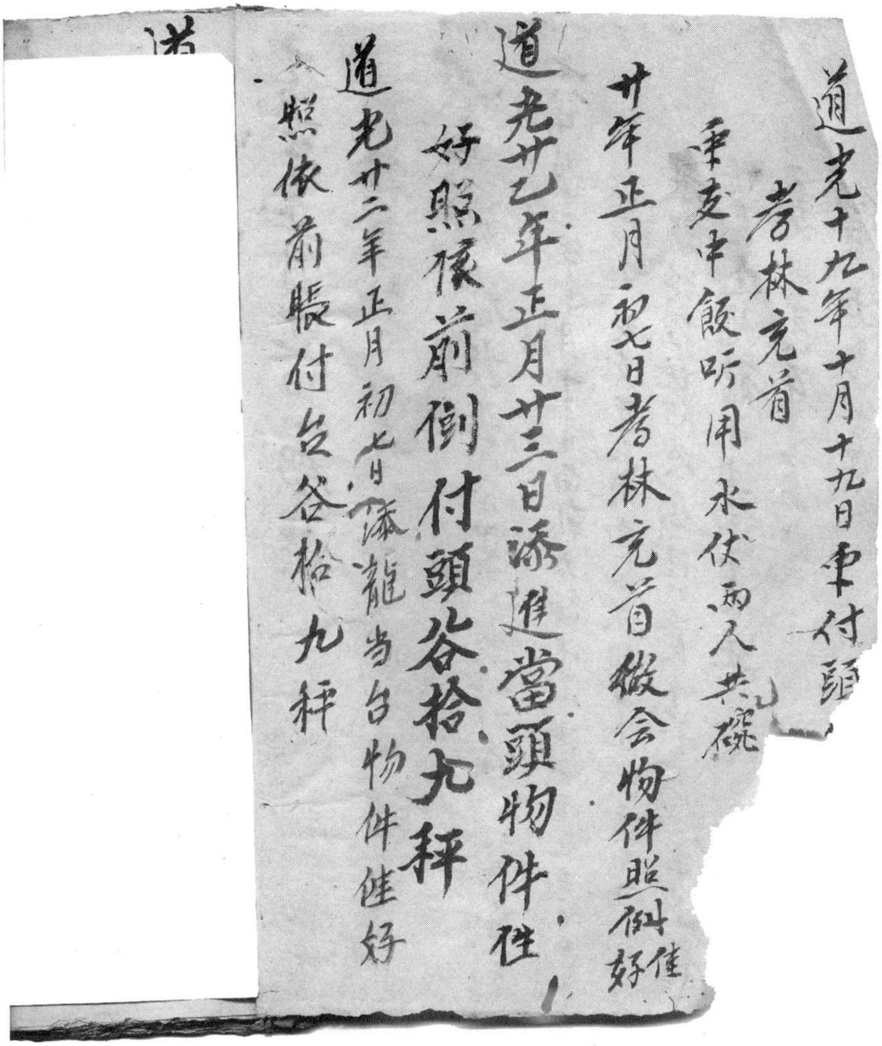

道光十九年十月十九日重付頭
孝林元首
重交中飯听用水伏两人共碗
廿年正月初七日孝林元首繳会物件照例佳好
道光廿乙年正月廿三日添進當頭物件佳
好照依前例付頭谷拾九秤
道光廿二年正月初七日添龍当台物件佳好
照依前帳付台谷拾九秤

段莘乡大汜村 B 18-6 · 道光十六年至光绪二十八年 · 会产经营簿

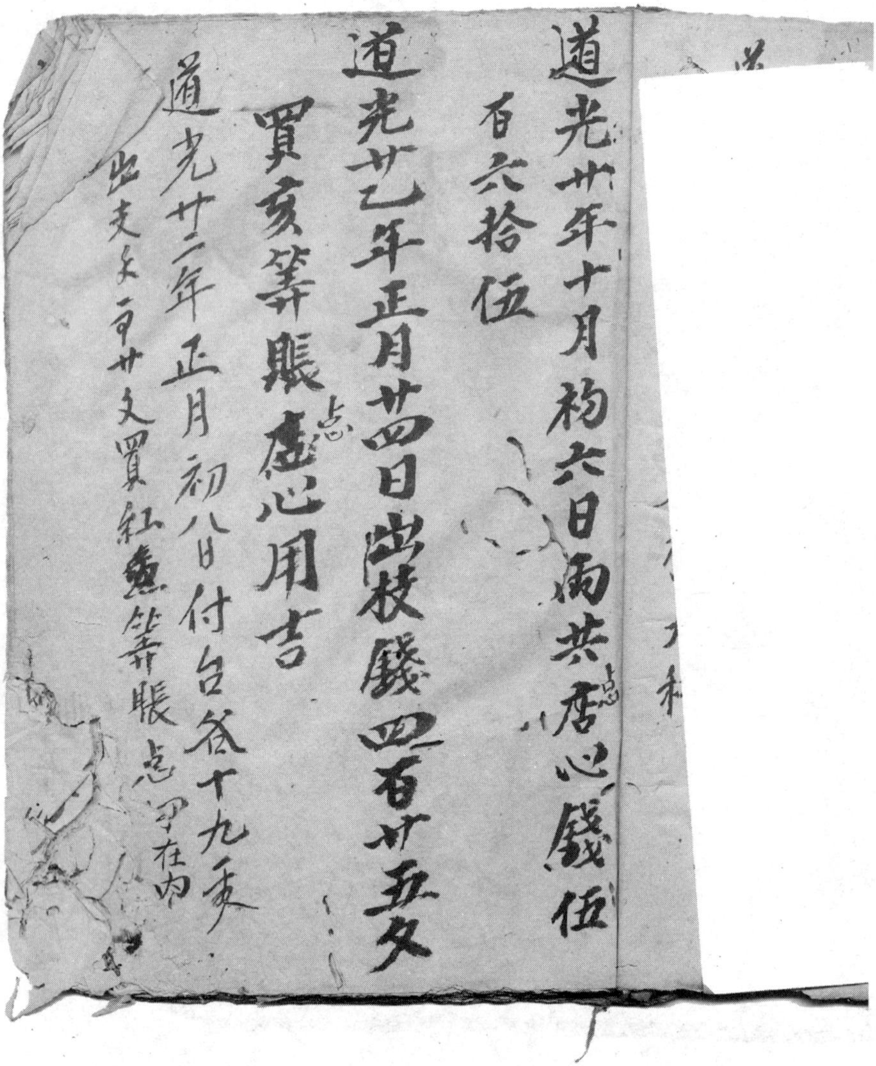
道光卄六年十月初六日兩共唐（点）心錢伍

百六拾伍

道光廿七年正月廿四日出枝錢四百廿五文

買亥筭賬唐（点）心用吉

道光廿二年正月初八日付台爷十九文

出支文一百廿文買紅蔥筭賬点心在内

段莘乡大汜村 B 18-7 · 道光十六年至光绪二十八年 · 会产经营簿

道光廿三年正月初九日衆友算賬面議

一定付頭谷拾肆秤入 又加付頭谷乙秤、

一定麦捌斤 雜前服每 一定添華租秤

一定紅魚大鱗三尾 干秤四斤熟魚

一定花粿拾三斤 租秤

一定熟酒 弍拾弍乎 常酒弍乎在外 魚鱗缸乙乎在内

一定午飯衆友所用

一定午飯水伕两人共乙碗 箹 算賬

段莘乡大汜村 B 18-8 · 道光十六年至光绪二十八年 · 会产经营簿

一散火木伏两人共碗算账泻餞

道光廿三年正月初九日前算账後…

未清自悳玉会無得異説

廿三年正月十三日茂寿充首做会物件

佳好　照前例付頭谷拾伍秤大

衆友公言因首家火炮小議唱曲無菜

罰钱卅七文

廿四年正月初八日順慶充首做会物件佳好

照前例办

廿五年正月初九日茂春充首做会物件

好照前例办

廿六年正月拾一日富圭充首做会物件

段莘乡大汜村 B 18-9 · 道光十六年至光绪二十八年 · 会产经营簿

照前例办

廿五年正月初九日茂春充首做会物件

好照前例办

廿六年正月拾一日富圭充首做会物件

照前例办

廿七年正月十一日高荣充首做会物件

照前例办

廿八[illegible]正月十七日茂林充首做会物[illegible]

照前例办

段莘乡大汜村 B 18-10 · 道光十六年至光绪二十八年 · 会产经营簿

廿九年正月十八日慶五尧首做会

道光廿九年正月十八日㕥友面議

陸秤大花粿不用一定亥祖秤拾弍斤

一定篝賬亥六斤一定伏出亥乙枝

議定水伏六碗篝賬

卅年正月初十日出福尧首做会徃好

咸豐元年正月十二日尧首做会徃好

覌林尧首　付出谷十六秤又収訖

仝日存匣大系𢌿五文　又小系四十文

咸豐二年正月十二日添華做会徃好

仝日存匣錢乙千二百七十五文

段莘乡大汜村 B 18-11 · 道光十六年至光绪二十八年 · 会产经营簿

□年正月十一日慶五徵会佳好

仝日存匣錢六千文出支乃幸借

四年正月十三日添進徵会佳好付台十六文

仝日存匣錢五千七十九文連寿借去 扣大五千四文 錢二千七十文存匣

連手連答在内

十二月十三日收建寿本利錢四千卅二文

仝日筭賬点心錢四百〇三文

仝日存匣錢卅四文

咸豐五年正月初十日神佑徵会佳好 付台

仝日秉杙首家錢三百八十八文

段莘乡大汜村 B 18-12 · 道光十六年至光绪二十八年 · 会产经营簿

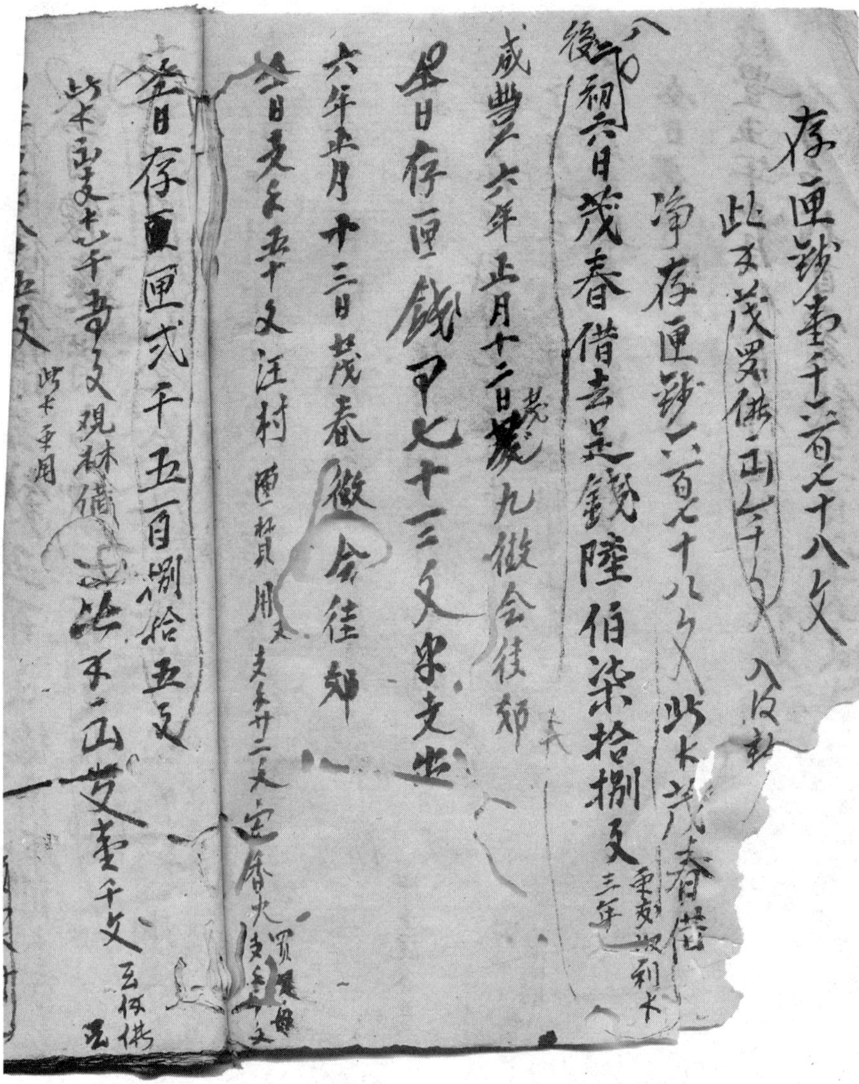

存匯鈔壹千二百七十八文
此支茂罡借去[illegible]千[illegible] 八月初
淨存匯鈔六百七十八文 此下茂春借
後八月初六日茂春借去足錢陸佰柒拾捌文 三年 秉[illegible]利本
咸豐六年正月十二日兌九徵会往郑
本日存匯錢四十三文 用支出
六年正月十三日茂春徵会往郑
本日支錢五十文汪村 匯杉貝用 支錢廿二文 [illegible]香火支[illegible]文
本日存匯錢弍千五百捌拾五文
此下[illegible]支[illegible]千[illegible]文觀林借 [illegible]支壹千文 [illegible]

段莘乡大汜村 B 18-13 · 道光十六年至光绪二十八年 · 会产经营簿

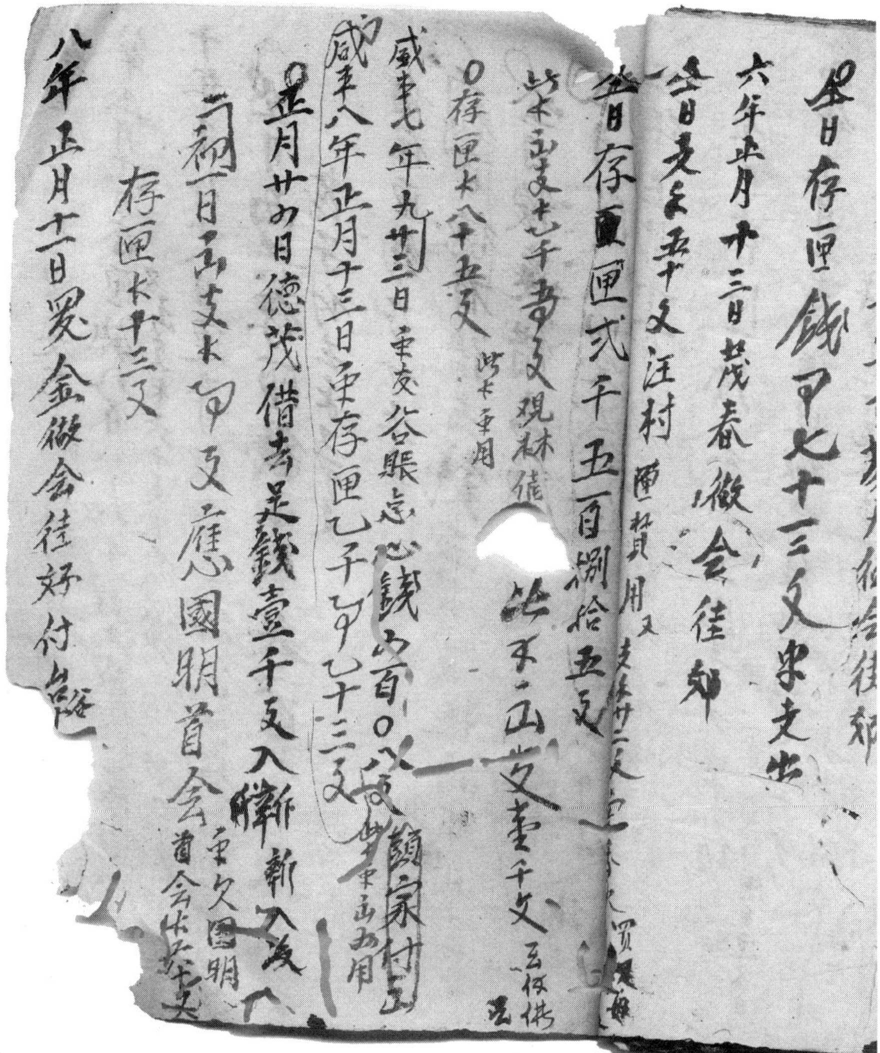

共日存匣錢[illegible]七十三文[illegible]支出
六年正月十三日茂春徵会往知
仝日支[illegible]五十文汪村　[illegible]用文　支[illegible]廿一文[illegible]買[illegible]
仝日存匣匣式千五百捌拾五文
此年[illegible]文[illegible]千[illegible]文觀林借　[illegible]下二[illegible]文　壹千文　[illegible]借　[illegible]
〇存匣[illegible]八十五文　此[illegible]重用
咸豐七年九月廿三日重交谷賬[illegible]錢[illegible]百〇文　顏家付[illegible]　此[illegible]重[illegible]用
咸豐八年正月十三日重存匣乙千[illegible]十三文
〇正月廿四日德茂借去足錢壹千文入[illegible]新入[illegible]
二月初一日[illegible]文[illegible]文應國朋首会　重欠國朋　首会[illegible]
存匣[illegible]十三文
八年正月十一日衆金徵会往好付[illegible]

段莘乡大汜村 B 18-14 · 道光十六年至光绪二十八年 · 会产经营簿

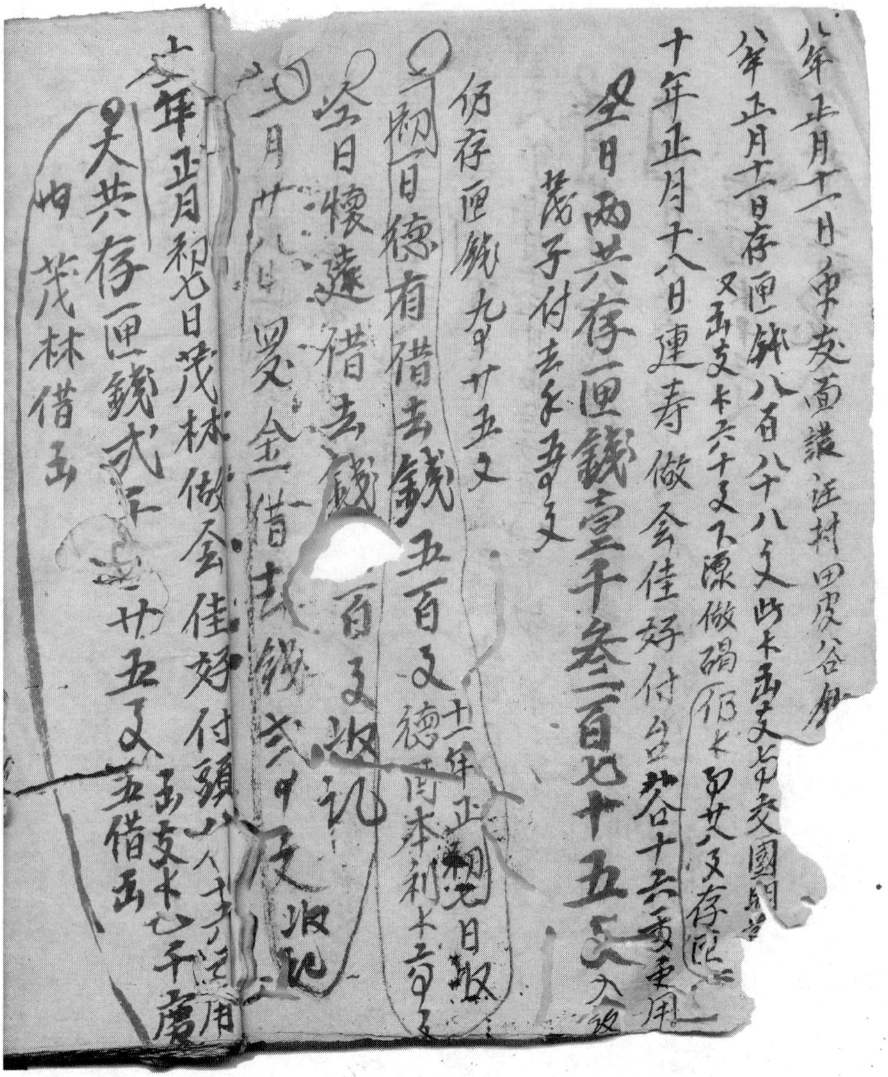

段莘乡大汜村 B 18-15 · 道光十六年至光绪二十八年 · 会产经营簿

祺祥元年正月十五日弍共存

入乙丑六十三文 此外洋钱大山元又大钱手串

四千文丢山麦应会茂旺晋叁

入一笔

三庆

七笔茂偶

段莘乡大汜村 B 18-16 · 道光十六年至光绪二十八年 · 会产经营簿

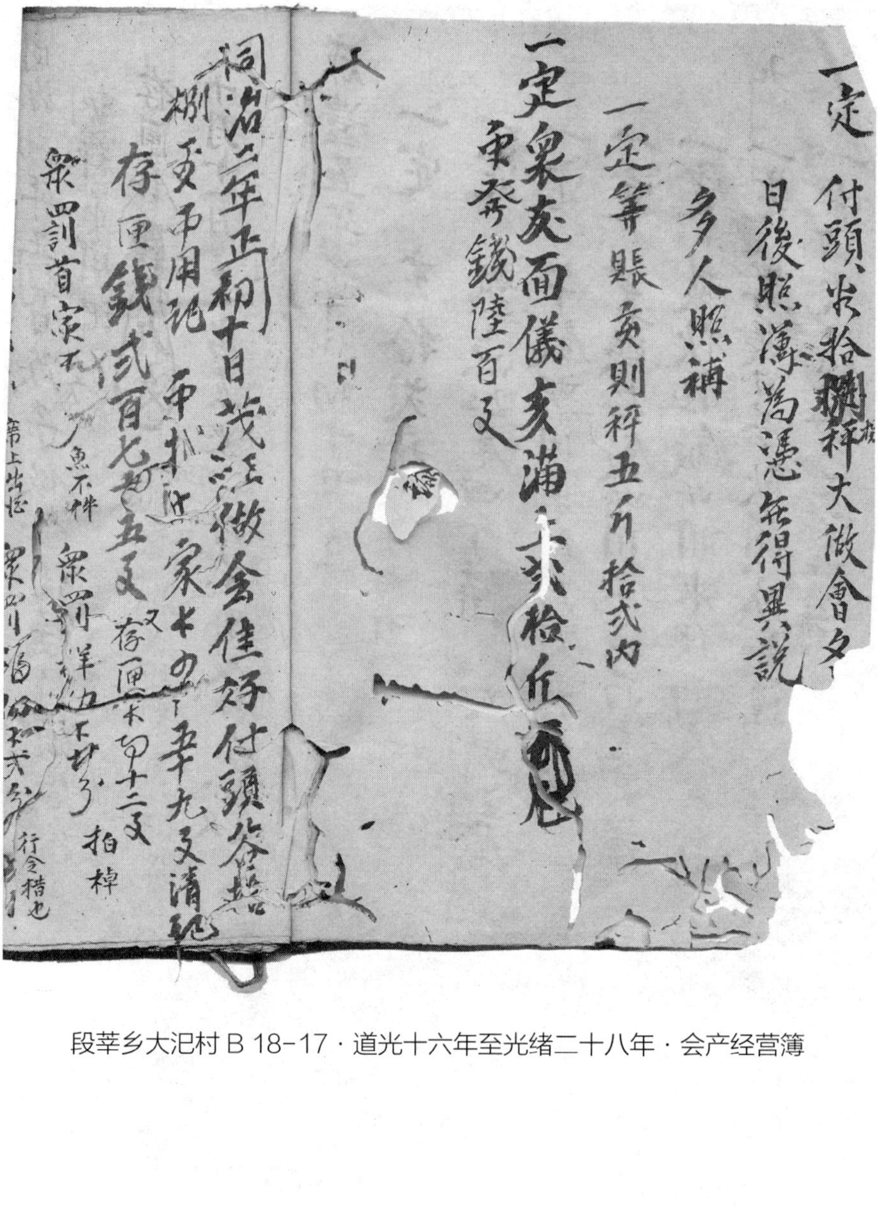

段莘乡大汜村 B 18-17 · 道光十六年至光绪二十八年 · 会产经营簿

錢陸百文

同治二年正月初十日茂旺做會佳存付頭谷[illegible]

棚交手用記 手扎首家[illegible]九文清記

存匣錢弍百七十五文 又存匣[illegible]十二文

衆罰首家[illegible] 魚不拌 衆罰祥[illegible] 柏棹

衆罰[illegible] 席上出[illegible] 衆罰福[illegible] 行令错也

衆罰[illegible]成[illegible] 席上[illegible] 衆罰茂妻[illegible] 妻[illegible]嘴

存匣[illegible]八十七文 四羅金借五八後

九月廿三日算賬 總心 乘用[illegible]口八文

存匣[illegible]廿三[illegible]文

段莘乡大汜村 B 18-18 · 道光十六年至光绪二十八年 · 会产经营簿

同治三年正月廿日慶五做会付

捌每秉用記

秉扎首家卡式千四百五十文

存匣洋卡叁元正又卡千五文

入後

廿三日收洋三元正茂旺借五　入後

同治肆年正月初日茂子做会借仔付錢谷拾

捌秤秉用記

存匣錢[illegible]九文

入

十月十一日秉出支米乙斗式升算点心又卡文

付

仝日收茂旺早米乙斗式升算賬点　入

[illegible]做会[illegible]仔付台

段莘乡大汜村 B 18-19 · 道光十六年至光绪二十八年 · 会产经营簿

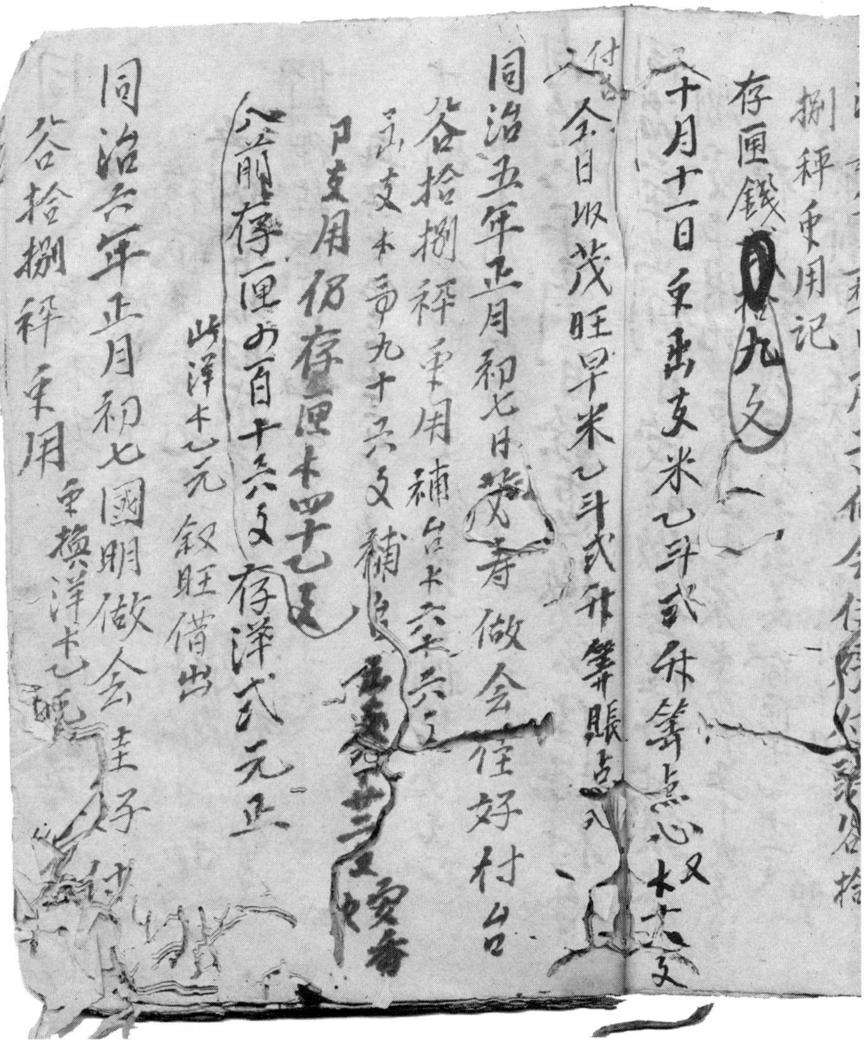

段莘乡大汜村 B 18-20 · 道光十六年至光绪二十八年 · 会产经营簿

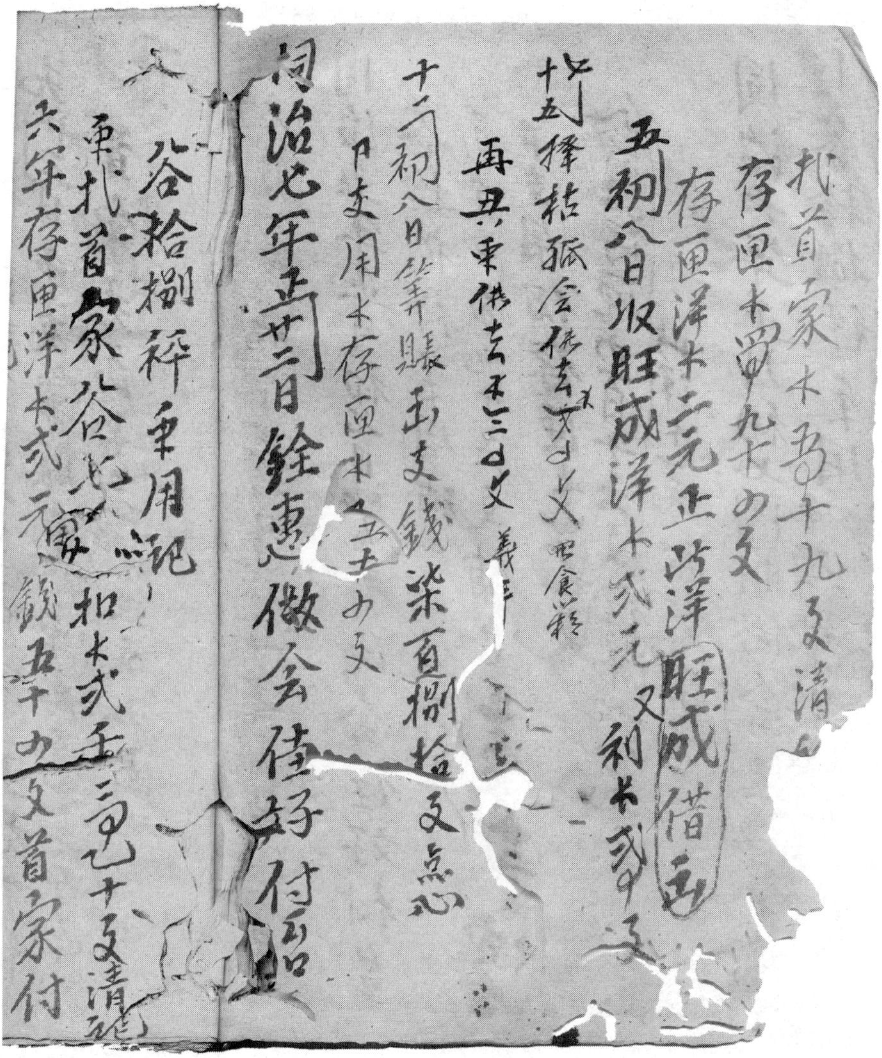
扎首家[illegible]十九文清
存匣[illegible]九十[illegible]文
存匣洋[illegible]元正 收洋旺成借去
五月初八日收旺成洋[illegible]元 又利[illegible]文
十七 十五择桔(?)[illegible]会俵去[illegible]文 四食[illegible]
再共俵去[illegible]文 义手
十二月初八日算账 去支钱柒百捌拾文点心
尚支用[illegible]存匣[illegible]文
同治七年五月廿三日铨惠做会佳存付[illegible]
谷拾捌秤 平用讫
再扎首家谷[illegible] 扣[illegible]文清讫
六年存匣洋[illegible]元 钱五千[illegible]文首家付

段莘乡大汜村 B 18-21 · 道光十六年至光绪二十八年 · 会产经营簿

再共东伙去米三十口文 義年……

十二月初八日算縣玉支錢柒百捌拾文点心

又支用米存匣米叁十口文

同治七年五月廿三日銓惠做会佳好付台

谷拾捌秤東用讫

東扎首家谷乙石 柏木式千三百乙十文清讫

六年存匣洋式元 錢五千口文首家付

東友清讫

出支洋式元應香仍首会

七年五月廿三日東存匣洋錢柒元 出洋……借 者洋乙元

又存錢乙千式百 四十九文

乙契茂林 茂寿 慶五 國明 銓惠

式契茂旺 茂棒 茂成 國明

段莘乡大汜村 B 18-22 · 道光十六年至光绪二十八年 · 会产经营簿

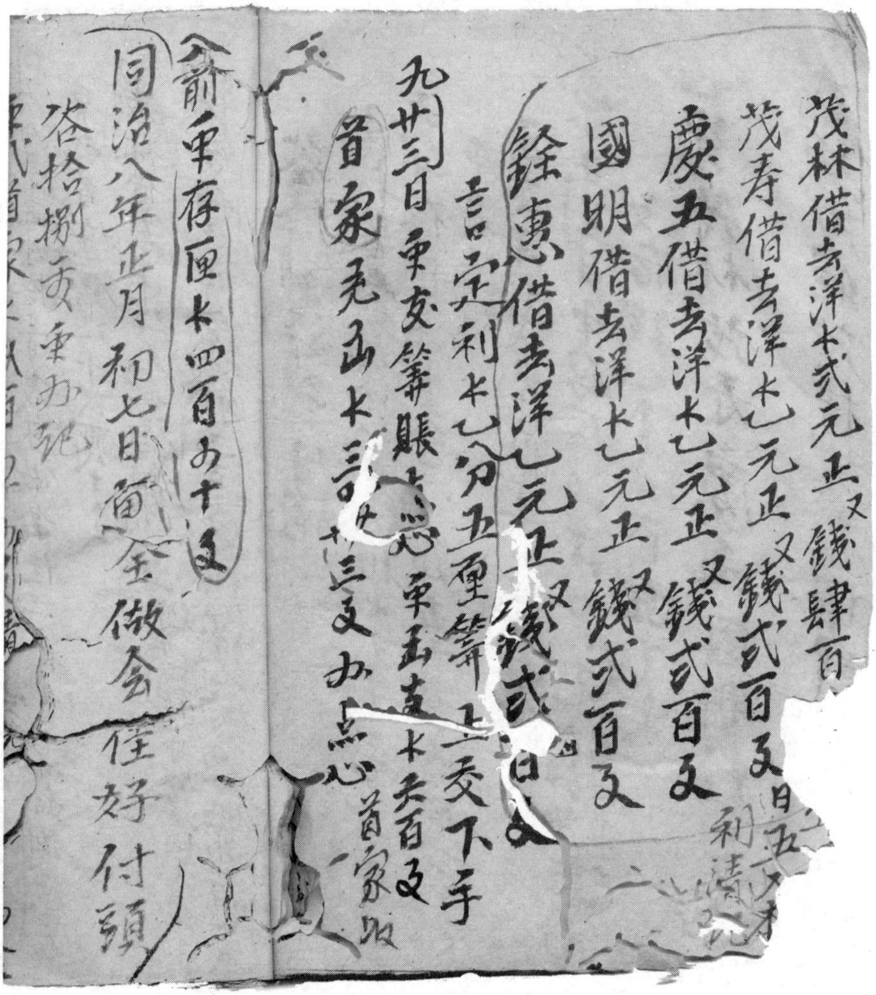
茂林借去洋卡弍元正 又錢肆百
茂寿借去洋卡乚元正 又錢弍百文
慶五借去洋卡乚元正 又錢弍百文
國明借去洋卡乚元正 又錢弍百文
銓惠借去洋乚元正 又錢弍百文
言定利卡乚分五厘算上交下手
九廿三日 東交算賬
首家
前年存洋卡四百五十文
同治八年正月初七日 首金做会 任好付頭

段莘乡大汜村 B 18-23 · 道光十六年至光绪二十八年 · 会产经营簿

銀惠借去洋乙元正 又錢弍百文

言定利卡乙分五厘算至交下手

九廿三日 東交算賬意思 東五支卡[illegible]百文

首家元五卡三[illegible]廿三文 如意思 首家收

前年存匣卡四百[illegible]十文

同治八年正月初七日 萬金做會 佳好付頭

答拾捌丟東[illegible]訖

東扎首家卡玖百[illegible]十[illegible]文 清[illegible]

茂成借去洋卡弍元正 又錢[illegible]百[illegible]文 海雲借

福金借去洋卡乙元正 又卡[illegible]百文 福金

國明借去洋卡乙元正 又卡[illegible]百文

有志借去洋卡乙元正 又卡[illegible]百 ... 壽

段莘乡大汜村 B 18-24 · 道光十六年至光绪二十八年 · 会产经营簿

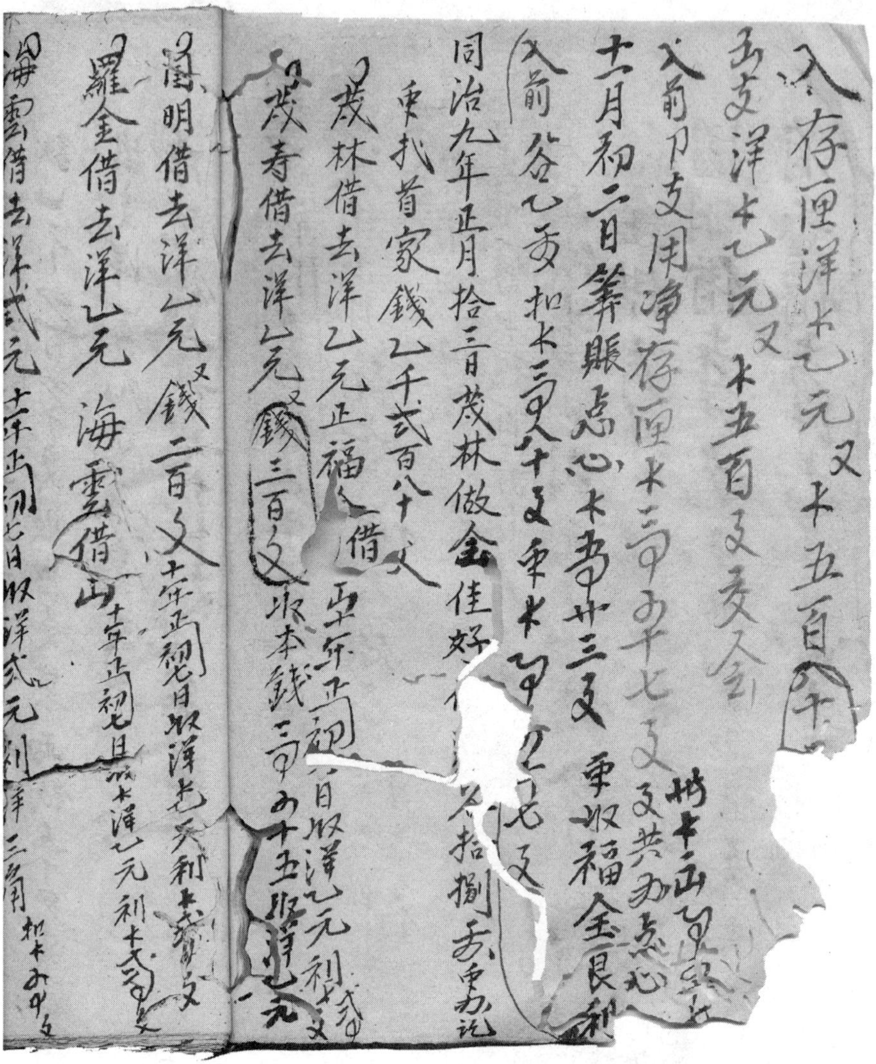
入存匣洋十乙元 又十五百
五支洋十乙元 又十五百文交入會
又前乃支用净存匣十二千五十七文 又共办点心
十二月初二日算賬点心十[illegible]廿三文 再收福全艮利
又前谷乙石 扣十三[illegible]八十文 再十[illegible]七文
同治九年正月拾三日茂林做金佳好[illegible]名拾捌丢再办記
再找首家錢乙千弍百八十文
茂林借去洋乙元正福借 十年正月初[illegible]日收洋乙元利[illegible]文
茂寿借去洋山元 又錢三百文 收本錢[illegible] 收洋乙元
國明借去洋山元 又錢二百文 十年正月初七日收洋[illegible]元利[illegible]文
羅金借去洋山元 海雲借山 十年正月初七日收十洋乙元 利十[illegible]文
海雲借去洋弍元 十年正月初七日收洋弍元 利洋三角 扣十[illegible]文

段莘乡大汜村 B 18-25 · 道光十六年至光绪二十八年 · 会产经营簿

㐅[illegible]明借去洋山元又錢二百文　十年正月初七日收洋[illegible]元利[illegible]文

羅金借去洋山元　海雲借山　十年正月初七日收洋乚元利[illegible]文

海雲借去洋弍元　十年正月初七日收洋弍元利洋三角　[illegible]

存匣洋山元又錢〤百〦十三文　此洋[illegible]交[illegible]天洋[illegible]員

拾月初六日算賬点心錢五百五十九文

福全利谷錢三百文

同治拾正月初七日茂成徵会佳孖付頭拾捌千[illegible]

新扎首家錢弍千〇乚文

茂寿借洋乚元

段莘乡大汜村 B 18-26 · 道光十六年至光绪二十八年 · 会产经营簿

福全借洋弍元 收洋弍元利ㄨ四百五十文

海雲借洋乙元 收洋乙元利ㄨ两百廿五文

十二年正月二十八日收海雲洋乙元付香印支

五數洋肆元付慶五首会

又收利ㄨ弍百四十文

同治拾壹年正月初四日国明做台佳好付頭一

谷拾捌秤半收本記找首谷一　〇斤和

錢一千四百四十文收出支來兩錢五十四文

出支洋三元交会慶五手

存匣錢六百六十八文　五手交会

同治十二年正月十八日慶五做台佳好付山茶谷

拾捌秤半办記找首家谷五秤〇半斤

段莘乡大汜村 B 18-27 · 道光十六年至光绪二十八年 · 会产经营簿

同治十二年正月十八日廣五做会佳好付山茂谷
拾捌两重办記找首家谷五两〇半斤
扣卡弍千弍百十七文找
存回卡廿七文
同治拾叁年正月初六茂棒做会佳好付吝
叁拾捌两重五两紀找首家谷六两〇半斤
扣卡七千八百七十文 二月初十日叔廣五本簿
七元付茂棒八谷價
同治十四年正月十三日國明做会佳好

段莘乡大汜村 B 18-28 · 道光十六年至光绪二十八年 · 会产经营簿

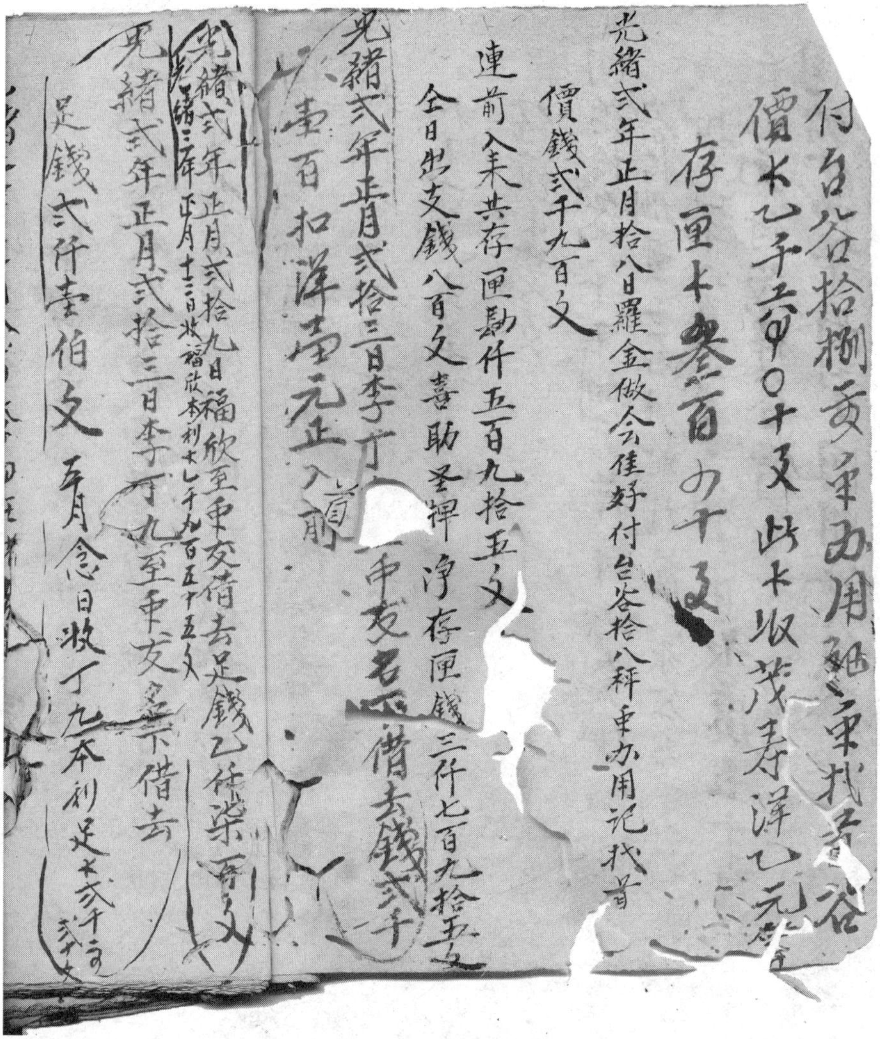
付台谷拾捌秤交東办用[illegible]東找谷
價卡乙千二百〇十文 此卡收茂寿洋乙元[illegible]
存匣卡叁百〇十文
光緒弍年正月拾八日羅金做会佳好付台谷拾八秤東办用記找首
價錢弍千九百文
連前入來共存匣錢[illegible]仟五百九拾五文
仝日出支錢八百文壹助圣牌 净存匣錢三仟七百九拾五文
光緒弍年正月弍拾三日李丁[illegible]手交名[illegible]借去錢弍千
壹百扣洋壹元正入前
光緒弍年正月弍拾九日福欣至東交借去足錢乙仟柒百文
光緒三年正月十三日收福欣本利七七千九百五十五文
光緒弍年正月弍拾三日李丁九至東交[illegible]借去
足錢弍仟壹伯文 五月念日收丁九本利足卡弍千三百弍十文

段莘乡大汜村 B 18-29 · 道光十六年至光绪二十八年 · 会产经营簿

光緒弍年正月弍拾九日福欣至平交借去足錢乙仟柒百文
光緒三年正月十三日收福欣本利大七千九百五十五文
光緒弍年正月弍拾三日李丁九至平友名下借去
足錢弍仟壹伯文　五月念日收丁九本利足大叁千三百三十文
光緒二年五月念日李初旺借去足[illegible]
戴　光緒二年六月十七日茂林借去洋銀五[illegible]
光緒二年正月十弍日茂林做佳好付台拾八两銀利
七两田皮
光緒三年正月十二日茂林做手中田皮十七两銀
利七两兩共十八两收大兩千〇八文　中找[illegible]
七千三百弍十六文下欠台家[illegible]

段莘乡大汜村 B 18-30 · 道光十六年至光绪二十八年 · 会产经营簿

光绪四年正月初七日收观全利洋〤角五分〢〤千五
百九十五文

当日众出支钱〡千〣百弍十〣文利七〣百〤十五文

付上年台谷

正月初〤日稲銓收台伸田皮〤[illegible]钱台〤千〤

手出支錢弍〤〤十文　汪村福贵

除收出支仍存〢百五十文

〤月廿八日籴谷賬办店〇钱六〤〤〤文

又收李初暇利〤五〤文又收利錢叁百文

光緒伍年正月拾八日关明菜头各拾玖支手用

手出支錢六佰〤七十五文　汪村福贵

段莘乡大汜村 B 18-31 · 道光十六年至光绪二十八年 · 会产经营簿

又收李初旺利钱五百文又收利钱叁百文

光绪伍年正月拾八日圆明浤头各拾玖支手用

手出支钱六伯七十五文　汪村碯贵

前账八来卩支用钱伍伯钱乙千七伯

叁拾文

此钱手出支谐伯文大發工員

此手叁伯六十文　汪村下源碯贵

叁伯

九月廿五日申办店心钱四伯廿文

除支用大钱叁拾弍文停匣

光绪五年十二月廿七日收李初旺匣利钱弍伯四十文

光绪六年正月初七日廣五收頁弍吊叁拾玖文申用

除申用仔洋五圆元正 又停匣捌伯廿文

入缴 存匣洋五員正海雲借出

光绪六年十月初七日收国明利谷六斤半粜钱卅文

又申办店心钱四伯廿文 除扠仍[illegible]停匣

段莘乡大汜村 B 18-33 · 道光十六年至光绪二十八年 · 会产经营簿

又申办店心錢四佰廿文 除收仍欠七十文作厘

頭哥兑米一斗和錢三百四十文

光緒五年正月十二日收初旺利錢二千四十文

仝日收丁九利錢一千六十文

又收茂保利谷一石十六斤 扣欠五百四十文

收福銓利谷二石〇八斤

收海雲利谷二石

收慶五利谷三石

段莘乡大汜村 B 18-34 · 道光十六年至光绪二十八年 · 会产经营簿

正月十二日慶五做台收田皮谷十七秤又銀利谷八

秤大共乚十九秤付台收

仍存匣錢乚百六十文 出支能仂借出

光緒八年正月初四日国明做台收田皮十七秤又錢利

谷八秤大共乚十九秤付台手宗啟公佳好

初八日收丁九利錢乚百六十文

又收初祖利錢弍百四十文

付出培榮 七月初九日出支牛四百五十文 汪村鴻貴

段莘乡大汜村 B 18-35 · 道光十六年至光绪二十八年 · 会产经营簿

九月初八日出支糯米乙斗什斗二百四十文

兆金付出又支錢七十九文酒伏下豆三共六

培榮付出

光緒九年正月初九日千全做台收田皮十乙文

又收利谷捌方大共廿九方玖文手

初十日收寸九利卡壹百廿文

又收初旺利卡弍百四十文

又收培榮利五十四文

光緒九年正月初日五綿扇田洪休打壞林者出受

段莘乡大汜村 B 18-36 · 道光十六年至光绪二十八年 · 会产经营簿

光緒九年九月拾九粜谷帳总

出支弍百乙拾文秉力伕干水伕大酒米粉小

總共观全付出

光緒拾年正月拾弍日观全繳台收佃皮谷九秤 做会 佳好

又收大共田皮谷十九秤付台繳会

又收丁九利錢弓文九月十七日收初旺利錢弍角

一定酒簿水伕照秉友四討錢四分 一文

光緒十年九月十七日秉友粜谷帳总

段莘乡大汜村 B 18-37 · 道光十六年至光绪二十八年 · 会产经营簿

出支錢四百廿九文　糯米乙斗　計米三斗廿文

伏干火浣共卞艮十九文　白豆乙升卌文

香仰沖出錢丁八十九文　合找台家多甲六十二文清乞

光绪十一年五月初十日福全做人心　台家福壮劝

大共付台谷拾九秤做会心　存匣錢乙千四百卅文　要買餅甲文又点心多甲文又廿文入前

光绪十二年正月初七日国明做　台佳好付台谷八秤大共連田租拾卅秤

大共新旧仍存匣錢弍千四百文市多　又匣多乙百〇三文　屋木出支办点心出支旺　仍借去平

二月初三日旺仍至秉支借去足錢弍千文　言定到年利　弍分行息

段莘乡大汜村 B 18-38 · 道光十六年至光绪二十八年 · 会产经营簿

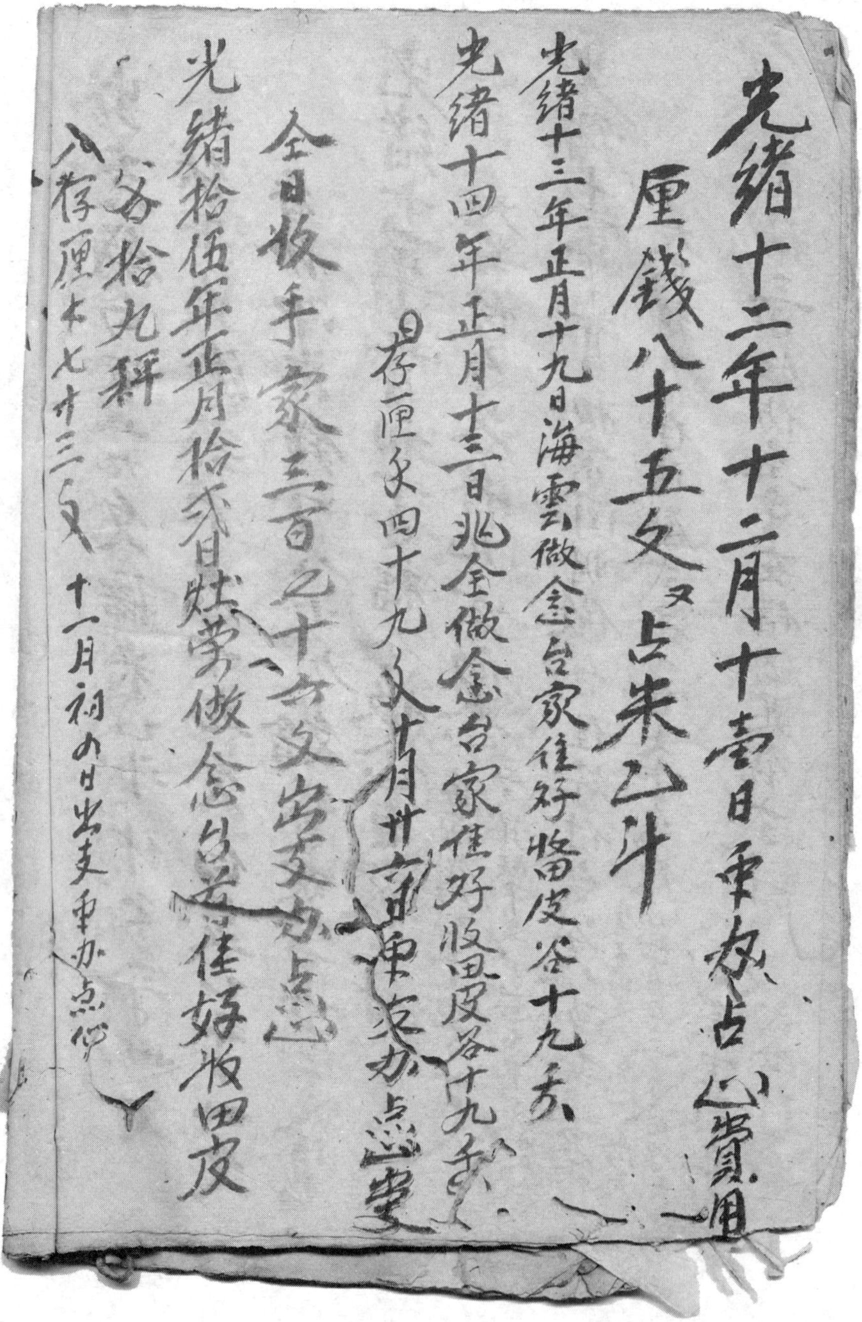
光绪十二年十二月十壹日秉办占心賞用
厘钱八十五文又占朱乙斗
光绪十三年正月十九日海雲做念台家住好监皮谷十九秉
光绪十四年正月十三日兆金做念台家住好收留皮谷廿九秉
日存厘文四十九文 十月廿六日秉文办占遊宴
全日收手家三百乙十六文 出文办占遊
光绪拾伍年正月拾贰日灶旁做念台家住好收田皮
谷拾九秤
八存厘本七十三文 十一月初八日出支秉办点心

段莘乡大汜村 B 18-39 · 道光十六年至光绪二十八年 · 会产经营簿

入存厘米七十三文十一月初□日出支乘办点心

光绪拾伍年拾乘月初八日观顺出支乘办点心钱三□

光绪十六年正月十八日观顺微台下佳首收田皮

谷拾九秤

光绪十七年正月初十日观富微今台首佳好付台

田皮谷拾九秤

存厘钱叁百廿九文入前

入前乃支仍存厘内大米四九十乙文

得海粜米

九月廿日更支算账点心费用出支米三斗廿文　一斗乙文出支

仍内存厘米四廿乙文共六三斗廿文办点心

光绪十八年正月十三日福全微台付田皮谷

十九文　存匣壹千乙百九十七文

光緒十八年九月十六日開汪村碭費六千乙文

又用點心七十八文糯米壹[illegible]斗

又存匣壹千卅五文

出支十二千文罗賬簿

光緒十九年正月初十日姓宗做合付[illegible]貳七千

又除收仍存匣錢二百六十八文又收

光緒十九年十月廿五日中友算賬上忘

手付家糯米乙斗火酒乙斤伏千四又三豆乙半升

段莘乡大汜村 B 18-41 · 道光十六年至光绪二十八年 · 会产经营簿

又大共卡甲〻文存匣卡出支甲〻文
光緒二十年正月初九日海雲繳台付田皮式
十九千文 除收領存匣錢五十七文出支心点
光緒廿年十月廿五日會友算賬忠心生支禾七百〇三文
光緒廿一年正月十三日觀全繳台付田皮谷廿七秤
照上例佳好
光緒廿一年五月十三日存匣卡四百九十文無存
九月初二日支禾甲十三文開汪村碣費

段莘乡大汜村 B 18-42 · 道光十六年至光绪二十八年 · 会产经营簿

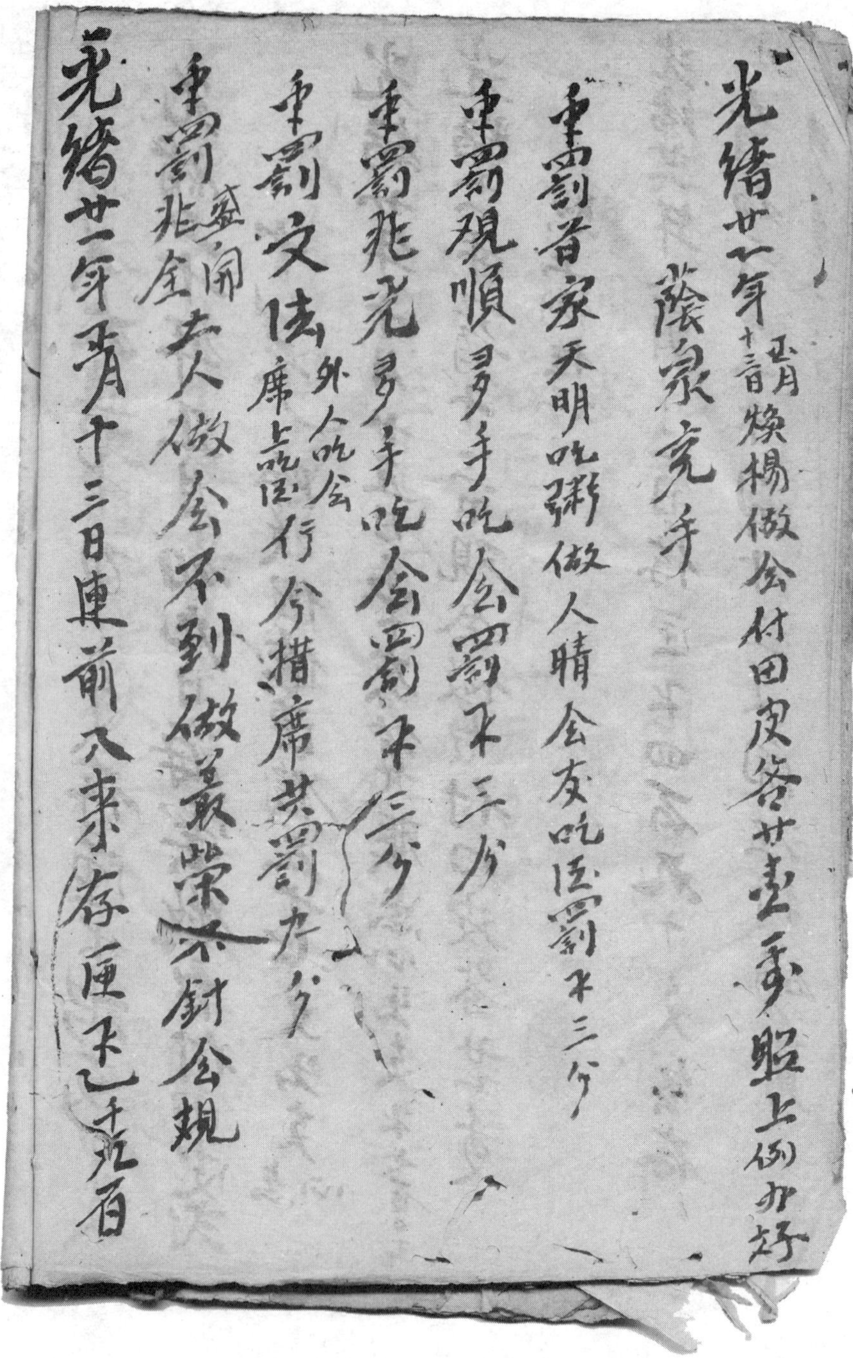
光绪廿一年正月十二日焕杨做会付田皮答廿壹千照上例办好
荫泉充手
重罚首家天明吃粥做人情会友吃酒罚钱三分
重罚观顺多手吃会罚钱三分
重罚兆光多手吃会罚钱三分
重罚文法外人吃会席上吃酒行令猜席共罚钱九分
重罚兆金盛开去人做会不到做羹柴不钉会规
光绪廿一年五月十三日连前入来存厘钱乙千九百

段莘乡大汜村 B 18-43 · 道光十六年至光绪二十八年 · 会产经营簿

文兆全首執

存匯本乙千九百文元法盛開二人共借去本利青訖

二月初八日元法至重友借去英洋乙元正

同日盛開借去本五百三十文

存匯本三百乙十文

七月十三日蔭泉借去本一千文

光緒廿二年十月初七日算賬占忠心重友支用千〇七文

光緒廿三年正月初九日收元茂英洋乙元正青訖

又收利本一千文

又收盛開五佰卅文又收利本[illegible][illegible]文青訖

光緒廿二年九月初九日現全做会付田皮廿乙千文

段莘乡大汜村 B 18-44 · 道光十六年至光绪二十八年 · 会产经营簿

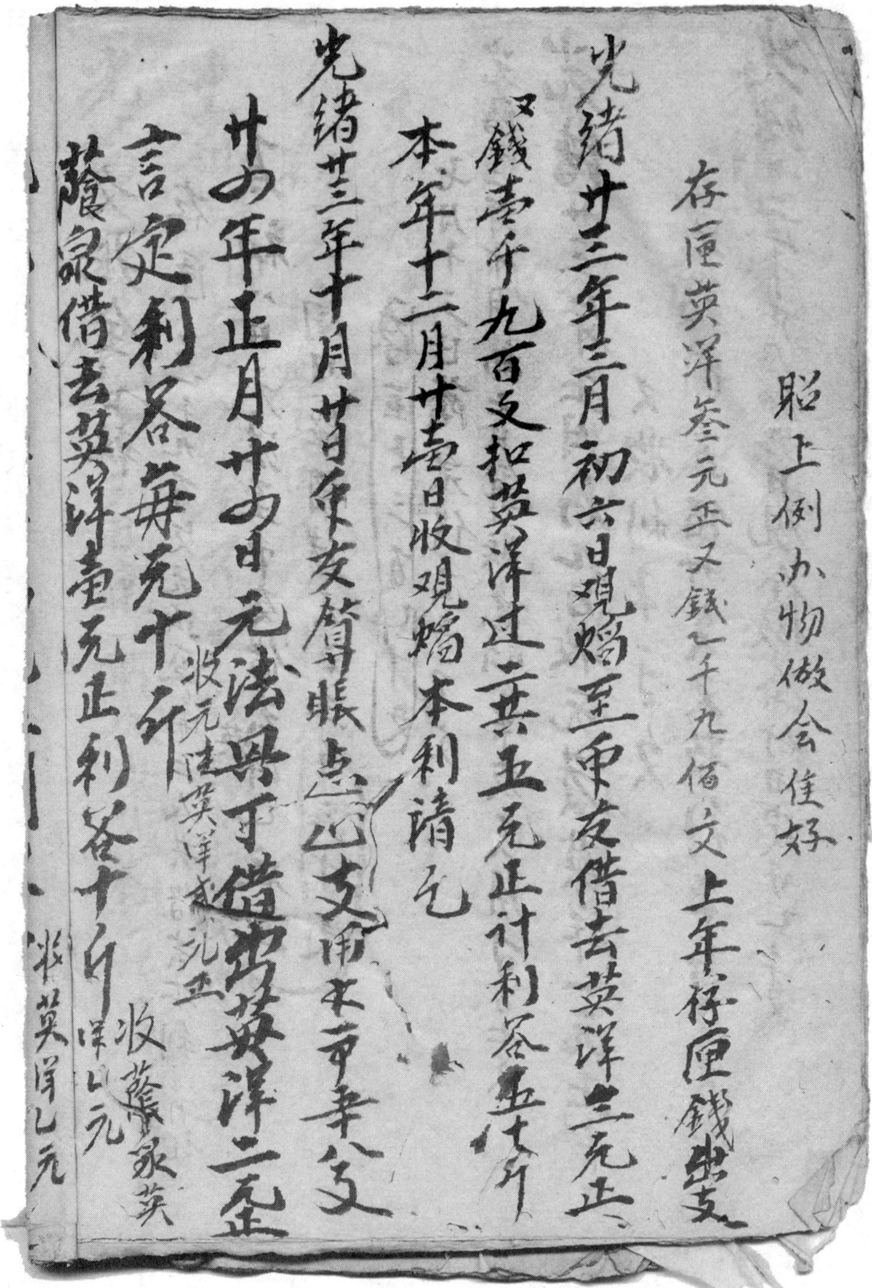
照上例办物做会佳好
存匣英洋叁元正又钱一千九佰文 上年存匣钱卌支
光绪廿三年三月初六日观妈至甲友借去英洋三元正、
又钱壹千九百文扣英洋过英五元正计利谷五十斤
本年十二月廿四日收观妈本利清乞
光绪廿三年十月廿日甲友算账乞支用本市钱八文
廿四年正月廿四日元法兵丁借去英洋二元正 收元法英洋弍元正
言定利谷每元十斤 收薰泉英
薰泉借去英洋壹元正利谷十斤 洋乙元
收英洋乙元

段莘乡大汜村 B 18-45 · 道光十六年至光绪二十八年 · 会产经营簿

蔭泉借去英洋壹元正利谷十斤 收洋乚元

兆光借去英洋壹元正利谷十斤 收英洋乚元

兆金借去英洋壹元正利谷十斤 乚元 丑月初九日收觀全英洋

盛開借去英洋壹元正利谷十斤 收英洋乚元

海雲借去英洋壹元正利谷十斤 收海雲英洋乚元

會友會定買田之日各去本利繳清

不能少欠無得異說

光緒廿八年正月廿八日蔭泉徵包付田皮廿壹秤足

段莘乡大汜村 B 18-46 · 道光十六年至光绪二十八年 · 会产经营簿

各户照上例办物做念不能少办

光绪廿五年正月初九日兆光做台付田皮廿一秉足

各户照上例办物做念不能少办

支存匣錢一千文出支扎首家

年内至海雲借来錢壹佰文扎首家

付台田皮各做念錢如多伊扎各價英洋八角

年内扎首家一千文首家扎英洋乙元正

段莘乡大汜村 B 18-47 · 道光十六年至光绪二十八年 · 会产经营簿

光緒廿六年正月初十日盛開做台付四皮廿乙千足
各户照上例办物做会不能少办
光緒廿六年正月初十日首家恩借錫鑞乘
交着出罰首家厘錢四拾文
存厘錢四拾六文
光緒廿七年正月拾叁日兆光做台付四皮荅廿
壹支照上例办物做会不能少办
存厘英洋壹元零叁佰六拾伍文

段莘乡大汜村 B 18-48 · 道光十六年至光绪二十八年 · 会产经营簿

付二邑首執海雲付出

光緒廿六年正月拾一日海雲做台付田皮

谷廿壹石照上例办物做会不能少办

存匯英洋伍元又錢乙千海雲音

現傾存匯錢乙佰廿文

現傾扒去

存匯錢捌佰捌拾文

段莘乡大汜村 B 18-49 · 道光十六年至光绪二十八年 · 会产经营簿

道光廿四年正月十日德高借去吉

言定逐年交利谷拾二斤半

廿五年正月十日收德高（得高）利钱一百廿七文

廿六年正月十二日德高利钱未收（一百三十八文）

二十七年正月十二日德高利谷十二斤半计钱一百七十二文 未收

廿八年正月十二日利谷未收 十月十二日收谷已交

廿九年正月十日欠利钱二百文未收讫清

段莘乡大汜村 B 17-1 · 道光二十四年至咸丰十一年 · 流水账

一式典……

道光廿四年正月八日添龍借去市元[illegible]銀正

凭親言定逐年交利谷乙百十四斤

廿五年正月十日收添龍利谷乙百十四斤收和來

廿六年正月十二日天龍切利谷乙手九十八文未收

二十七年正月十二日天龍利谷乙百十四斤收

廿八年正月十二日收利谷乙百手付台仍谷九斤東用

廿九年正月十八日收利谷乙百七十二文內扣手可七十文[illegible]会

茂興戶收仍欠柬手八十[illegible]文

段莘乡大汜村 B 17-2 · 道光二十四年至咸丰十一年 · 流水账

卅年正月初十日收谷乚秉十四斤 加欠钱文收乞

咸豐元年正月十一日收利谷乚秉十四斤

二年正月十一日收利谷乚秉十四斤 付台

三年正月十一日收利谷乚秉十四斤 付台

四年正月十一日收利谷乚秉十四斤 付台

咸豐五年正月初十日收利谷乚秉十四斤 [illegible]文 付台

段莘乡大汜村 B 17-3 · 道光二十四年至咸丰十一年 · 流水账

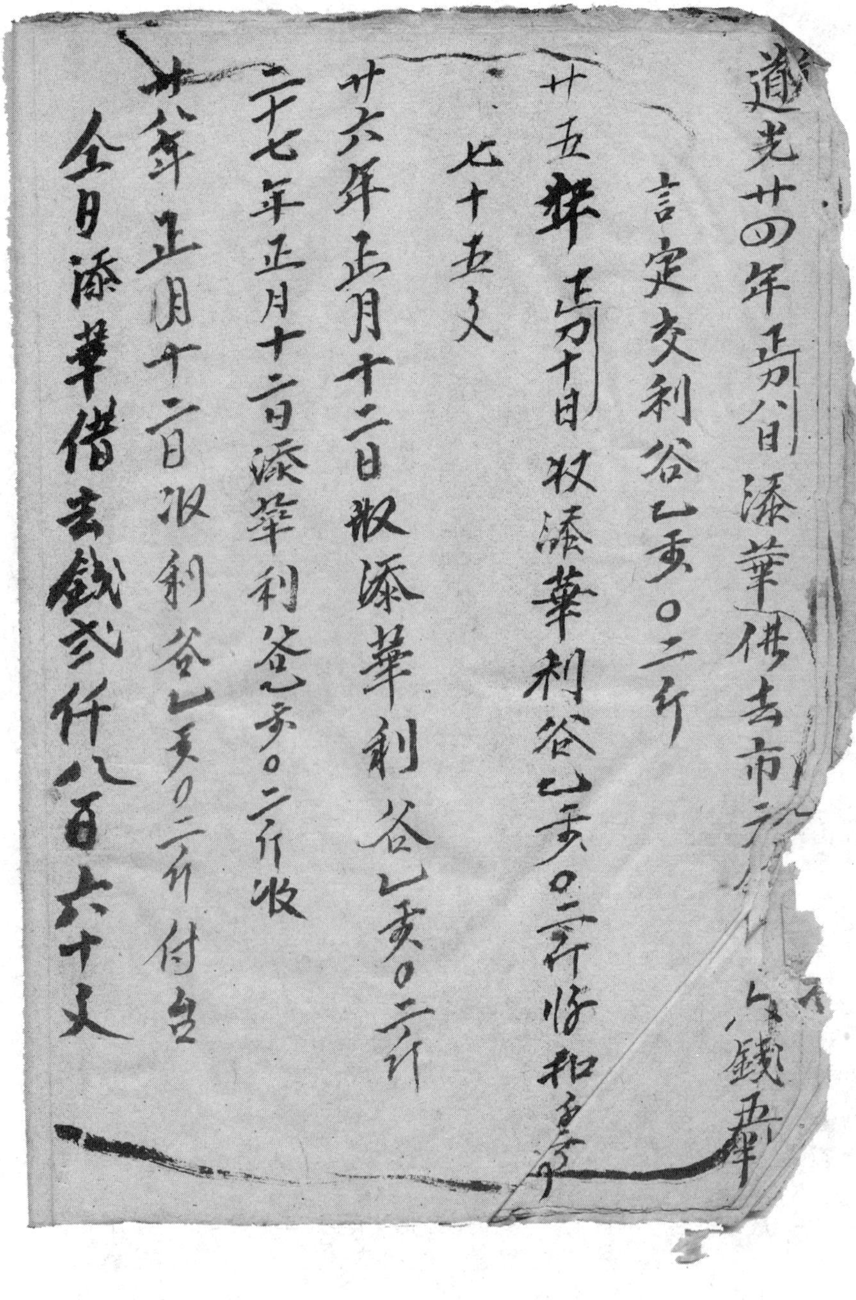

道光廿四年正月八日添華借去市[illegible]錢五千

言定交利谷乙秀〇二斤

廿五年正月十日收添華利谷乙秀〇二斤收和[illegible]

七十五文

廿六年正月十二日收添華利谷乙秀〇二斤

二十七年正月十二日添華利谷乙秀〇二斤收

廿八年正月十二日收利谷乙秀〇二斤付[illegible]

仝日添華借去錢弍仟八百六十文

段莘乡大汜村 B 17-4 · 道光二十四年至咸丰十一年 · 流水账

廿九年正月十八日收利谷子二百七十四文
廿九年正月十八日添華利錢未收
廿年正月初十日收利谷山页○二斤扣錢四伯四十文付
全日收收艮利錢弍伯六十文外總小利三十四文
全日共共利錢九伯九十八文未收
咸豐元年正月十二日收利谷山页○二斤
欠利錢七百五十文未收　当收三百三文
二年正月十一日收利谷山页○斤付出四
咸豐弍年前後面結市銀六两四錢七分言定走利谷弍页○二斤

段莘乡大汜村 B 17-5 · 道光二十四年至咸丰十一年 · 流水账

咸豐弍年正月十二日添華借去市錢

乃後新

咸豐三年正月十二日收利谷系壹斗十六文当收系

四千十二文下欠錢叁千〇四文

四年正月十二日收利谷弍拜〇四斤付去

又正月十三日收上年利錢五〇四文

咸豐五年正月初十日收添華利米弍斗

付頭

不欠〇〇

計錢二十六文

五年正十日收訖

乃利言

利谷弍

〇四斤

段莘乡大汜村 B 17-6 · 道光二十四年至咸丰十一年 · 流水账

道光廿四年正月八日覌林借去市元[illegible]錢一分正

入字新

言定交利谷乙石〇三斤半

仝日覌明借去足錢市伩

咸豐二年覌林借去市文入紋 覌明

廿五年正月十日收覌林利錢市九十四文

廿五年正月十日收覌明利錢四十文

廿六年正月十六日收覌林利谷乙石〇三斤半

收扣

仝日收覌明利錢四十文

二十七年收覌林利谷乙石〇三斤半

段莘乡大汜村 B 17-7 · 道光二十四年至咸丰十一年 · 流水账

又仝日收覌明利钱四十文
廿八年正月十二日收利谷一石〇三斤半 計钱二百〥十八文
仝日收覌明利钱〤十文
廿九年正月十八日收利谷钱二百九十九文
仝日收覌明利钱〤十文
卅年正月初十日收利〤十文
仝日收利谷一石〇三斤 扣钱〤佰六十文
咸丰元年正月十二日收覌明利钱〤十文 ~~借钱[illegible]文~~
仝日借钱〤十文 二年利钱未收 三年正月十二日收利钱〤十文
咸丰二年正月十二日收利谷钱二百文下欠钱廿九文

段莘乡大汜村 B 17-8 · 道光二十四年至咸丰十一年 · 流水账

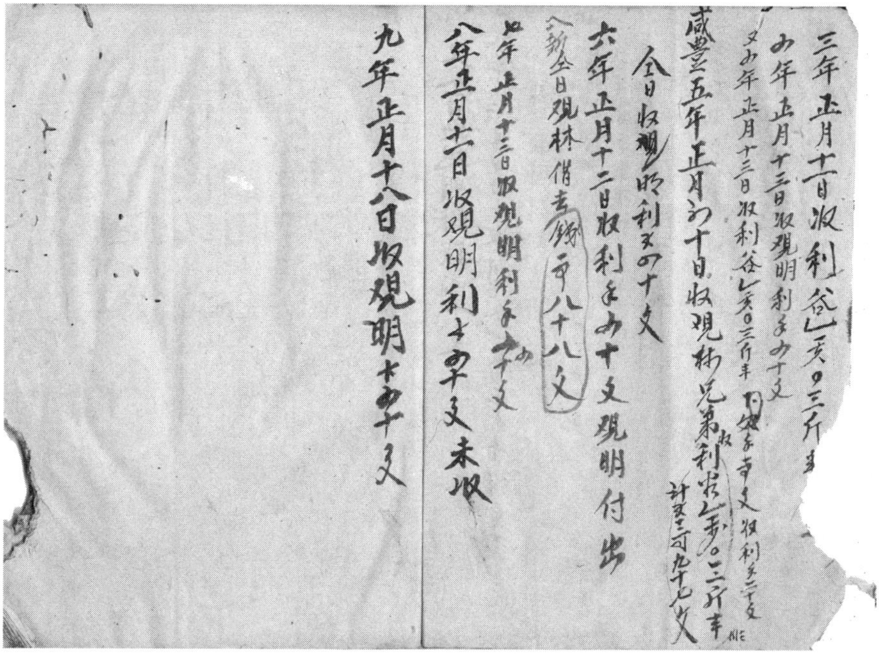

段莘乡大汜村 B 17-9 · 道光二十四年至咸丰十一年 · 流水账

道光廿四年五月日現保借去市元錢[illegible]錢正
言定交利谷拾五斤 下源鳥坑佃約衆付
現保收執
廿五年五月十日收現保利谷拾五斤
廿六年正月十六日收現保利谷十五斤
二十七年正月十六日收冨主利谷十五斤下欠錢乙百二十五
廿八年正月十叁日衆支面結前賬本利共係
市銀叁兩正三面言定逐年交利谷壹
秤大斛兩不得短少

段莘乡大汜村 B 17-10 · 道光二十四年至咸丰十一年 · 流水账

廿九年正月十八日欠利錢壹艮六分正

二月廿八日收利谷乙石 一 計錢三百廿文 洋收

卅年正月初十日利谷乙石未收

咸豐元年正月十一日收本艮 皋友面讓淨收錢

弍仟文 有文足 日後現得翻賬不在開用

此錢入後德樹借去

廿九年正月十二日

段莘乡大汜村 B 17-12 · 道光二十四年至咸丰十一年 · 流水账

廿七年正月十一日茂春借考足叁兩
〇伍叁正 言定利谷乙秤
廿八年正月十二日利谷折錢（討）二百廿四文入後
廿九年正月十八日收上年利錢二百廿四文未收入後
仝日欠利錢市銀六錢正利艮未收入後
卅年正月初十日收利谷乙秤
咸豐元年正月十二日收利谷乙秤
仝日借考足錢九百廿四文
咸豐二年正月十二日收手中八十文 利谷未收

段莘乡大汜村 B 17-13 · 道光二十四年至咸丰十一年 · 流水账

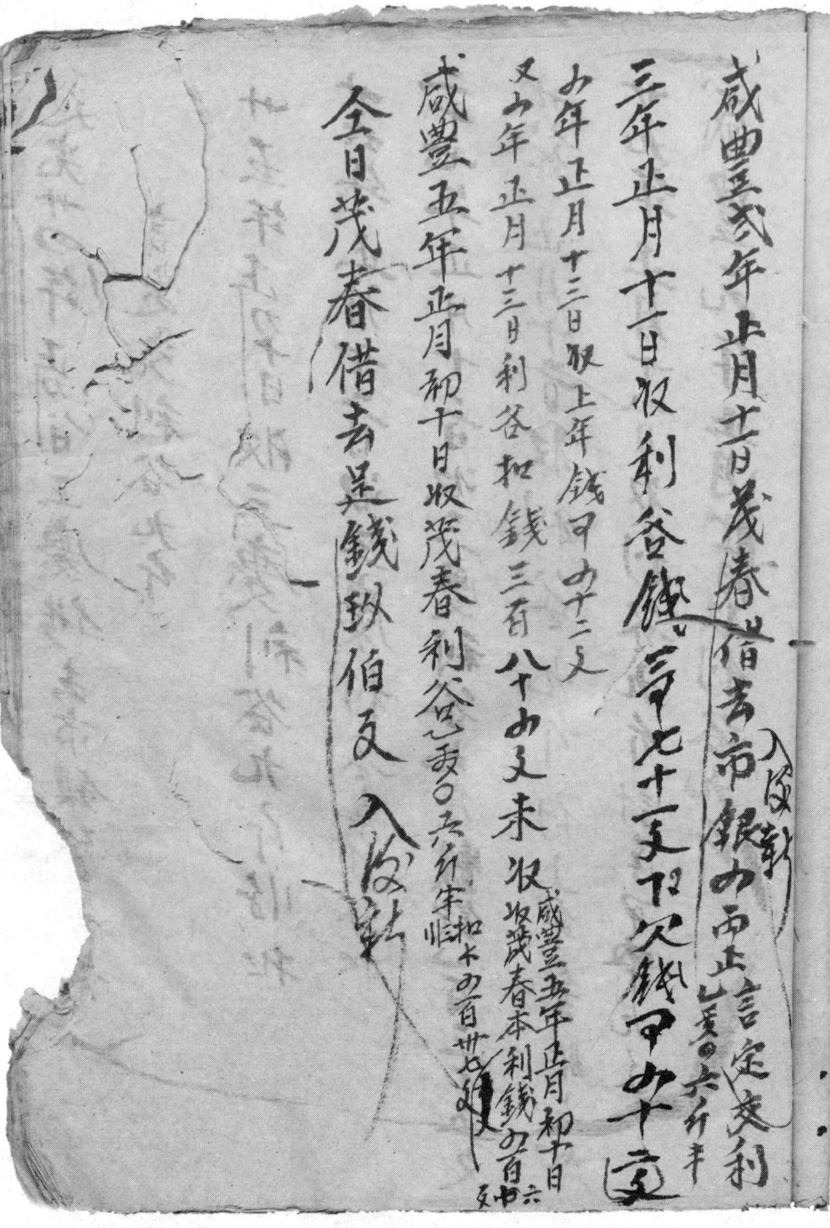
咸豐弍年十二月十二日茂春借去市銀四両正言定交利 四錢六行串 入收新
三年正月十二日收利谷錢三百七十二文下欠錢甲四十文
四年正月十三日收上年錢甲四十二文
又四年正月十三日利谷扣錢三百八十四文未收
咸豐五年正月初十日收茂春利谷四百○六行串作扣本四百卅七文
咸豐五年正月初十日收茂春本利錢四百卅六文
全日茂春借去足錢玖伯文 入收新

段莘乡大汜村 B 17-14 · 道光二十四年至咸丰十一年 · 流水账

道光廿四年正月付三慶借去市銀乙[illegible]

言定交利谷九斤

廿五年正月十日收三慶利谷九斤清扣

廿六年正月十一日收三慶利谷九斤收扣

二十七年正月十一日收三慶利谷九斤[illegible]錢乙百三十五文

廿八年正月十一日收利谷九斤付上年筆賬上心

廿九年正月十八日收利谷九斤討手甲平九文

咸豐元年正月十一日收利谷九斤

段莘乡大汜村 B 17-15 · 道光二十四年至咸丰十一年 · 流水账

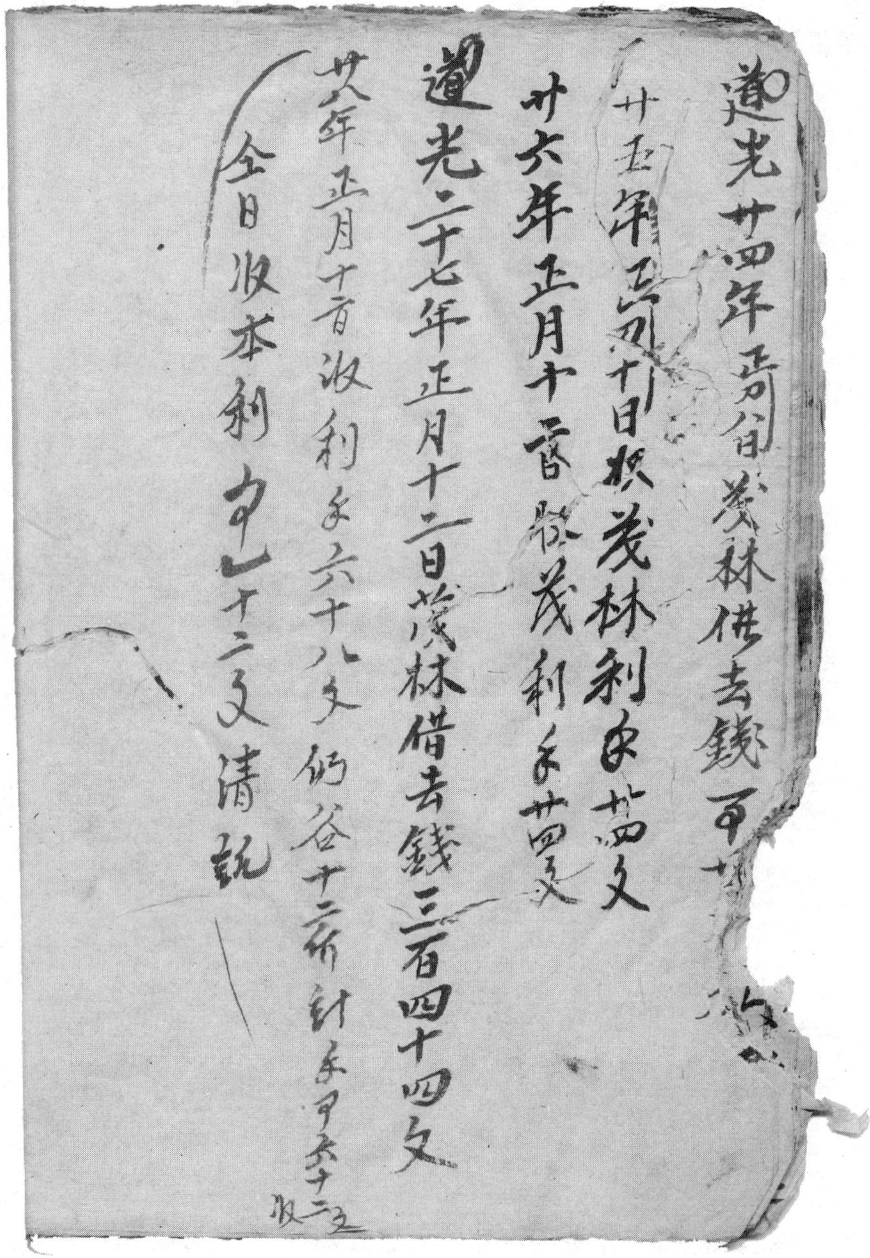

段莘乡大汜村 B 17-16 · 道光二十四年至咸丰十一年 · 流水账

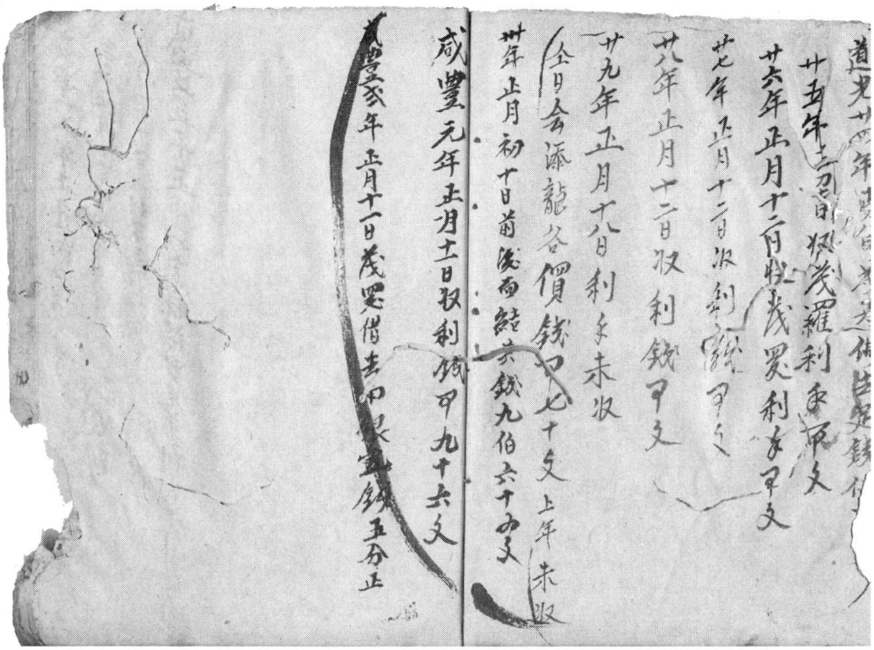
道光廿四年[illegible]
廿五年十二月[illegible]日収茂羅利[illegible]文
廿六年正月十二日收茂罢利[illegible]文
廿七年正月十二日收利銭[illegible]文
廿八年正月十二日收利銭[illegible]文
廿九年正月十八日利[illegible]未收
仝日会添龍谷價銭[illegible]七十文
卅年正月初十日前後兩結[illegible]銭九伯六十[illegible]文 上年未收
咸豐元年正月十二日收利銭[illegible]九十六文
咸豐[illegible]年正月十一日茂罢借去[illegible]銭五分正

段莘乡大汜村 B 17-17 · 道光二十四年至咸丰十一年 · 流水账

咸豐三年正月十二日茂[illegible]借去[illegible][illegible]定交谷 [illegible]六斤半

三年正月十一日收利谷六斤半付包

四年正月十二日收利谷六斤半付包

咸豐五年正月初十日收茂罗兄弟利谷六斤半[illegible][illegible]文

段莘乡大汜村 B 17-18 · 道光二十四年至咸丰十一年 · 流水账

道光卄九年正月十八日榮樹

卅年正月初十日收利錢四十文

咸豐元年正月十一日利錢未收

二年正月十一日收上年利千四十文

三年正月十二日利千未收訖

四年正月十三日收利千四十文

五年正月十二日收利千四十文

六年正月十二日收利千四十文

今日收本錢千文

文

段莘乡大汜村 B 17-19 · 道光二十四年至咸丰十一年 · 流水账

廿四年正月初八日衆存匣錢三千八十八文

当日丢支 又添華利錢十六文湊糖谷

茂春糖去谷弍叁兩大廿錢罕文收訖

廿五年正月十日添龍代茂松糖去谷弍秤計錢 入除

罕文 衆存匣錢肆百廿九文

九月十六日衆支办点心大共支用錢廿九文

衆存匣手甲口三文

廿六年正月十六日添龍糖去谷弍 人計錢 入收

段莘乡大汜村 B 17-20・道光二十四年至咸丰十一年・流水账

錢四百八十文

卅六年正月十七日衆交存匣錢四百五十八文

廿七年正月十二日衆交存匣錢叁百五十八文

九月廿二日衆办点心手叁百廿九文　存匣錢廿九文

廿八年十月十二日衆交点心

收天龍細简六斤計錢弍百八十八文

又存匣錢出交点心文用乙百〇六文

弍共錢用叁百九十四文

存匣錢廿叁文

段莘乡大汜村 B 17-21 · 道光二十四年至咸丰十一年 · 流水账

道光廿七年正月十二日潘虹……借王……

四百文正

廿八年正月十二日收茂松利钱八十文

廿九年正月十八日利钱未收

卅年正月初十日利钱未收

段莘乡大汜村 B 17-22 · 道光二十四年至咸丰十一年 · 流水账

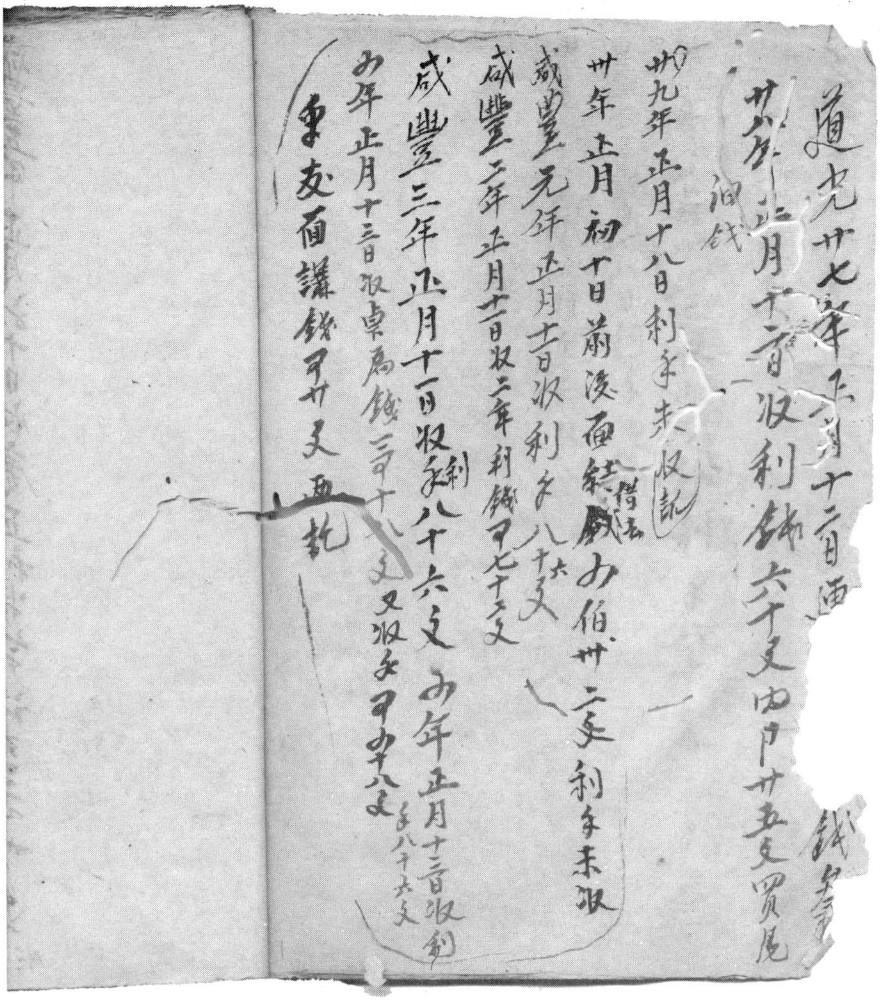
道光廿七年正月十二日酒……钱……
廿八年正月十二日收利钱六十文内除廿五文买尾
油钱
廿九年正月十八日利钱未收訖
卅年正月初十日崩淩面結借法钱四佰卅二文 利钱未收
咸豐元年正月十一日收利钱八十六文
咸豐二年正月十一日收二年利钱吊七十六文
咸豐三年正月十一日收利钱八十六文 四年正月十二日收利钱八十六文
四年正月十三日收桌爲钱二吊十八文 又收钱吊四十八文
重交面議钱吊廿文再訖

段莘乡大汜村 B 17-23 · 道光二十四年至咸丰十一年 · 流水账

道光廿七年正月十二日收庙谷弍秤

廿八年正月十二日收利谷弍秤付首

咸丰元年正月十二日收谷山天

二年正月十二日正月十二日收谷山天付白 一

三年正月十二日收谷山天付白

四年正月十二日收利谷[illegible]收利谷山天

咸丰五年正月初十日收庆五利谷山天计钱二千二百廿文

段莘乡大汜村 B 17-24 · 道光二十四年至咸丰十一年 · 流水账

道光廿七年正月十二日長

廿八年正月十二日收本[illegible]千文記

錢叁[illegible]

段莘乡大汜村 B 17-25 · 道光二十四年至咸丰十一年 · 流水账

道光廿八年正月十二日三[illegible]

廿九年正月十八日收利钱四千文

二月十八日收觀林钱七百文收觀保钱三百四十文二共

錢乙千○四十文身借

入流

段莘乡大汜村 B 17-26 · 道光二十四年至咸丰十一年 · 流水账

道光廿八年正月廿二日東交　大田皮十二扇
又在村田皮五扇共計田皮十七扇合日東交
併過足錢叁仟八百六十文

段莘乡大汜村 B 17-27 · 道光二十四年至咸丰十一年 · 流水账

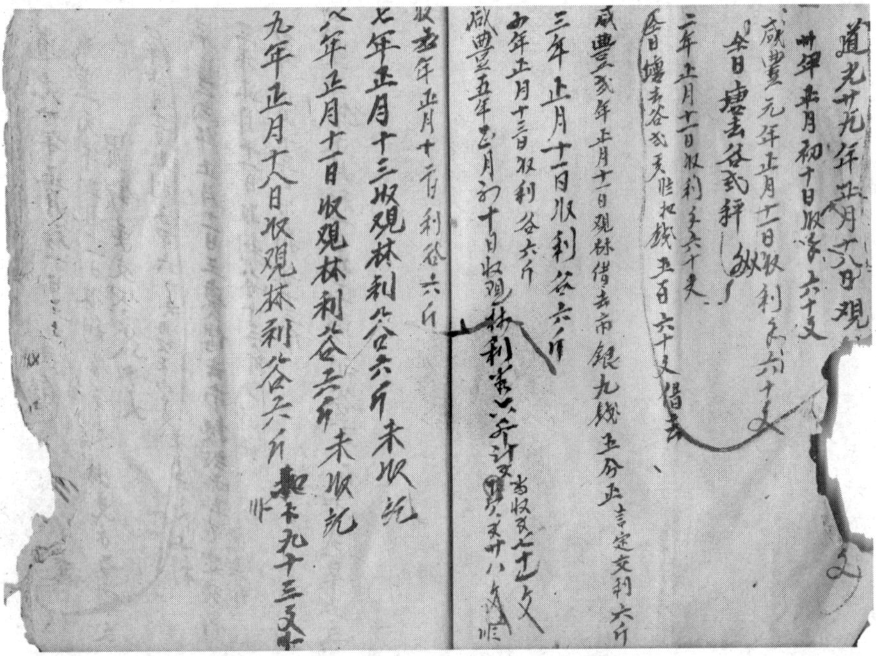
道光廿九年正月十六日观[illegible]
卅年正月初十日收[illegible]六十文
咸丰元年正月十二日收利钱六十文
令日塘去谷贰秤
二年正月十二日收利钱六十文
令日塘去谷贰秤作价钱五百六十文借去
咸丰三年正月十二日观林借去市银九钱五分正言定交利六斤
三年正月十二日收利谷六斤
四年正月十三日收利谷六斤
咸丰五年正月初十日收观林利谷六斤计[illegible]
当收钱七十七文
收六年正月十二日利谷六斤
七年正月十三收观林利谷六斤未收讫
八年正月十二日收观林利谷六斤未收讫
九年正月十八日收观林利谷六斤
[illegible]九十三文

段莘乡大汜村 B 17-28 · 道光二十四年至咸丰十一年 · 流水账

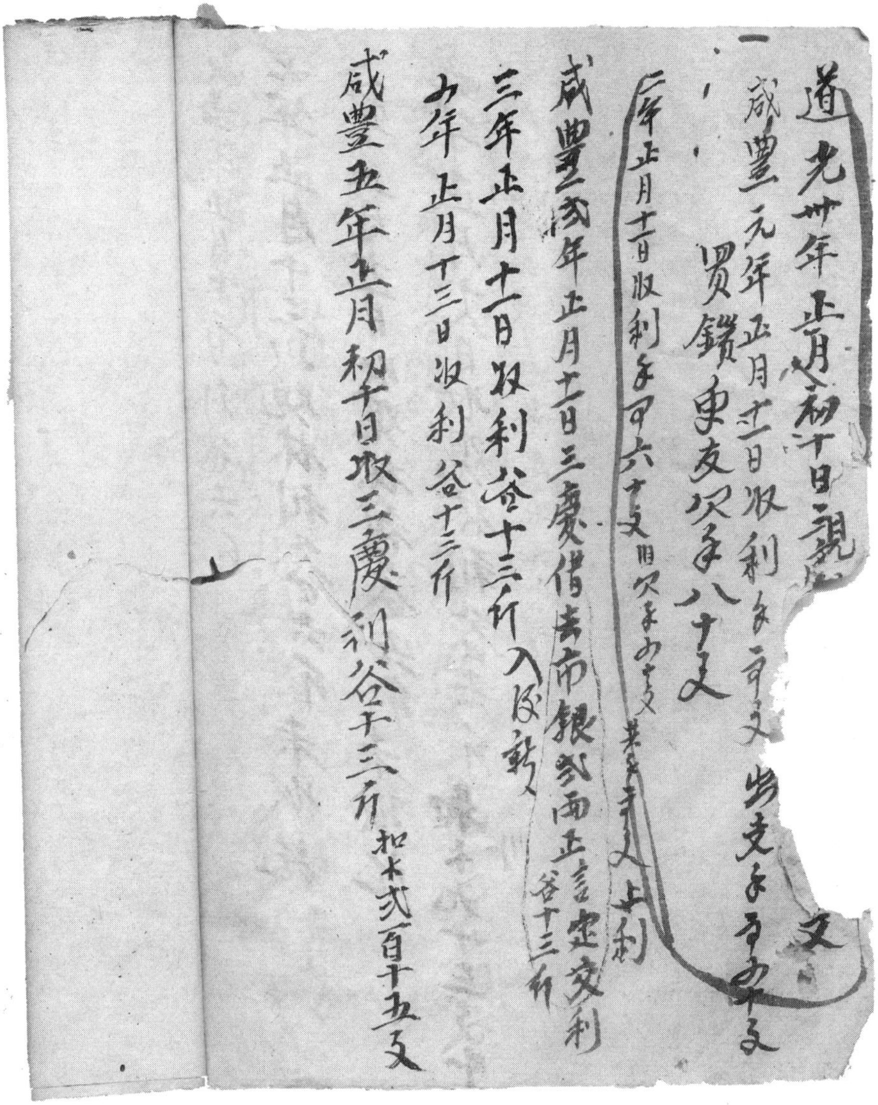

道光卅年正月初十日親[illegible] 文

一 咸豐元年正月廿日收利錢一千文 出支錢一千五十文

買鑽吏支欠錢八十文

二年正月十一日收利錢一千六十文 旧欠錢五十文 共錢[illegible]文 上利

咸豐弍年正月十一日三慶借去市銀弍兩正言定交利谷十三斤

三年正月十一日收利谷十三斤入段賬

四年正月十三日收利谷十三斤

咸豐五年正月初十日收三慶利谷十三斤 扣小弍百十五文

段莘乡大汜村 B 17-29 · 道光二十四年至咸丰十一年 · 流水账

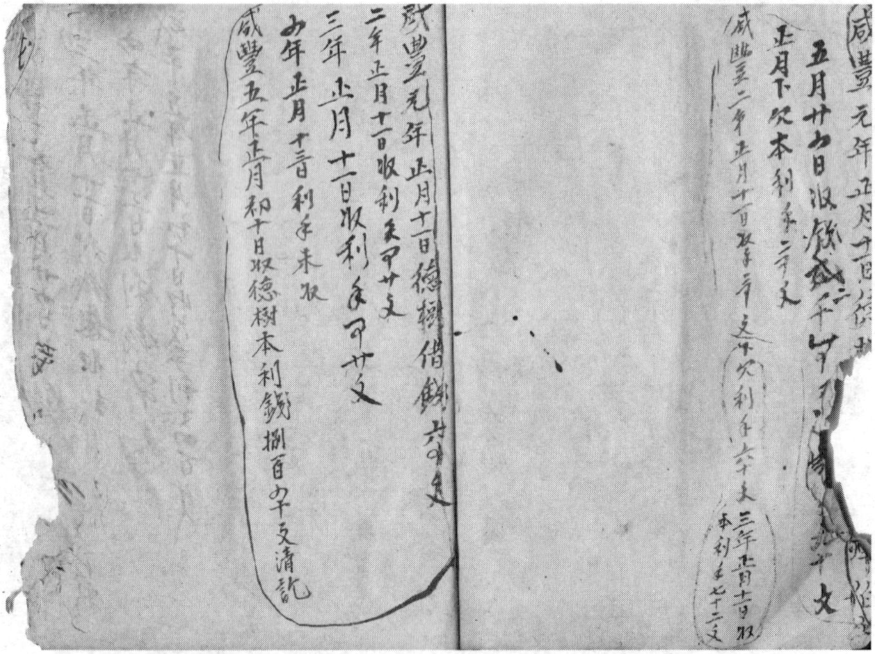

段莘乡大汜村 B 17-30 · 道光二十四年至咸丰十一年 · 流水账

咸豐元年五月廿四日截[illegible]行[illegible]

三年正月十二日利钱春收[illegible]庆[illegible]役新[illegible]

四年正月十三日收利钱四千文

咸丰五年正月初十日收茂子利钱四百文

段莘乡大汜村 B 17-31 · 道光二十四年至咸丰十一年 · 流水账

咸豐四年正月十三日茂林借去錢

咸豐五年正月初十日收茂林利錢弍百文

[illegible]

段莘乡大汜村 B 17-32 · 道光二十四年至咸丰十一年 · 流水账

咸豐三年正月十一日慶[illegible]　[illegible]文

十年正月十三日收利錢丑二文

十一年正月初七日收卡福全承還

段莘乡大汜村 B 17-33 · 道光二十四年至咸丰十一年 · 流水账

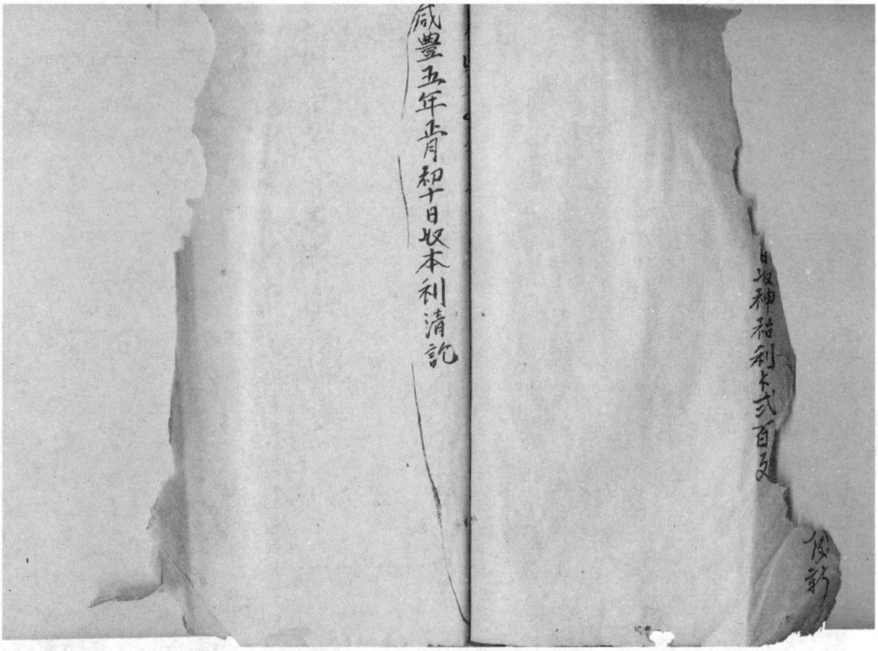
俊新
日收神稻利卜弍百文
咸豐五年正月初十日收本利清訖

段莘乡大汜村 B 17-34 · 道光二十四年至咸丰十一年 · 流水账

道光廿九年二月初九日覌林借去錢乙千文入賬収

廿九年正月十八覌林借去錢叁佰文利錢亦収入簿

廿九年正月十八日存匣錢五千五十三文

仝日德樹借去錢五千文 利錢亦収入簿 共本利

段莘乡大汜村 B 17-35 · 道光二十四年至咸丰十一年 · 流水账

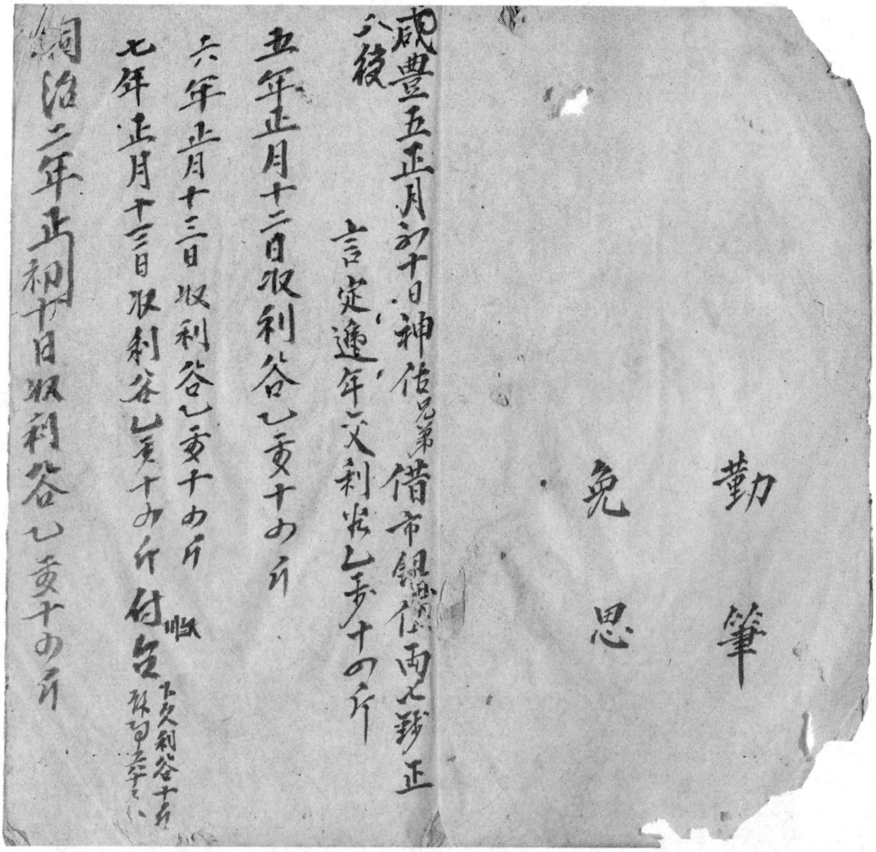

勤筆
免思

咸豐五正月初十日神佑兄弟借市銀伍兩七錢正
六錢
言定逐年交利谷乙秀十四斤
五年正月十二日收利谷乙秀十四斤
六年正月十三日收利谷乙秀十四斤
七年正月十三日收利谷乙秀十四斤付收台
下欠利谷十斤
[illegible]
同治二年正月初十日收利谷乙秀十四斤

段莘乡大汜村 B 16-1 · 咸丰五年至同治十一年 · 流水账

咸豐五年正月初十日添華借去市銀陸兩捌錢五分

八後 言定進年交利米弍秤零四斤

五年正月十三日收利谷弍秤〇四斤下欠大弍百五十文

六年正月十三日收利錢五十文

仝日收利谷弍秤〇四斤收訖

七年正月十三日收利谷弍秤〇四斤付台

仝日收利錢五十文

段莘乡大汜村 B 16-2 · 咸丰五年至同治十一年 · 流水账

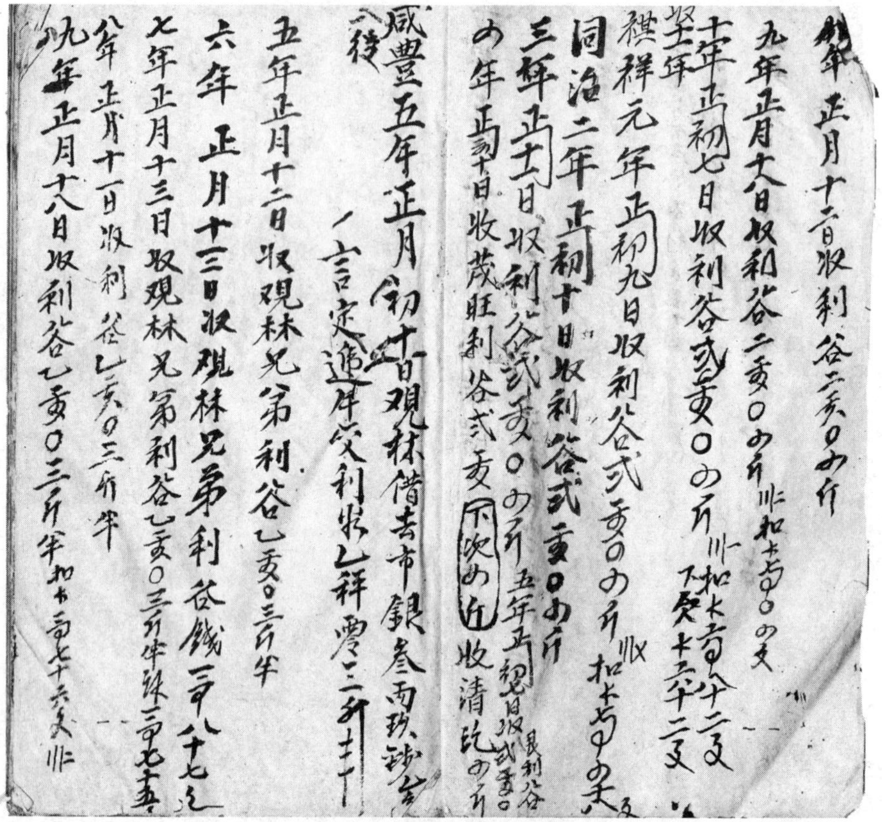

捌年正月十二日收利谷二秉〇四斤
九年正月十八日收利谷二秉〇四斤 作扣大钱[illegible]文
十年正月初七日收利谷贰秉〇四斤 作扣大钱[illegible]文
祺祥元年正月初九日收利谷贰秉〇四斤 收扣大钱[illegible]文
同治二年正月初十日收利谷贰秉〇四斤
三年正月十一日收利谷贰秉〇四斤 五年正月初九日收贰秉〇[illegible]
四年正月初十日收茂旺利谷贰秉 下次四斤 收清讫四斤

咸豐五年正月初十日观林借去市银叁两玖钱[illegible]
一言定逐年交利谷乙秤零二斤[illegible]
五年正月十二日收观林兄弟利谷乙秉〇三斤半
六年正月十三日收观林兄弟利谷钱一千八十七文
七年正月十三日收观林兄弟利谷乙秉〇三斤半 [illegible]
八年正月十一日收利谷乙秉〇三斤半
九年正月十八日收利谷乙秉〇三斤半 扣大钱七十六文

段莘乡大汜村 B 16-3 · 咸丰五年至同治十一年 · 流水账

咸豐五年正月初十日茂春借去市艮捌两正
言定逓年交利谷乙秀零六斤半

五年正月十二日收利谷乙秀〇六斤半

六年正月十三收利谷乙秀〇六斤半

七年正月十三日利谷扣價錢四百廿八文未收

八年八月廿五日茂春借去錢伍百文正

九年正月十六日收利谷乙秀〇六斤半
非扣本內申廿六文
不收
什也

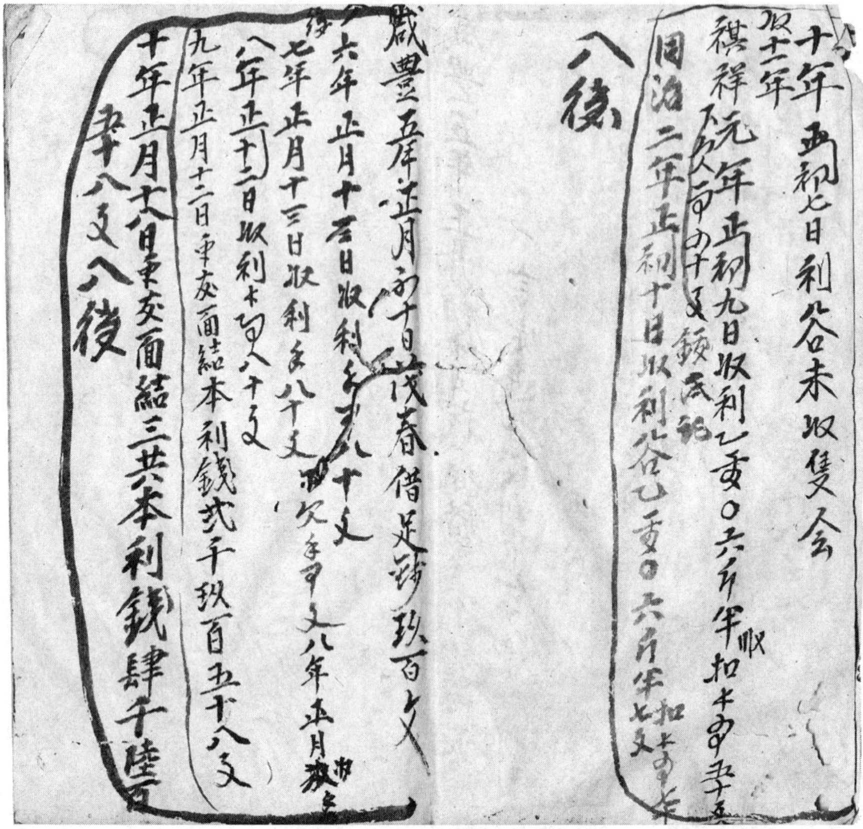

段莘乡大汜村 B 16-5 · 咸丰五年至同治十一年 · 流水账

咸豐五年正月初十日茂罗兄弟借去市良(?)两正

入账　　言定逐年交利谷六斤半

五年正月十二日收利谷六斤半

冬日茂保九做会过头借柒拾文　六年正月十三收本利八千九文

六年正月十三日收利谷钱子七文

七年正月十三日收利谷六斤半除印十二文

八年正月十一日收利谷乡(?)子ㄙ十六文

段莘乡大汜村 B 16-6 · 咸丰五年至同治十一年 · 流水账

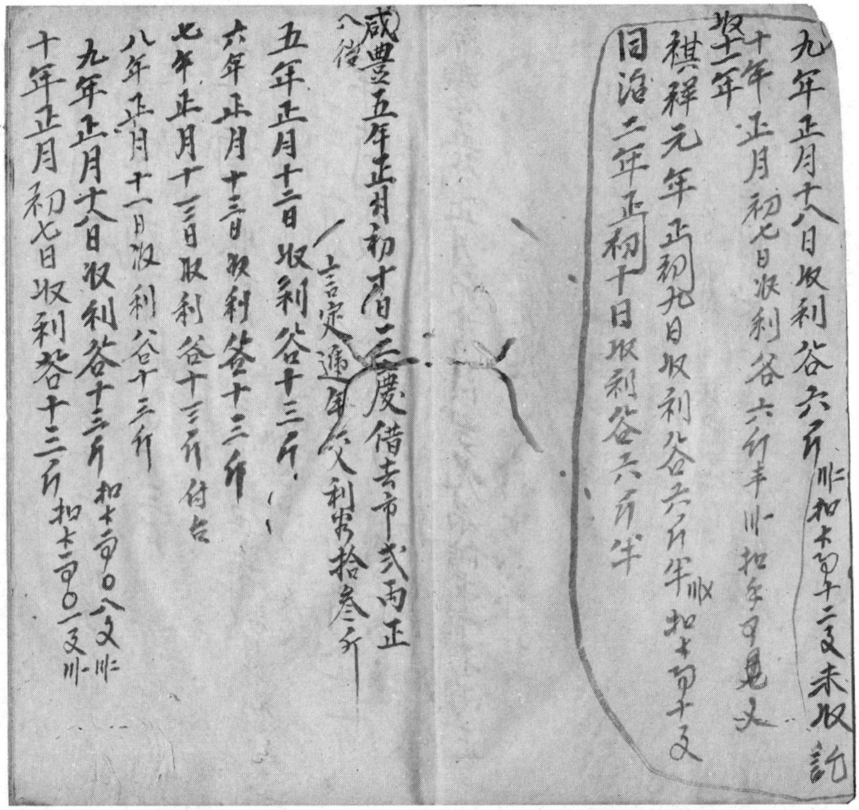

段莘乡大汜村 B 16-7 · 咸丰五年至同治十一年 · 流水账

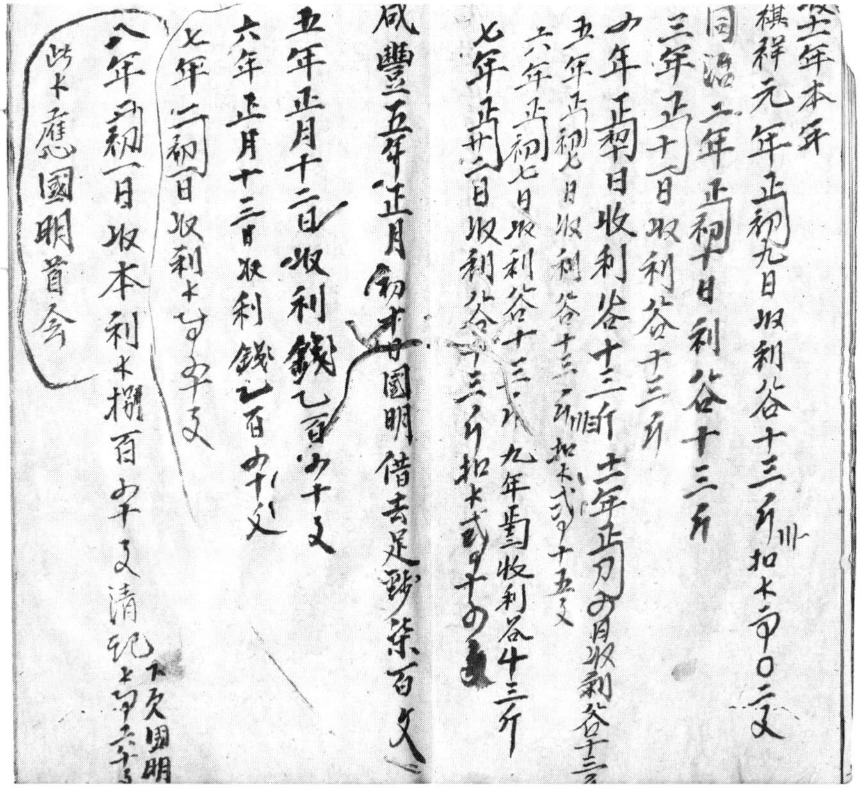

段莘乡大汜村 B 16-8 · 咸丰五年至同治十一年 · 流水账

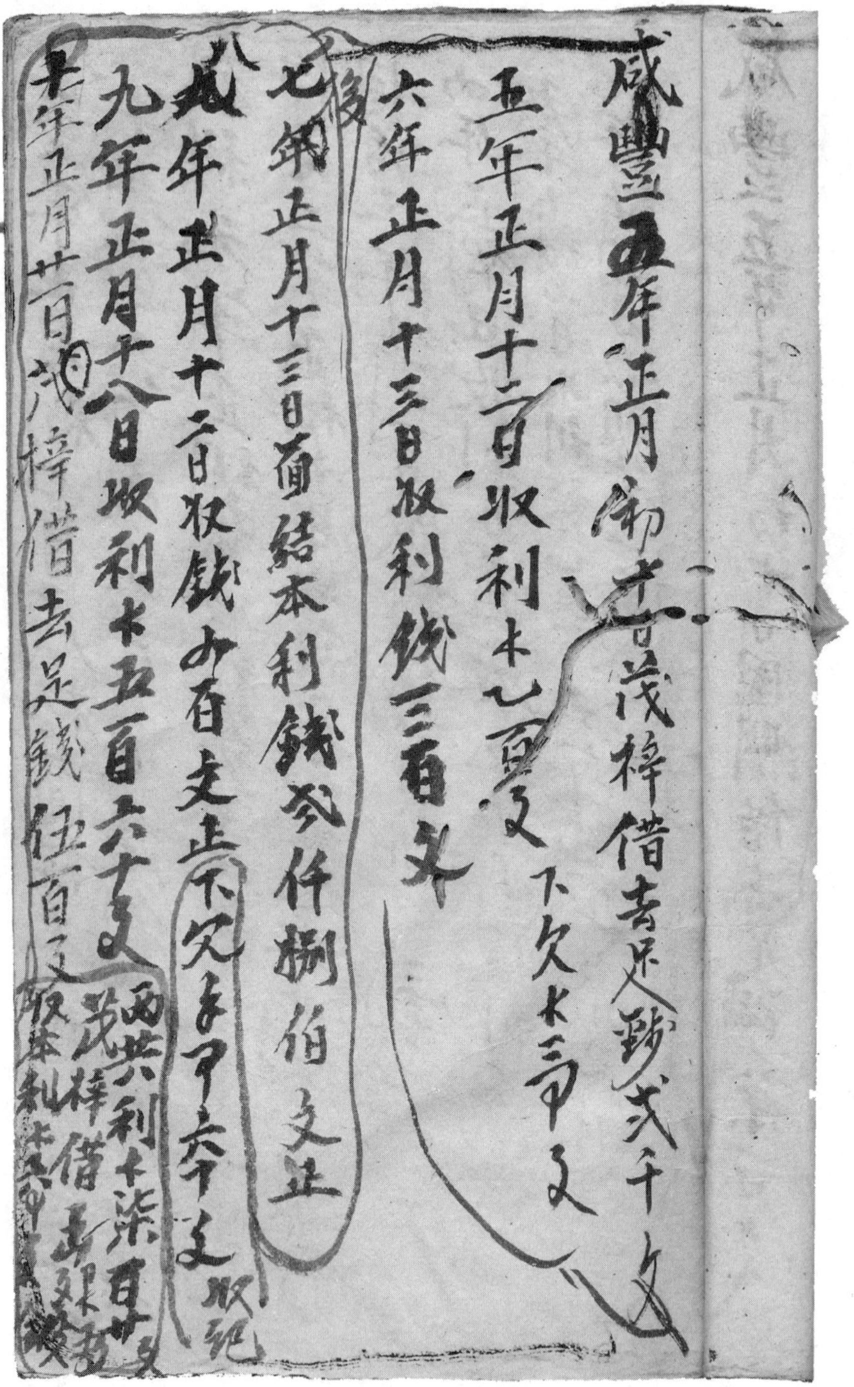
咸豐五年正月初十日茂梓借去足錢弍千文
五年正月十二日收利水七百文　下欠水三百文
六年正月十三日收利錢三百文
七年正月十三日算結本利錢叁仟捌佰文止
八年正月十二日收錢四百文止　下欠本叁仟文　收絕
九年正月十八日收利水五百六十文
十年正月廿日茂梓借去足錢伍百文
兩共利水柒百廿文
茂梓借去足錢
收本利水

段莘乡大汜村 B 16-9 · 咸丰五年至同治十一年 · 流水账

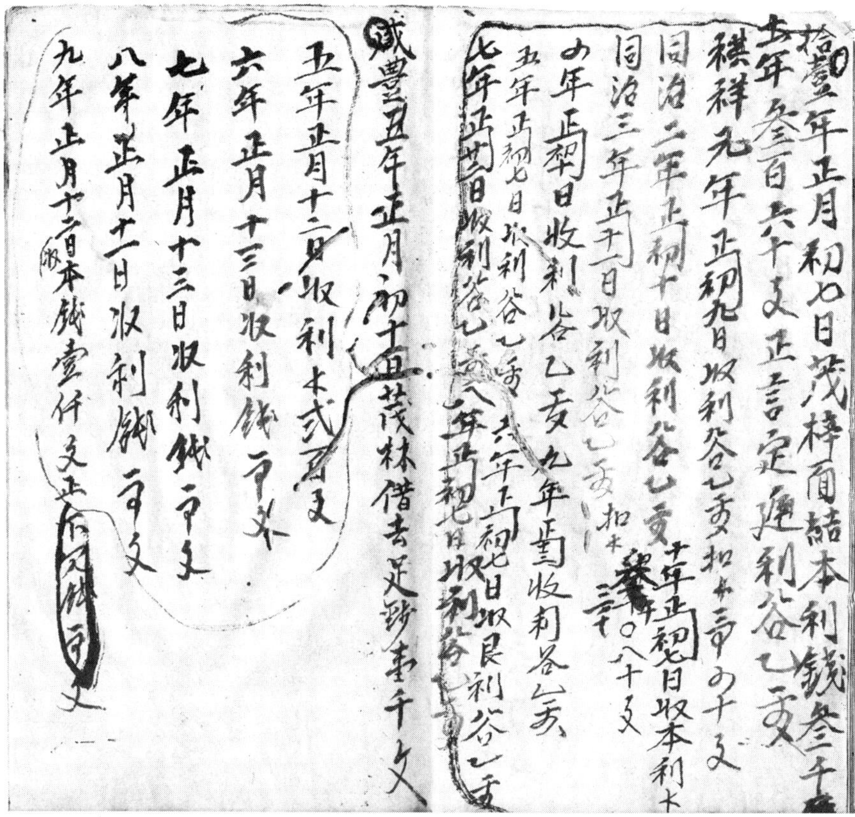

段莘乡大汜村 B 16-10 · 咸丰五年至同治十一年 · 流水账

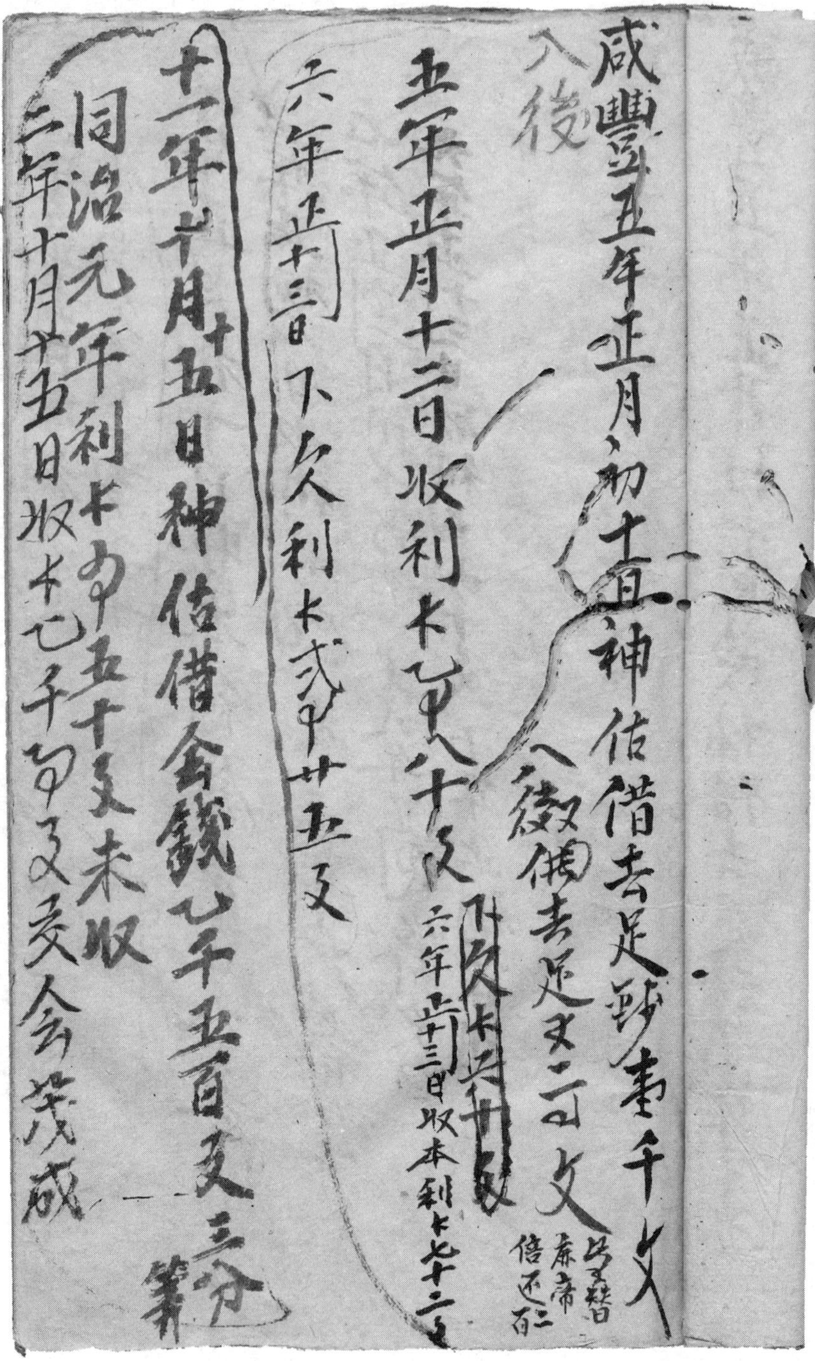
咸豐五年正月初十日神佑借去足錢壹千文
入後
五年正月十二日收利卡百八十文
入後又借去足錢二百文
此文替康帝借還二百
下欠卡共廿文
六年正月十三日收本利卡七十二文
六年正月十三日下欠利卡弍百廿五文
十一年十月十五日神佑借會錢乙千五百文三分等
同治元年利卡百五十文未收
二年十月十五日收卡乙千百文交會茂成

段莘乡大汜村 B 16-11 · 咸丰五年至同治十一年 · 流水账

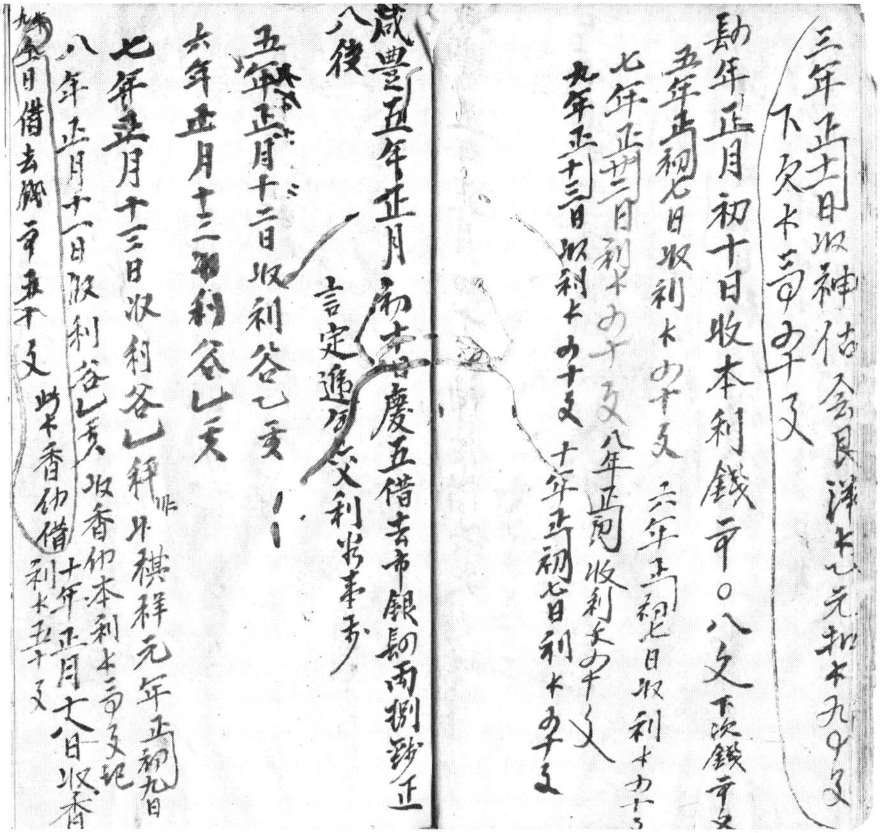
三年正十一日收神估会艮洋七元利本九千文
下欠本三百四千文
肆年正月初十日收本利錢二千〇八文 下次錢二千文
五年正月初七日收利本四千文 六年正月初七日收利本四十文
七年正廿二日利本四十文 八年正月 收利文四千文
九年正十三日收利本四十文 十年正月初七日利本四千文
咸豐五年正月初十日慶五借去市銀壹兩捌錢正
八後 言定遞年交利米壹秤
五年正月十二日收利谷乙秤
六年正月十二日收利谷乙秤
七年正月十三日收利谷乙秤 祺祥元年正月初九日
八年正月十一日收利谷乙秤 收香仂本利三百文記
九年□月借去錢二千五千文 此本香仂借 利本五千文 十年正月十八日收香

段莘乡大汜村 B 16-12 · 咸丰五年至同治十一年 · 流水账

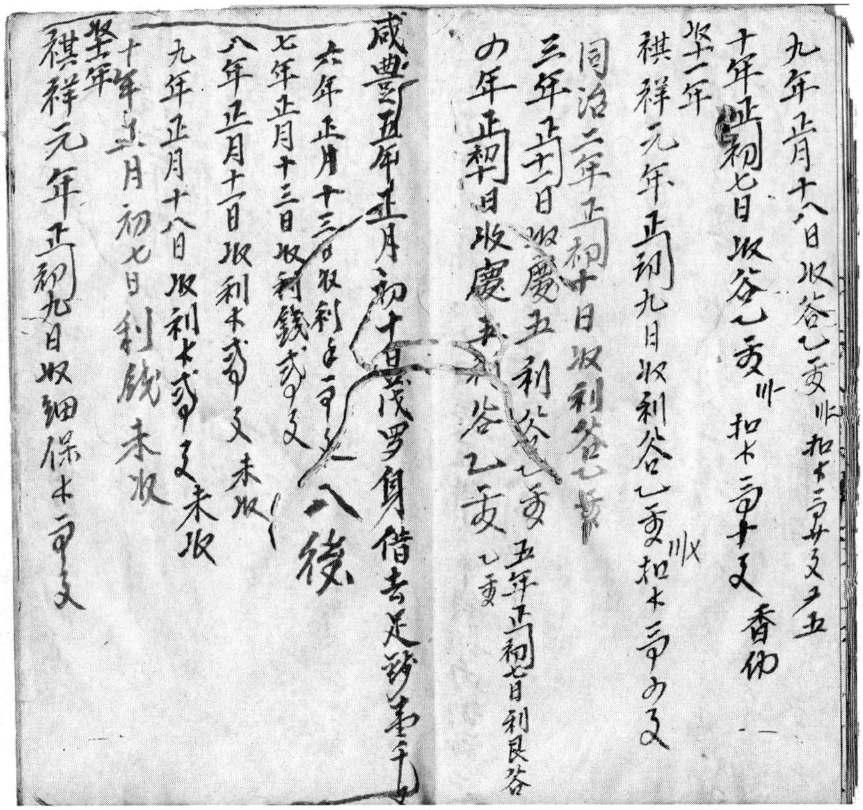

九年正月十八日收谷乙秉 作和木二百廿文又五
十年正月初七日收谷乙秉 作和木二百十文 香仍
豐十一年
祺祥元年正月初九日收利谷乙秉 收和木二百四文
同治二年正月初十日收利谷乙秉
三年正月十二日收慶五利谷乙秉
四年正月初十日收慶五谷乙秉 五年正月初七日利良谷乙秉

咸豐五年正月初十日茂罗貫借去足錢叁千 八後
六年正月十三日收利錢
七年正月十三日收利錢貳百文
八年正月十一日收利木貳百文 未收
九年正月十八日收利木貳百文 未收
十年正月初七日利錢 未收
豐十一年
祺祥元年正月初九日收細保木二百文

段莘乡大汜村 B 16-13 · 咸丰五年至同治十一年 · 流水账

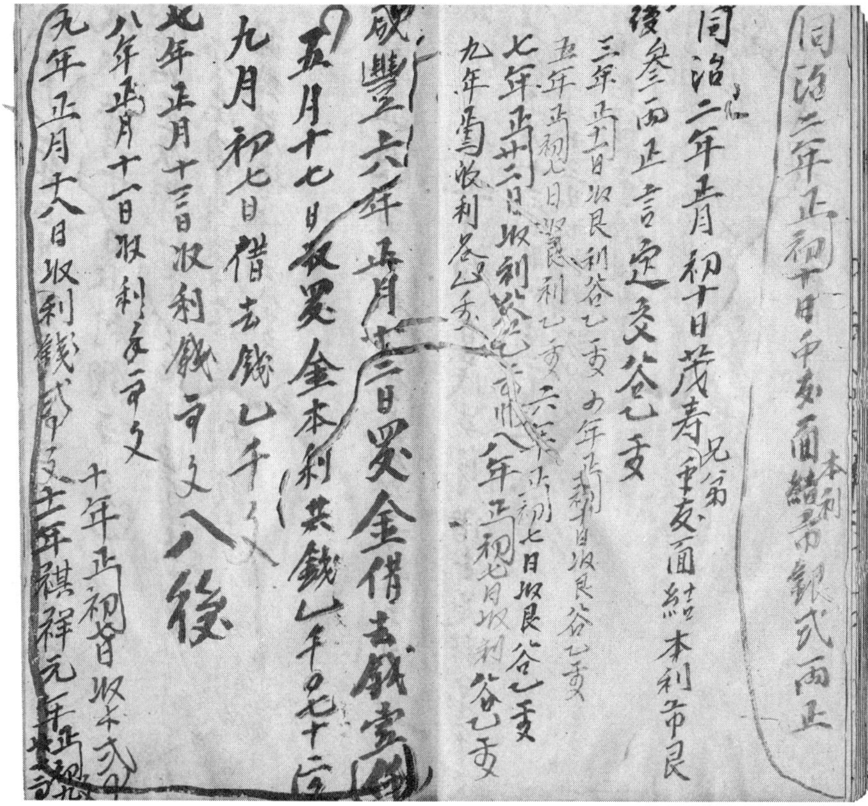
同治二年正初十日中友面結本利帀銀弍両正
同治二年正月初十日茂寿兄弟中友面結 本利帀艮
後叁両正言定交谷乙石
三年正月十一日收艮利谷乙石 四年正月初十日收艮谷乙石
五年正月初七日收艮利乙石 六年正月初七日收艮谷乙石
七年正月廿三日收利谷乙石 八年正月初七日收利谷乙石
九年正月收利谷乙石
咸豐六年五月廿三日買金借去錢壹仟
五月十七日收買金本利共錢乙千〇七十二文
九月初七日借去錢乙千文
七年正月十三日收利錢弍百文 八後
八年正月十一日收利錢弍百文
九年正月十八日收利錢弍百文 十年正初十日收十弍 十一年祺祥元年正初九

段莘乡大汜村 B 16-14 · 咸丰五年至同治十一年 · 流水账

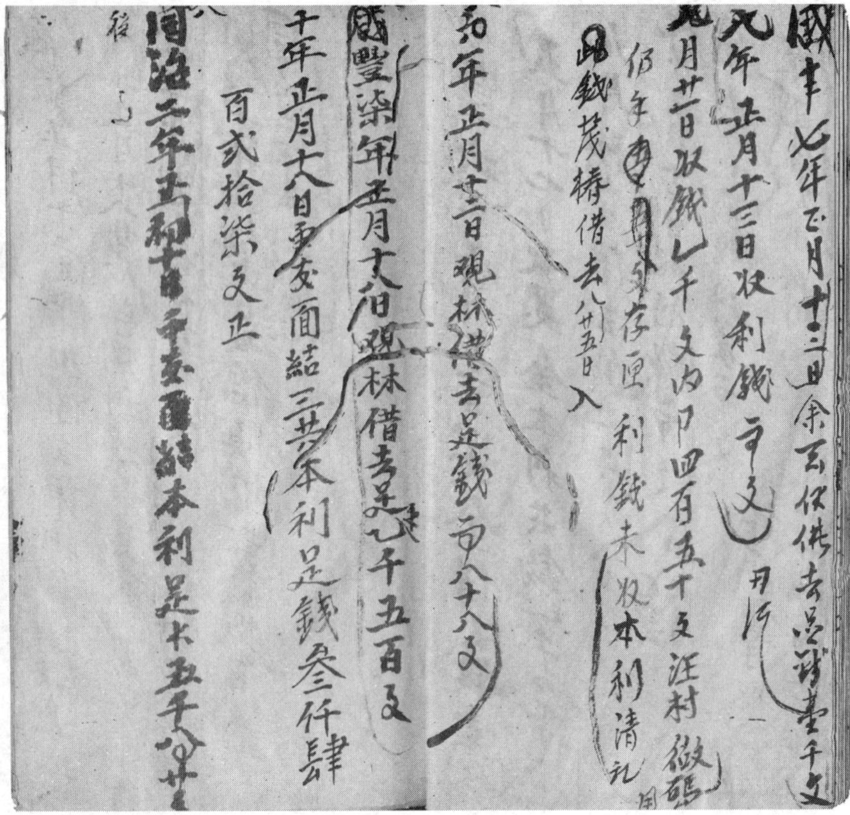

段莘乡大汜村 B 16-15 · 咸丰五年至同治十一年 · 流水账

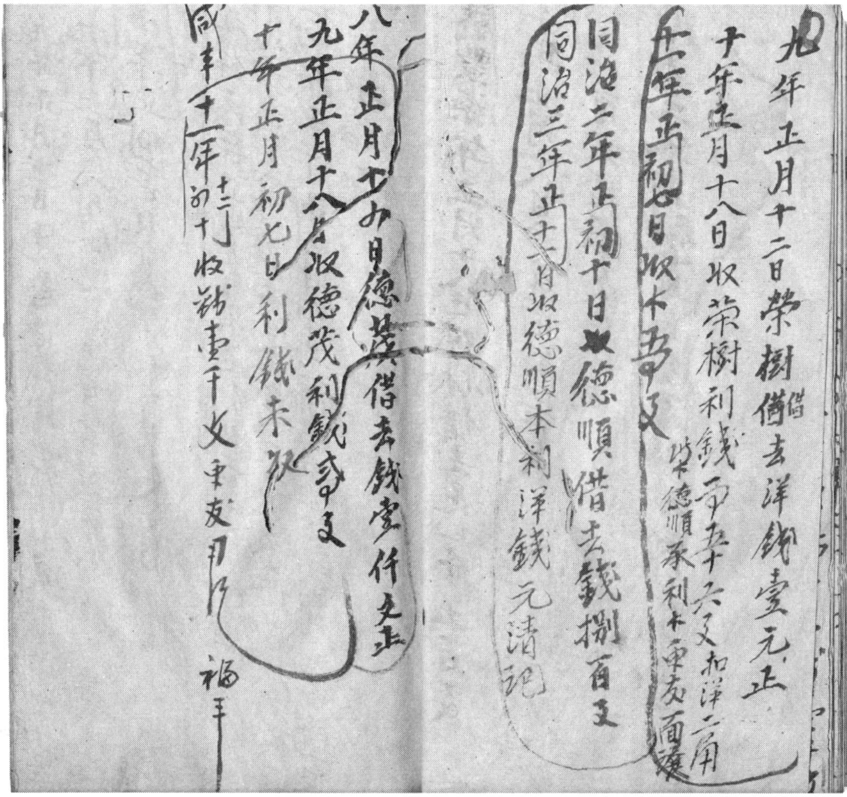
九年正月十二日榮樹借去洋錢壹元正
十年正月十八日收榮樹利錢㪍五十六文加洋二角
十一年正月初七日收本㪍文
收榮德順承利本東友面讓
同治二年正月初十日德順借去錢捌百文
同治三年正月十一日收德順本利洋錢元清訖
八年正月廿四日德茂借去錢壹仟文正
九年正月十八日收德茂利錢弍百文
十年正月初七日利錢未收
咸丰十一年十二月初十日收錢壹千文東友用訖
福手

段莘乡大汜村 B 16-16 · 咸丰五年至同治十一年 · 流水账

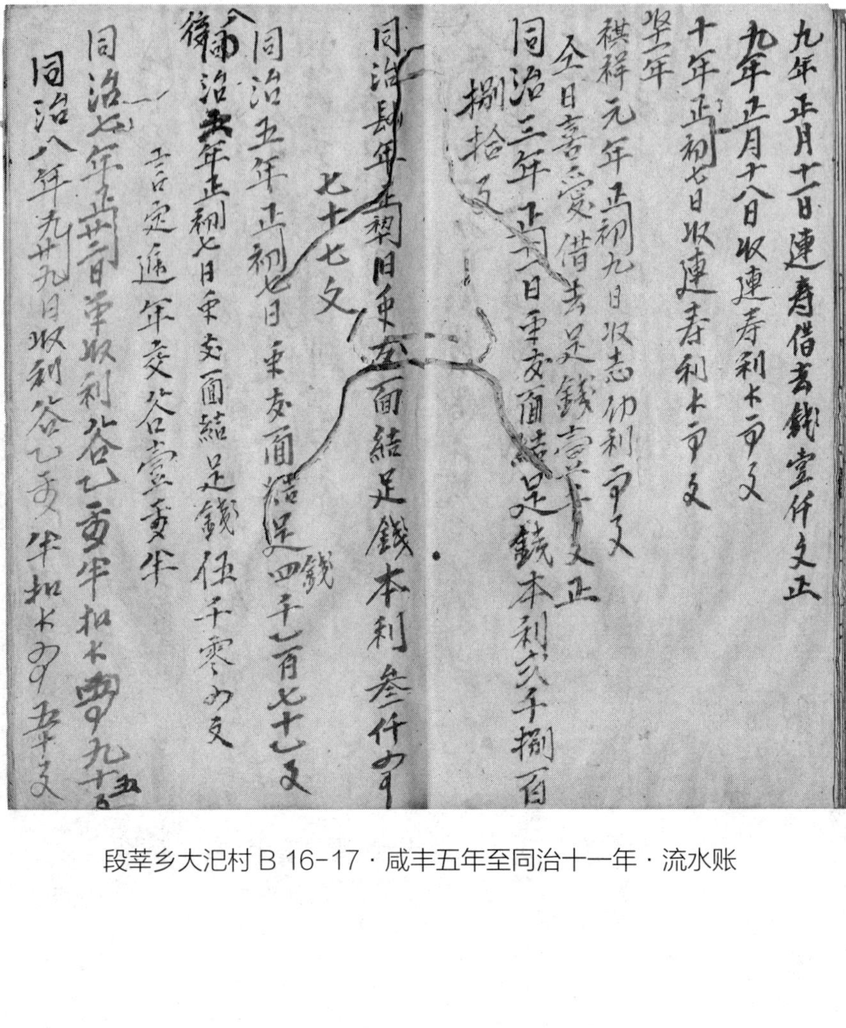
九年正月十二日連壽借去錢壹仟文正
九年正月十八日收連壽利卜百文
十年正月初七日收連壽利卜百文
癸年
祺祥元年正月初九日收志仂利百文
仝日喜愛借去足錢壹千文正
同治三年正月十八日重交面結足錢本利弍千捌百
捌拾文
同治四年正月初七日重交面結足錢本利叁仟四百
七十七文
同治五年正月初七日重交面結足錢四千七百七十七文
同治六年正月初七日重交面結足錢伍千零四文
同治七年正月廿日華收利谷乙石半扣卡四九十五
一言定進年交谷壹石半
同治八年九月廿九日收利谷乙石半扣卡四五年文

段莘乡大汜村 B 16-17 · 咸丰五年至同治十一年 · 流水账

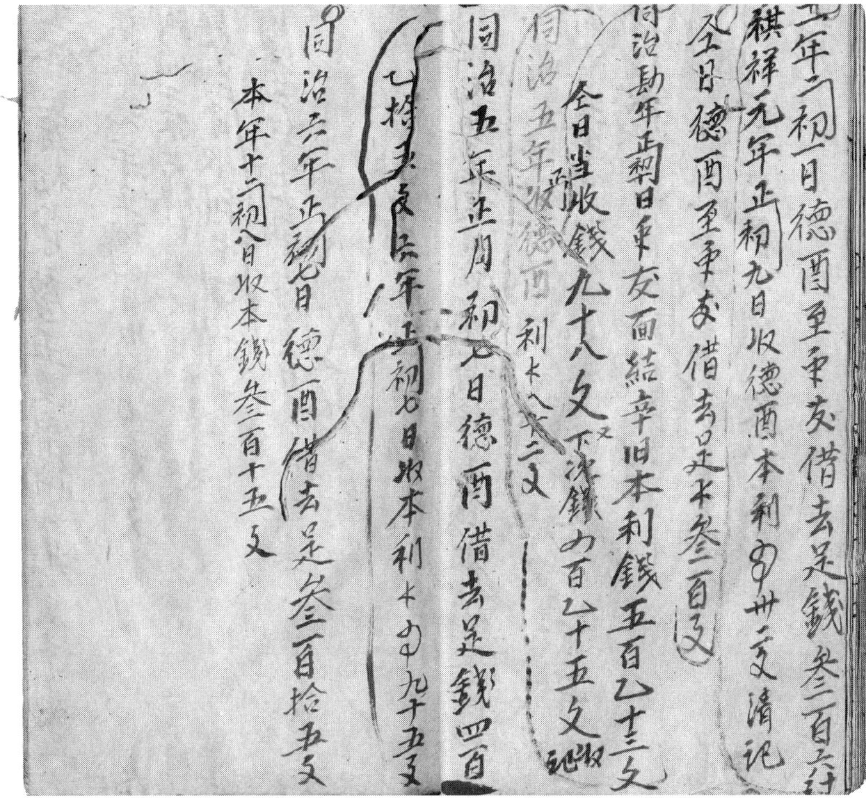

五年二月初一日德酉至秉友借去足錢叁百六拾

祺祥元年正月初九日收德酉本利[illegible]卅二文清訖

仝日德酉至秉友借去足錢叁百文

同治肆年正月初日秉友面結辛旧本利錢五百乙十二文

仝日当收錢九十八文 下次錢[illegible]百乙十五文 收訖

同治五年收德酉利卜八十二文

同治五年正月初七日德酉借去足錢四百

乙捺去皮六年正月初七日收本利卜[illegible]九十五文

同治六年正月初七日德酉借去足錢叁百拾五文

本年十二月初八日收本錢叁百十五文

段莘乡大汜村 B 16-18 · 咸丰五年至同治十一年 · 流水账

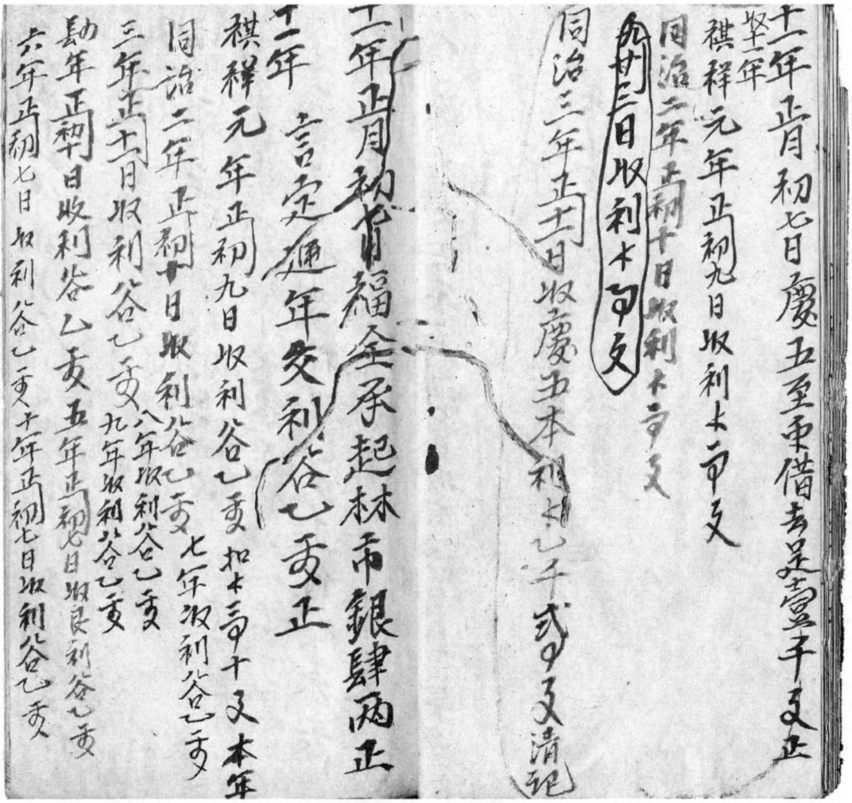

十一年正月初七日慶五至乘借去足壹千文正
堅年祺祥元年正初九日收利[illegible]文
同治二年正初十日收利[illegible]文
九月廿三日收利[illegible]文
同治三年正十一日收慶五本利[illegible]千式[illegible]文清訖
十一年正月初十日福全承起林市銀肆兩正
言定逓年交利谷[illegible]正
十一年祺祥元年正初九日收利谷[illegible] 扣[illegible]文 本年
同治二年正初十日收利谷[illegible] 七年收利谷[illegible]
三年正十一日收利谷[illegible] 八年收利谷[illegible] 九年收利谷[illegible]
肆年正初[illegible]日收利谷[illegible] 五年正初七日收良利谷[illegible]
六年正初七日收利谷[illegible] 十年正初七日收利谷[illegible]

段莘乡大汜村 B 16-19 · 咸丰五年至同治十一年 · 流水账

咸豐十一年正月初七日茂林借去廷錢壹仟文

收十一年

同治元年正月初九日利卡帀文收記

同治二年正月初十日收利卡帀文

三年正月十三日收茂林利卡帀文

同治三年九月收茂林洋乙元正付福來工圓

四年正月初十日收本利錢乙百九十文清息

段莘乡大汜村 B 16-20 · 咸丰五年至同治十一年 · 流水账

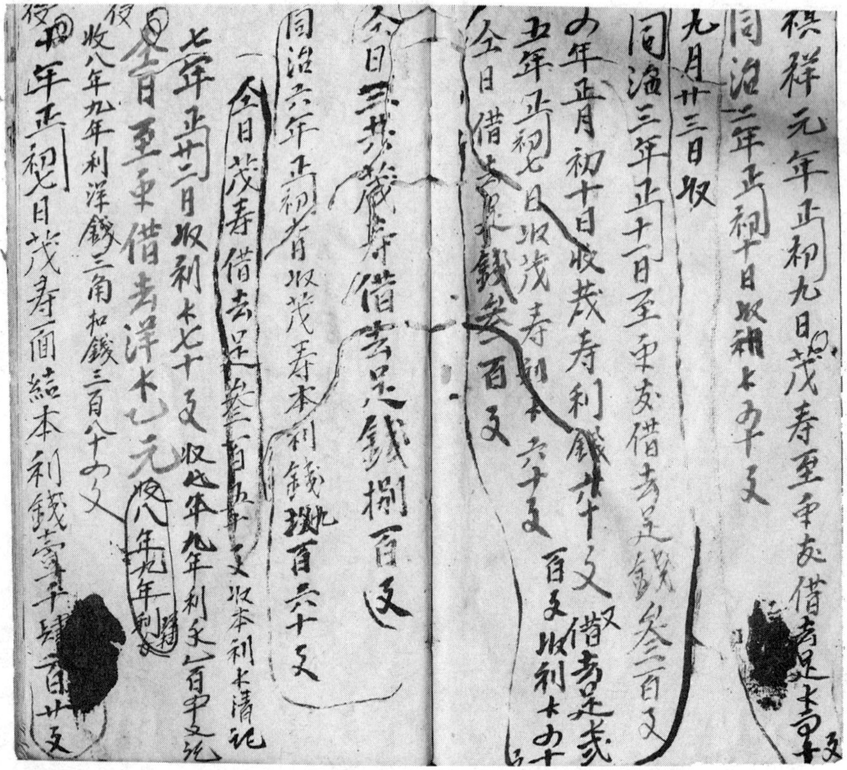
祺祥元年正初九日茂寿至平友借去足钱壹千文
同治二年正初十日收補钱五十文
九月廿三日收
同治三年正月十一日至平友借去足钱叁百文
四年正月初十日收茂寿利钱六十文 又借去足钱贰
五年正初七日收茂寿利钱六十文 百文 收利钱五十
仝日借去足钱叁百文
仝日三共茂寿借去足钱捌百文
同治六年正初肯收茂寿本利钱捌百六十文
仝日茂寿借去足钱叁百九十文 收本利钱清讫
七年正月廿二日收利钱七十文 收八年九年利钱八百四十文讫
仝日至平借去洋钱七元 收八年九年利洋
收八年九年利洋钱三角和钱三百八十五文
十年正初七日茂寿面结本利钱壹千肆百廿文

段莘乡大汜村 B 16-21 · 咸丰五年至同治十一年 · 流水账

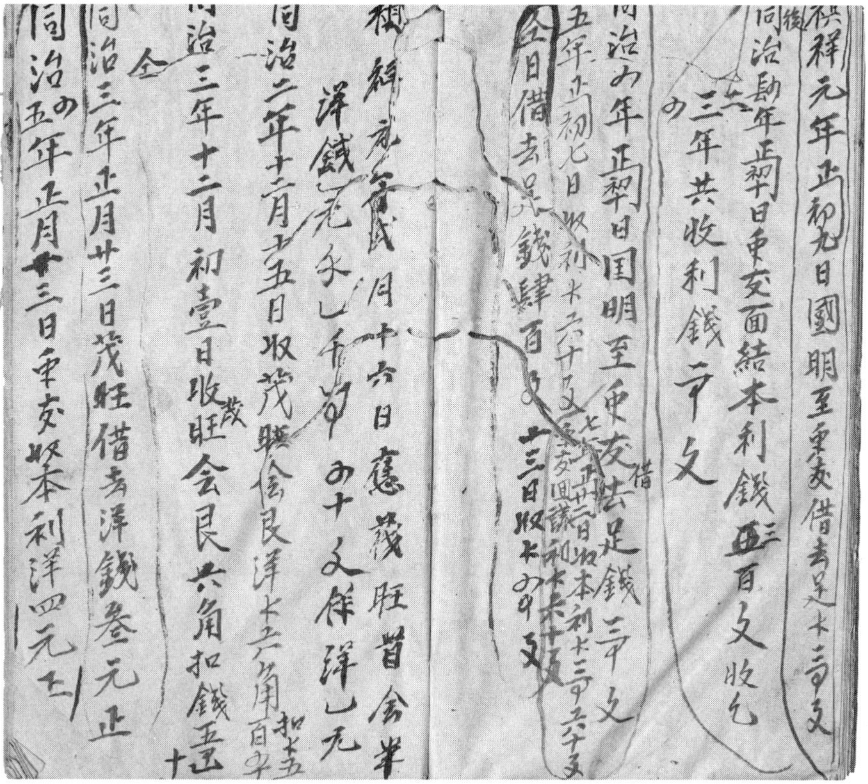

段莘乡大汜村 B 16-22 · 咸丰五年至同治十一年 · 流水账

同治二年新正月十日茂春手支面結市銀拾両零五千

入後弍分 言定隨年交谷叁一斗

同治二年九月初七日羅金借去錢壹千文

三年五月十一日收利卡弍百文

冬月日借去卡二百八十七文 收利卡五百十文 下欠卡廿合

入後

同治肆年正月初日東交回結本利錢乙千六百八十三文

同治五年正月初七日收羅金利卡二百卅六文

同治六年正月初七日東交回結本利錢弍千十九

後

言定逓年交谷拾三斤

段莘乡大汜村 B 16-24 · 咸丰五年至同治十一年 · 流水账

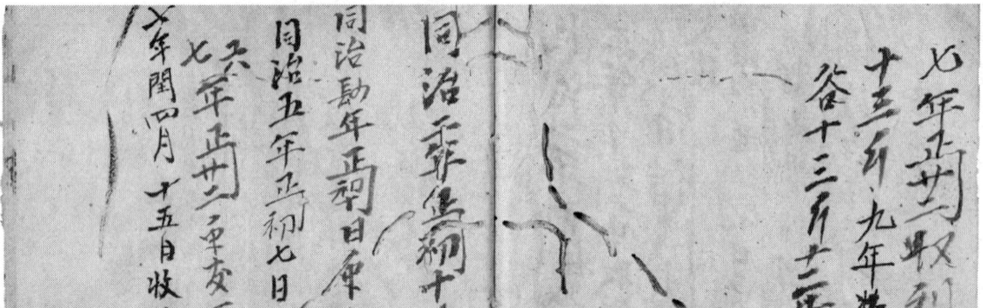

段莘乡大汜村 B 16-25 · 咸丰五年至同治十一年 · 流水账

同治三年正月初十日　如香借去足七千文
同治四年正月初四日收香伪利钱弍百文
五年正月初七日收香伪利钱弍百文
五年二月初十日借去本钱四千文
六年正月初七日香伪借去洋钱七元正
同治七年正月廿二日　东收本利洋弍拾弍元四角　清讫

段莘乡大汜村 B 16-26 · 咸丰五年至同治十一年 · 流水账

同治三年十二月十五日與友面結本利錢伍千七百五十七文

後 神佑借山

段莘乡大汜村 B 16-27 · 咸丰五年至同治十一年 · 流水账

同治肆年正月初拾日慶五借去足錢捌百文

又拾九日借去足錢六千文

拾九日至更发借去足錢乙千文

五年正初九日收慶五利本二弔五千文

五年正月十三日慶五借洋弍[illegible]元正

五年二月初十日慶五借去十二弔文

当日收本利十弔

十文清訖

段莘乡大汜村 B 16-28 · 咸丰五年至同治十一年 · 流水账

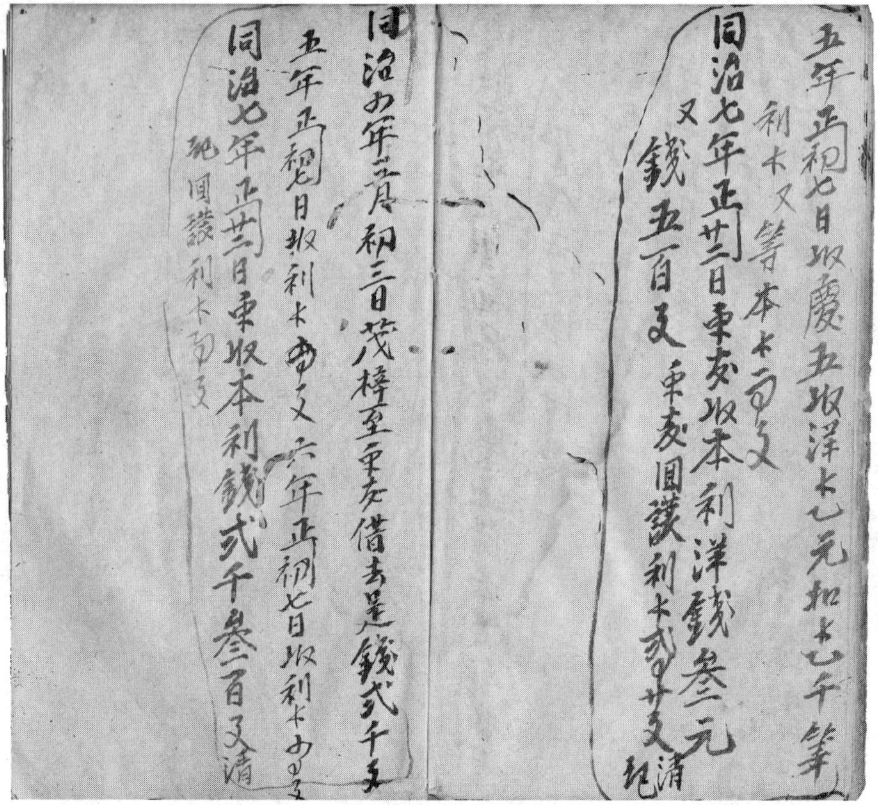

段莘乡大汜村 B 16-29 · 咸丰五年至同治十一年 · 流水账

同治六年正月初七日收廣五艮利乙千文

扣本二百卅文

七年正月廿二日收利谷乙千文

當日借去足本弍叁文伍千四文

当日收本六十四文

八年正月初七日收利谷乙千文

利本四十文

九年正月廿三收利谷乙千 十年正月初七日收利谷乙千文

十一年正月四日收利谷乙千文

入同治六年五月初七日茂駐艮利谷弍百〇五斤

七年五月廿三日收利谷弍百〇五斤

同治五年二月初十日叙旺借去洋錢乙元正

九年正月拾三日收叙旺本洋乙元正 下欠利錢四百文

段莘乡大汜村 B 16-32 · 咸丰五年至同治十一年 · 流水账

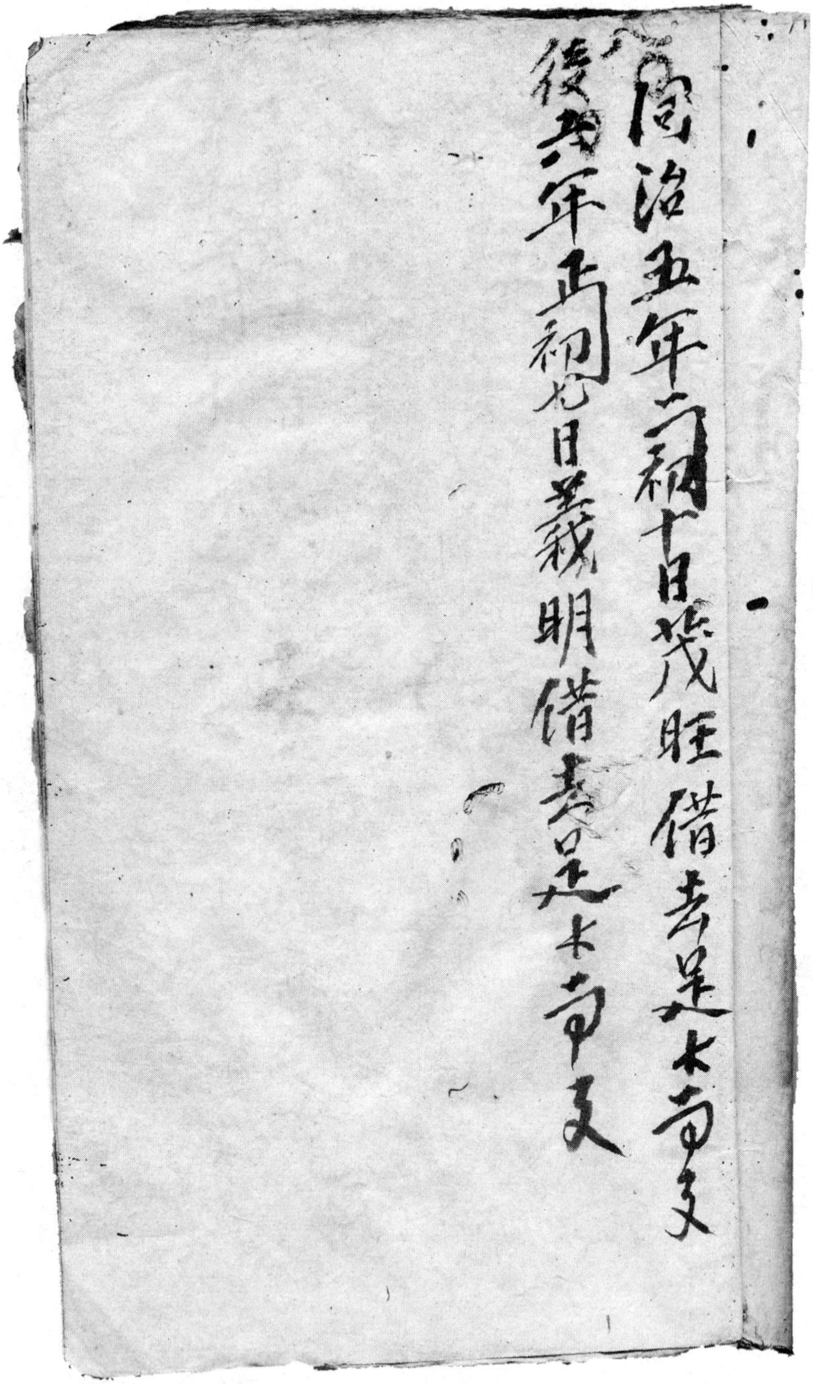
同治五年二月初十日茂旺借去足大串文
後六年正月初七日義明借去足大串文

段莘乡大汜村 B 16-33 · 咸丰五年至同治十一年 · 流水账

同治七年正月廿三日收香仂利谷乙秉[illegible]

仝日借去足钱、弍千六十文

八年正月初七日收利谷乙秉

仝日收本来弍千六十文

重交爾讓利

九年正月廿三收利谷乙秉、十年正月初七日收利谷乙秉

十一年正月初八日收利谷乙秉

段莘乡大汜村 B 16-34 · 咸丰五年至同治十一年 · 流水账

九年十二月收有志利谷乙石半
十年正月初七日收有志利谷乙石半扣卡六分九十文
当收弍千文下欠四千九十文
十一年五月四日收利谷乙石半

段莘乡大汜村 B 16-35 · 咸丰五年至同治十一年 · 流水账

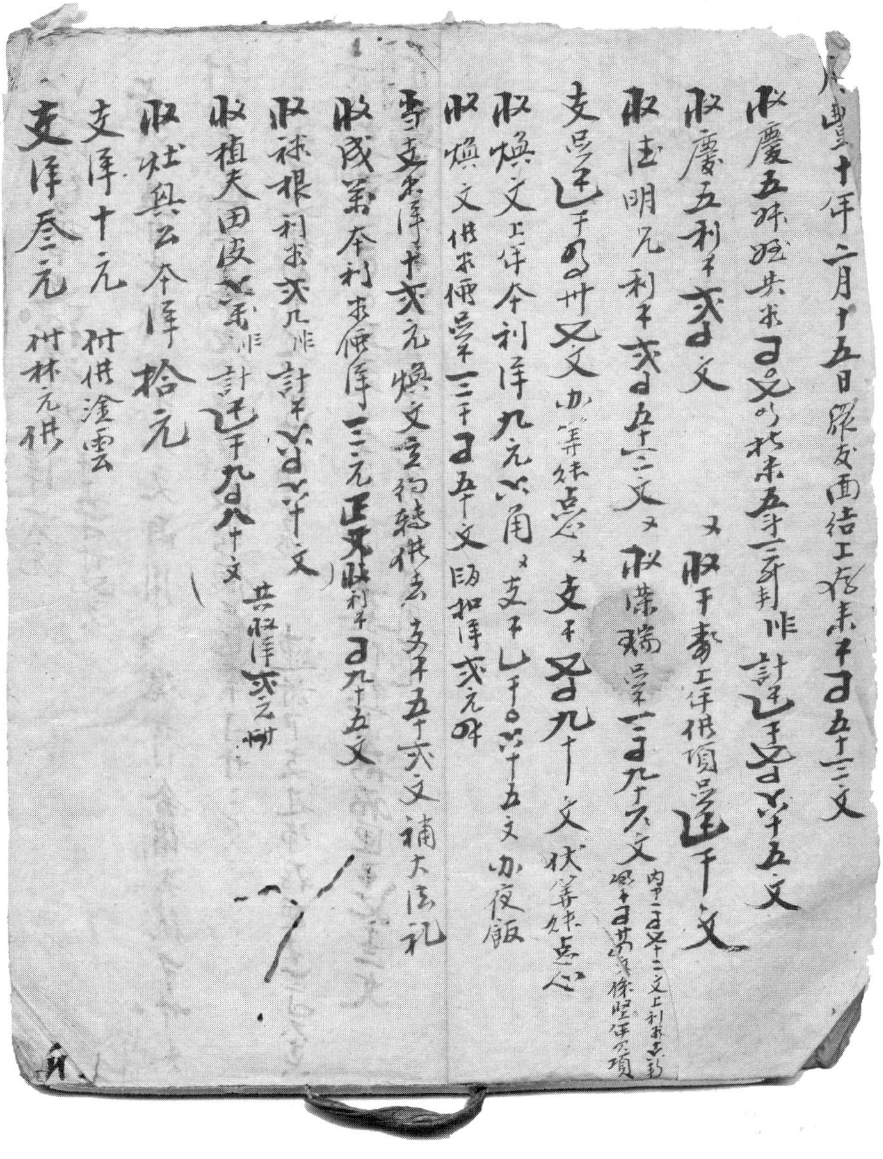

段莘乡大汜村 B 13-1 · 咸丰十年至光绪十五年 · 收支流水账

以上面结日拖ア支收净存 不 洋式元

七月十五日支錢九十九文雨用 又觀音会借去錢ア廿文 求雨用

初十支还千四百九文 算账点心 收米价钱 千 廿二文

当支钱四千文 又洋 元 三 作

連前ア支过净存 钱 三 文

十二月 支不 ○五文 算账点心 大英保结 不 三文

首廿日 支 十三文 算账办货用讫

收庆五不 五 文

收添龍 算账办点心用讫

咸丰十一年十二月初九日

收添龍利谷價錢二千九十文

收有仂田皮谷價錢 五十文洪家首

收福仂田皮谷價 七十文 作谷

段莘乡大汜村 B 13-2 · 咸丰十年至光绪十五年 · 收支流水账

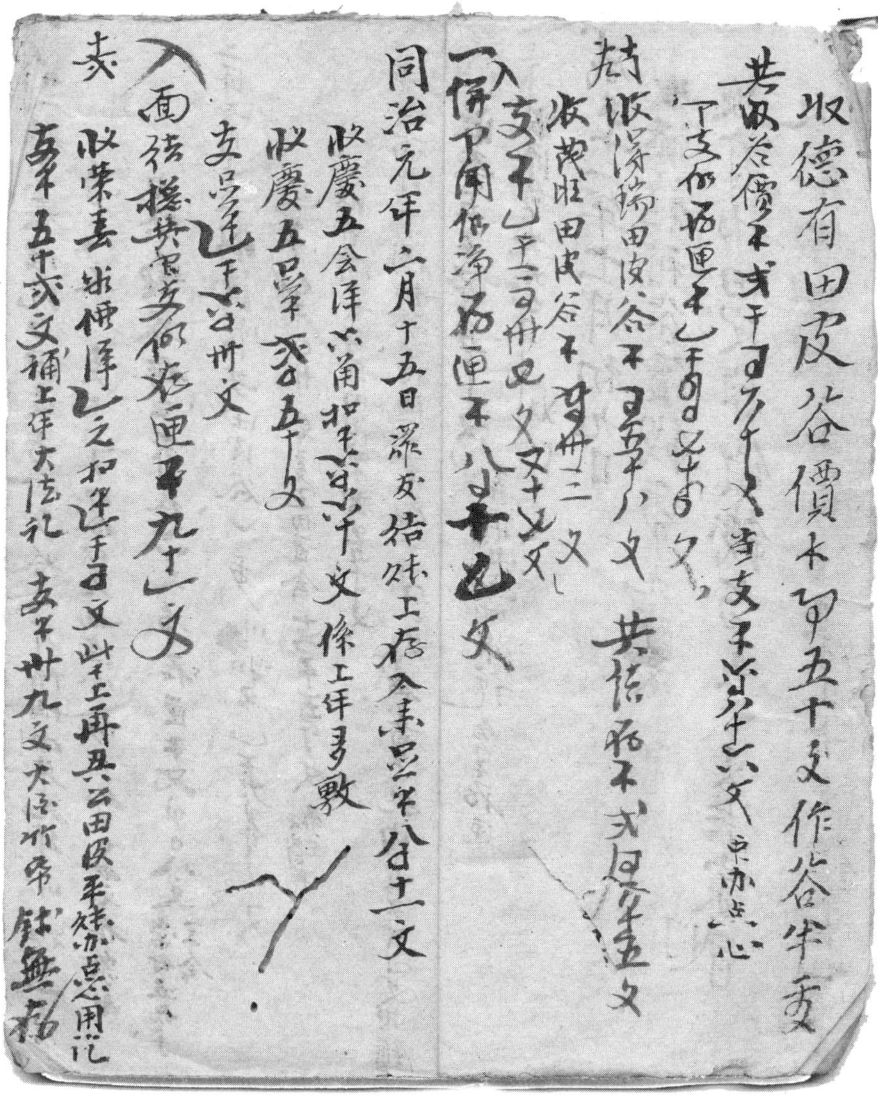

段莘乡大汜村 B 13-3 · 咸丰十年至光绪十五年 · 收支流水账

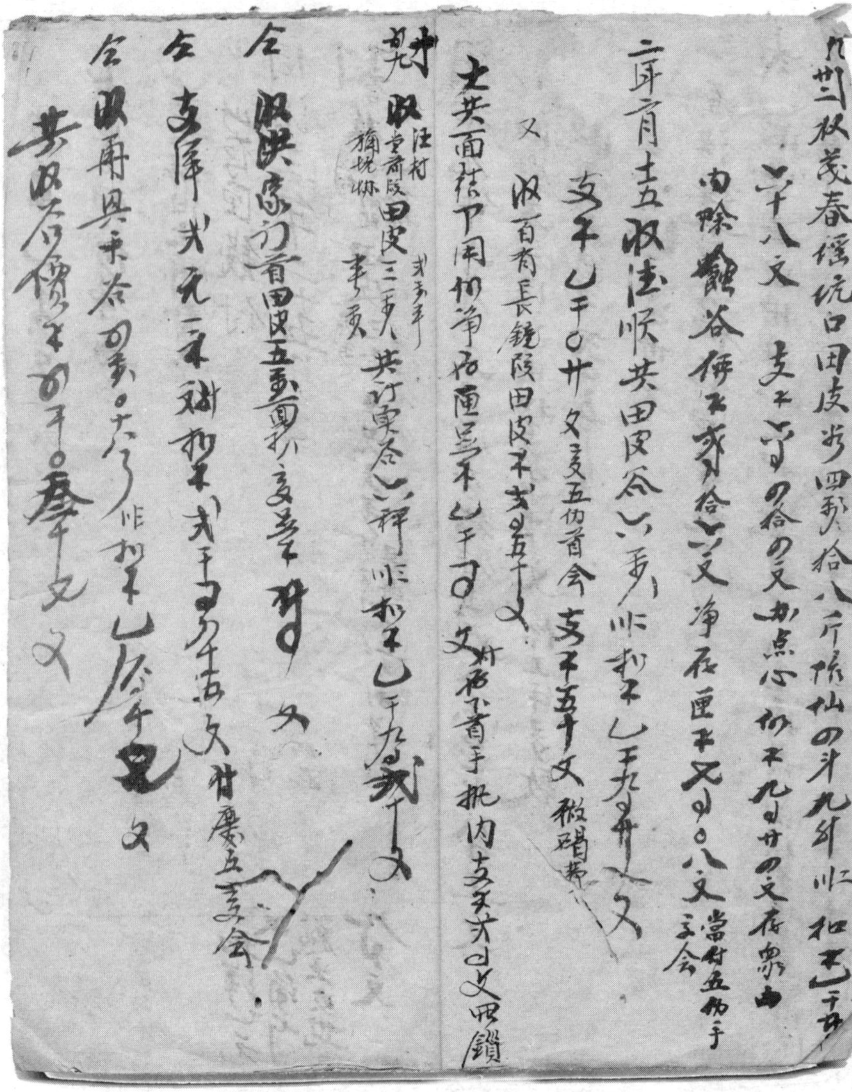

九月廿三 收義春[illegible]坑口田皮[illegible]四秤八拾八斤 [illegible]仙〇斗九升 作和本[illegible]

二千八文 支本[illegible]〇拾〇文 加点心 [illegible]本九[illegible]廿〇文 存[illegible]

內除[illegible]谷[illegible]拾[illegible]文 净存[illegible]本又[illegible]〇八文 當付五[illegible]手会

二月十五 收法[illegible] 共田皮谷[illegible] 作和本[illegible]千九[illegible]文

文 支本[illegible]千〇廿文 支五[illegible]首会 支本五千[illegible]文 [illegible]

收百有長鍾[illegible]田皮本[illegible]文

十一月 共面[illegible] 净存[illegible]本[illegible]千[illegible]文 [illegible] 內支[illegible]文 [illegible]鎖

十一月初九 收汪村[illegible]田皮[illegible] 共[illegible]谷[illegible]秤 作和本[illegible]千九[illegible]文

仝 收洪[illegible]首田皮五[illegible] 支[illegible]文

仝 支[illegible]一本[illegible]文

仝 收再興[illegible]谷[illegible] 作和本[illegible]文

共收[illegible]文

段莘乡大汜村 B 13–4 · 咸丰十年至光绪十五年 · 收支流水账

支去乙千六百卅五文 办算帐点心

以本年下帐仍净存匣下乙千廿六文

共英併日上首付存匣下乙千百卅九文 荣瑞手批

此存匣钱付荣瑞领身股收讫乙千〇七十八文 扣洋乙元 此存匣钱锁匙乙角七 出支廿文

同治三年二月十五日存匣钱五十八文

封 十一月 十五日

十九日 收 汪村当前段 田皮 贰秤半 大英六秤 众友面议 乙秤 是年只收五秤 作米五斗 此 扣钱 乙千百文
称侃协 三秤半秤

仝　收洪家门首田皮五秤 众友面议 支只乙千廿文

仝　收再吴众田皮四秤十八斤 作米四斗九升 此 扣钱乙千八百六拾文

仝　支乙千百拾五文 办算帐点心

支洋壹元 付大洪 批去功禄 计钱乙千百五十文

共收过田皮谷 併以上钱四千百六十文

入　除支 仍存众钱乙千百九拾六文 此钱内有洋乙元 诸批

后　此钱封罗金寿手

段莘乡大汜村 B 13-5 · 咸丰十年至光绪十五年 · 收支流水账

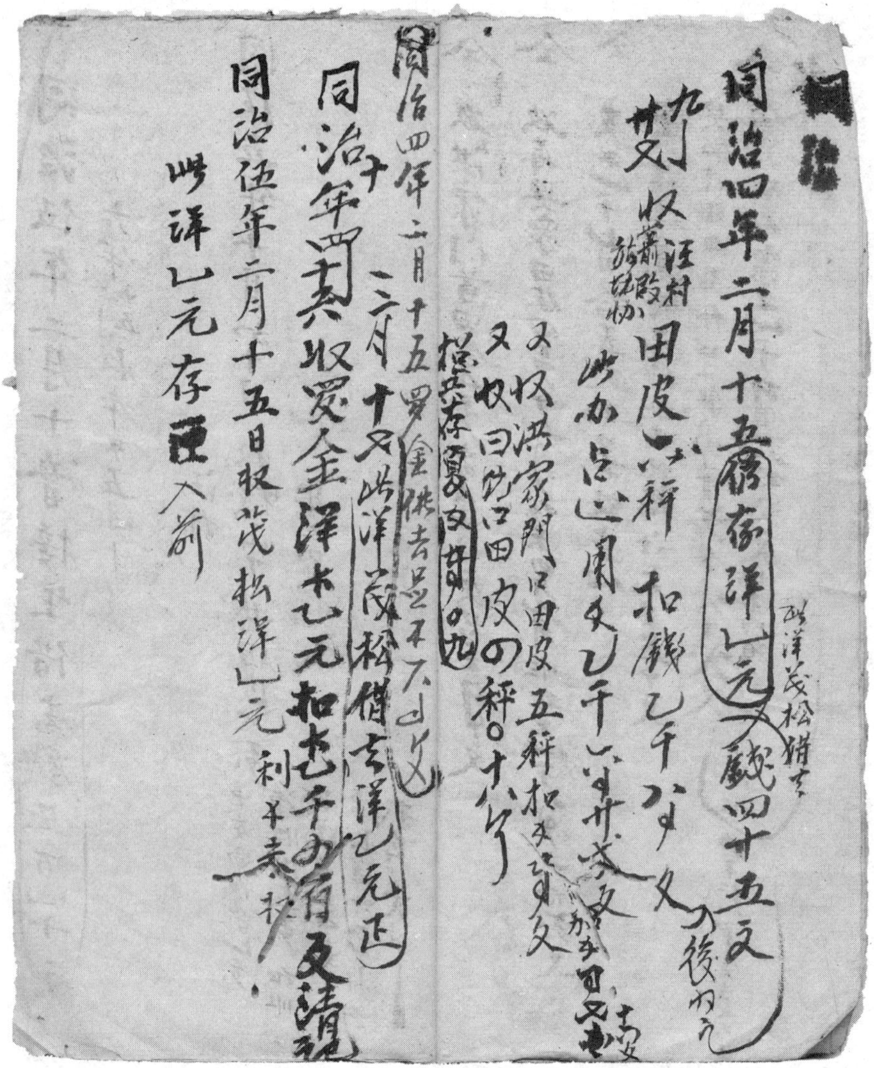
同治四年二月十五[illegible]洋〡元 又錢四十五文
九廿六收汪村[illegible]田皮〡秤 和錢乙千[illegible]文
又收洪家門口田皮五秤
又收[illegible]口田皮〇秤
同治四年二月十五 [illegible]
同治十年四月[illegible]收買金洋[illegible]元
同治伍年二月十五日收茂松洋〡元 利[illegible]
此洋〡元存[illegible]入前

段莘乡大汜村 B 13-6 · 咸丰十年至光绪十五年 · 收支流水账

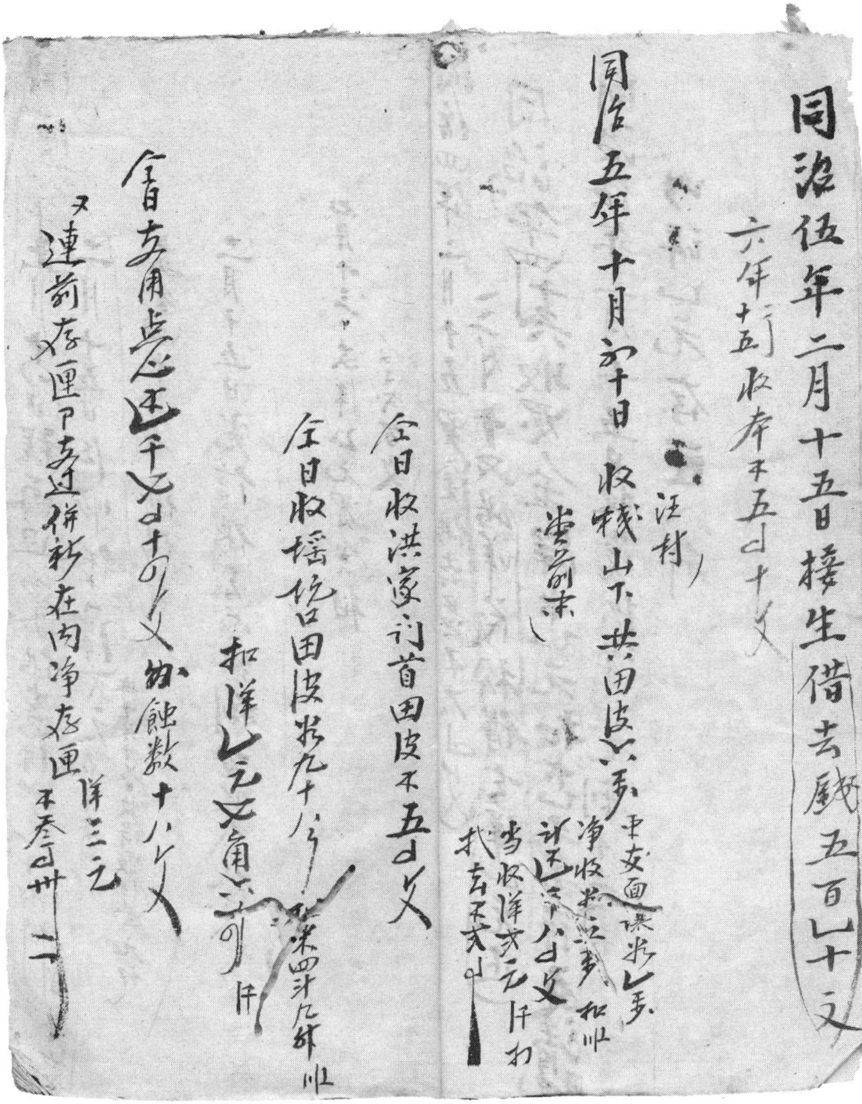

同治伍年二月十五日接生借去錢五百〡十文

六年十二月十五日收本五ㄖ十文

同治五年十月初十日收栈山下共田皮六秤　汪村　坐前宋

東安面谷米〡秤　净收米三秤　和　計洋〡元八ㄖ文　当收洋弍元　找去不文ㄖ

仝日收洪家祠首田皮本五ㄖ文

仝日收摇岭田皮米九十〤斤　米四斗九升　和洋〡元又角六〤

合支用㕘总〡千〇ㄖ十〤文　外蝕数十八〤文

又連前存匯了支过併秋在内净存匯洋三元　本叁ㄖ卅二

段莘乡大汜村 B 13-7 · 咸丰十年至光绪十五年 · 收支流水账

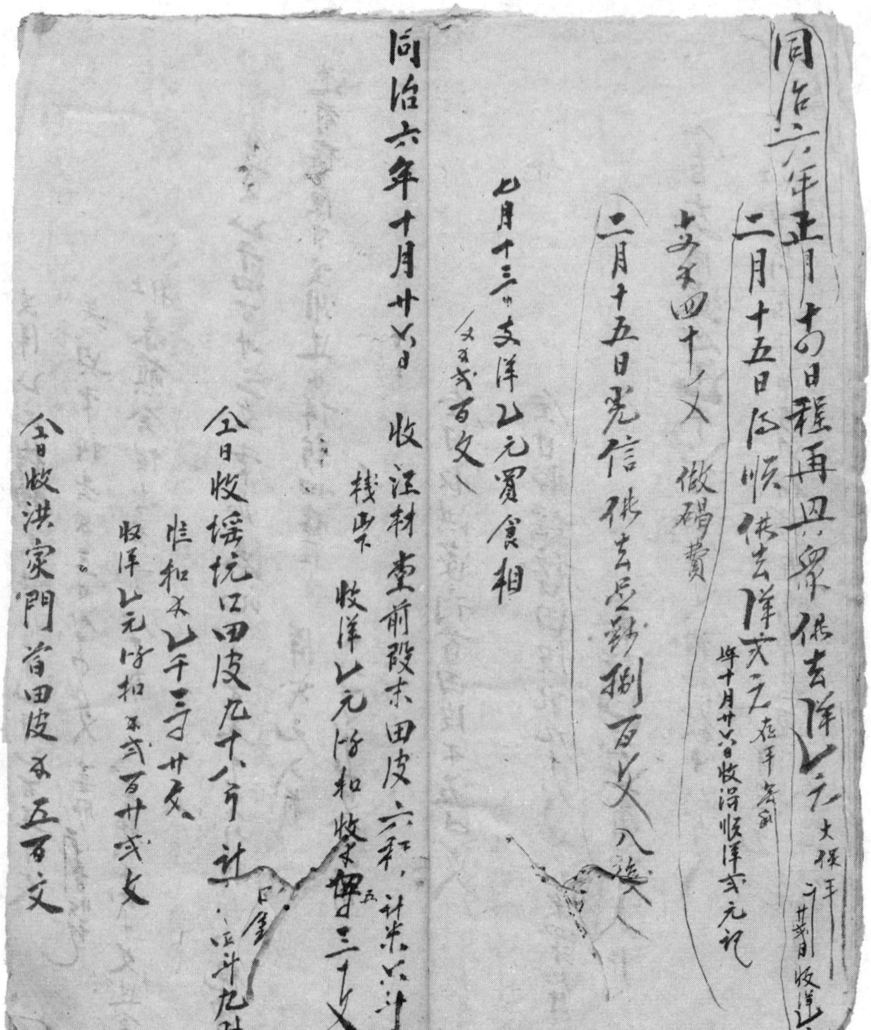

同治六年正月十四日程再興衆借去洋〡元 大様手 二月廿弍日收洋〡元

二月十五日洛帐借去洋弍元 在手[illegible] 本年十月廿六日收得帐洋弍元訖

支米四十八文 做碣費

二月十五日光信借去番钱捌百文 八路

七月十三日支洋〡元買食相 又支弍百文

同治六年十月廿六日 收汪材堂前段求田皮六秤 計米六斗 住 錢票 收洋〡元作和收錢五三十文

仝日收瑶坑口田皮九十八斤 計[illegible]正斗九升 住和本〡千三百廿文 收洋〡元作和本弍百廿弍文

仝日收洪家門首田皮本五百文

段莘乡大汜村 B 13-8 · 咸丰十年至光绪十五年 · 收支流水账

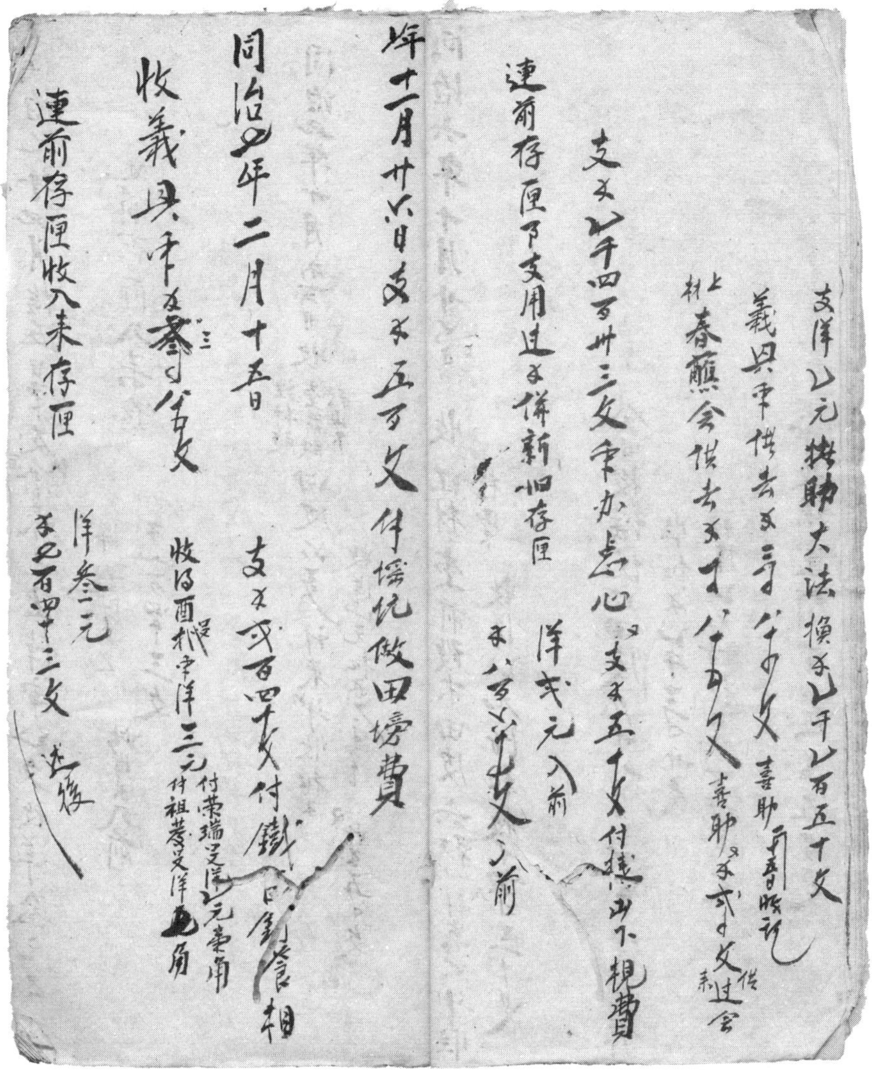

支洋乙元拱助大法 換钱乙千乙百五十文
義興隆借去钱一千八百文 喜助钱一百文收讫
上村春蘸会借去钱一千八百文 喜助又钱贰十文 往来过会
支钱乙千四百卅三文 由办点心 又支钱五十文 付横山下規費
連前存匣下支用过钱 洋新旧存匣 洋贰元入前 钱八百八十文入前
年十一月廿六日支钱五百文 付塔坑做田塝費 支钱贰百四十文 付鐵匠劉唐相
同治元年二月十五日 收旧酉抵隆洋三元 付荣瑞交洋乙元壹角 付祖荣交洋五角
收義興隆钱三千八百文
連前存匣收入未存匣 洋叁元 钱乙百四十三文 述修

段莘乡大汜村 B 13-9 · 咸丰十年至光绪十五年 · 收支流水账

同治九年九月拾五日甲友诚余春元上梓案二夕收洋叁元正

连前存匣八来存　洋陆元正　钱九百四十三文　此洋交入前

同治九年十月廿贰日收汪村段、堂前段、栈山下田皮六处，计米六斗，收租钱　收洋二元，扣钱一千四百文　又收钱五千文

收洪家門首田皮佃钱五千文

收塘坑口田皮穀九十八斤，计米四斗九升，收租钱三千四百五十文　收洋二元，扣钱一千四百文　又收钱八文

收过总钱二千二百四十文　　支用过钱三千五百九十文办点心

连前八来除支用过钱仍存匣　洋六元　钱九千四百四十文

又加存匣洋二元　钱八千八百文

段莘乡大汜村 B 13-10 · 咸丰十年至光绪十五年 · 收支流水账

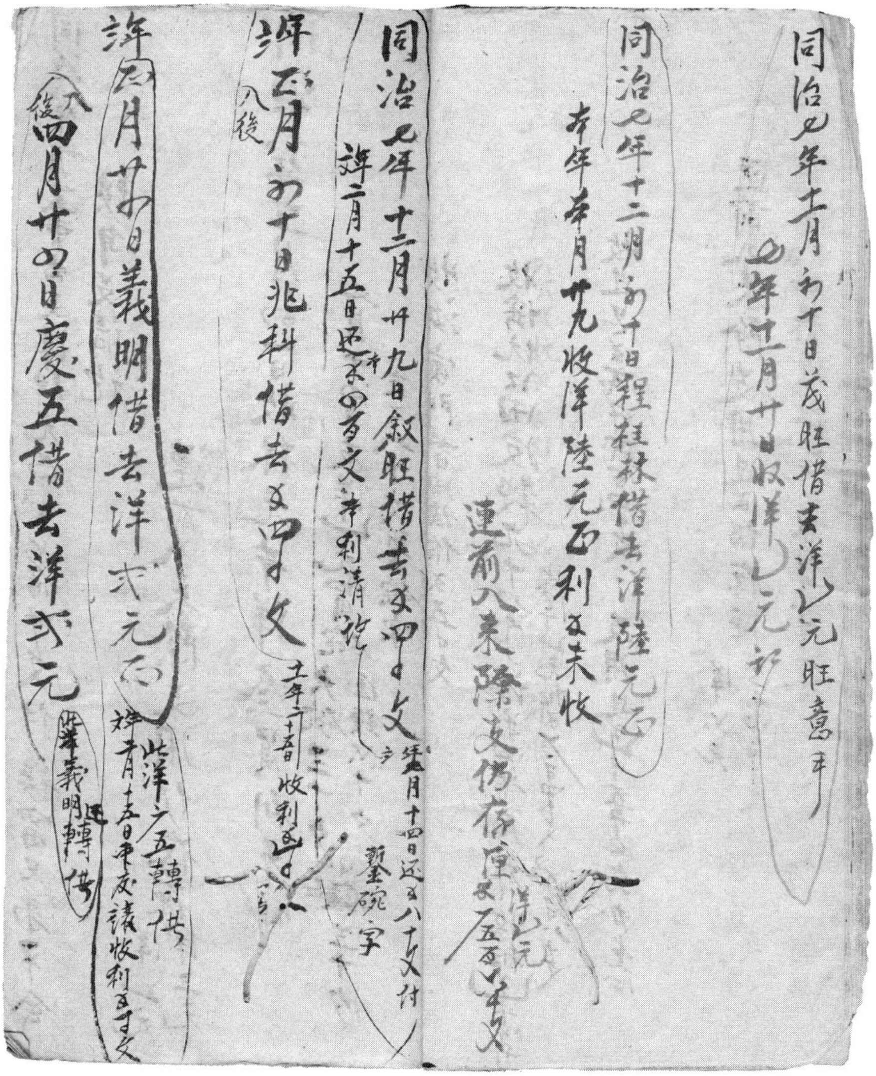
同治九年十一月初十日茂旺借去洋〡元 旺意手
九年十二月廿日收洋〡元訖
同治九年十二月初十日程柱林借去洋陸元正
本年本月廿九收洋陸元正 利錢未收
連前八条除支仍存洋〡元 又存[illegible]文
同治九年十二月廿九日叙旺借去錢四千文
辛未二月十五日还本四千文 本利清訖
辛未正月初十日兆科借去錢四千文 八後
十年二月十五日收利錢[illegible]
壬申五月十四日还錢八千文付
鑒碗字
辛未正月廿五日義明借去洋弍元正
此洋二元轉付
辛未十月十五日[illegible]收利錢[illegible]文
後 癸四月廿四日慶五借去洋弍元
此洋義明轉付

段莘乡大汜村 B 13-11 · 咸丰十年至光绪十五年 · 收支流水账

同治八年十二月十二日当支洋肆元五又〤佰廿文付 楼富兄弟等会
陕身足清讫
连前入来除支用仍存洋〤元 又洋三元
同治八年三月初一日收林元本洋叁元 買利去
〤月十四日支洋〤元買碗 大碗三十夕 小盃〤三十夕 石鍾〤十夕
支又八十文鏨碗字
眾友借者有損壞照買高〤文賠賞
賠償者 大碗拾九文〤夕 茶鍾拾贰文〤夕 小盃三文〤夕 上交下首毋得争競
光信損壞碗〤夕賠賞文廿文
八年十月廿八日眾友面議收田皮穀述後
一收摇坑口田皮穀 九十八斤 和米四斗九升 〤和
〤〤千〤百〤十〤文
收洋〤元和〤厘
又收又四〤〤文 当收記

段莘乡大汜村 B 13-12 · 咸丰十年至光绪十五年 · 收支流水账

一收董前段樵山下汪村畴共收田皮五秤 扣钱一千三百廿四文

一收洪家门首田皮五秤 作钱五百文 当收钱四千文 下欠一千五百文

申办点心支用过钱一千五百廿五文

收过钱叁千九百廿八文

连前八来除支用仍存匣钱九百零四文 洋四元

同治九年二月十五日 收叙旺孝剑钱四千八十文 当支钱八十文整墨字

收妙仂利钱一千文

连上年了支用过净存匣 洋四元 钱一千四百四文

九月廿日洪家门首租家認秋费開牛工仍存钱一千五百五支

九月八後十日神保借去洋叁元

段莘乡大汜村 B 13-13 · 咸丰十年至光绪十五年 · 收支流水账

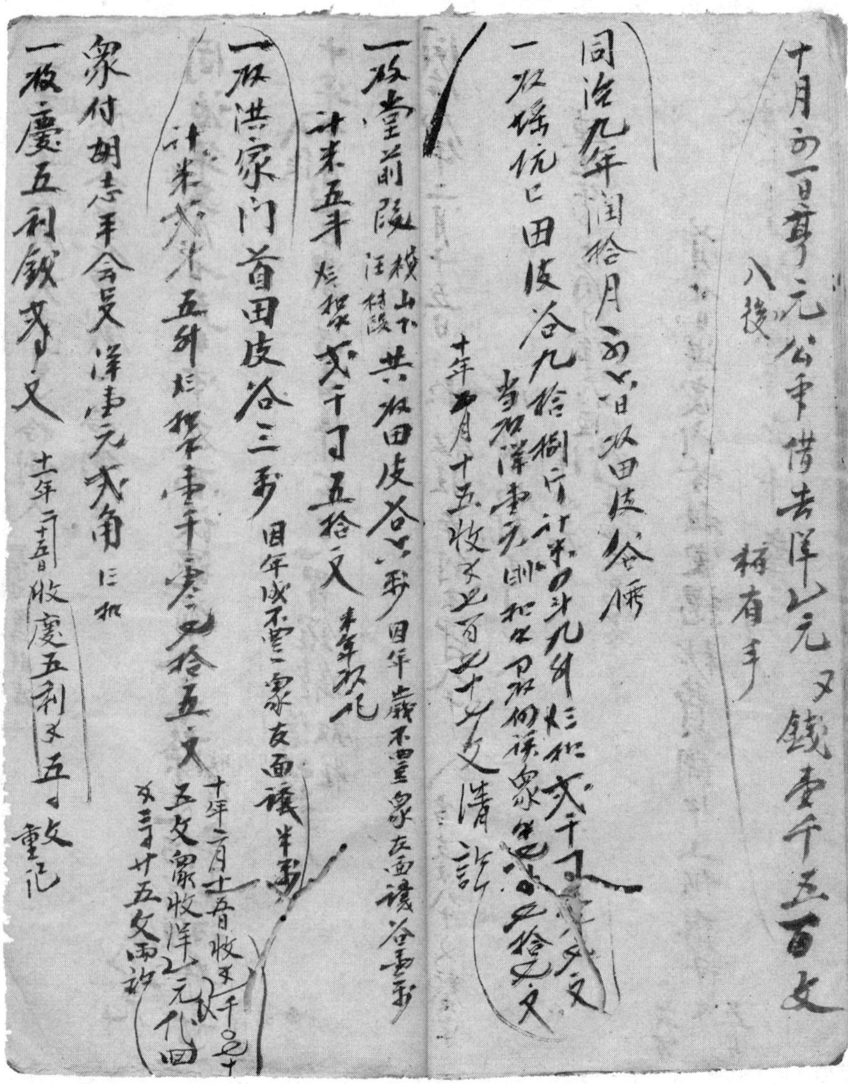
十月初一日華元公手借去洋山元又錢壹千五百文
八後 梓有手
同治九年閏拾月初六日收田皮谷
一收塢坑口田皮谷九拾捌斤 計米四斗九升 折錢貳千〇
當收洋壹元 折錢 眾 拾 文
十年四月十五收錢四百四十七文清訖
一收堂前段 横山下 汪村段 共收田皮谷六秤 因年歲不豐眾友面議谷壹秤
計米五斗 折錢貳千〇五拾文 本年收訖
一收洪家门首田皮谷三秤 因年成不豐眾友面議半秤
計米貳斗五升 折錢壹千〇四拾五文
十年二月十五日收錢 千 五文 眾收洋山元代田
錢 廿五文兩訖
眾付胡志手會艮洋壹元貳角 仁如
一收慶五利錢 文
十年二月十五日收慶五利錢五千文 重記

段莘乡大汜村 B 13-14 · 咸丰十年至光绪十五年 · 收支流水账

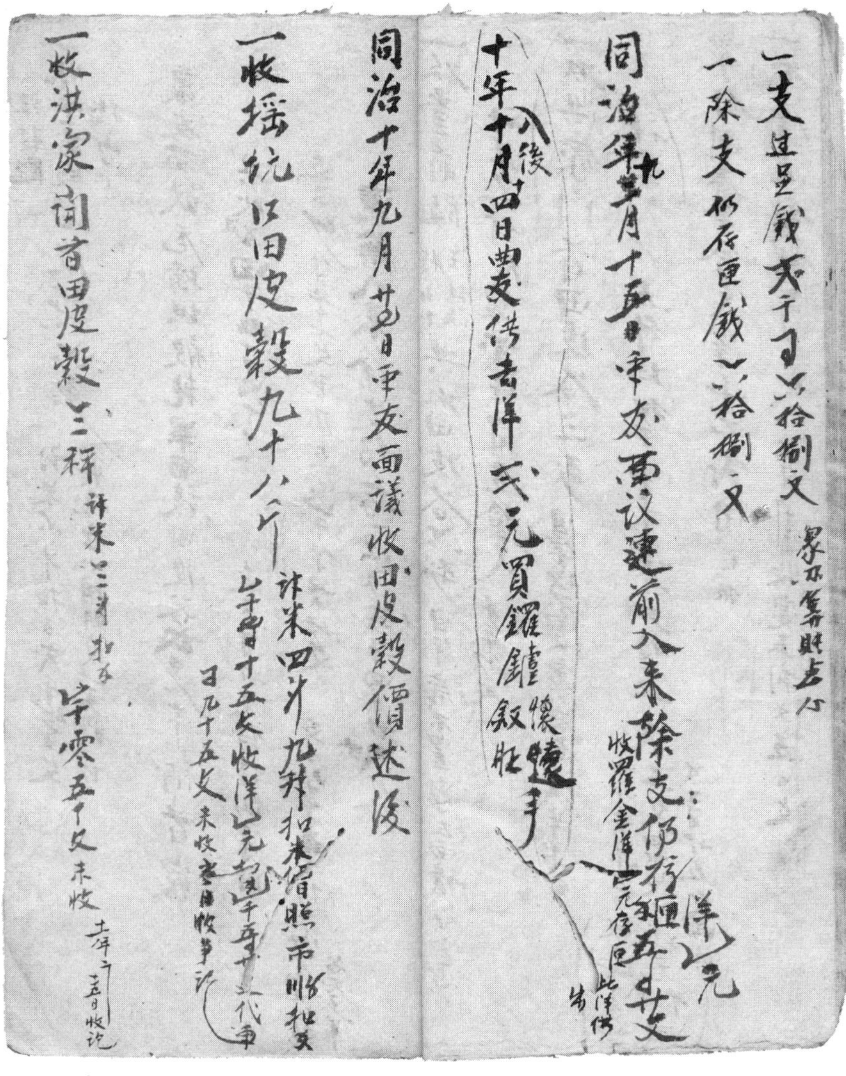

一支过足錢柒千[illegible]六拾捌文

一除支仍存匯錢六拾捌文

同治柒九年[illegible]月十五日[illegible]友[illegible]议建前入春除支仍存匯洋[illegible]元

十年十月四日[illegible]

同治十年九月廿九日[illegible]友面議收田皮穀價述後

一收搖坑口田皮穀九十八斤

一收洪家詢首田皮穀三秤

段莘乡大汜村 B 13-15 · 咸丰十年至光绪十五年 · 收支流水账

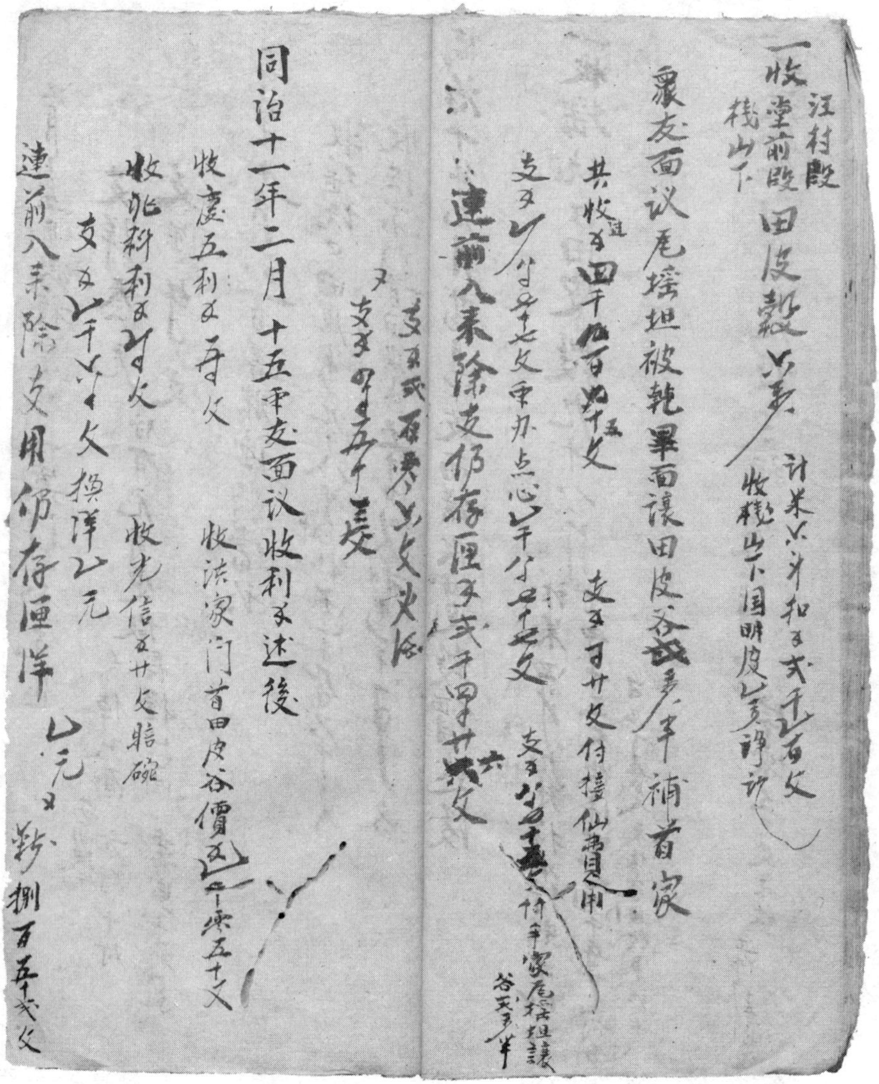

段莘乡大汜村 B 13-16 · 咸丰十年至光绪十五年 · 收支流水账

七月十五日收程宗林工桌洋叁元正
支洋叁元 付有元司定做条棹六⿰乃面 西面买去
支钱 文 長櫈六⿰乃面 方灯十对
春盛去钱 文

本年十月初二日算赌德顺當项
收堤坑口田皮钱 九十八斤 计扣钱 千 百 十 文
收洪宗门首田皮钱 五十斤 计扣钱 千 百 文
收堂前段 挂山下 汪村段田皮钱 洪 斤 计扣钱 千 百 文
揭共收田皮钱扣钱五千 百 十 文
支钱 千 百 十 文 付算赌德顺用

連前揭共除 □ 仍存洋 元 计扣钱 千 百 十 文 内先當借去洋 元 又钱 千 百 文 扣洋 元
外渭顺该钱 千 百五十 文 此钱出到中備
存匣钱 千 百 十 文

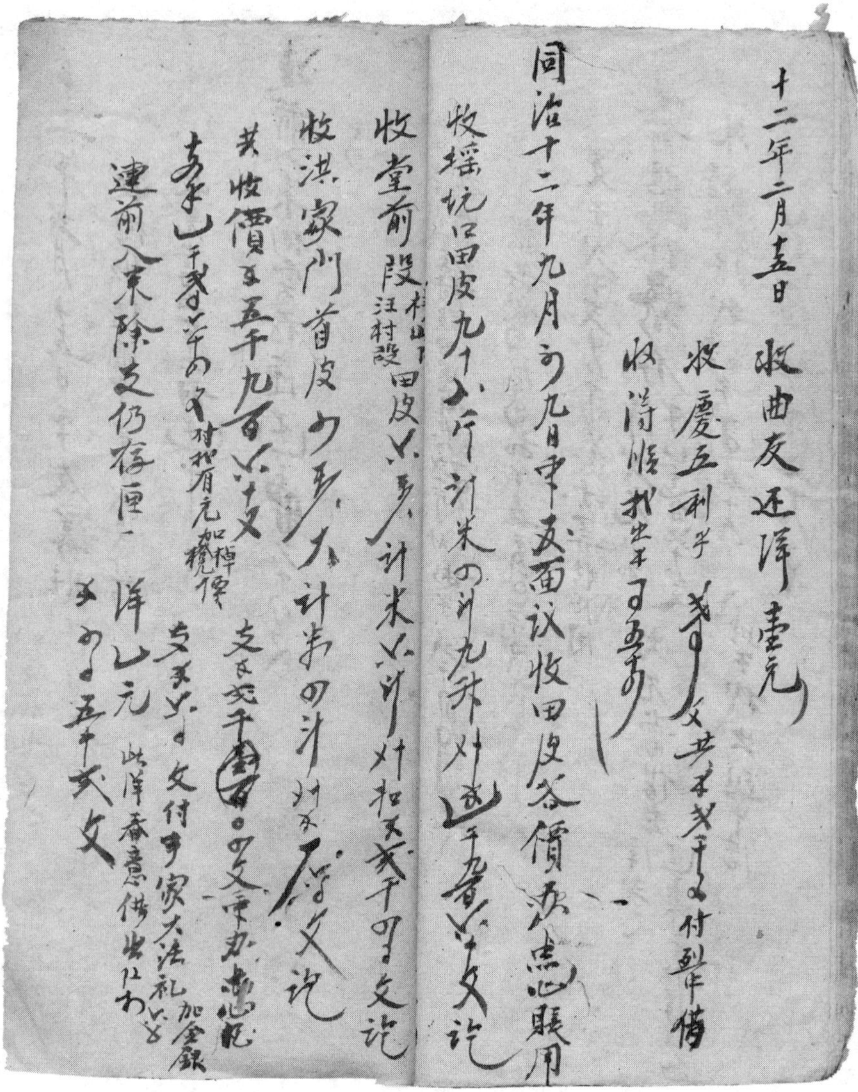

段莘乡大汜村 B 13-18 · 咸丰十年至光绪十五年 · 收支流水账

十三年弍月十五日東支算賬
收德順倍酒中子十弍文止夕
收允當去年上利錢千文
連前入来何實存便錢貫千六百文

同治十三年六月初八日東支面議支錢千弍百文買碗
大碗卅夕　中飯碗弍拾夕　油碗弍拾夕
茶中鐘拾夕　酒盃弍拾夕

同治十三年十一月初一日東支面議收田皮谷價办点心用
收搖枕山田皮谷九拾捌斤計米四斗九升計價卅三
扣文存十三文　訖

段莘乡大汜村 B 13-19 · 咸丰十年至光绪十五年 · 收支流水账

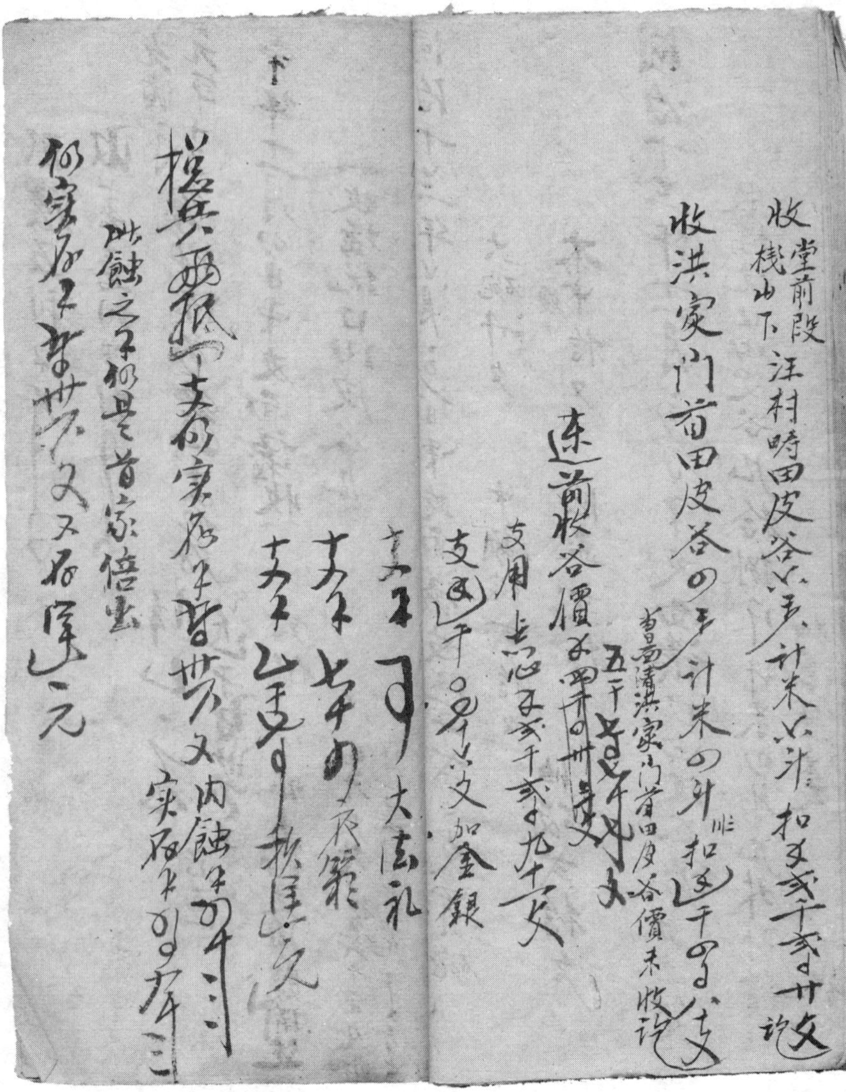

段莘乡大汜村 B 13-20 · 咸丰十年至光绪十五年 · 收支流水账

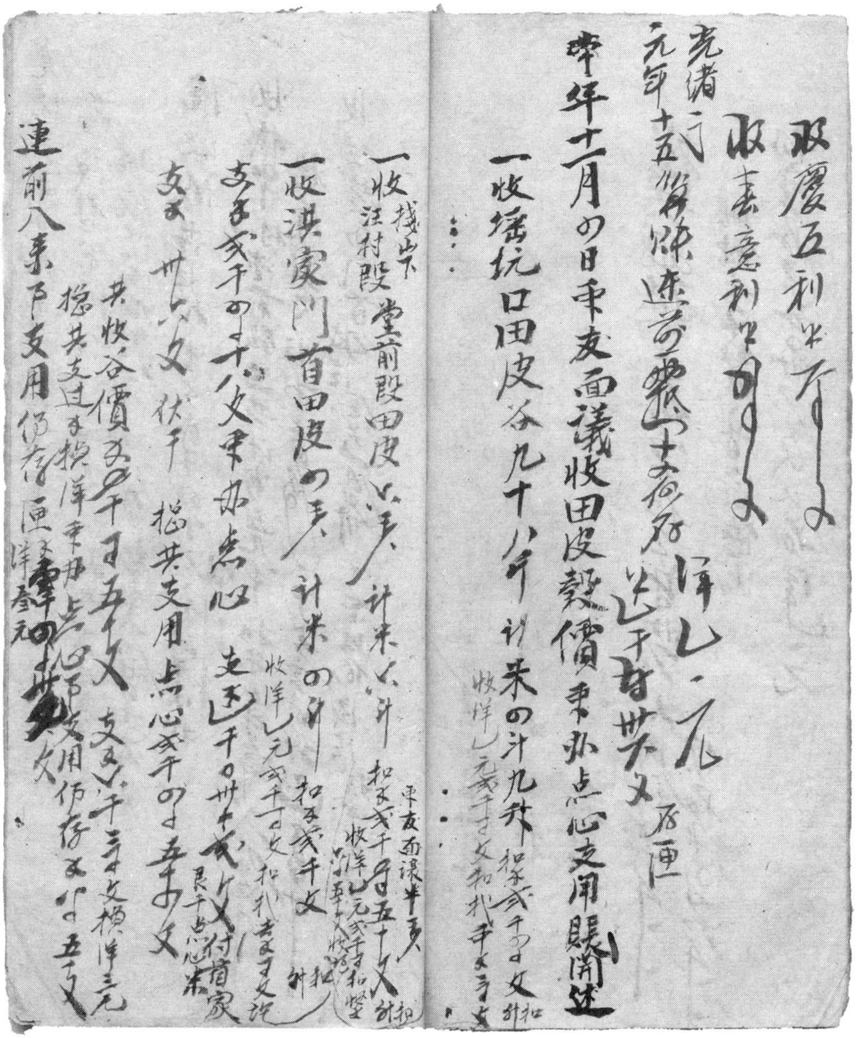

双慶五利米仟[illegible]文
收麦意利米[illegible]文
光緒元年十五日算除連前欠銀一十六两存 洋乙元 錢千廿廿文 存匯
本年十二月四日乘友面議收田皮穀價乘办点心支用賬開述
一收塘坑口田皮谷九十八斤 計米四斗九升 扣米二千四百文 計扣
收洋乙元二千[illegible]文 扣扎乘文[illegible]文
一收栈山下汪村段堂前段田皮六秤 計米六斗 扣米二千五百五十文 計扣
乘友面議半秤
收洋乙元二千[illegible]
一收洪家門首田皮四秤 計米四斗 扣米二千文 計扣
收洋乙元二千[illegible]文 扣扎[illegible]文讫
支二千四百十八文乘办点心
支过二千[illegible]卅十八文 付賬家 艮千点心米
支廿六文 伙千 總共支用点心二千四百五十文
共收谷價[illegible]五千文
總共支过扣換洋乘办点心 支用[illegible]
連前八年下支用仍存匯洋叁元 [illegible]文

段莘乡大汜村 B 13-21 · 咸丰十年至光绪十五年 · 收支流水账

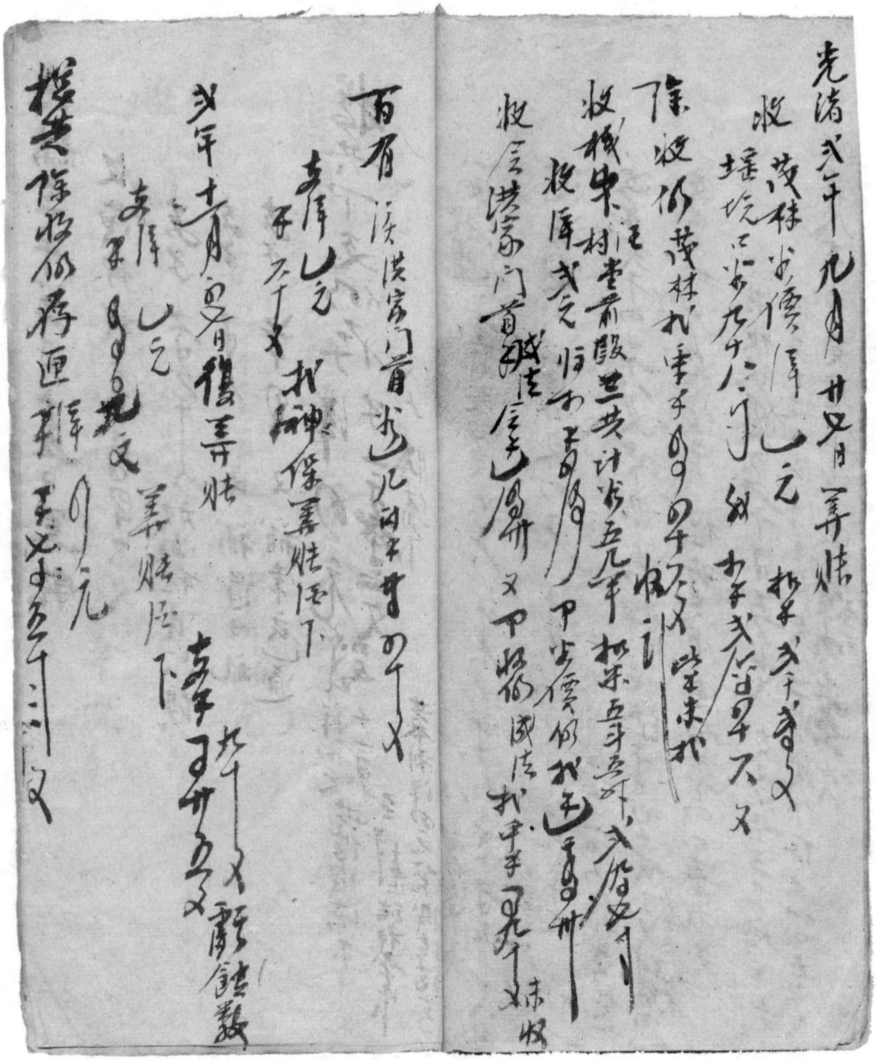

段莘乡大汜村 B 13-22 · 咸丰十年至光绪十五年 · 收支流水账

光緒三年五月十五日算賬

收茂林 找辛手四千八文

支手 不千二文 加加杭良六洪

支手 十文 補道士礼

支手 七十四文 補常衣 通

揩共下支仍存洋四元 計此洋四元 共借成法下

人 滕清下 每一千五文 四五 千一百 至作 嘉 結利至十

共本利洋四元 八分 成法借去

光緒三年拾月初肆日算谷賬

收得順 棧山下 堂前段 汪村畴三共田皮五秤半 扣洋壹員錢二百二十文

計谷過洋壹員五秤 照算收乞

收再興東利谷九十八斤 收洋壹員找去錢四十四文

計價洋壹員五秤 照算收乞

段莘乡大汜村 B 13-23 · 咸丰十年至光绪十五年 · 收支流水账

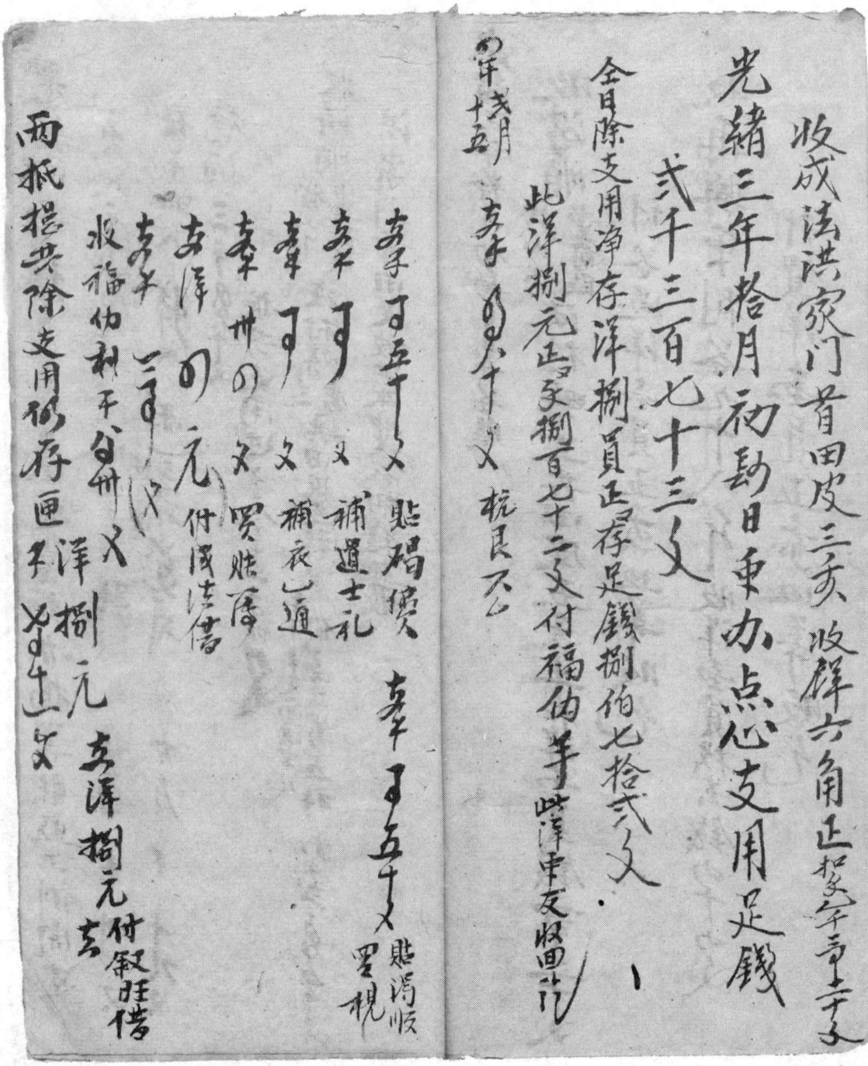

收成法洪家门首田皮三亩，收洋六角正，[illegible]
光緒三年拾月初五日東办点心支用足錢
弍千三百七十三文
仝日除支用净存洋捌角正，存足錢捌伯七拾弍文
此洋捌元正，又捌百七十二文付福仂手 此洋東交收回[illegible]
四年十月十五 支[illegible]文 [illegible]
支[illegible]文 貼[illegible]
支[illegible]文 補道士礼
支[illegible]文 補衣[illegible]道
支[illegible]文 買[illegible]
支洋[illegible]元 付[illegible]
支[illegible]文
收福仂利[illegible]文
兩抵扣共除支用[illegible]存匯[illegible]洋捌元 [illegible]文
支洋捌元[illegible] 付[illegible]借
支[illegible]文 貼[illegible] 罗[illegible]

段莘乡大汜村 B 13-24 · 咸丰十年至光绪十五年 · 收支流水账

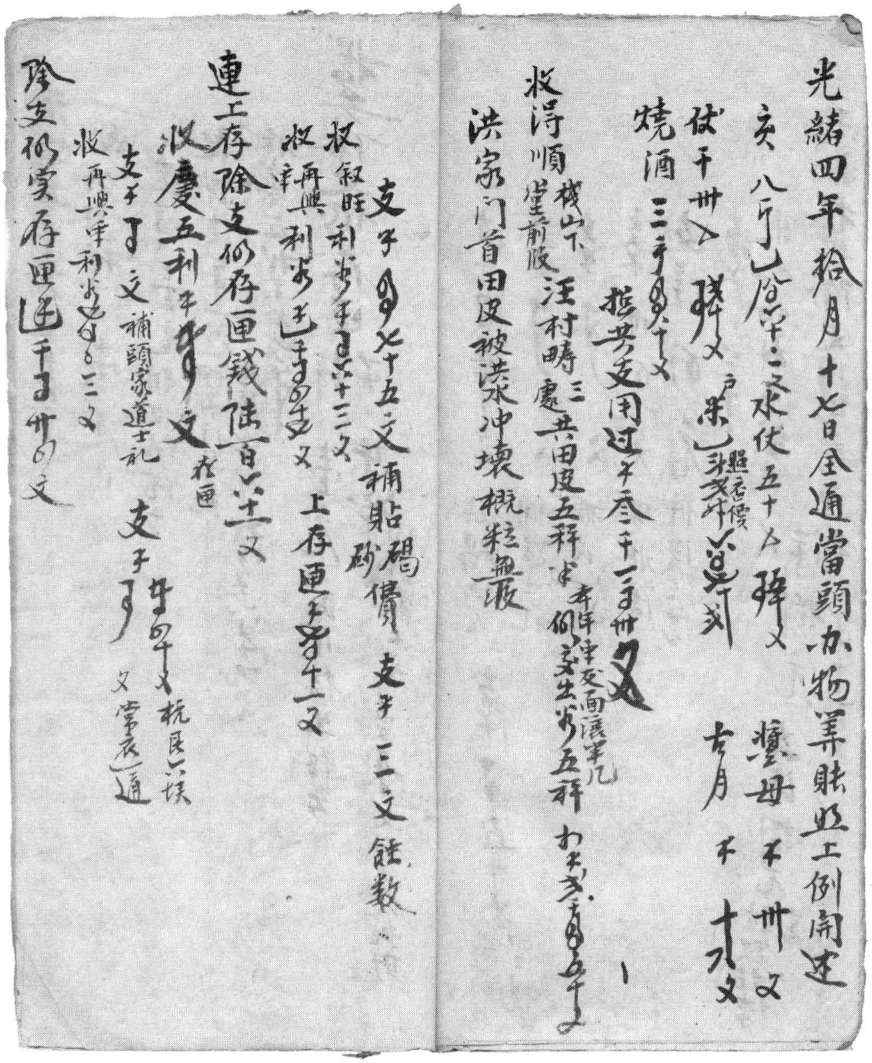
光緒四年拾月十七日仝通當頭办物算賬照工例開述
交八斤山价[illegible]文 求伏五十文 豬母[illegible]卅文
伏千卅文 [illegible]文 户米[illegible] 照合價[illegible] [illegible]月 千 十[illegible]文
燒酒[illegible]文
揔共支用过[illegible]千一千卅文
收得順 桟山下 堂前服 汪村畴三處共田皮五秤半 本年坐交面議[illegible] 例交出[illegible]五秤 [illegible]
洪家门首田皮被洪水冲壞概粒無收
支千[illegible]七十五文 補貼碣價 支千二文 錢數
收 叔旺利[illegible]十三文
收 再興利[illegible]文 上存匣[illegible]千一文
連工存除支仍存匣錢陆百[illegible]文
收慶五利[illegible]文 存匣
支千[illegible]文 補頭家道士礼
收 再興利[illegible]三文
支千[illegible]文 梳[illegible] 又常[illegible]通
除支仍實存匣[illegible]千[illegible]卅[illegible]文

段莘乡大汜村 B 13-25 · 咸丰十年至光绪十五年 · 收支流水账

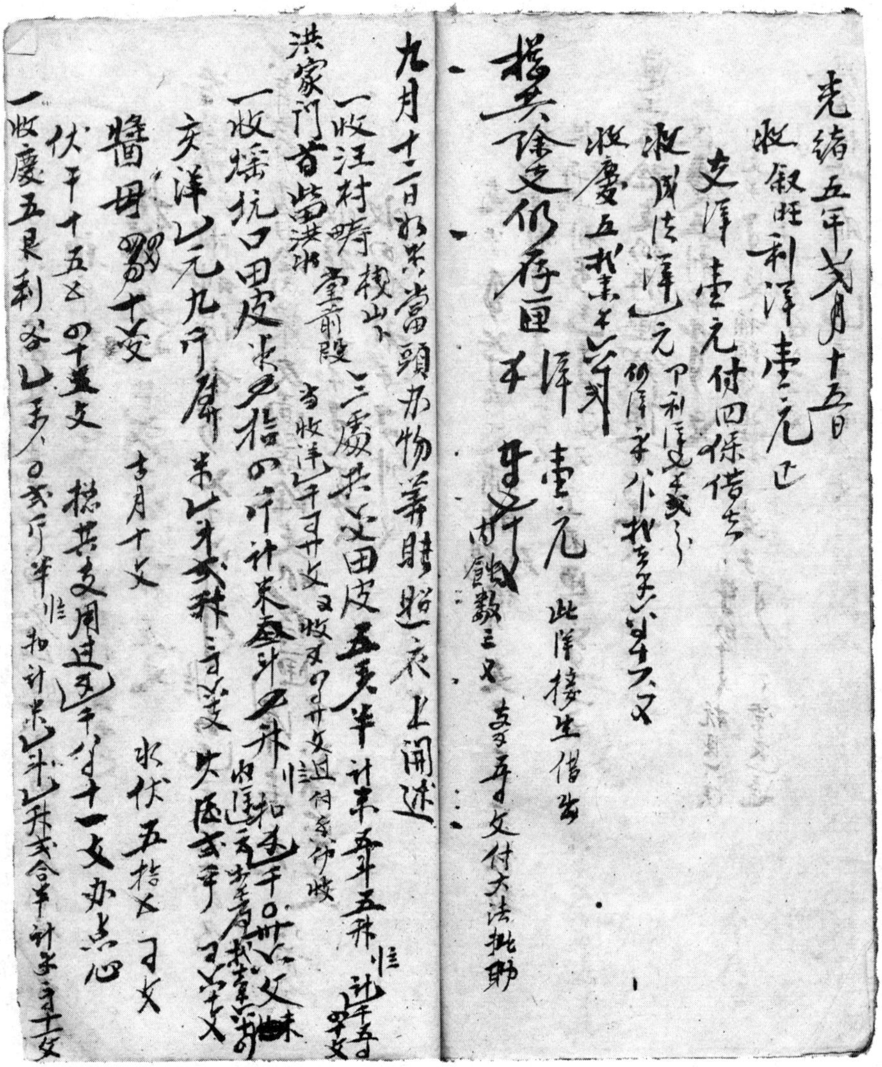

光绪五年[illegible]月十五日
收叙旺利洋壹元正
支洋壹元付四保借去
收成法洋[illegible]元 [illegible]
收庆五[illegible]
揔共除支仍存[illegible]洋壹元 此洋接生借去
[illegible]付大法批助

九月十二日收米当头办物[illegible]照还衣[illegible]开述
一收汪村[illegible]栈山下三处共支田皮五[illegible]半 计米[illegible]
洪家门首[illegible]堂前段
一收[illegible]坑口田皮[illegible]指[illegible]计米[illegible]
交洋[illegible]元九斤[illegible]
酱[illegible]十文
伙[illegible]十五[illegible]文 [illegible]十文
[illegible]伙五指[illegible]文
揔共支[illegible]十一文办点心
一收庆五良利谷[illegible]计米[illegible]

段莘乡大汜村 B 13-26 · 咸丰十年至光绪十五年 · 收支流水账

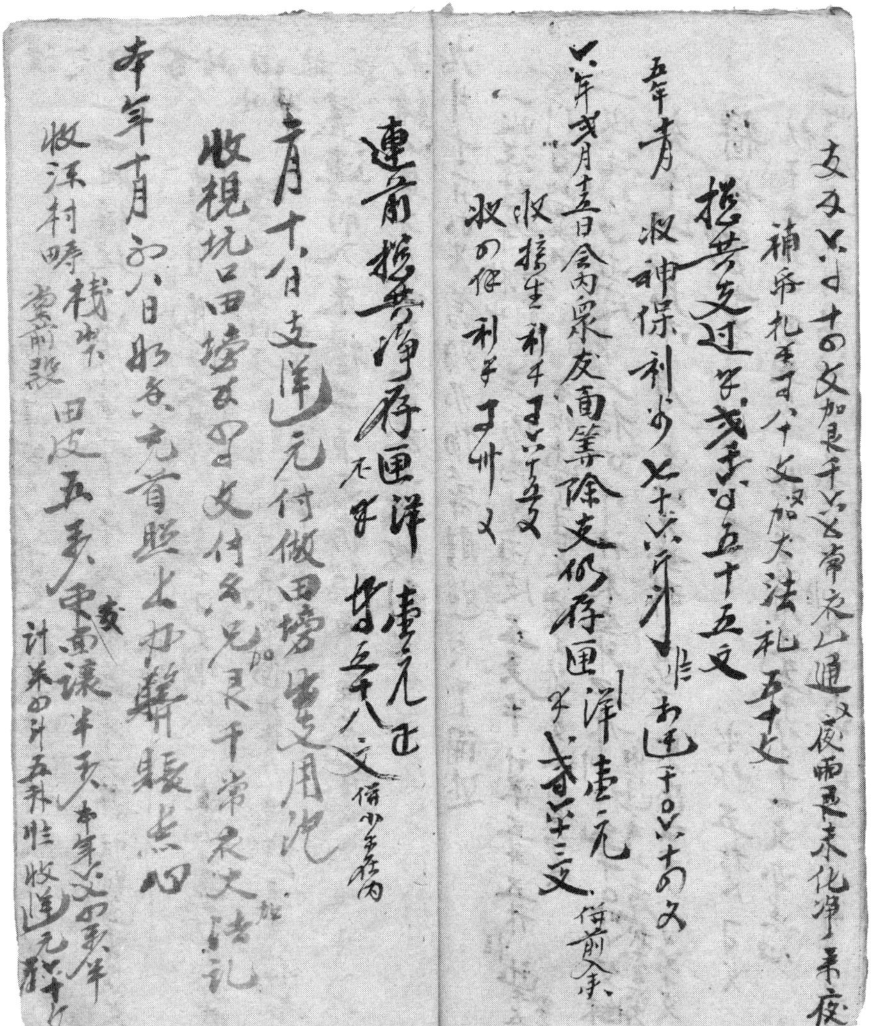

段莘乡大汜村 B 13-27 · 咸丰十年至光绪十五年 · 收支流水账

洪家門首㟁田被洪水冲

一收塘坑口田皮米〤十〤斤 计米三斗〤升 注和邊手〤文

和交手番〤十文 戒来帝手〤文收訖

收訖

支手帽米〤手谷升 支手〤文伙伏 支手〤〤十〤文

支手〤十文伙千 支手卅文醬毋七月 支邊元[illegible]

支手邊手[illegible]百〤十〤文零力点心

盡連前入来揔共下支存仍[illegible]百文

光緒〤年六月十五日衆友面议收利多

收接生利多〤〤十式文 支手〤十式文付棧山下[illegible]

連前入来下支用仍存一匣錢壹千文

全日能仂借去手〤十文

来仂借去手〤文

九月廿五日衆友面議收田皮米息利米述後

一收塘坑口田皮米〤十〤斤 计米三斗〤升 注和邊手〤文

棧山下

一收堂前段 汪村壽 共收田皮米五斤 计米五升 注和邊〤文

收訖

段莘乡大汜村 B 13-28 · 咸丰十年至光绪十五年 · 收支流水账

收慶利号廿五[illegible] [illegible]

支洋弍元换錢弍千[illegible]文

一洪家门首此田被洪水冲盡落河

總共支用过[illegible]文來亦志心

連前入來下支用仍存匣[illegible]文

光緒捌年弍月拾五日更夜面（？）收利錢

收四保[illegible]利千弍百文收志（？）仍利千八十文

收接生本洋[illegible]元正

連前入來下收支用仍存匣千洋[illegible]元又千六百八拾文

得法借洋[illegible]元有志借錢六伯文

月借净洋存匣二元又錢八十[illegible]

段莘乡大汜村 B 13-29 · 咸丰十年至光绪十五年 · 收支流水账

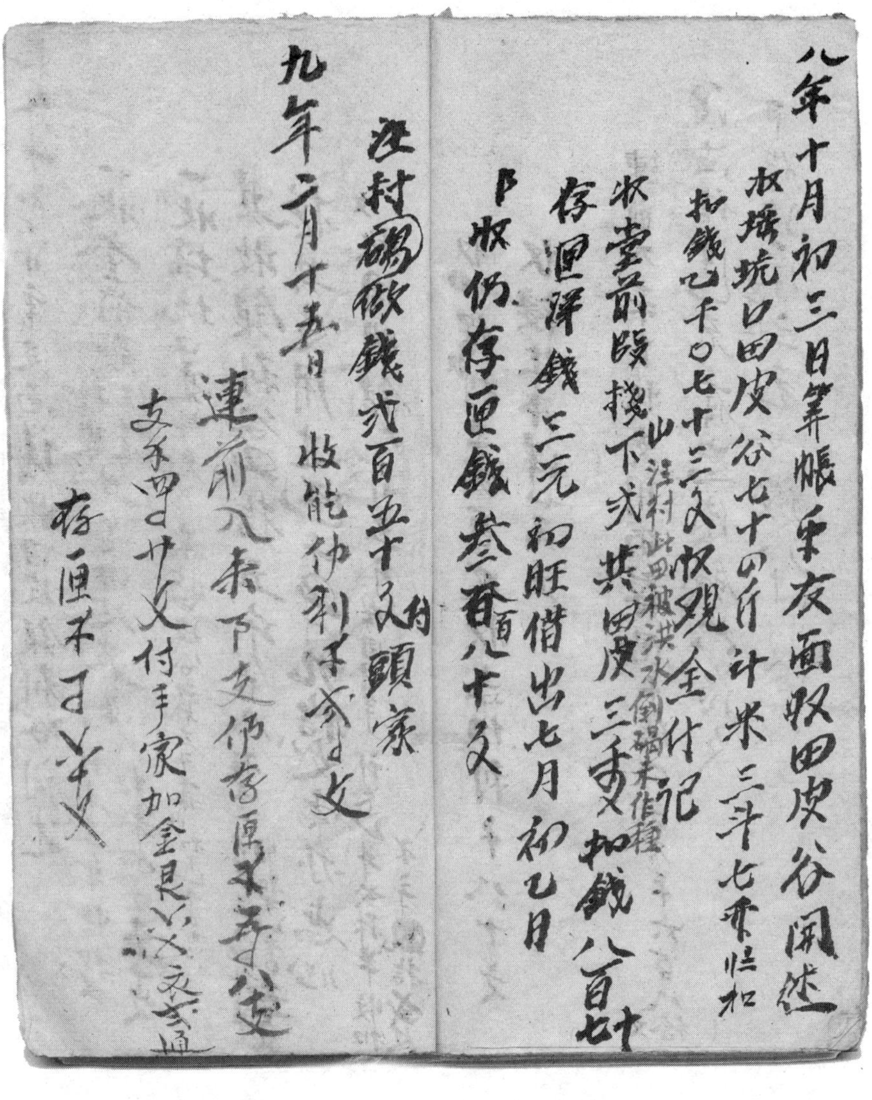

八年十月初三日算帳秉友面收田皮谷開述
收垅坑口田皮谷七十〇斤计米三斗七升作扣
扣錢乙千〇七十三文收砚金付记
收堂前段㙮下弍共田皮三千文扣錢八百七十
山注村此田被洪水倒碣未作種
存洋錢三元和旺借出七月初乙日
卩收仍存洋錢叁百八十文

九年二月十五日　收能仂利子　文
又村碣做錢弍百五十文付頭家
連前八來下支仍存
支 廿文付手家加金艮
存洋

段莘乡大汜村 B 13-30 · 咸丰十年至光绪十五年 · 收支流水账

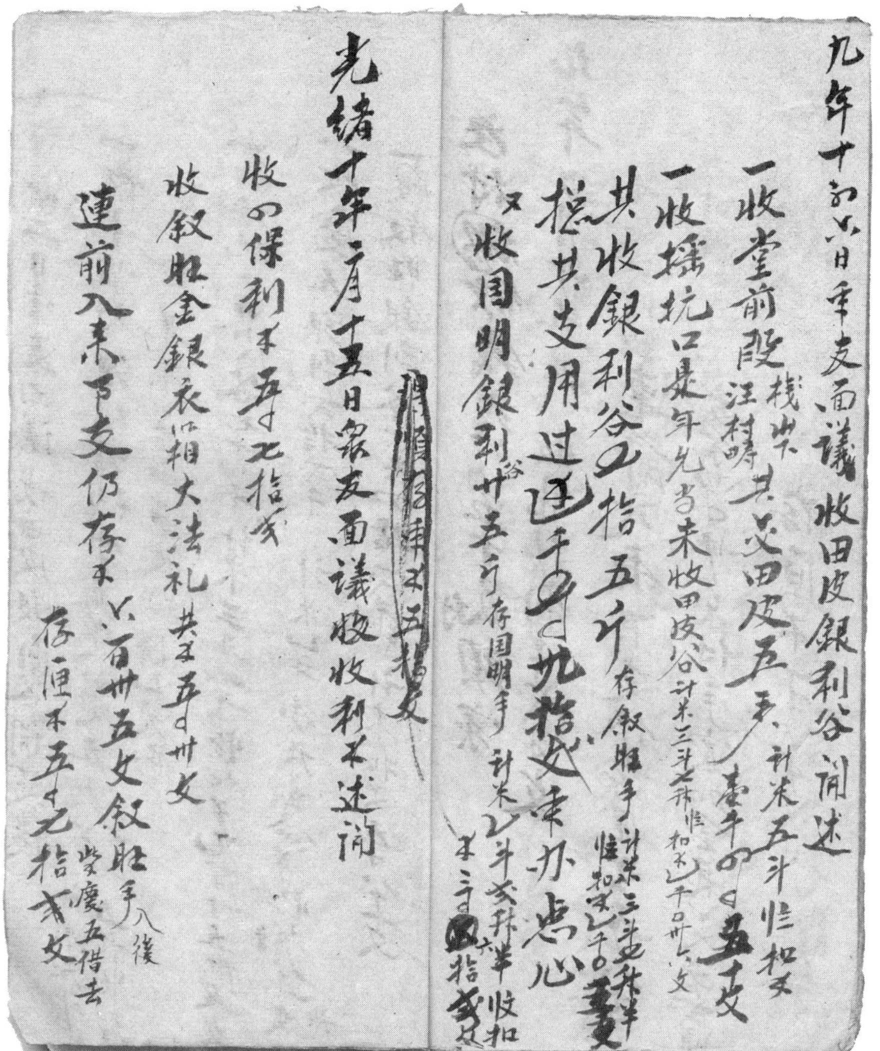

九年十二月六日眾友面議收田皮銀利谷開述

一收堂前段栈栄汪村時共又田皮五手 計米五斗 [illegible] 和叉 [illegible] 五十文

一收搖坑口是年先尚未收田皮谷 計米三斗 [illegible] 和米 [illegible] 文

共收銀利谷 [illegible] 指五斤 存敘駐手 計米三斗 [illegible]

搖共支用过 [illegible] 九指文 東办恩心

又收国明銀利谷廿五斤 存国明手 計米 [illegible] 斗 [illegible] 收扣 [illegible] 指 [illegible] 文

光緒十年肩月十五日眾友面議收收利米述開

收四保利米 [illegible] 指 [illegible]

收敘駐金銀衣[illegible]相大法礼共米 [illegible] 廿文

連前入米下支仍存米 [illegible] 百卅五文 敘駐手入後

存匣米 [illegible] 指 [illegible] 文 堂慶五借去

段莘乡大汜村 B 13-31 · 咸丰十年至光绪十五年 · 收支流水账

九月十二日秉支面議收田皮銀利谷開述後

一收堂前段汪村嶠棧〡〡共〡田皮五〡〡半 計米五斗五秤　照契
壹千三百廿五文　換洋〡元〡

一收塆坑口田皮谷七十四斤 計米三斗七升　照租價九百廿五〡〡五文

一收慶五銀利谷貳拾貳斤半 計米〡斗壹升貳合半　照租八〡十文 记

一收叙旺銀利谷貳共〡〡〡指貳斤半 計米租價〡〡八十文

總共收过田皮銀利谷貳共租價壹千〡百〡十貳文

大共支用过〡壹千〡〡〡〡〡文

除支用淨存〡〡千〡〡〡〡文　首家收

光緒十一年二月十五日衆支面議收利谷開述後

支又加金銀大法礼衣箱三共〡〡廿文

總共連前入来大共支用过淨存〡〡千三百九十〡文

叙旺借出

段莘乡大汜村 B 13-32 · 咸丰十年至光绪十五年 · 收支流水账

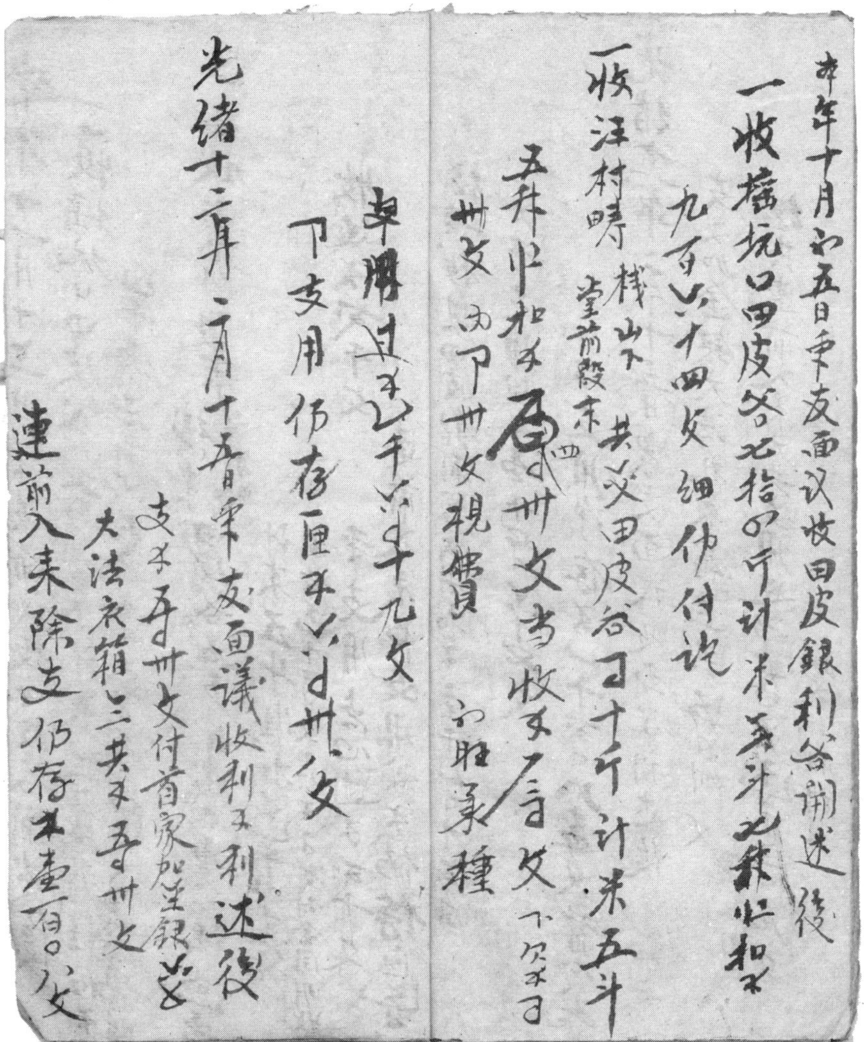
本年十月初五日邀友面议收田皮銀利谷開述後
一收塔坑口田皮谷七指〇斤計米五斗七升半和米
九百六十四文 細仍付訖
一收汪村畴 栈山下 堂前段末 共父田皮谷〡十斤計米五斗
五升半和米 四 卅文 当收文 文 下欠米
卅文 內卩卅文視實 初驻豪種
卑帳共米乄千六百十九文
下支用仍存匣米乄 卅八文
光绪十二年二月十五日邀友面議收利子利述後
支米 卅文付首家加呈銀
大法衣箱乄二共米 卅文
連前入來除支仍存本壹百〇八文

段莘乡大汜村 B 13-33 · 咸丰十年至光绪十五年 · 收支流水账

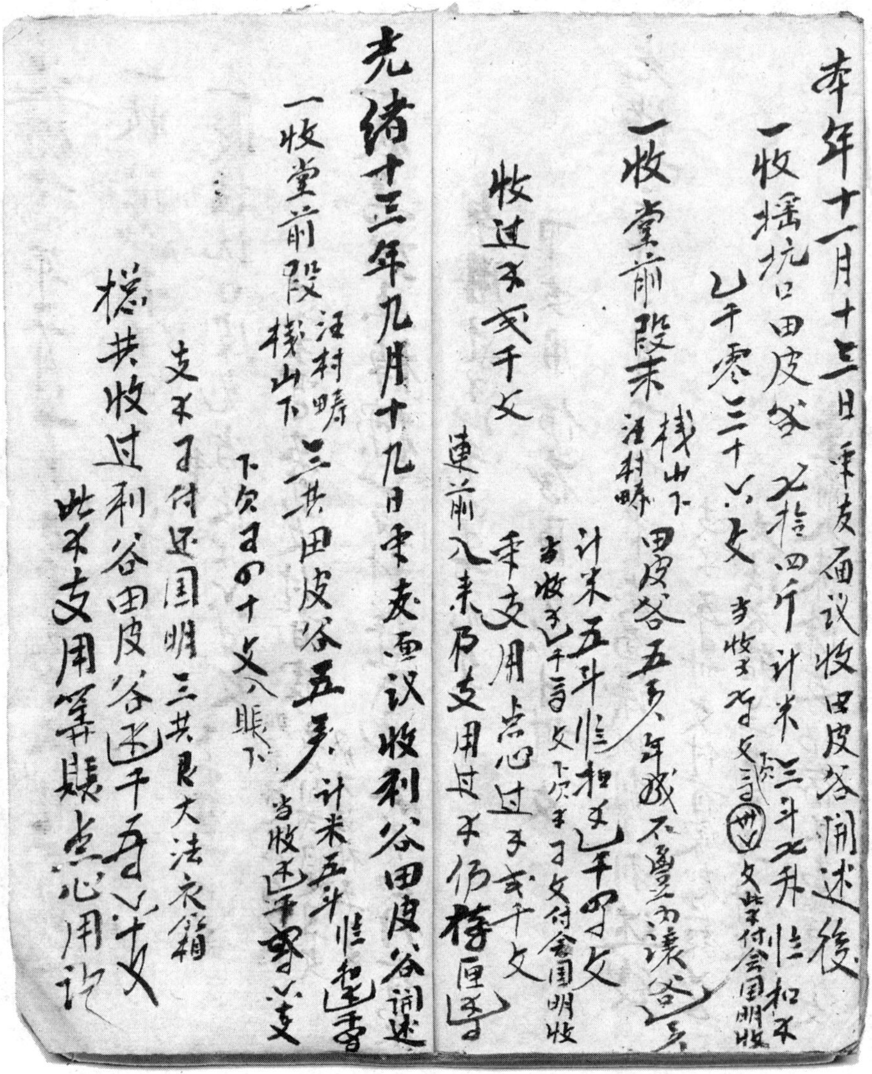

本年十一月十三日众友面议收田皮谷酬述後
一收摇坑口田皮谷七秤四斤 计米三斗七升 注和米
乙千零二十八文 当收去乙千文 此钱付会国明收
一收堂前段末 栈山下 汪村畴 田皮谷五秤 年成不丰面议谷
计米五斗 注和米乙千四百文
当收去乙千二百文 下欠钱二百文付会国明收
收过钱贰千文
众支用点心过钱贰千文
连前八来存支用过钱仍存

光绪十三年九月十九日众友面议收利谷田皮谷酬述
一收堂前段 汪村畴 栈山下 三共田皮谷五秤 计米五斗 注和米
当收过钱乙千四百八十文
下欠钱四十文入账下
支钱付还国明 三共良大法衣箱
总共收过利谷田皮谷过钱乙千五百八十文
此钱支用算账点心用讫

段莘乡大汜村 B 13-34 · 咸丰十年至光绪十五年 · 收支流水账

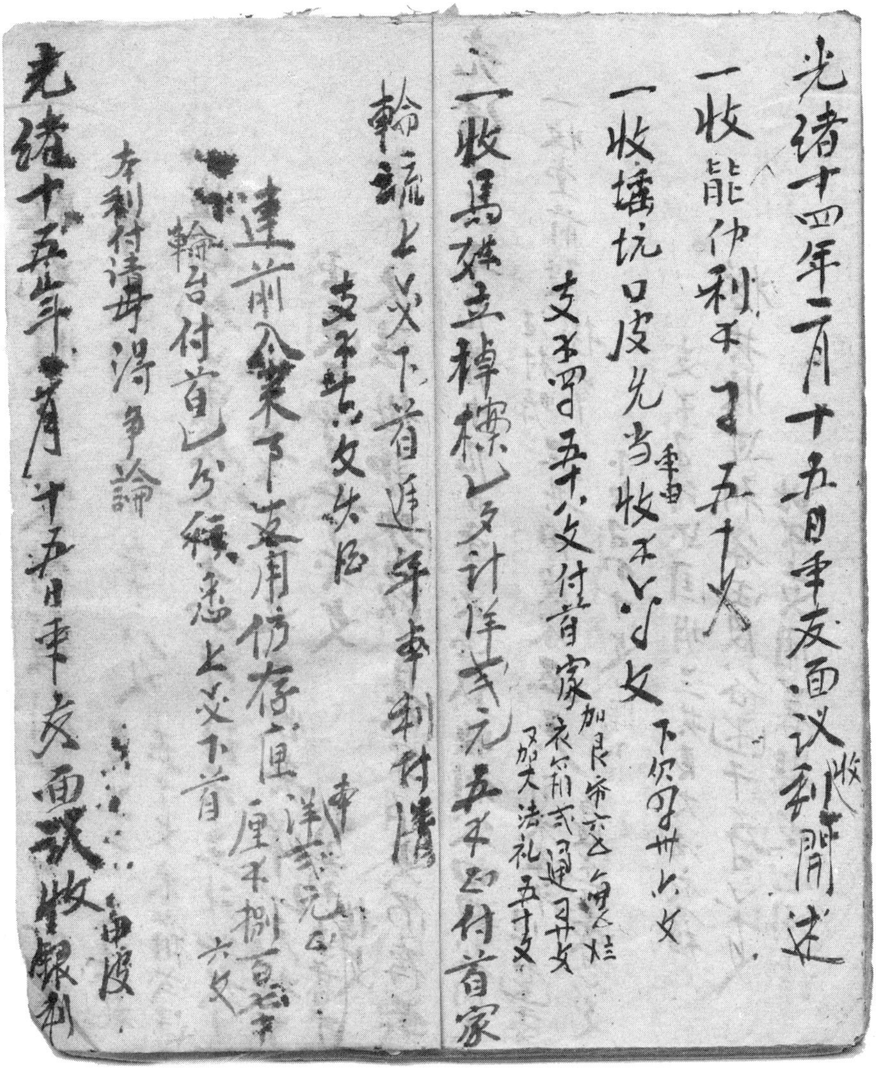

段莘乡大汜村 B 13-35 · 咸丰十年至光绪十五年 · 收支流水账

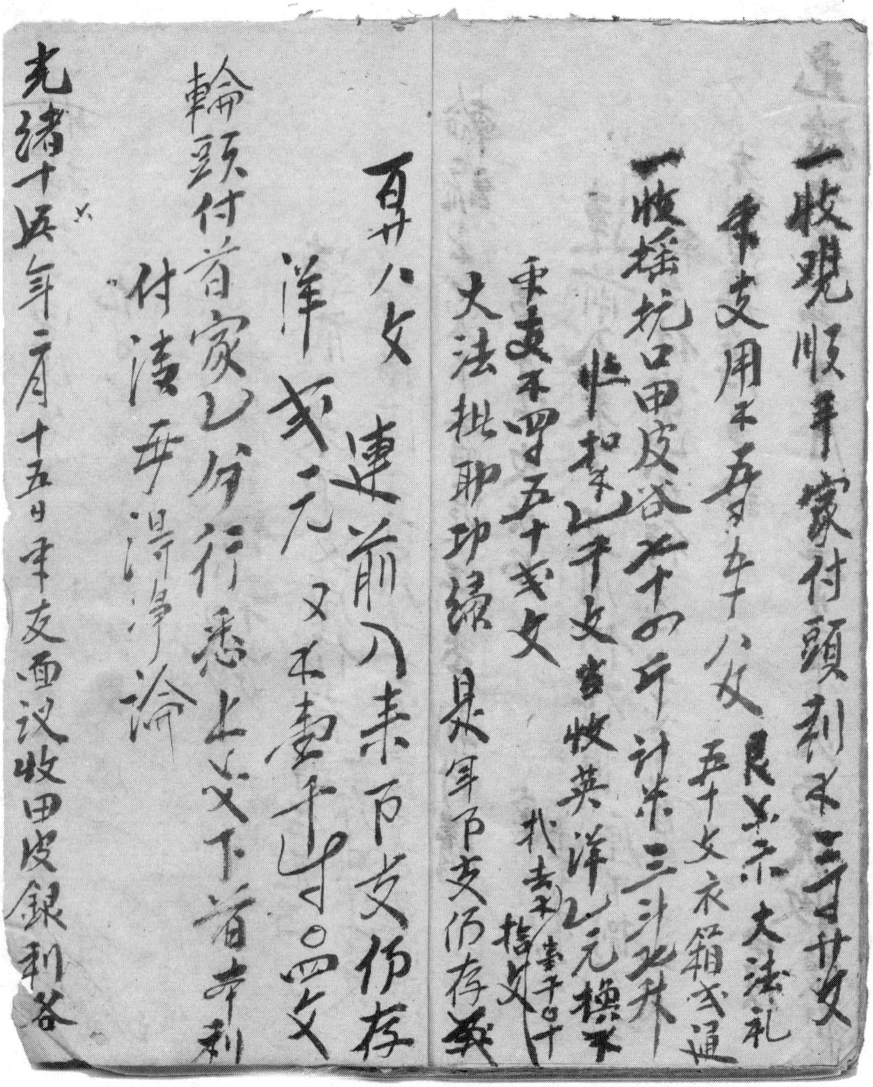

一收現順年家付頭利米三千廿文
除支用米弍千八文 艮米亦 大法礼
五十文 衣箱弍通
一收搖坑口田皮谷廿四斤 計米三斗九升
出和米乙千文 當收英洋乙元 換米
除支米四千五十八文
大法批聊功緑 是年下支仍存 找去米壹千四十 指文
百廿八文
連前八年下支仍存
洋乙元 又米壹千四十四文
輪頭付首家乙份 行悉上文下首年利
付清毋得爭論
光緒十五年二月十五日 年友面议收田皮銀利谷

段莘乡大汜村 B 13-36 · 咸丰十年至光绪十五年 · 收支流水账

一收㘵坑口田皮谷七十四斤 小和米三斗七升 和[illegible]
九千六百文收讫 共成市年付讫
連前八来共钱一千七百八十四文 仨扣洋一元 换洋了支
仍存钱[illegible]四千四百文 又存洋叁元
連前八来下支用仍存洋三元正 钱一千四百四文
又存洋钱一千八百六十文 支钱一千文 做田塝
又支钱八十六文 账簿下
此洋二共去父下首一元 仍落悉坐利
不付清毋得淨論

段莘乡大汜村 B 13-37 · 咸丰十年至光绪十五年 · 收支流水账

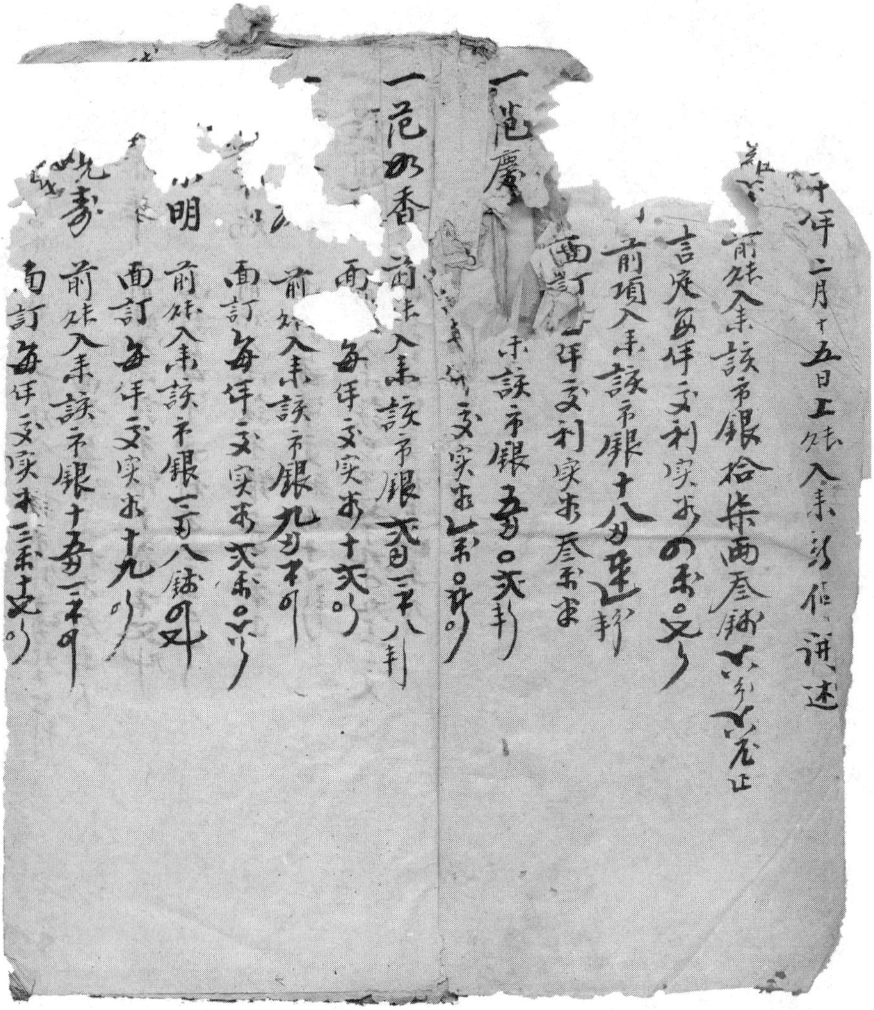

段莘乡大汜村 B 6-1 · 光绪三年 · 流水账

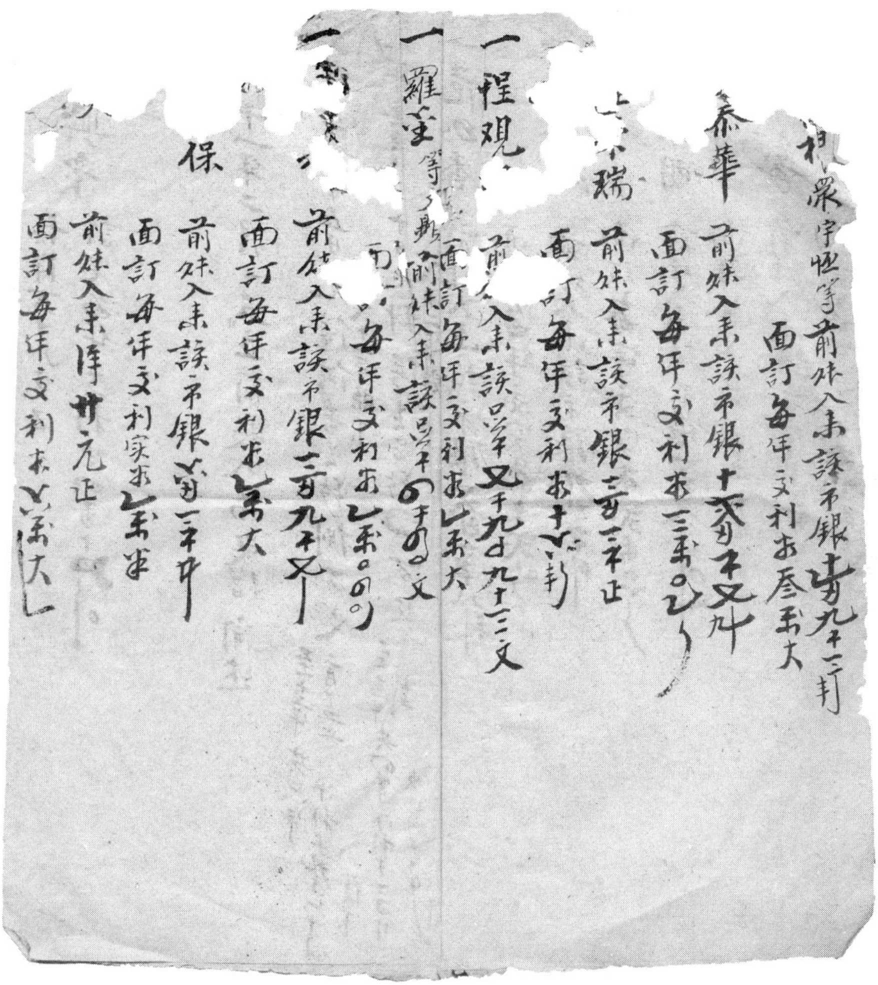

□□眾宇恒等前欠入來該本銀[illegible]
面訂每年交利本[illegible]
一□泰華 前欠入來該本銀[illegible]
面訂每年交利本[illegible]
□□瑞 前欠入來該本銀[illegible]
面訂每年交利本[illegible]
一程觀□ 前欠入來該本銀[illegible]文
面訂每年交利本[illegible]
一羅金等 前欠入來該本銀[illegible]文
面訂每年交利本[illegible]
一劉□ 前欠入來該本銀[illegible]
面訂每年交利本[illegible]
保 前欠入來該本銀[illegible]
面訂每年交利實本[illegible]
前欠入來□廿元正
面訂每年交利本[illegible]

段莘乡大汜村 B 6-2 · 光绪三年 · 流水账

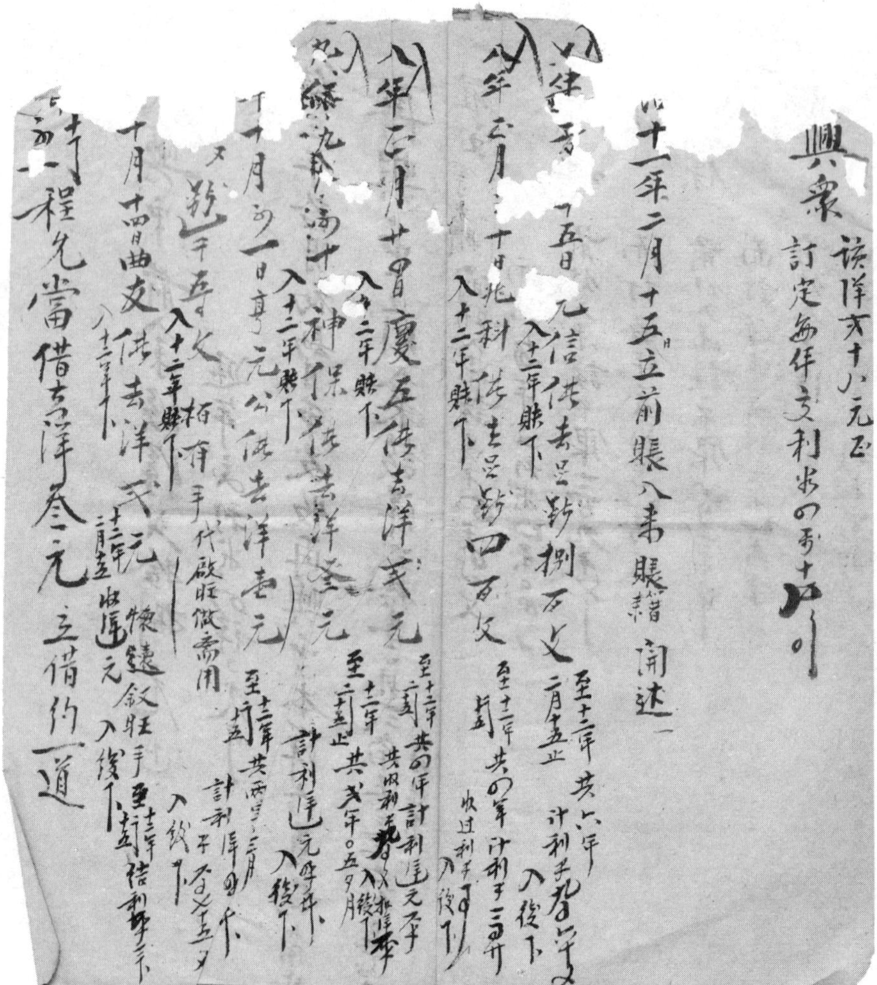

興衆 該洋弍十八元正 訂定每年交利米四百十斤

十一年二月十五日立前賬八米賬簿開述

八年十五日 允信 借去足錢捌百文 入十二年賬下

八年正月二十日 光科 借去足錢四百文 入十二年賬下

八年正月廿四日 慶玉 借去洋弍元 入十二年賬下

九年 神保 借去洋叁元 入十二年賬下

十一月初一日 亨元公 借去洋壹元

又 錢五千文 入十二年賬下 柏有手代啟旺做斋用

十月十四日 曲交 借去洋弍元 入十二年賬下

十一月 程允當借去洋叁元 立借約一道

段莘乡大汜村 B 6-3 · 光绪三年 · 流水账

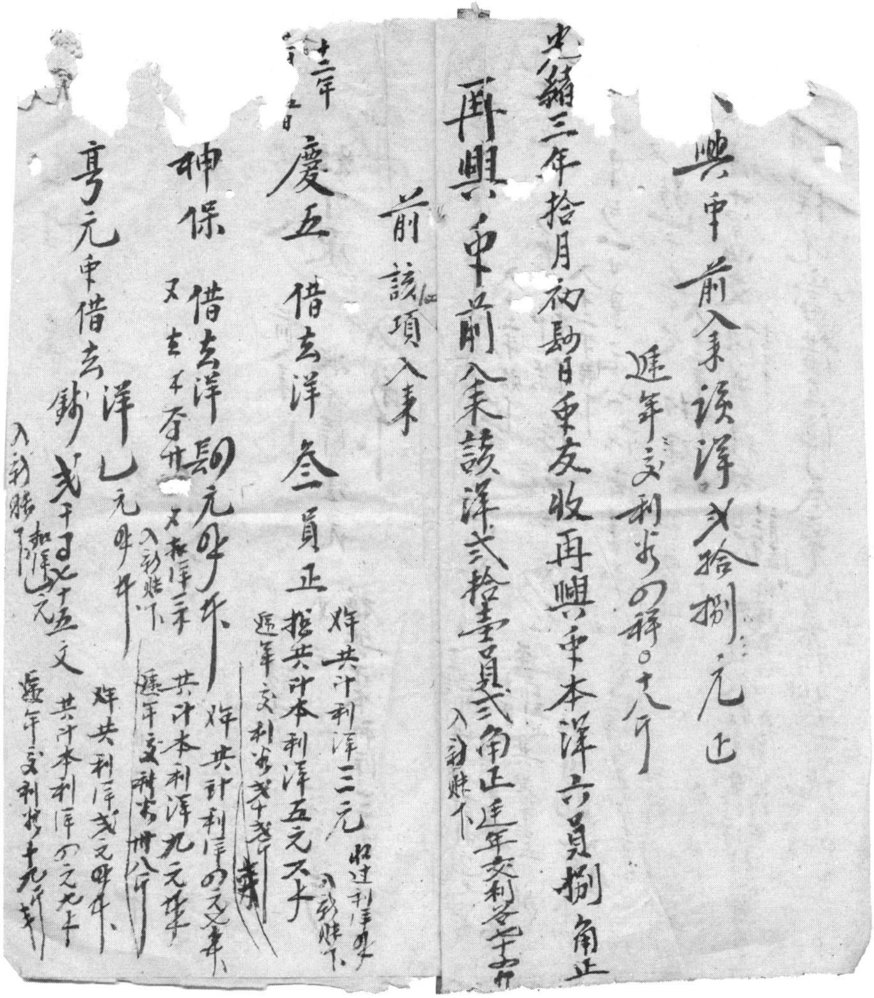

興甲前入來該洋弍拾捌元正 逓年交利谷四拾〇十九斤

光緒三年拾月初貳日再支收再興甲本洋六員捌角正

再興甲前入來該洋弍拾壹員弍角正 逓年交利谷… 入利賬下

前該項入來

十二年 慶五 借去洋叁員正 共計利洋三元 共計本利洋五元〇 逓年交利谷…

神保 借去洋肆元 共計利洋四元 共計本利洋九元 逓年交利谷卅八斤 入利賬下

亨元甲借去錢洋 共計利洋弍元 共計本利洋四元 逓年交利谷十九斤 入利賬下

段莘乡大汜村 B 6-4 · 光绪三年 · 流水账

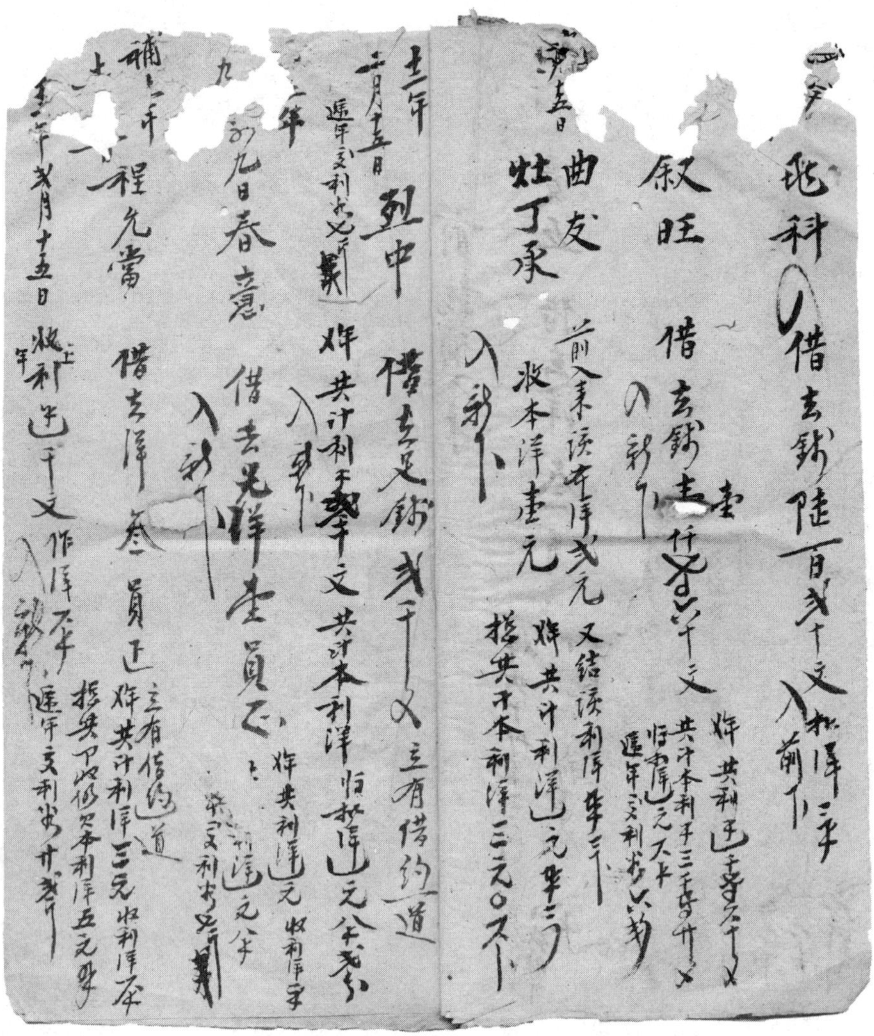

段莘乡大汜村 B 6-5 · 光绪三年 · 流水账

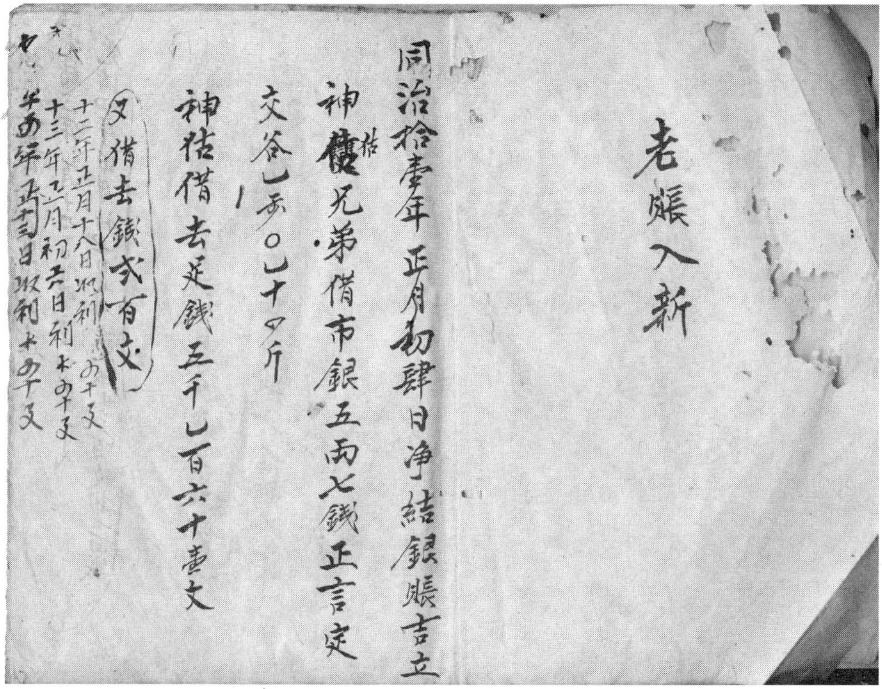
老賬入新
同治拾叁年正月初肆日净結銀賬吉立
神佑兄弟借市銀五両七錢正言定
交谷一石〇一十四斤
神佑借去足錢五千一百六十壹文
又借去錢弍百文
十二年五月十八日收利 四十文
十三年五月初六日利 四十文

段莘乡大汜村 B 4-1 · 同治十一年至民国三年 · 流水账

緒二十年正月拾八日收利錢九拾文

光緒三年二月十六日收勝意利錢四十文

光緒四年正月初七日收勝意本錢弍百文利錢面議

段莘乡大汜村 B 4-2 · 同治十一年至民国三年 · 流水账

入国明借去市艮弍両正言定交谷乙十三
斤
同治拾壹年 衆收市銀乙両付台敝会用记
国明借去市銀乙両正言定交谷六斤半
同治十二年正月十八日收利谷六斤半扣十百五十七文
十三年正月初六日收利谷六斤半扣十百五十七文
十四年正月十三日收國明利谷六斤半 刈
光緒弍年正月拾八日收国明利谷六斤半扣錢乙百七拾五文
光緒三年正月拾三日收国明利谷六斤半扣十六百六十

段莘乡大汜村 B 4-3 · 同治十一年至民国三年 · 流水账

光绪四年正月初四日收国明谷利六斤半
光緒伍年正月十八日收國明利谷六斤半
光緒八年九月初八日收國明利谷六斤半
光緒九年十月吉日收國明利谷六斤半
光緒十正月十二日收國明利谷六斤半
光緒十一年正月初九日收國明利谷六斤半
光緒十弍年正月十九日收国明利谷六斤半
光緒十四年正月十三日收国明利谷六斤半
光緒十四年十月廿六日收国明利谷六斤半
光绪十五年十一月初八日收国明利谷六斤半

段莘乡大汜村 B 4-4 · 同治十一年至民国三年 · 流水账

慶五借去市銀四両八卞正言定交谷乙石

同治十二年五月十八日收慶五利谷乙秤扣卡四千文

十三年正月初日收慶五利谷乙秤扣卡四千五千文

光緒元年五月十三日收慶五利谷乙秤扣卡四百文

光緒弍年正月拾八日收慶五利谷乙秤

光绪三年正月拾三日收慶五利谷乙秤

光緒四年正月初十日收慶五利谷乙秤

光緒八年九月初八日收慶五利谷乙秤

光绪九年正月十二日收慶五利谷乙石

段莘乡大汜村 B 4-5 · 同治十一年至民国三年 · 流水账

光绪十年正月初十日收慶五利谷乙秤
光绪十一年正月初九日收福元利谷乙秤
光绪十二年正月十九日收福元利谷四十八斤
光绪十三年正月十三日收福元利谷六十八斤
光绪十四年十月廿六日收接意利谷六十八斤
光绪十五年十乙月初四日收接意利谷四十八斤 芇 下穴

段莘乡大汜村 B 4-6 · 同治十一年至民国三年 · 流水账

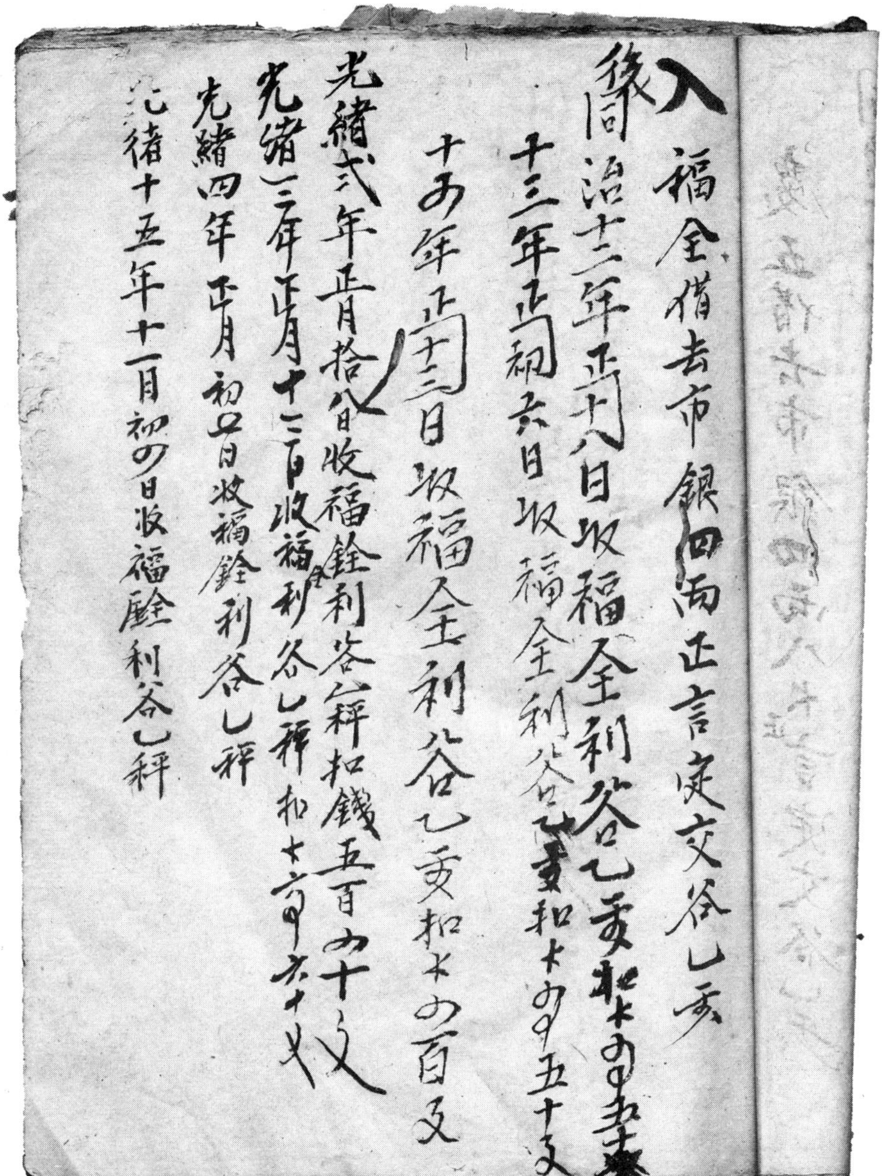

入 福全借去市銀四兩正言定交谷乙秤
緣 同治十二年正月十八日收福全利谷乙秤扣大四百五十文
十三年正月初六日收福全利谷乙秤扣大四百五十文
十四年正月十三日收福全利谷乙秤扣大四百文
光緒弍年正月拾八日收福銓利谷乙秤扣錢五百四十文
光緒三年正月十二日收福銓利谷乙秤扣大四百六十文
光緒四年正月初四日收福銓利谷乙秤
光緒十五年十一月初四日收福銓利谷乙秤

段莘乡大汜村 B 4-7 · 同治十一年至民国三年 · 流水账

茂寿兄弟借去市銀三両正言定交谷乚石

茂寿借去洋乚元 廿年利洋四角

又借去足錢乚千〇四百弍十文 十乚年利錢弍

百八十文 言定交谷拾六斤

光緒四年九月廿八共洋弍元乚角乚分

同治拾年各契生放借去洋乚元言定逐年利

卞乚分五厘 十四年正月十三日卑友收本利清訖

光緒弍年正月拾八日收茂寿利錢三共足錢乚千文 秉友面讓 四百廿文

光緒三年正月拾三日收寿利十三共足十乚千文 由友面讓 四百廿文

段莘乡大汜村 B 4-8 · 同治十一年至民国三年 · 流水账

光绪四年正月初八日收茂寿利本六百六十文

光绪伍年正月拾捌日收大保利谷乙石〇拾六斤

九月廿五日收艮利谷乙石〇拾六斤

扣米乙斗八升收多弍伯文扣米七升

除收净次乙斗乙升

光绪六年正月初七日收大保兄弟利钱叁伯四十二文

段莘乡大汜村 B 4-9 · 同治十一年至民国三年 · 流水账

有德借去市錢四兩零九七乚分言定交谷兩[illegible]
九斤
光緒七年九月廿一日收大保利錢弍百六拾〇文
光緒八年正月初八日收茂保兄弟利錢弍千四十文
光緒八年九月初八日收茂保兄弟利谷乚秉〇十六斤
光緒九年十月十二日收茂保兄弟利谷乙秉〇十不五
光緒十年正月十二日收茂保兄弟利谷乙秉〇十六斤
光緒十一年正月初七日收茂保兄弟利谷乙秉〇十六斤

段莘乡大汜村 B 4-10 · 同治十一年至民国三年 · 流水账

光绪十弍年正月十九日收茂保利谷乙秉十六斤

扣米过五百廿二文收长四百廿二文

下次甲文

光绪十三年正月十三日收茂保利谷乙秉十六斤

段莘乡大汜村 B 4-11 · 同治十一年至民国三年 · 流水账

同治拾弍年二正月拾五日福錢会錢八元出支

福仍借出光洋三元正

同二月拾玖日收洋錢三元

茂梓借出光洋八元正

十二年正月廿八日收茂梓洋七元

利本弍百五十文清訖

福錢借出光洋四元正

十月初八日收福金洋叁四角

今日收進方洋叁弍角正

同治拾乙年五月初四日 天林借去光洋九元正

拾弍年五月廿十四日收天林本利洋十元五角五清

同治拾贰年五月贰十四日慶五借去洋[illegible]元

又存泉洋[illegible]元三角五分存泉[illegible]文

同治拾贰年正月卯八日付香仰手会洋叁元正

五月廿四日又付香仰利下叁[illegible]十六

同治十三年正月初六日收慶五利洋七角

五分扣大钱乙千零六廿五文係支交会

記

補同治十贰年五月廿四日慶五借去

洋伍元正 光緒贰年正月拾四日收慶五利洋七角五分 扣錢乙千五百文

段莘乡大汜村 B 4-13 · 同治十一年至民国三年 · 流水账

光緒元年六月廿四日添林借去洋錢五元正
光緒十年正月十弍日收慶五洋五元付德成借去

光緒弍年正月拾八日收添林洋利七角五分 和过作大钱千五百文

光緒三年正月拾一日收慶五利洋七角五分 和过作大钱千五百四十文

光緒四年正月初一日收慶五利洋七角五分 扣大钱千五百七十五文 收大钱千文 下欠大五百七十五文

言定交利谷四十斤

光緒伍年正月拾捌日收慶五利谷六十斤

九月廿五日收艮利谷六十斤 付台

光緒七年九月廿一日收慶五六十斤

段莘乡大汜村 B 4-14 · 同治十一年至民国三年 · 流水账

光緒元年六月弍拾肆日羅金借去洋伍員正

光緒弍年正月拾八日收罗金利錢九百文

又六月七日收羅金本銀洋五元正

又利十叁百文

光緒十三年正月十九日福錢至東友借去厘錢六百八十文

光緒十四年正月十三日收福全利錢乙百三十六文

光緒十五年正月十三日收福銓利錢壹百卅六文

光緒十六年正月十八日收福銓利錢壹百卅六文

光緒十七年正月十日收福銓利谷四斤半

段莘乡大汜村 B 4-15 · 同治十一年至民国三年 · 流水账

光緒十年正月十二日收福錢利谷三秀〇八斤

光緒十壹年正月初十日收福錢利谷三秀〇八斤

光緒十壹年九月拾六日收福錢本洋六元正 付入福元借山

光緒十弍年正月十九日收福錢利谷乙秀

光緒十三年正月十三日收福全利谷乙秀

光緒四年十月廿六日收福全利谷乙秀

光緒十五年十一月初四日收福全利谷廿斤

光緒十六年正月十日收福全利谷廿斤

光緒十八年正月十三日收福全利谷廿四斤半

段莘乡大汜村 B 4-16 · 同治十一年至民国三年 · 流水账

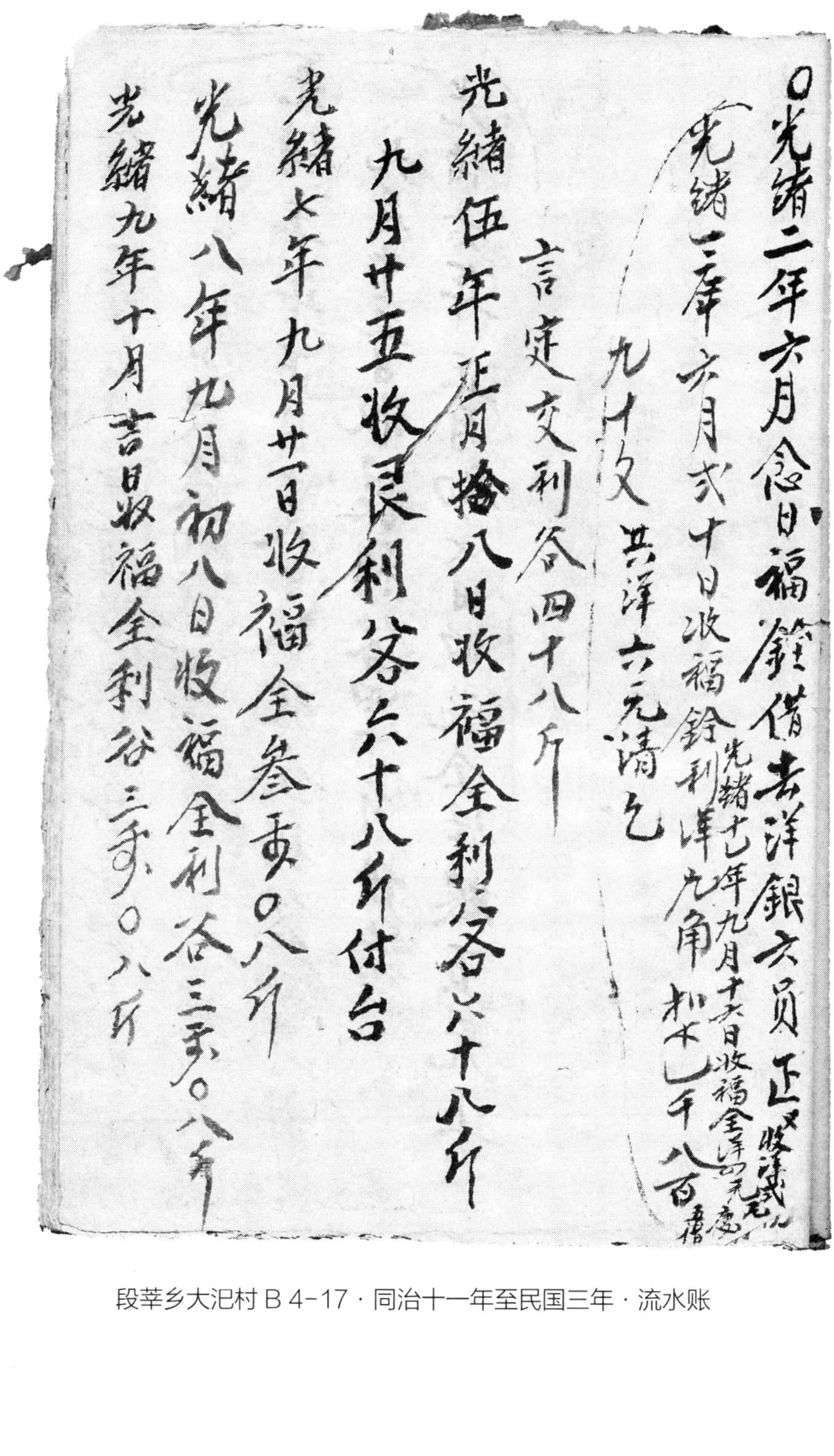

○光緒二年六月念日福鍾借去洋銀六員正 又收洋弍元

光緒三年六月弍十日收福鈴利洋九角 扣[illegible]七千八百

光緒十七年九月十六日收福全洋四元處

九廿收 共洋六元清乞

言定交利谷四十八斤

光緒伍年正月拾八日收福全利谷六十八斤

九月廿五收艮利谷六十八斤付台

光緒七年九月廿一日收福全叁百〇八斤

光緒八年九月初八日收福全利谷三百〇八斤

光緒九年十月吉日收福全利谷三百〇八斤

段莘乡大汜村 B 4-17 · 同治十一年至民国三年 · 流水账

光緒三年六月十七日茂林借去洋銀五元正

言定交利谷四十斤

光緒五年正月十八日收兆全利谷四十斤

九月廿五日收艮利谷四十斤付台

光緒六年正月初七日收兆全洋銀五元正

段莘乡大汜村 B 4-18 · 同治十一年至民国三年 · 流水账

光緒六年正月初五日海雲至平安

借出洋五員正言定文利谷四十斤

光緒七年九月廿一日收海雲利谷式秉

光緒八年九月初八日收海雲利谷式秉

光緒九年十月吉日收海雲利谷式秉

光緒十年正月十二日收海雲利谷式秉

十壹年正月初十日收海雲利谷式秉

光緒十二年正月初七日收海雲利谷式秉

光緒十九年正月初十收海雲式元七角五分

段莘乡大汜村 B 4-19 · 同治十一年至民国三年 · 流水账

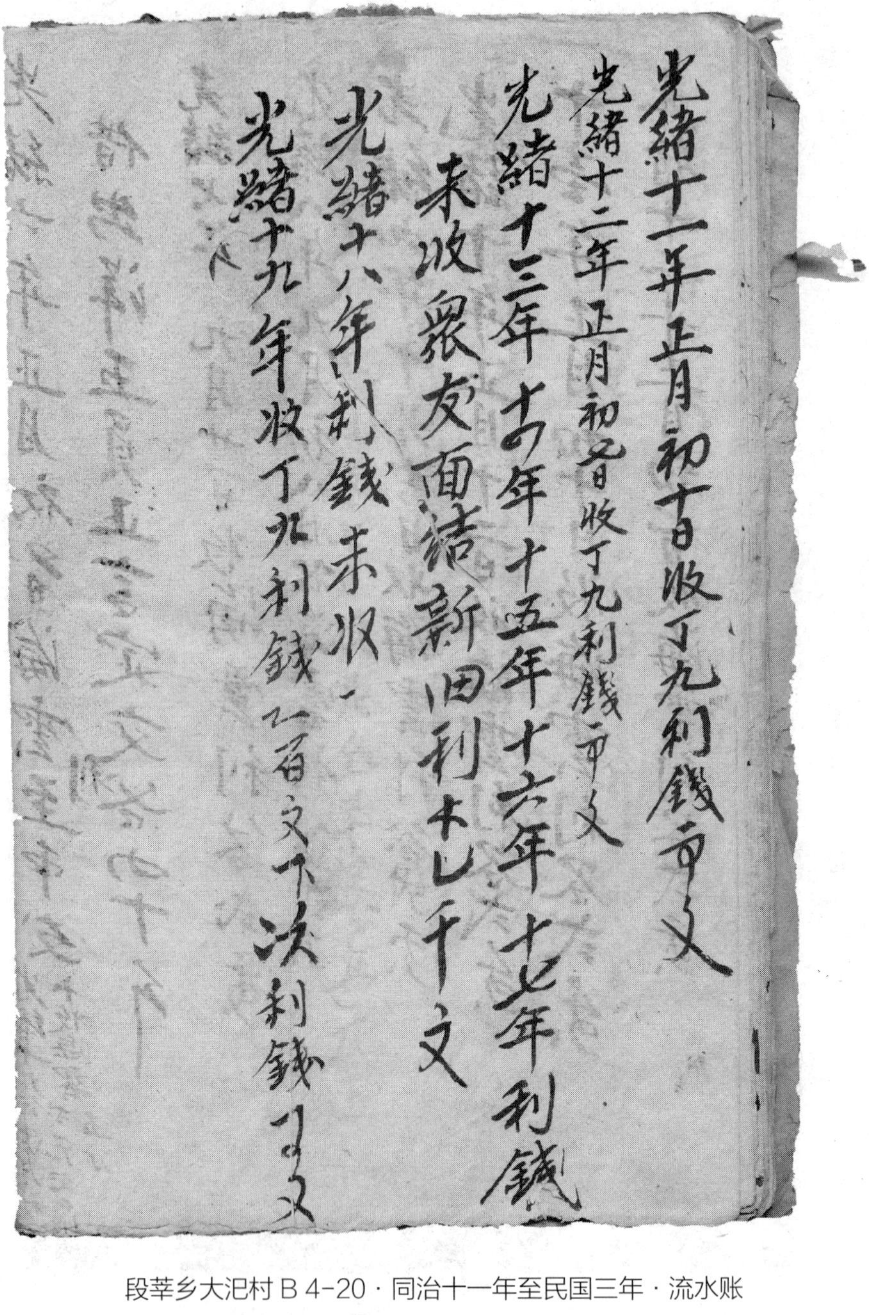
光緒十一年正月初十日收丁九利錢市文
光緒十二年正月初九日收丁九利錢市文
光緒十三年十四年十五年十六年十七年利錢
未收衆友面結新旧利本七千文
光緒十八年利錢未收
光緒十九年收丁九利錢一百文下欠利錢[illegible]文

段莘乡大汜村 B 4-20 · 同治十一年至民国三年 · 流水账

光緒六年正月拾九日丁九仂至申友借去足錢

八百文 大錢 光緒九年正月初十日丁九借去本二百文

光緒十年拾弍日收利錢子文

光緒九年正月初十丁九本利借去乙千文

光緒乙年正月拾三日能仂至申友借去足錢

入後 又百六拾文

光緒八年正月初八月收能仂利錢乙百弍十文 又下欠利 本二千文

銓通 光緒九年正月初十日弍共本利借去足錢壹千文

入後 入前

段莘乡大汜村 B 4-21 · 同治十一年至民国三年 · 流水账

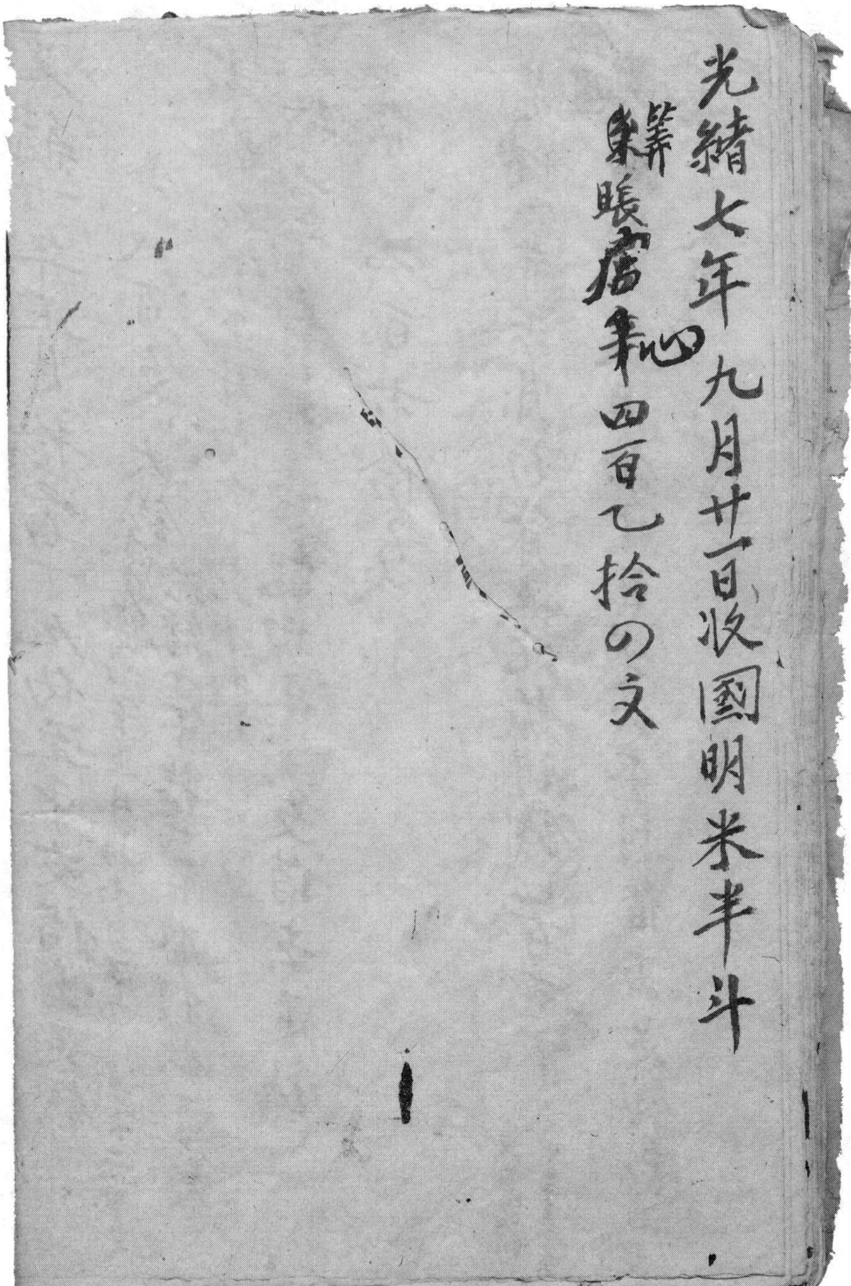
光緒七年九月廿一日收國明米半斗
四百乙拾の文

段莘乡大汜村 B 4-22 · 同治十一年至民国三年 · 流水账

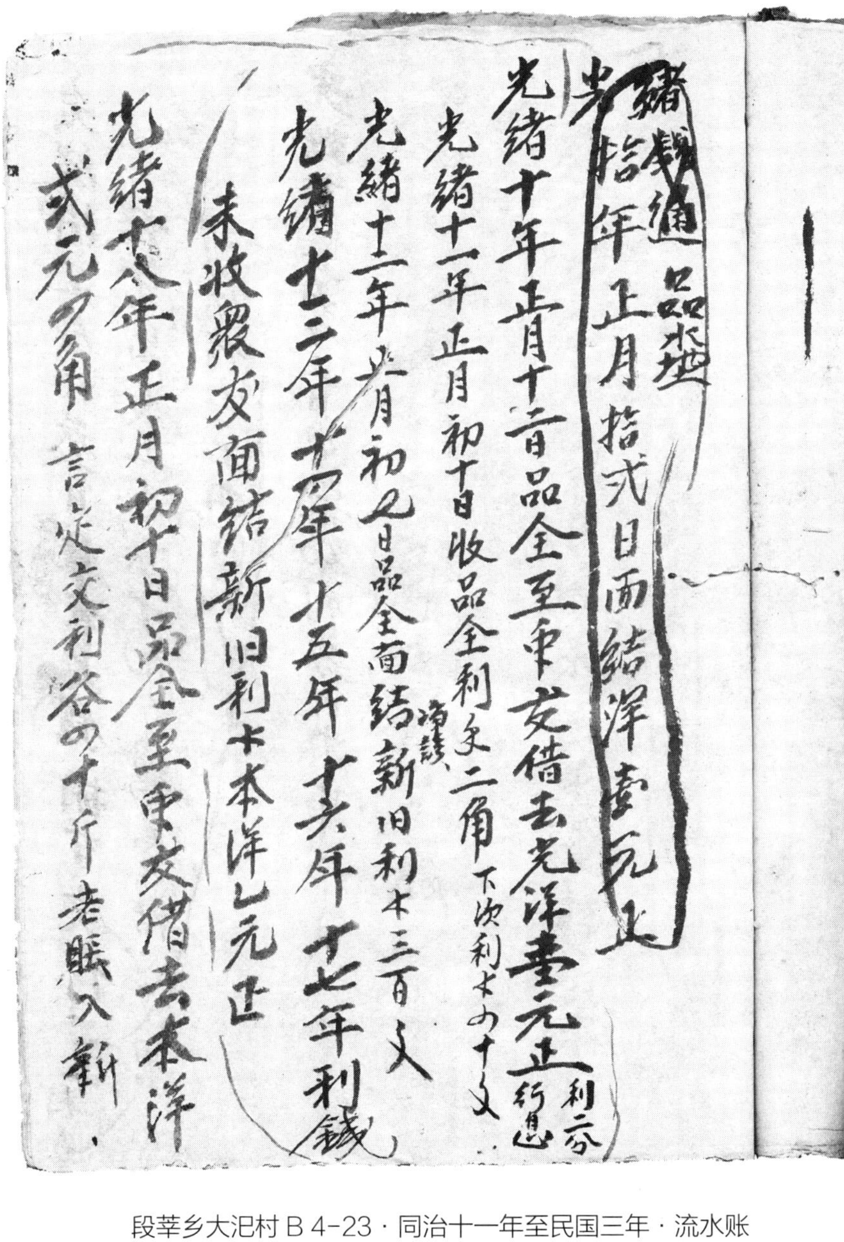
光緒拾年正月拾弍日面結洋壹元正
光緒十年正月十二日品全至申发借去光洋壹元正 利谷行息
光緒十一年正月初十日收品全利钱二角 下次利卡四十文
光緒十二年六月初九日品全面結新旧利卡三百文 清讫
光緒十三年十四年十五年十六年十七年利錢
未收衆友面結新旧利卡本洋七元正
光緒十八年正月初十日品全至申友借去本洋
弍元四角 言定文利谷四十斤 老賬入新

段莘乡大汜村 B 4-23 · 同治十一年至民国三年 · 流水账

光緒捌年正月廿叁日借去足錢捌百文存匯 存培榮 付出

培榮出支五百弍十九文碣費帖心支用

九年又培榮借去大四百又十九文

光緒廿年正月十三日收龍幼利谷四十斤

段莘乡大汜村 B 4-24 · 同治十一年至民国三年 · 流水账

光緒九年正月初十日覌全借去足錢四百五十文

光緒拾年正月拾弍日培荣至亲友借去本利

捌百捌十文

十壹年正月初十日荣伪（？）两（？）結本利足錢乙千零五十文

光緒十二年正月初九日收干順利錢一千壹十文 文

合艮（？）柒伍文

光緒十三年正月十九日收干順利錢一千文

光渚十四年正月十三日收干順利錢一千文

光緒拾伍年正月拾弍日收覌順本利洋乙元正

仍欠錢廿十文本利清訖

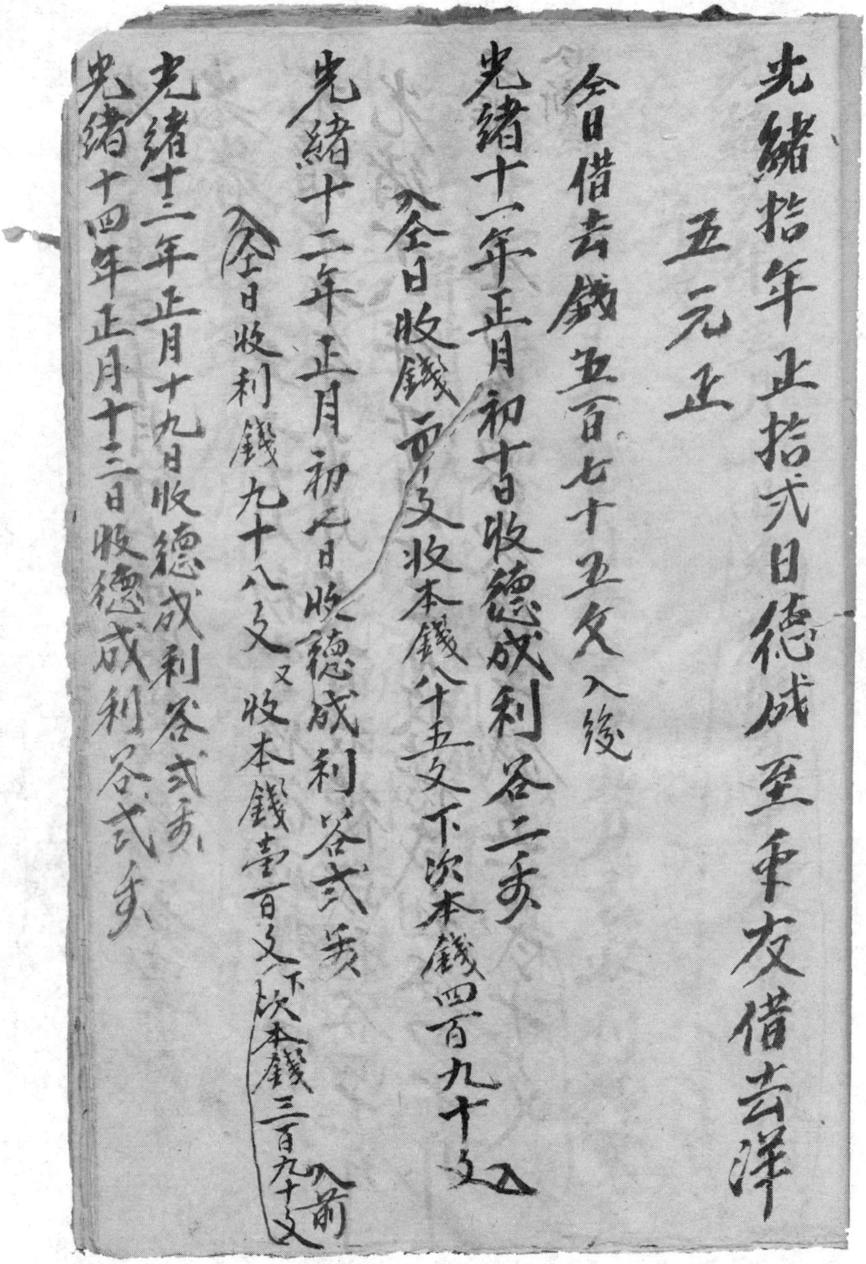

光緒拾年正月拾弍日德成至乎友借去洋

五元正

今日借去錢五百七十五文入後

光緒十一年正月初十日收德成利谷二秀

入今日收錢两文收本錢八十五文下次本錢四百九十文入

光緒十二年正月初八日收德成利谷弍秀

入今日收利錢九十八文又收本錢壹百文下次本錢三百九十文入前

光緒十三年正月十九日收德成利谷弍秀

光緒十四年正月十三日收德成利谷弍秀

段莘乡大汜村 B 4-26 · 同治十一年至民国三年 · 流水账

光緒十四年十月廿六日收德成利谷四十斤

光緒十五年十乙月初四日收德成利谷四十斤

光緒十七年正月廿八日收德成利谷四十斤

光緒十八年正月十三日收德成利谷四十斤

老賬

入新

仝日至衆交借去錢五百弍十文

光緒弍年五月廿日李初旺至秉友借去錢弍千文

光緒十年正月十弍日利錢未收九月十七收利錢弍角

光緒十一年正月初十日收初旺利錢弍百文（下次利卜四十文）收

光緒十二年正月十九日收初旺利錢弍百四十文

光緒十三年正月初七日收初旺利卜弍百四十文

光緒十四年未收 十五年未收 十六年未收

光緒十五年九月廿二日收得海利卜弍百文 半文 下欠

光緒十六年未收 十七年未收 十八年未收

段莘乡大汜村 B 4-28 · 同治十一年至民国三年 · 流水账

光緒指年正月指弍日觀金至秉友借去錢

四十大文

光緒十一年正月初十日收觀金本利錢五百〇六文清乞

光緒十壹九月拾陸日收福全洋銀陸元正慶五借出入前

光緒十壹年九月十六日福元至秉友借去洋六元正收

光緒十九年正月初十日收海雲英洋十元正扣本洋六元弍角

段莘乡大汜村 B 4-29 · 同治十一年至民国三年 · 流水账

光绪拾九年正月初九日收德海利钱弍文

光绪廿一年正月十二日收得海利钱一千文

光绪廿二年正月初九日收得海本钱英洋乙元清讫

又收利钱一千文

光绪廿三年正月初九日收丁九利钱一千文

段莘乡大汜村 B 4-30 · 同治十一年至民国三年 · 流水账

光緒十弍年正月十九日收海雲利谷六十斤

光緒十三年正月十三日收海雲利谷四十斤

光緒十四年十月廿六日收海雲利谷四十斤

光緒十五年十月初六日收海雲利谷四拾斤

光緒十六年十八日收海雲本錢五角券 出支覌順借去 入角

光緒十七年正月十一月收海雲利谷

ㄗ〇四斤

光緒十八年正月十三日收海雲利谷ㄗ〇四斤

段莘乡大汜村 B 4-31 · 同治十一年至民国三年 · 流水账

光绪十四年正月十三日德成連前入来新旧本

利共结五百四十六文

光绪拾伍年正月拾弍日收利本百零八文清乞

光緒十六年正月十八日收德成利本捌文 下次利本壹百二文

光緒十七年正月十日德成連前入来新

旧本利共结净欠九百文言定交利谷

六斤

光緒十八年正月十三日收德成利谷六斤

段莘乡大汜村 B 4-32 · 同治十一年至民国三年 · 流水账

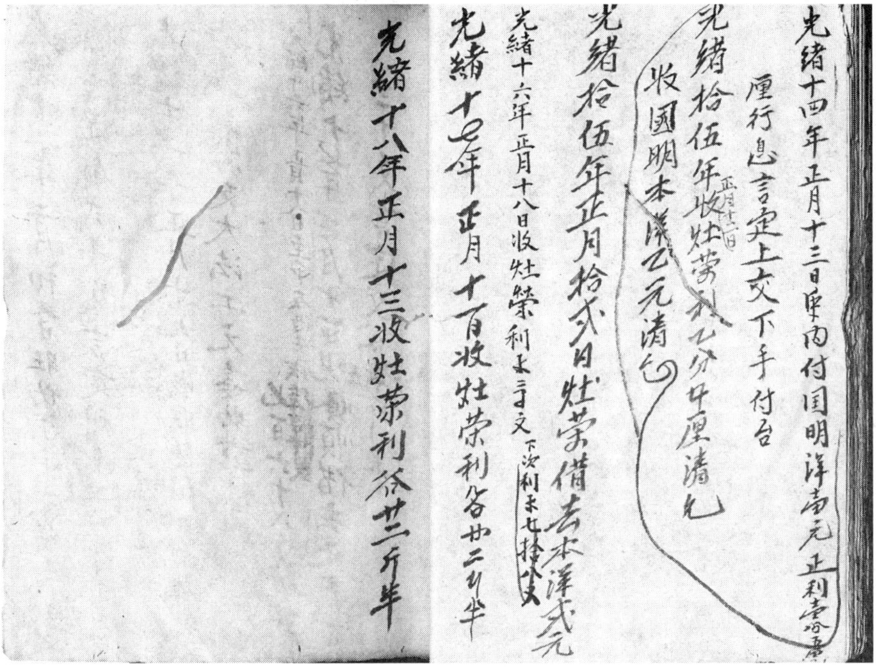

光绪十四年正月十三日□内付国明洋□元正利壹□□
厘行息言定上交下手付台
光绪拾伍年正月廿二日收灶荣利乙分五厘清讫
收國明本洋乙元清讫
光绪拾伍年正月拾弍日灶荣借去本洋弍元
光绪十六年正月十八日收灶榮利□□□文 下次利□七拾□文
光绪十七年正月十□日收灶荣利谷廿二斤半
光绪十八年正月十三收灶荣利谷廿二斤半

段莘乡大汜村 B 4-33 · 同治十一年至民国三年 · 流水账

光緒十二年二月初八日旺仂至更支借去

老賬 足錢弍千文言定利每二分行息

入新

光绪十三年正月十九日收旺仂利每四百文乙

出支大法工元喜助六百文

光緒十六年正月十八日至仲友借去錢[illegible]

七百六十八文觀暖借

光緒十七年正月十一日觀[illegible]順借去足大八百

三十文言定文谷五十斤半

段莘乡大汜村 B 4-34 · 同治十一年至民国三年 · 流水账

入新 光绪十八年正月十三日收观顺利谷五斤半

光绪十九年正月初十日收观顺利谷五斤半

一收盛开利谷四十斤

一收兆光利谷五十七斤

一收灶荣利谷廿二斤半

一收福铨利谷廿四斤半

一收德成利谷四十斤

一收海云利谷〥〇四斤

段莘乡大汜村 B 4-35 · 同治十一年至民国三年 · 流水账

大共剩錢七千〇八十文　出支功德錢十二千文

又出支賬簿錢三十文

出支錢代現順錢四百七十文

又出支錢代兆先五千文　英洋找水

加本洋一元正付現順借去

段莘乡大汜村 B 4-36 · 同治十一年至民国三年 · 流水账

光緒九年正月初九日收国明利答廿弍仟半
收吳根ㄋ〇の仟半
收盛開弍支收觀順八仟
收兆光卅九仟
收海雲卅八仟
收兆富の十七仟
光緒廿年正月十三日收銀利答收吳炳十六仟
收海雲卅八仟收盛開の十仟

段莘乡大汜村 B 4-37 · 同治十一年至民国三年 · 流水账

收兆光卅九斤 收吳粮百四十斤半

收煥楊八斤 收富仂四十斤 收富仂利干六十文

光緒廿一年正月十三日收銀利谷開述

收海雲卅八斤 收兆富四十四斤

收兆光卅斤 收吳灯六斤半

收蔭泉百四十四斤半

收煥楊十四斤 收盛、開四十斤

光緒廿一年正月十三日收金能利干三百文下欠利干三百文

段莘乡大汜村 B 4-38 · 同治十一年至民国三年 · 流水账

光緒廿二年五月初九日收金能利六千四十文

光緒廿二年五月初九日收金友銀利答述開

收海雲廿八斤　收兆富四十五斤

收兆光廿斤　收昊丁六斤半

收藤泉廿四十四斤半

收煥楊十四斤

收盛開四十斤

段莘乡大汜村 B 4-39・同治十一年至民国三年・流水账

光绪廿三年正月廿四日收利谷人名開述
收蔭泉利谷百四十四斤半
收海雲利谷廿八斤
收興丁利谷六斤半
收兆全利谷四十四斤
收兆光利谷卅斤
收覌順利谷十四斤扣米五升扣
英洋來五

段莘乡大汜村 B 4-40 · 同治十一年至民国三年 · 流水账

光緒廿四年正月初九日收利谷

一收兆光利谷乄十斤

一收兆全利谷五十斤

一收盛開利谷五十斤

一收元法利谷廿六斤半

一海雲利谷乄拾弍斤

一收品全乄十斤

一收蘐泉利谷乛四拾四斤半　扣米七斗

段莘乡大汜村 B 4-41 · 同治十一年至民国三年 · 流水账

廿

弍升弍合半扣英洋弍元五角

一收观順利谷十四斤扣米七升扣

英洋乘五分

光绪廿五年正月初十日收利谷

一收盛開利谷四十斤

一收兆全利谷四十斤

一收元法利谷六斤半

一收護泉利谷廿四斤

段莘乡大汜村 B 4-42 · 同治十一年至民国三年 · 流水账

一收蘭金利谷十〤斤
一收海雲利谷卅八斤
一收品全利谷〤十斤
一收兆光利谷卅斤
一收观順利谷十〤斤
光緒廿六年正月拾三日收銀利谷
一收金能仂利谷〤拾斤作扣算
計錢伍佰文扣英洋伍角
金能轉借 和利谷伍斤

段莘乡大汜村 B 4-43 · 同治十一年至民国三年 · 流水账

一收文法利谷六斤半
一收盛開新旧利谷伍拾伍斤
一收北光新旧利谷四拾斤
一收金盛新旧利谷廿四半
一收海雲利谷廿八斤
一收煥楊利谷拾四斤
一收北全利谷四拾四斤
一

段莘乡大汜村 B 4-44 · 同治十一年至民国三年 · 流水账

光绪廿七年正月拾壹日收银利谷
一收国明利谷拾八斤半
一收兆富利谷肆拾肆斤
一收盛开利谷五拾五斤
一收兆光利谷肆拾贰斤
一收海云利谷廿八斤
金盛利谷廿肆斤半未收
一收金能利谷肆拾五斤扣米贰斗

段莘乡大汜村 B 4-45 · 同治十一年至民国三年 · 流水账

弍仟半㓜錢厘錢九佰文轉借去

一收覌順利谷廿四行

光緒廿九年正月十八日平友面議收利谷斗

閘述于緣收余興隆利洋乙元正

一收娟灯利谷指八判　和半八升弍合半　十和厘文

一收灶順利谷卅四可　和半弍斗八升文　和半書斗之升　十文　五斗四十四文

一收盛閘利谷五指五斤　和半弍斗之升半　十文九斗文

兆

一收挑光利谷四指　半　和半弍斗之合半　十和文

一收海雲利谷廿六斤 和米七斗三升 作和米四十文

一收观美利谷廿四斤 和米七斗弍升 作和厘子 计八十四文

一收金能利谷和米五斗十四文

是年大共收利谷 洋四元付海雲手挑买田 米七斗十八文存匯

光绪卅年四月十三日秉友面議收利谷

闲述段收余興隆利洋乙元正

一收姓灯利谷指六斤半 和米八升弍合半 作和米弍斗零六文

一收姓順利谷卅四斤 和米弍斗乙升 作和米四

一收盛闲利谷五指五斤 和米弍斗乙升半 作和米弍斗八十八文

段莘乡大汜村 B 4-47 · 同治十一年至民国三年 · 流水账

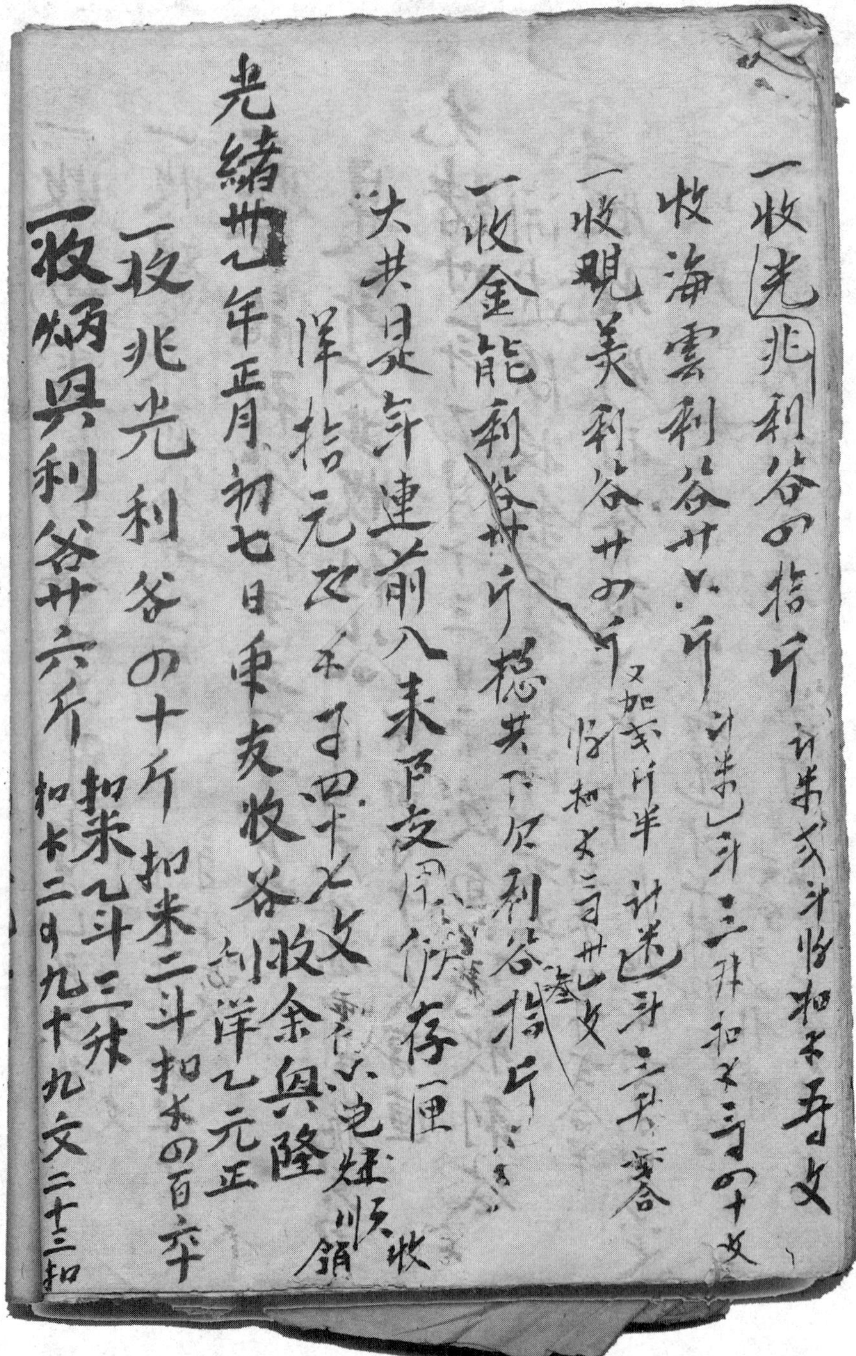

一收光兆利谷四拾斤 计米弍斗 除扣米弍百文
收海雲利谷廿六斤 计米一斗三升 扣米弍百四十文
一收覌美利谷廿四斤 又加谷斤半 计米一斗三升 除谷 除扣米弍百卅文
一收金能利谷卅斤 總共下欠利谷叁拾斤
大共是年連前八末戶支用 除存一匣
洋指元 四十七文 收
光緒卅乙年正月初七日乘友收谷 收余與隆 洋乙元正
一收兆光利谷四十斤 扣米二斗 扣米四百卒十
一收炳興利谷廿六斤 扣米乙斗三升 扣米二百九十九文二十三扣

段莘乡大汜村 B 4-48 · 同治十一年至民国三年 · 流水账

□□□大利谷十六斤 扣卡二寸九十九文二十三扣

一收观美利谷廿四斤 扣米乙斗二升 扣卡二寸七十六文 廿十三扣卡

一收盛用利谷五十五斤 扣米二斗七升半 汇扣卡 扣卡六寸三十三文

一收灶顺利谷卅四斤 扣米乙斗七升 汇扣卡三寸九十乙文

又丁利谷十六斤半 扣米卡乙寸九十六文 汇米

大共是年连前入来了支用存匣

洋六元正又卡乙千乙十六文

存匣洋灶顺借出 存匣卡炳兴借出

光绪叁十贰年正月十八日做会日收利谷

段莘乡大汜村 B 4-49 · 同治十一年至民国三年 · 流水账

一收一文光旧利谷四结斤、计米弍斗收扣米弍文

一收观美利谷廿四斤扣米壹斗二升川扣
大子六

一收脯春利谷十六斤川扣大子四十子

一收兆光利谷卅斤川扣大子五十子

一收兴灯利谷十六斤半川扣大子四十文

一收炳兴利谷十五斤川扣大子八十文

一收灶顺利谷廿四斤川扣大壹千子四十文

段莘乡大汜村 B 4-50 · 同治十一年至民国三年 · 流水账

一收吅全前賬八来大共英洋三元
卅弍年收英洋乚元存洋弍元弍角
還清
一收蔵開利谷針五斤㧗八、廿卅文
仍存匣英洋弍元乂角付蔵開
新利大子卄
光緒卅三年正月十乙日
收金能元本洋乚元
收灶顒同元卅の夕利

段莘乡大汜村 B 4-51 · 同治十一年至民国三年 · 流水账

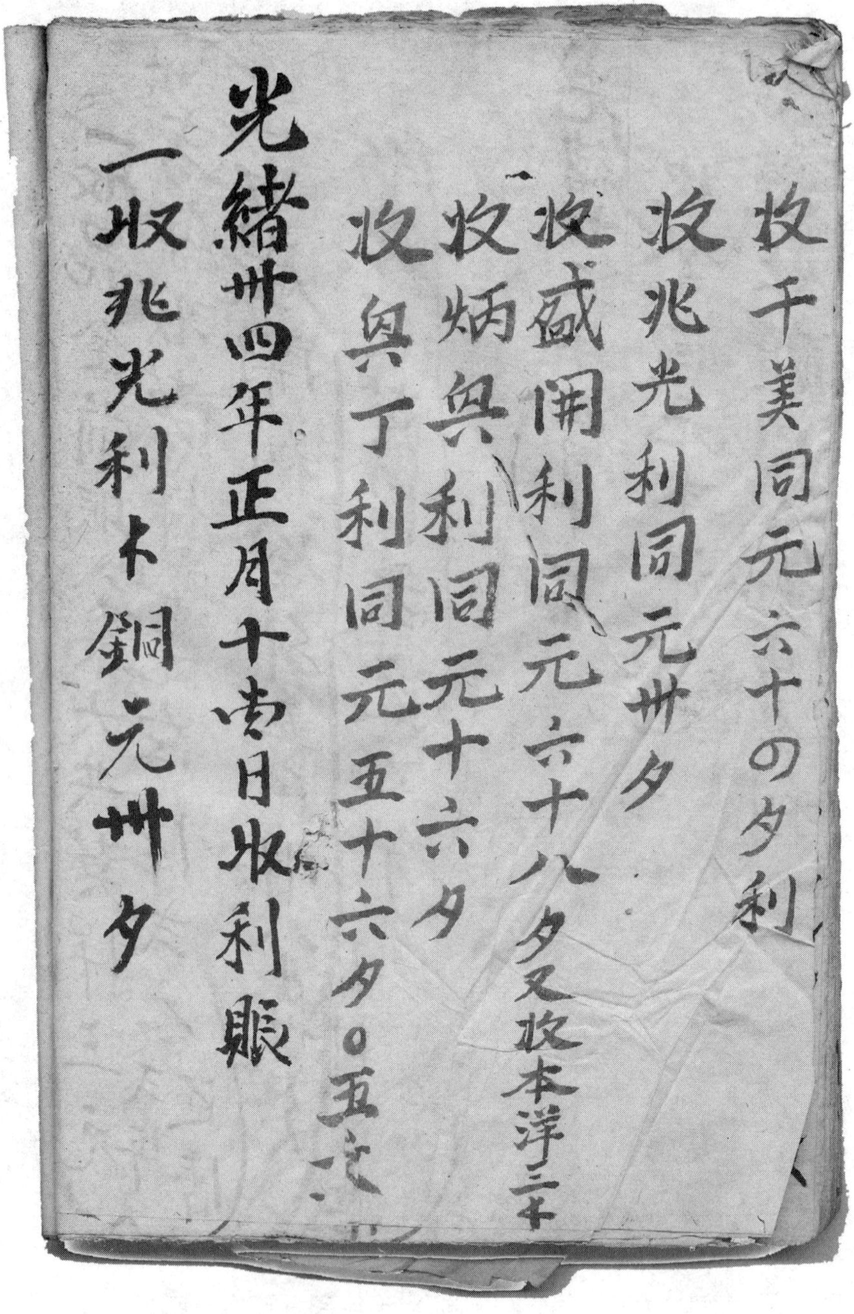
收千美同元六十の夕利
收兆光利同元卅夕
一收盛開利同元六十八夕又收本洋三十
收炳興利同元十六夕
收興丁利同元五十六夕〇五
光緒卅四年正月十壹日收利賬
一收兆光利大銅元卅夕

段莘乡大汜村 B 4-52 · 同治十一年至民国三年 · 流水账

一收盛開利大銅元六十八夕
一收現美利大銅元六十四夕
一收興丁利大銅元五十八夕
一收炳興利大銅元廿弍夕
一收灶順利大銅元卅四夕
一收勝春利大銅元十六夕

段莘乡大汜村 B 4-53 · 同治十一年至民国三年 · 流水账

大清宣統元年正月十八日

收

一興丁 利本五吊柒文

一丙興 本錢、利本三吊叁十文
老利五吊六十文

一收兆光 利本三吊文

一收灶根 利本三吊五十文

一收盛開 利本六吊八十文

一收現美 利本五吊單文

段莘乡大汜村 B 4-54 · 同治十一年至民国三年 · 流水账

一收覲義利钱文

一收桂清本利洋乙元清乙

宣統弍年正月十四日

一收灶順利钱三百四十文

一收兆光利钱三百文

一收興丁利钱乙千百

一收培穩利钱五百文

一收盛開利钱六百八十文

一收胡春利钱四百六文

段莘乡大汜村 B 4-55 · 同治十一年至民国三年 · 流水账

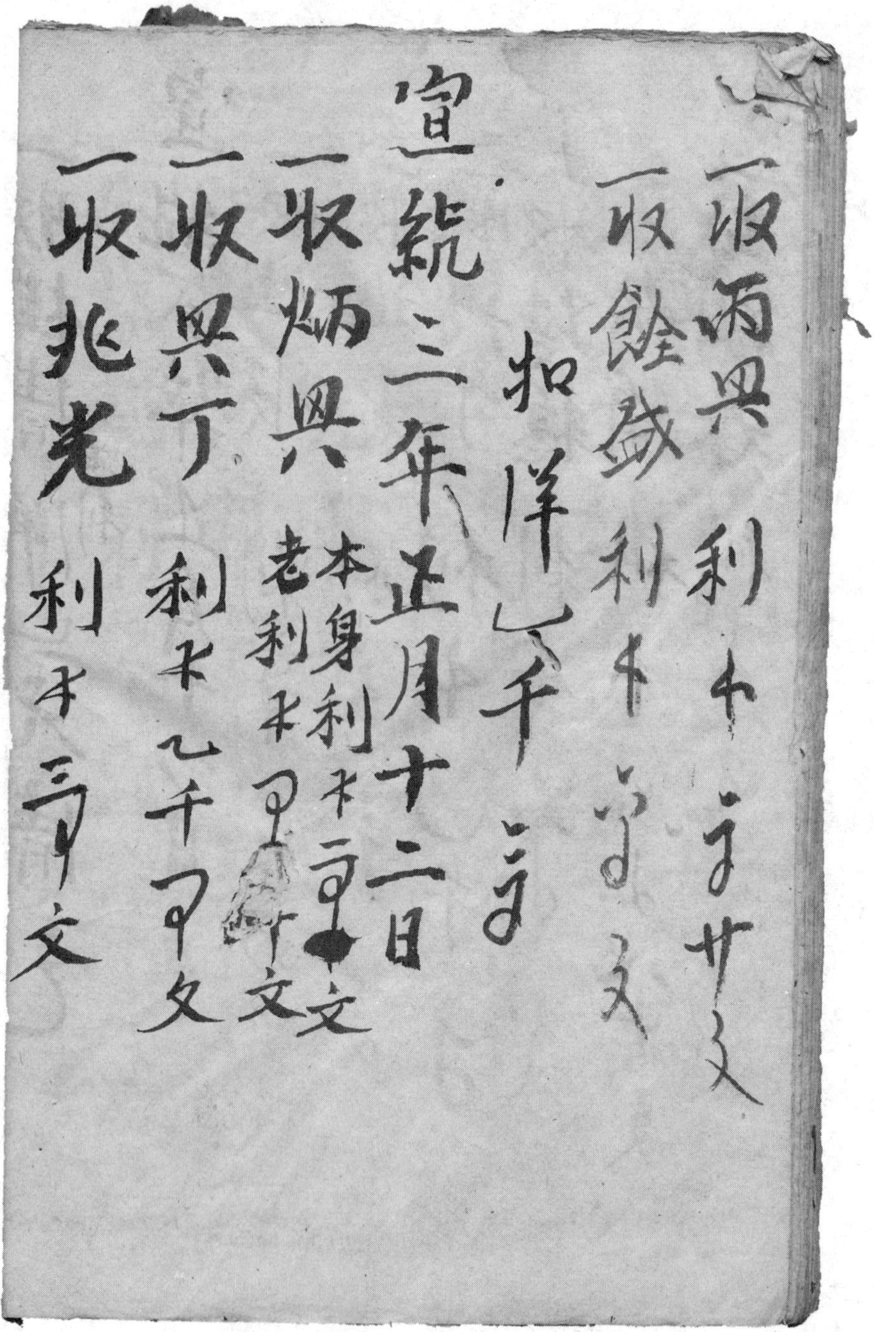

一收丙興利木[illegible]廿文
一收餘歲利木[illegible]文
扣洋乙千[illegible]
宣統三年正月十二日
一收炳興本身利木[illegible]文
老利木[illegible]文
一收興丁利木乙千[illegible]文
一收兆光利木[illegible]文

段莘乡大汜村 B 4-56 · 同治十一年至民国三年 · 流水账

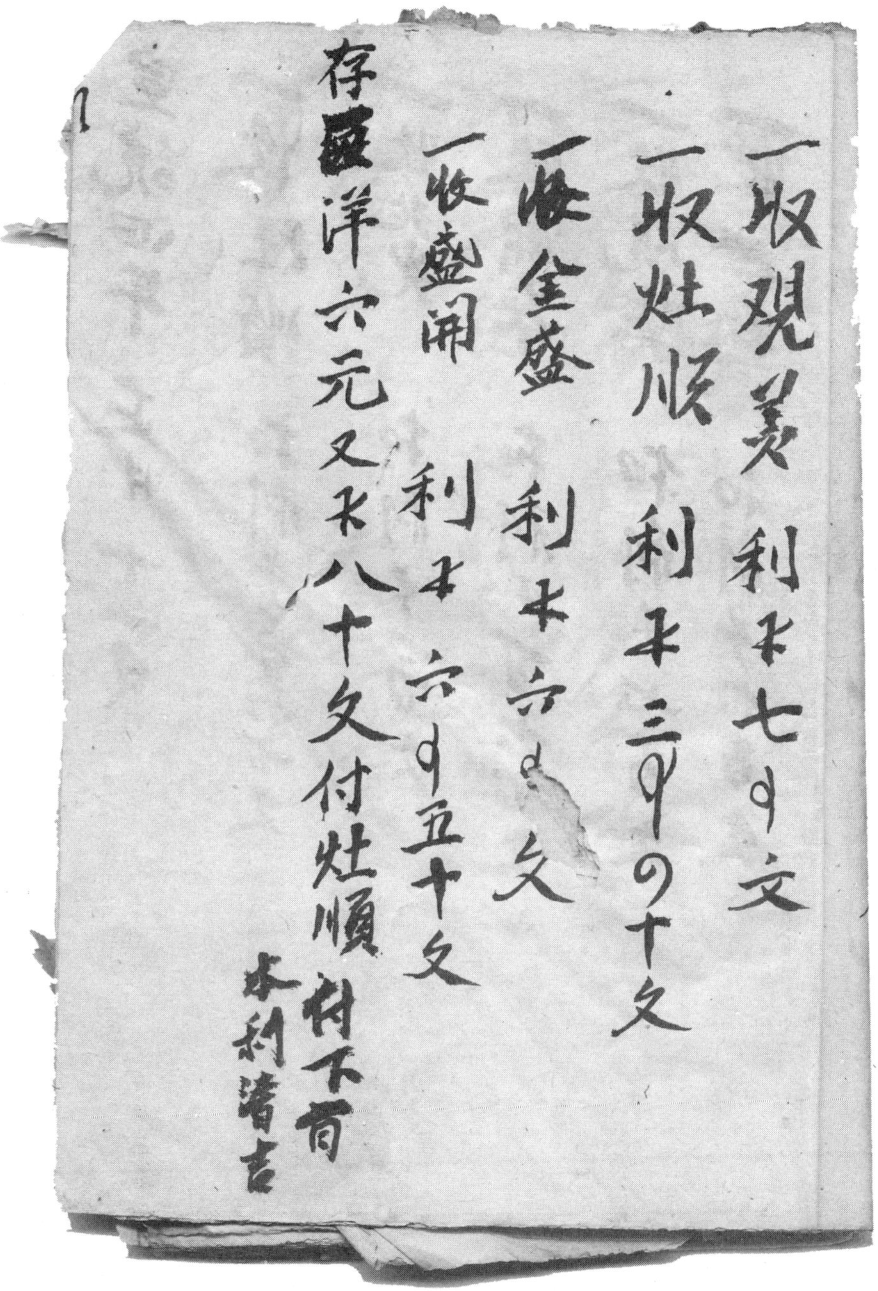
一收覌美 利錢七百文
一收灶順 利錢三百四十文
一收全盛 利錢六百文
一收盛開 利錢六百五十文
存英洋六元又錢八十文付灶順
付下首
本利清吉

段莘乡大汜村 B 4-57 · 同治十一年至民国三年 · 流水账

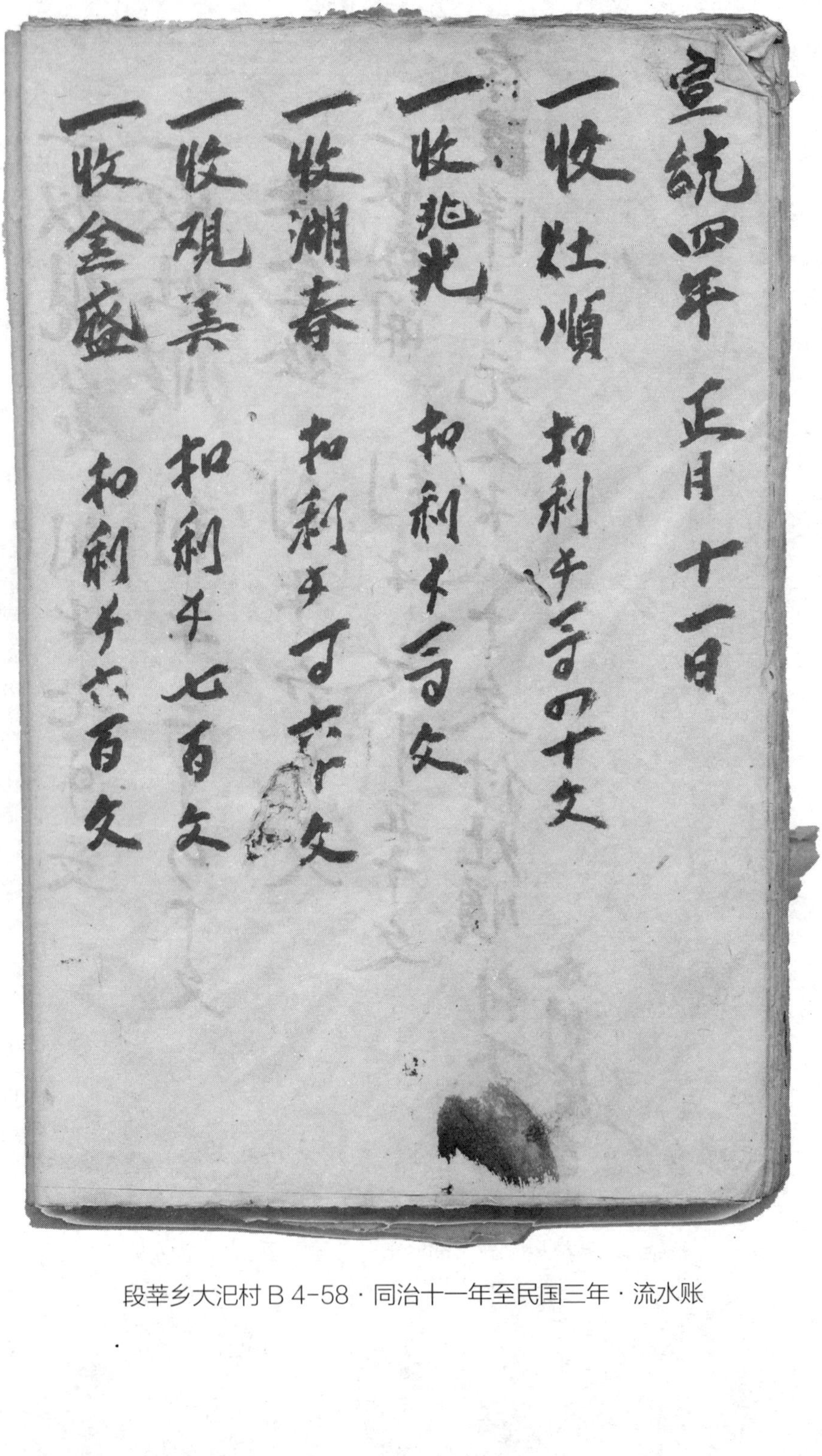

段莘乡大汜村 B 4-58 · 同治十一年至民国三年 · 流水账

一收盛開　扣利千六百五十文

一收興富　扣利五〣千四文收〣元　伊下我手

一收炳興　扣利千子文

附存厘英洋三元〇百七十文付胡春肯生邑　先分

民國弍年五月初八日上首家本利清訖　附匯于長年弍分生息

自加胡春付出支　古上英洋弍元

收

段莘乡大汜村 B 4-59 · 同治十一年至民国三年 · 流水账

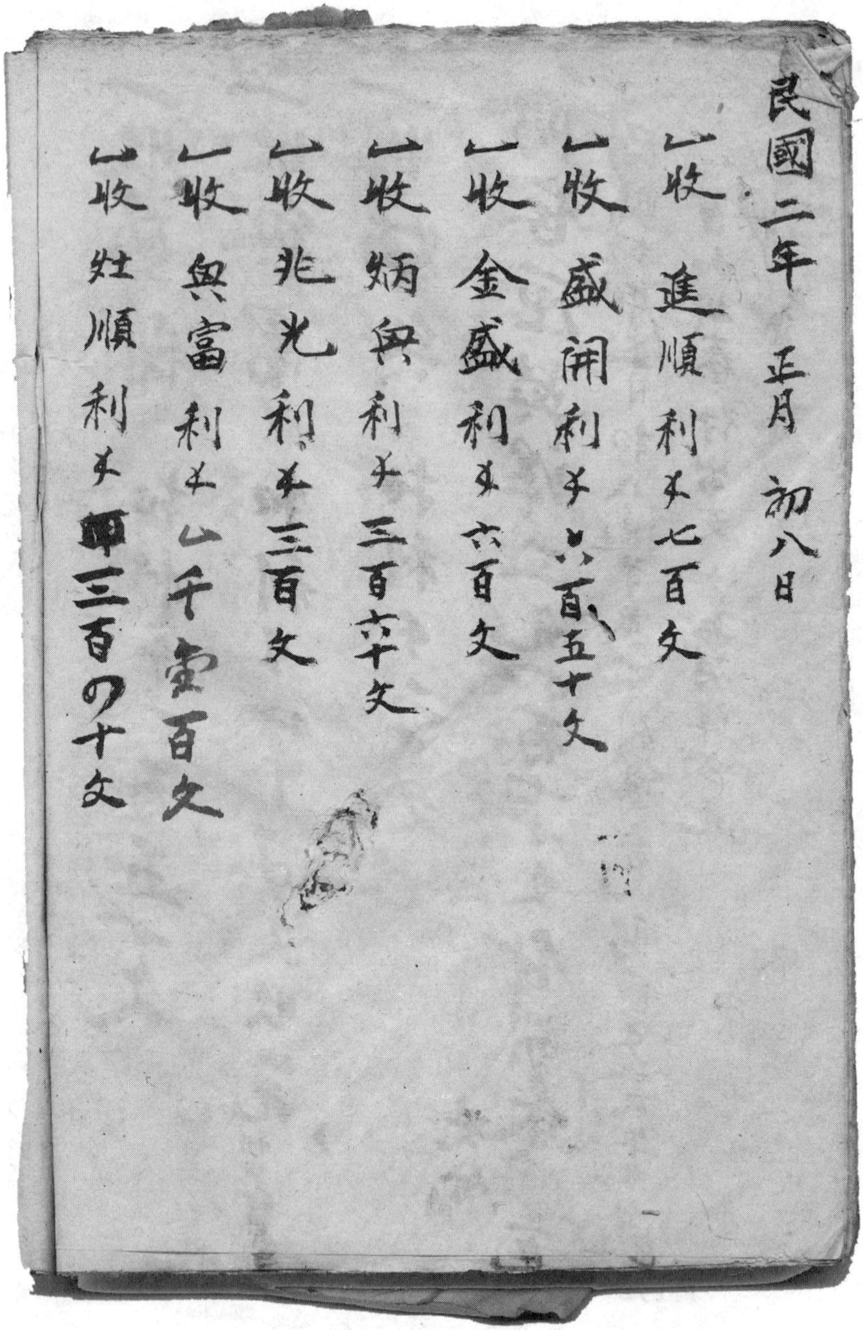

民國二年 正月 初八日
一收 進順 利钱七百文
一收 盛開 利钱六百五十文
一收 金盛 利钱六百文
一收 炳興 利钱三百六十文
一收 兆光 利钱三百文
一收 興富 利钱一千壹百文
一收 灶順 利钱[illegible]三百四十文

段莘乡大汜村 B 4-60 · 同治十一年至民国三年 · 流水账

收新有付廟仍付出贰百文與丁收
所存壹洋五元付前廟仍長年二分生礎清乞
民国三年正月十七做会算賬收利錢
收敬餘 利錢三百文
收岩順 利錢三百四十文
收源照 利錢七百文
收盛開 利錢六百五十文
收胡春重 利錢百六十文
收炳興 利錢贰百文
收金盛 利錢六百文
收興丁 利錢贰
共一千三百四十八文未收

段莘乡大汜村 B 4-61 · 同治十一年至民国三年 · 流水账

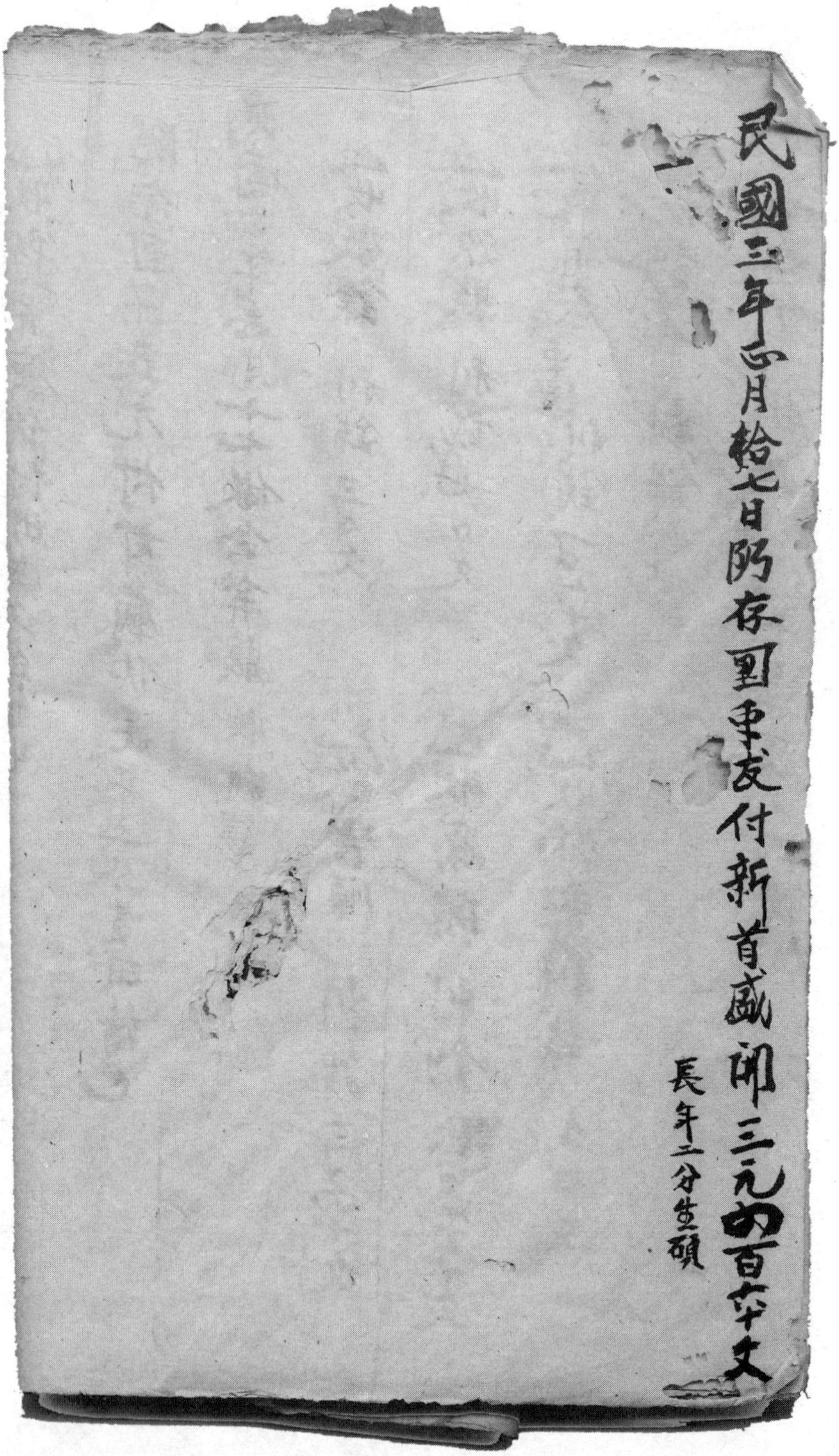
民國三年正月拾七日所存里手支付新首盛開三元四百六十文
長年二分生頓

段莘乡大汜村 B 4-62 · 同治十一年至民国三年 · 流水账

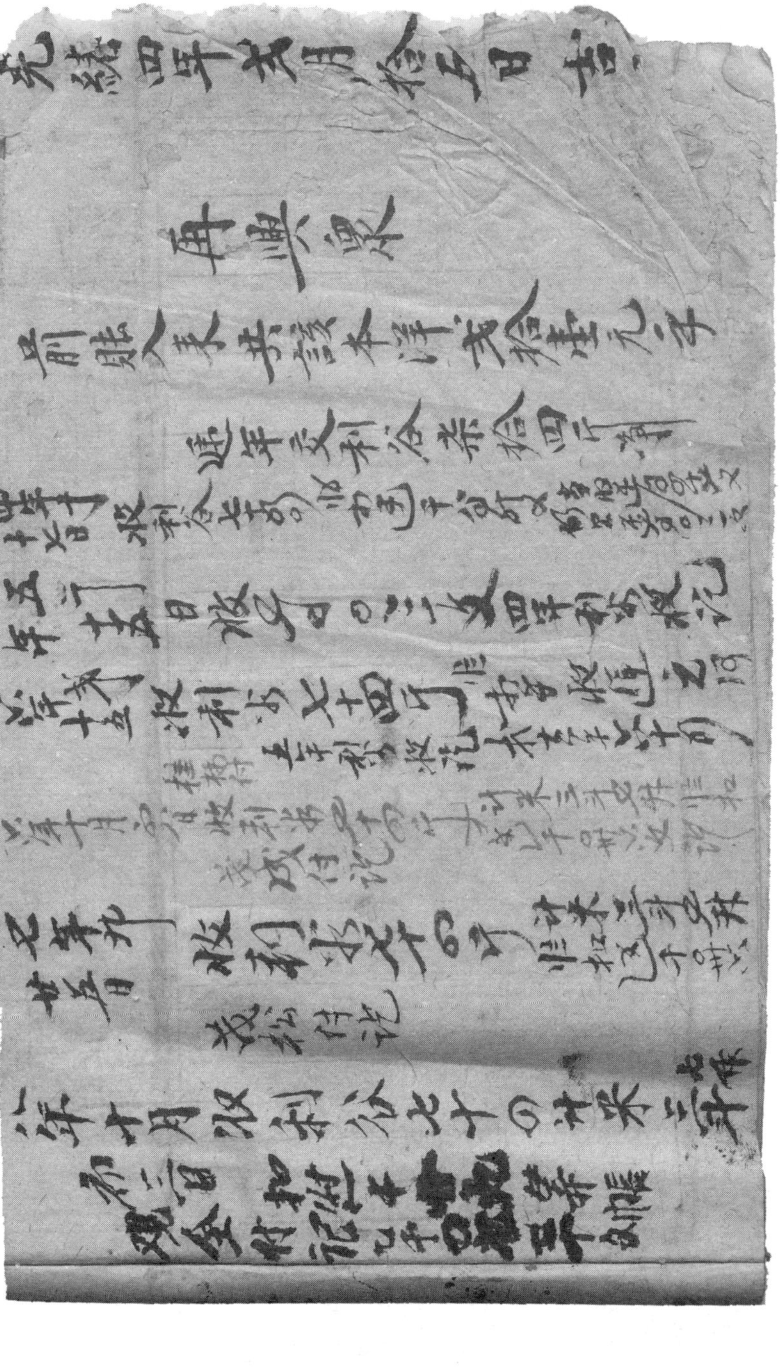

段莘乡大汜村 B 15-1 · 光绪四年至宣统元年 · 流水账 · 再兴众

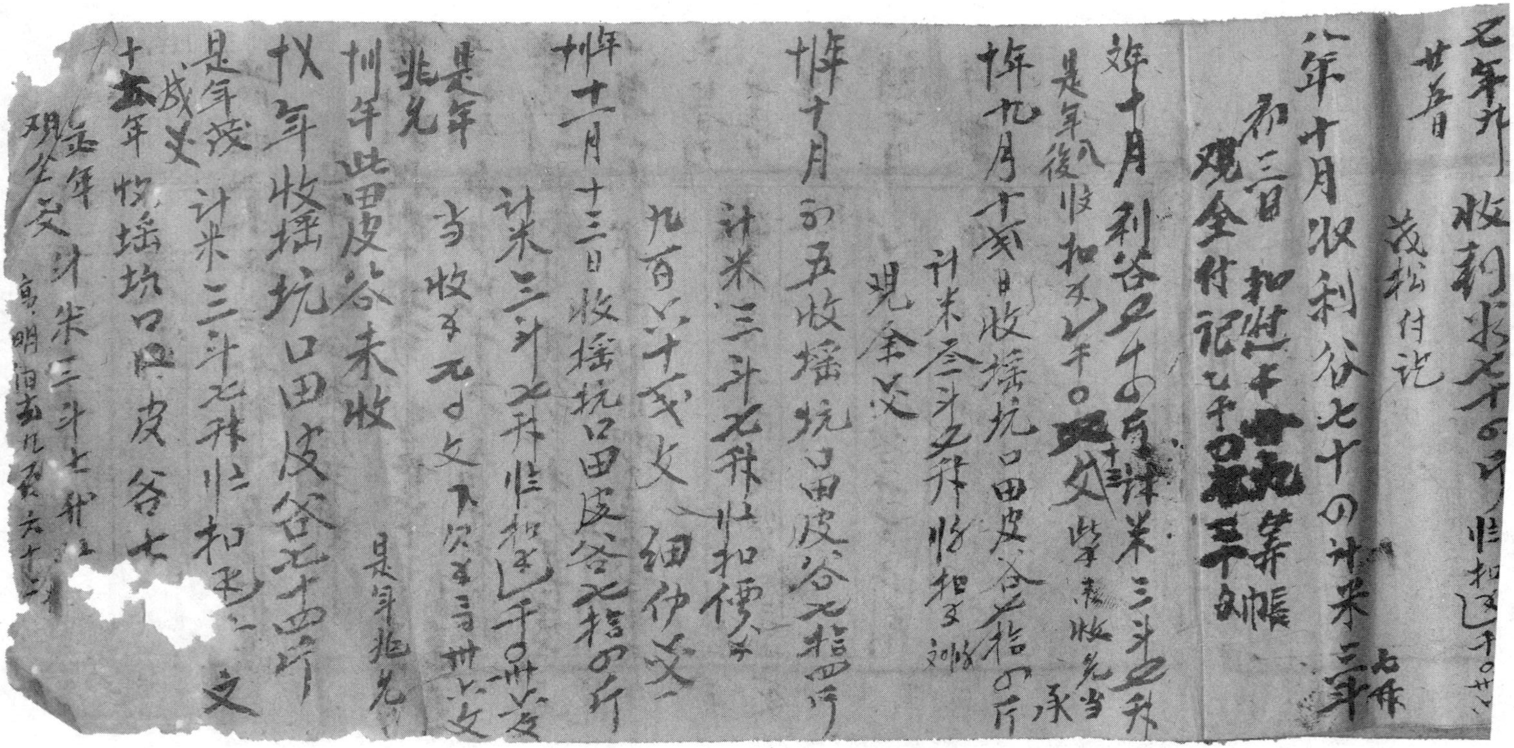
茂松付讫

八年十月收利谷七十〇斤 计米三斗 [illegible]
初三日 [illegible]
观全付讫 [illegible]

[illegible] 年十月利谷 [illegible] 米三斗 [illegible]
是年 [illegible] 收 [illegible]

[illegible] 年九月 [illegible] 日收摇坑口田皮谷 [illegible]
计米 [illegible]
观全讫

[illegible] 年十月 [illegible] 收摇坑口田皮谷 [illegible]
计米三斗 [illegible]
九百 [illegible] 文 细伊 [illegible]

[illegible] 年十一月十三日收摇坑口田皮谷 [illegible]
计米三斗 [illegible]
当收 [illegible] 文 [illegible]
是年兆先 [illegible]

[illegible] 年此田皮谷未收
是年 兆先

[illegible] 年收摇坑口田皮谷 [illegible] 斤
是年茂 [illegible] 计米三斗 [illegible]
成 [illegible]

[illegible] 年收摇坑口 [illegible] 皮谷 [illegible]
[illegible] 年 [illegible] 计米三斗 [illegible]
观 [illegible] 文 [illegible]

段莘乡大汜村 B 15-2 · 光绪四年至宣统元年 · 流水账 · 再兴众

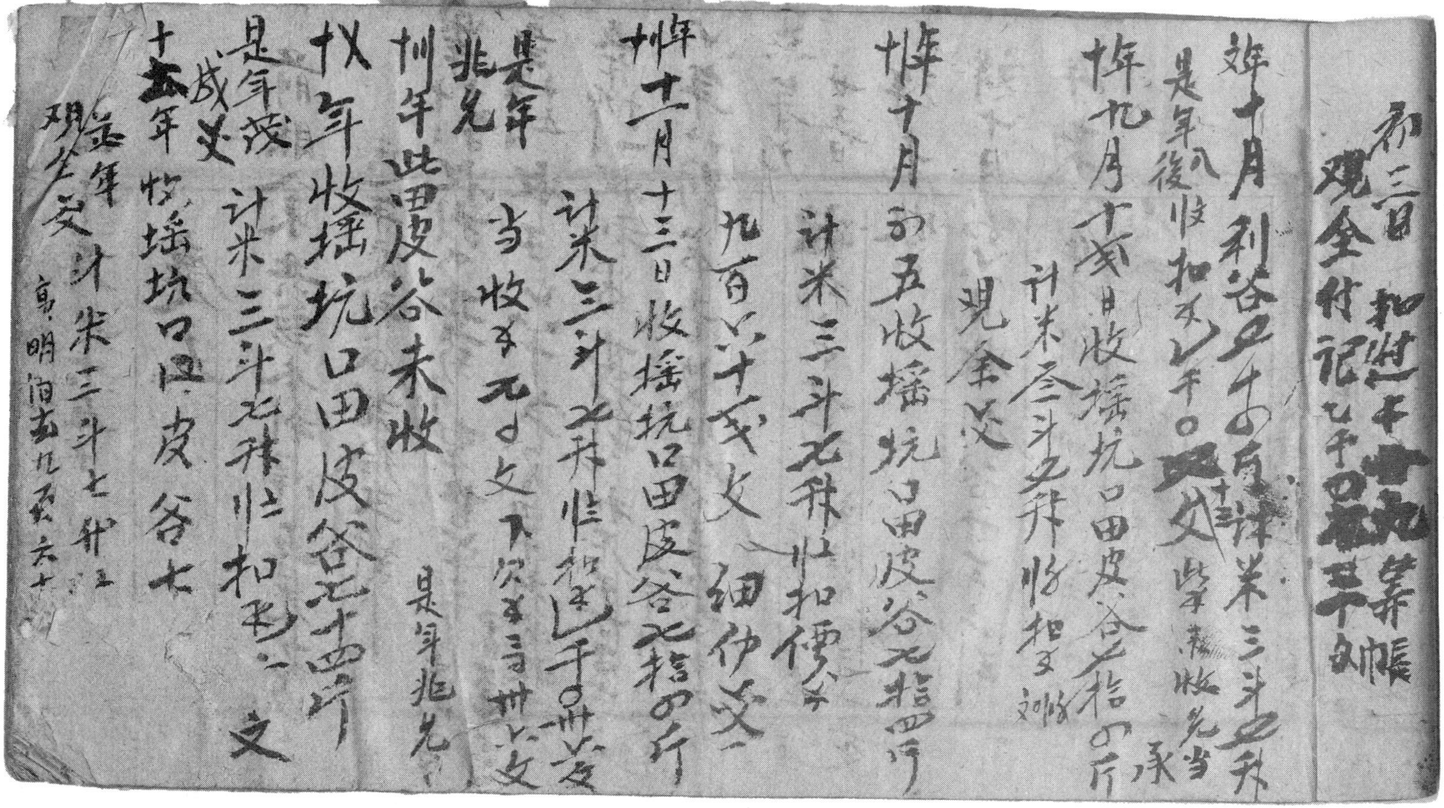

段莘乡大汜村 B 15-3 · 光绪四年至宣统元年 · 流水账 · 再兴众

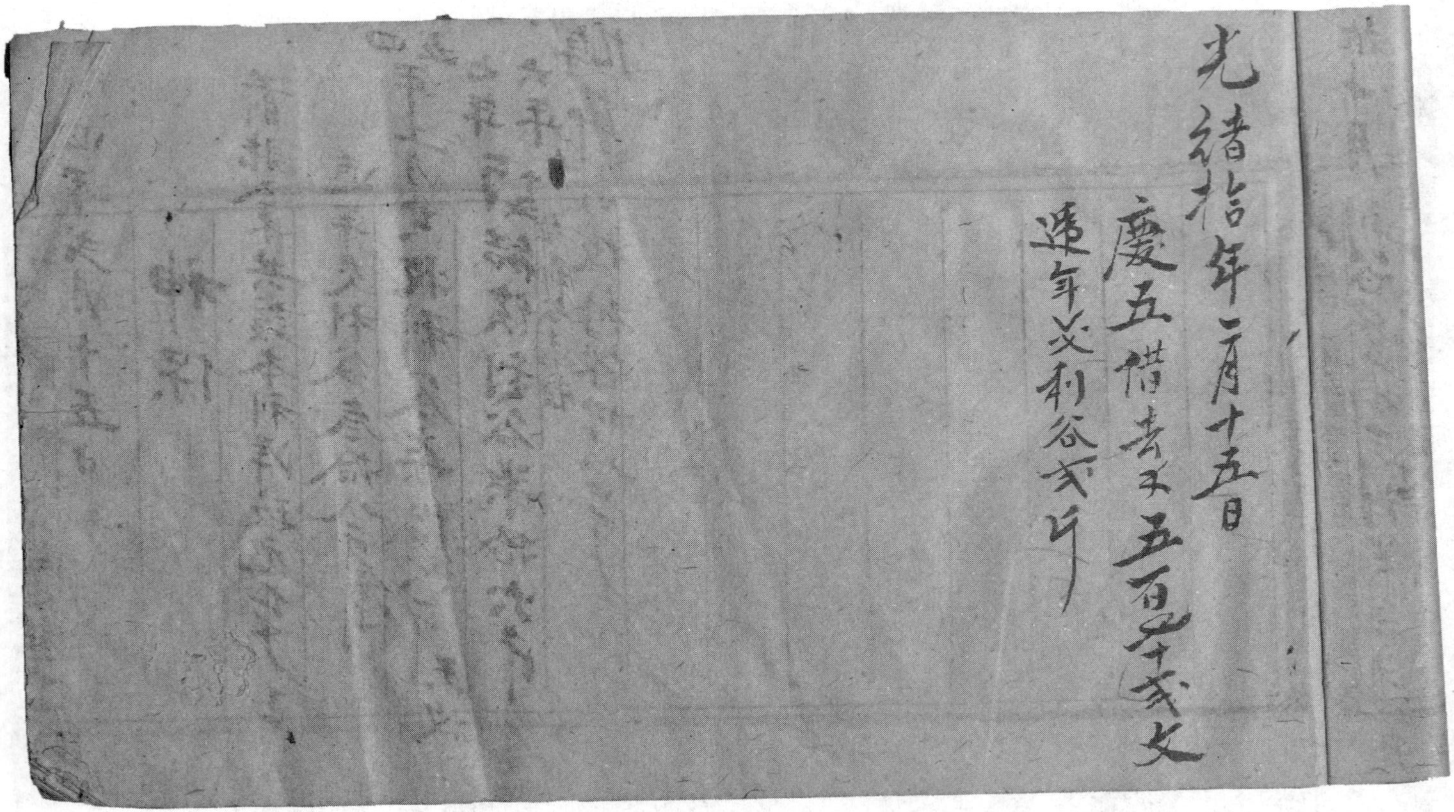
光绪拾年二月十五日
慶五借去[illegible]五百四十弍文
递年交利谷弍斤

段莘乡大汜村 B 15-4 · 光绪四年至宣统元年 · 流水账 · 再兴众

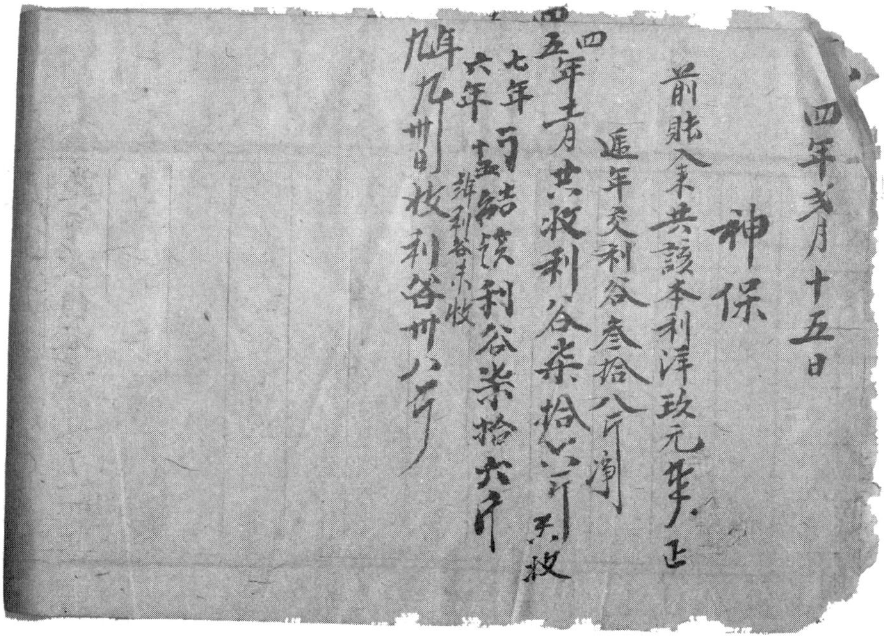

四年弍月十五日
神保
前账入来共该本利洋玖元柒角正
递年交利谷叁拾八斤净
四
五年十一月共收利谷柒拾八斤 另收
七年 可结清利谷柒拾六斤
六年 再利谷未收
九年九月卅日收利谷卅八斤

段莘乡大汜村 B 15-5 · 光绪四年至宣统元年 · 流水账 · 再兴众

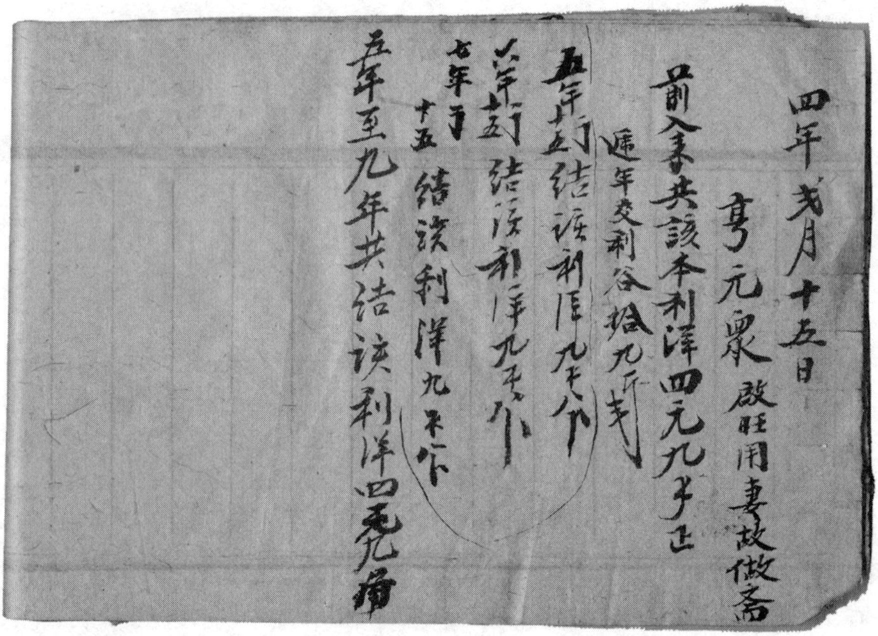
四年戊月十五日
再元衆 啟旺用妻故做斋
前入来共該本利洋四元九手正
遞年交利谷拾九斤
五年十五 結該利洋九毛八
六年十五 結該利洋九毛八
七年十五 結該利洋九毛八
五年至九年共結該利洋四元九角

段莘乡大汜村 B 15-6 · 光绪四年至宣统元年 · 流水账 · 再兴众

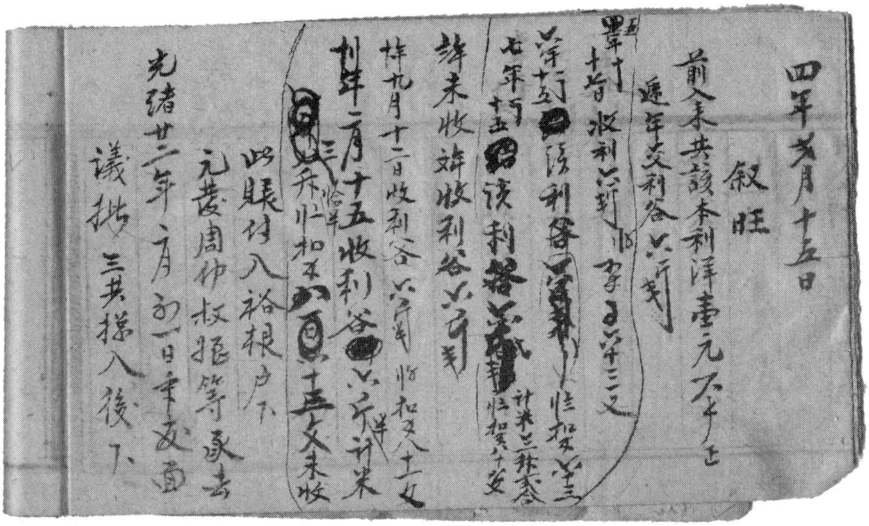

段莘乡大汜村 B 15-7 · 光绪四年至宣统元年 · 流水账 · 再兴众

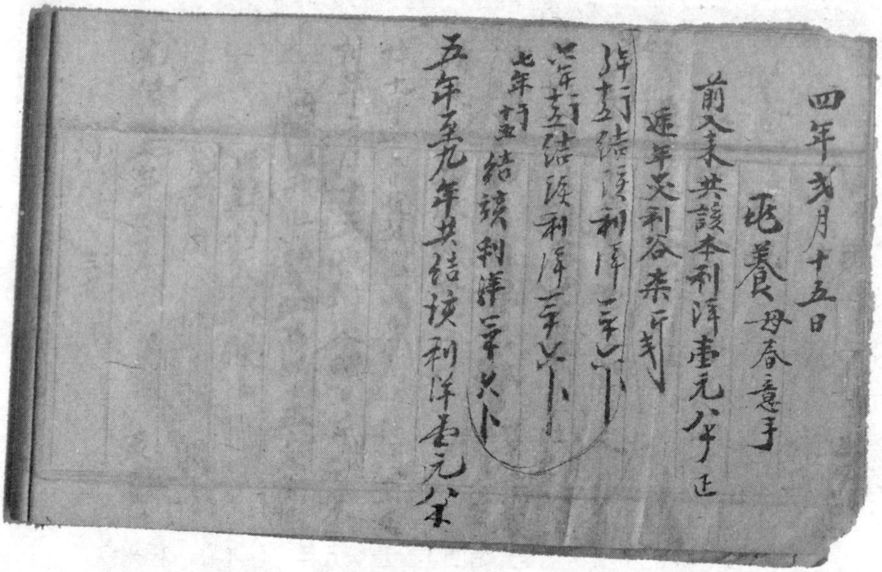

段莘乡大汜村 B 15-8 · 光绪四年至宣统元年 · 流水账 · 再兴众

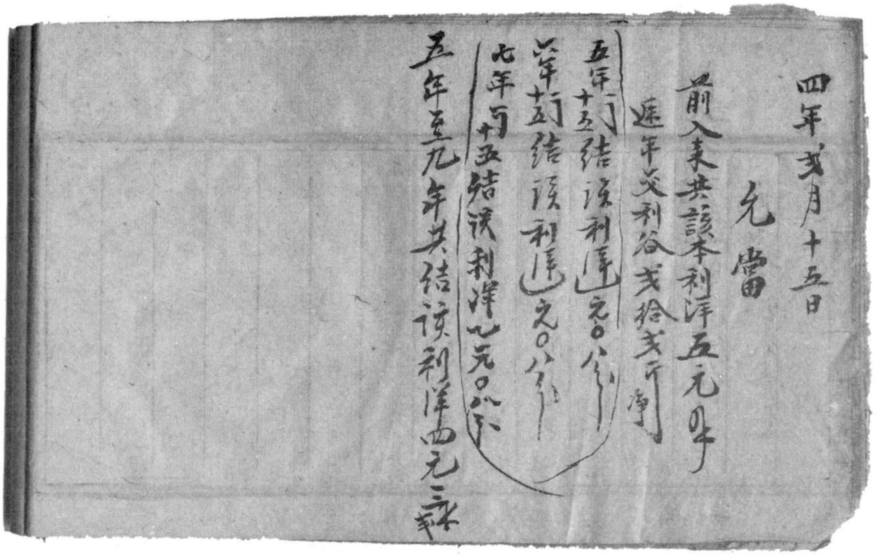
四年贰月十五日
元當
前入来共該本利洋五元正
延年交利谷贰拾贰斤净
五年一丁十五结该利洋[illegible]元[illegible]
六年一丁十五结该利洋[illegible]元[illegible]
七年一丁十五结该利洋七元[illegible]
五年至九年共结该利洋四元[illegible]

段莘乡大汜村 B 15-9 · 光绪四年至宣统元年 · 流水账 · 再兴众

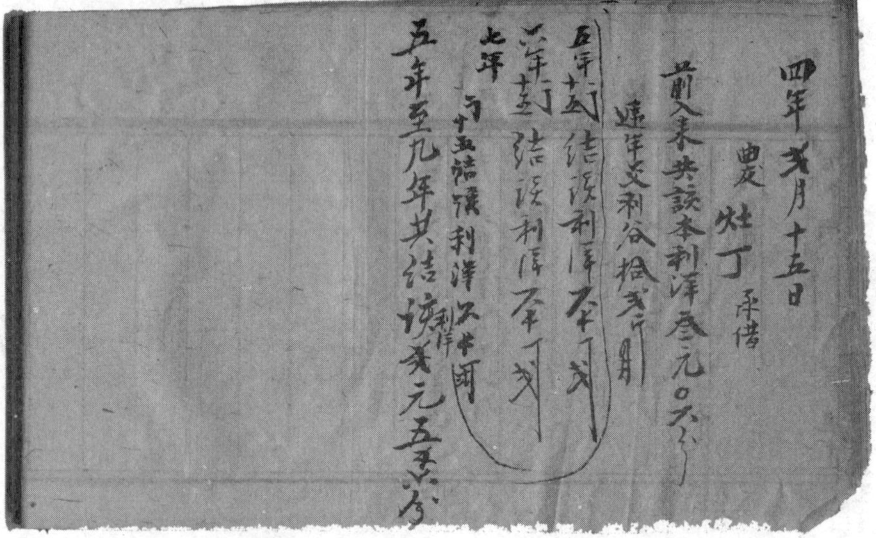

段莘乡大汜村 B 15-10 · 光绪四年至宣统元年 · 流水账 · 再兴众

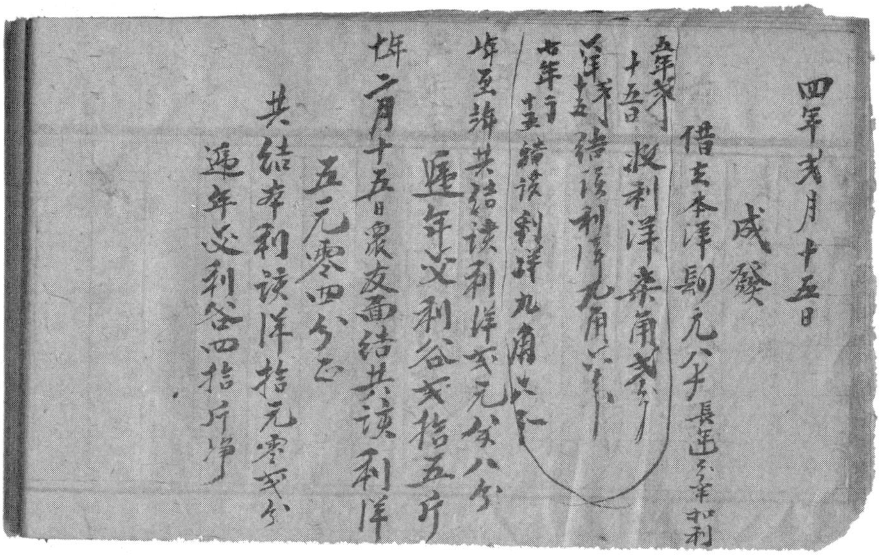
四年弍月十五日
成發
借去本洋弍元八角 長年弍分加利
五年弍月十五日收利洋柒角弍分
六年弍月十五日结该利洋九角六分
七年弍月十五日结该利洋九角六分
八年至十年共结该利洋弍元[illegible]八分
逐年交利谷弍指五斤
十一年二月十五日衆友面结共该利洋五元零四分正
共结本利该洋指元零弍分
逐年交利谷四指斤净

段莘乡大汜村 B 15-11 · 光绪四年至宣统元年 · 流水账 · 再兴众

四年戈月十五日
洪福
借去本洋捌元正 長至八年加利
比收退回讫

段莘乡大汜村 B 15-12 · 光绪四年至宣统元年 · 流水账 · 再兴众

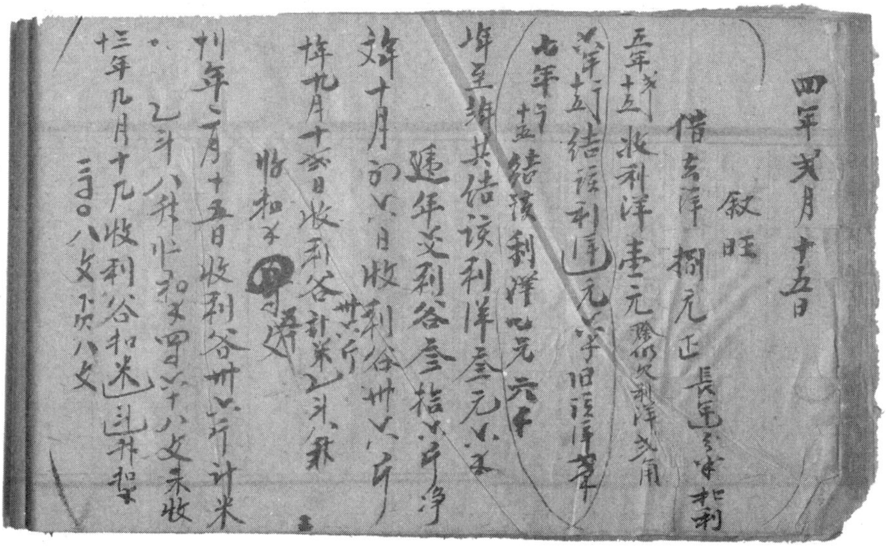

段莘乡大汜村 B 15-13 · 光绪四年至宣统元年 · 流水账 · 再兴众

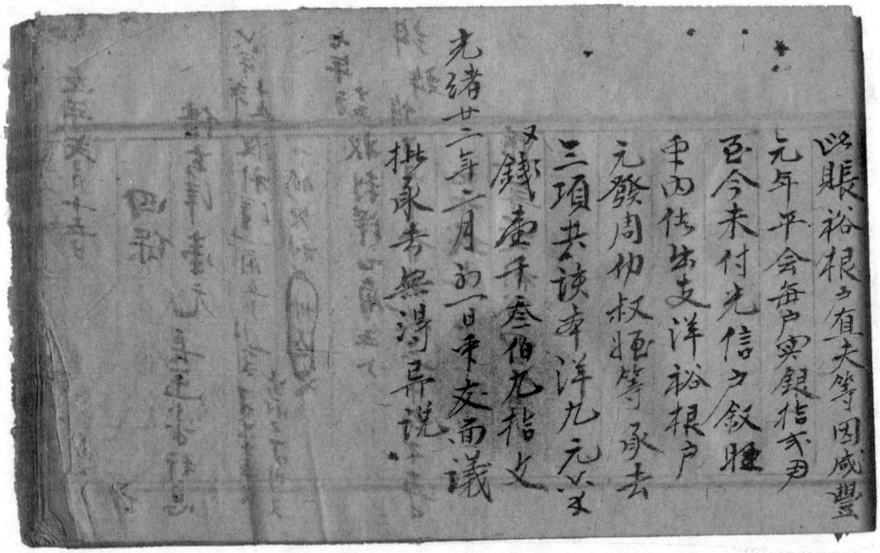

以賬裕根、有夫等因咸豐
元年平会每户出銀指弍两
至今未付，先信、叙腫
申内借出支洋裕根户
元發周仰叔腫等承去
三項共該本洋九元六五
又錢叁千叁伯九指文
光緒廿二年六月初一日來支面議
批承者無得异說

段莘乡大汜村 B 15-14 · 光绪四年至宣统元年 · 流水账 · 再兴众

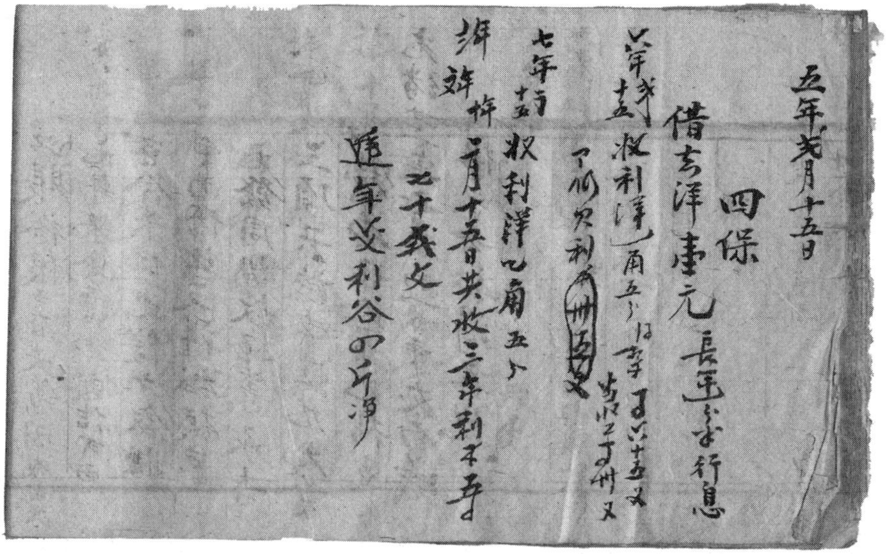

段莘乡大汜村 B 15-15 · 光绪四年至宣统元年 · 流水账 · 再兴众

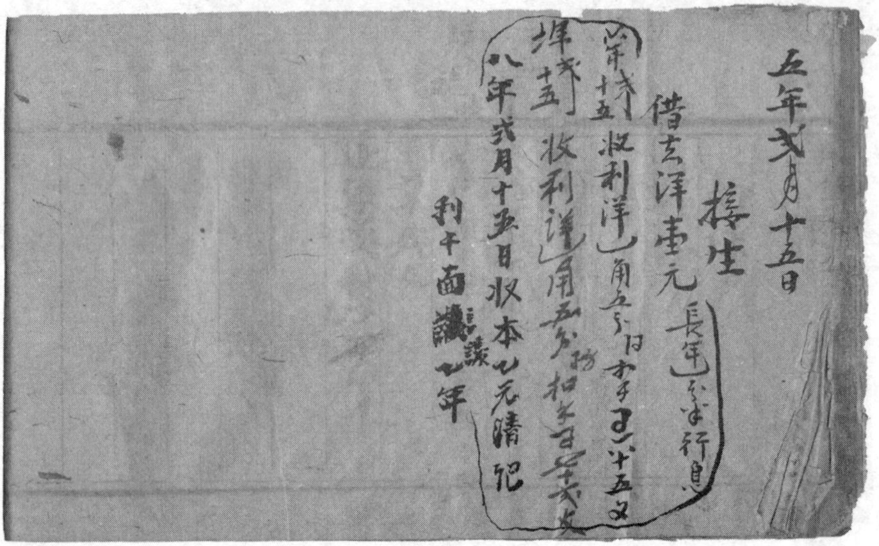

段莘乡大汜村 B 15-16 · 光绪四年至宣统元年 · 流水账 · 再兴众

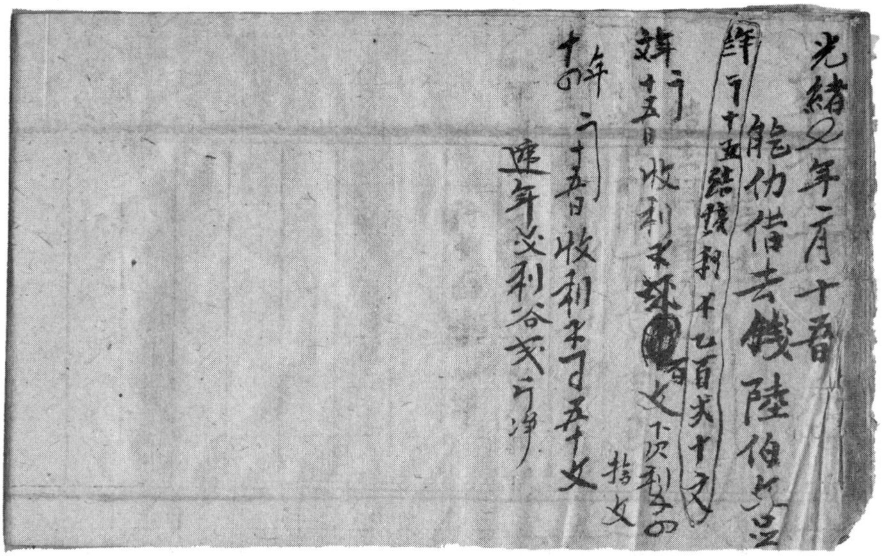

段莘乡大汜村 B 15-17 · 光绪四年至宣统元年 · 流水账 · 再兴众

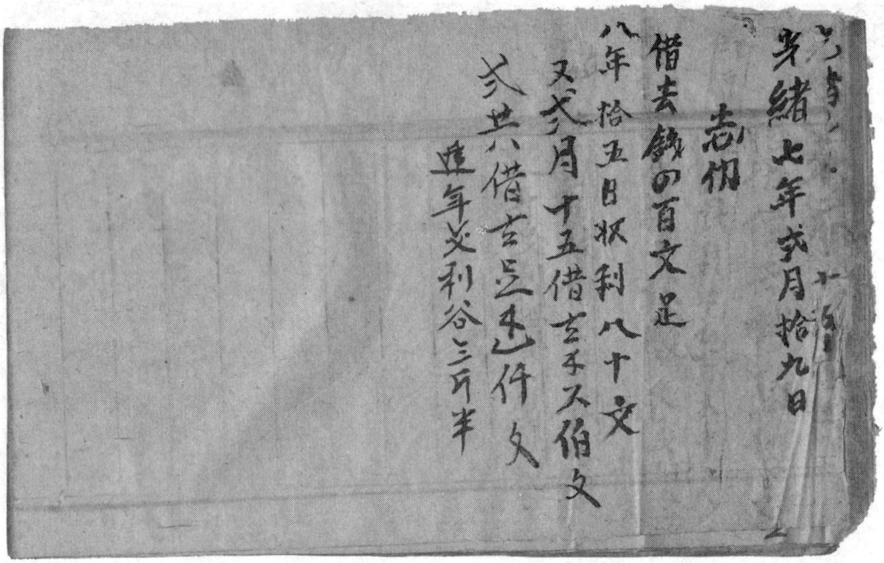

段莘乡大汜村 B 15-18 · 光绪四年至宣统元年 · 流水账 · 再兴众

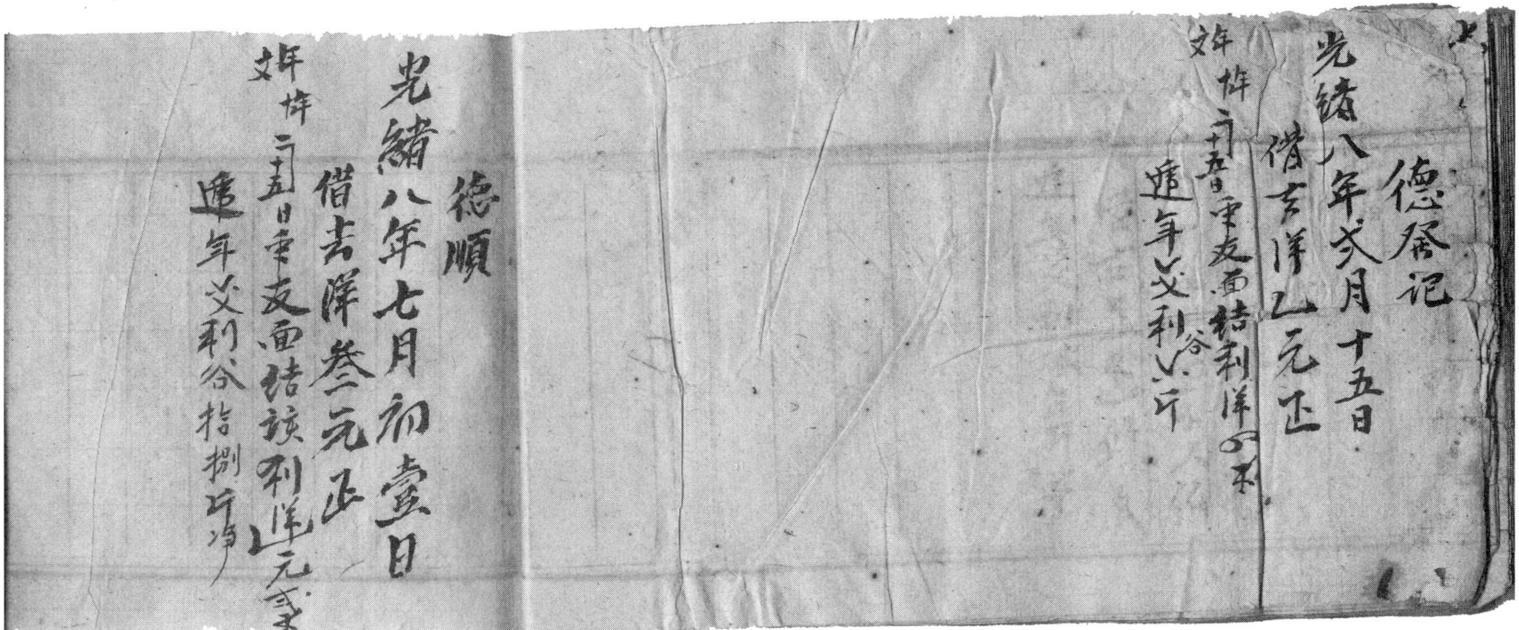

德畬记

光绪八年弍月十五日

借去洋乙元正

逐年交利谷八斤

德顺

光绪八年七月初壹日

借去洋叁元正

逐年交利谷

段莘乡大汜村 B 15-19・光绪四年至宣统元年・流水账・再兴众

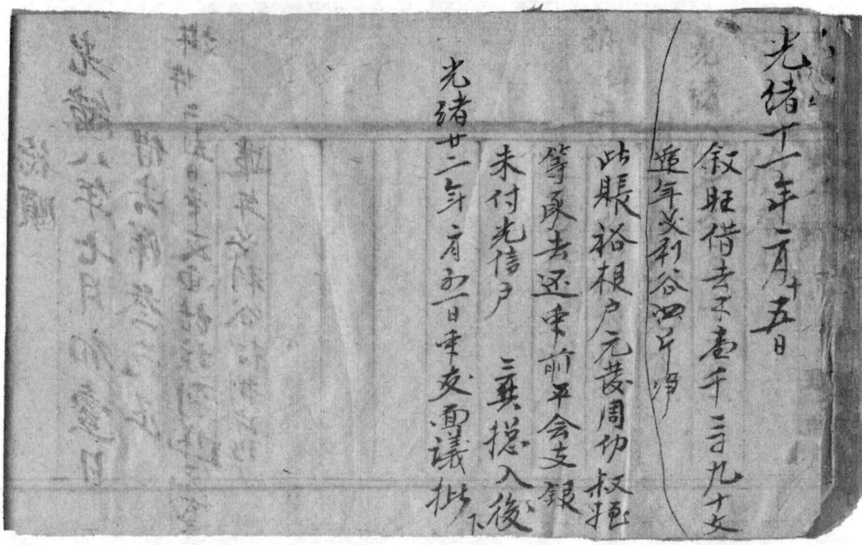

光绪十一年二月十五日
叙旺借去本壹千三百九十文
递年交利谷四斤净
此账裕根户元茂周仂叔抠
等承去还来前本会支银
未付光信户　三人摠入後
光绪廿二年二月初二日来交[illegible]议批下

段莘乡大汜村 B 15-20 · 光绪四年至宣统元年 · 流水账 · 再兴众

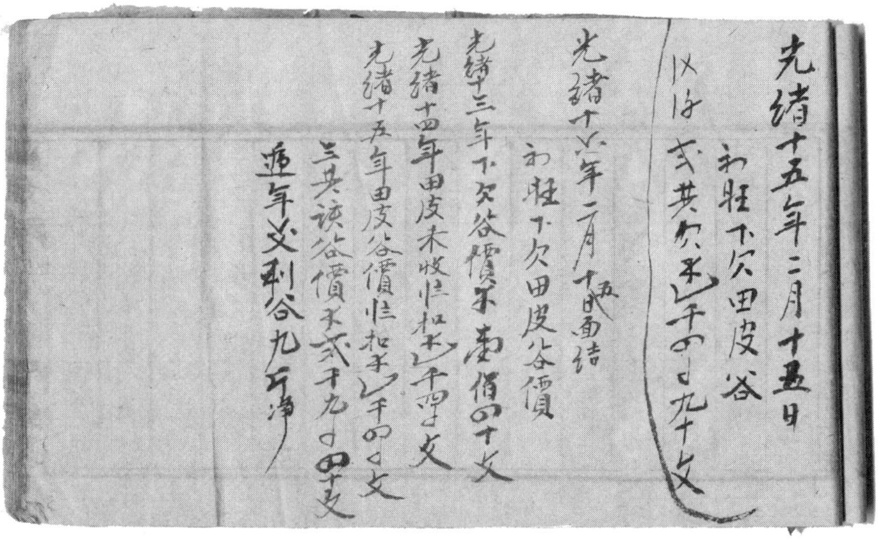

段莘乡大汜村 B 15-21 · 光绪四年至宣统元年 · 流水账 · 再兴众

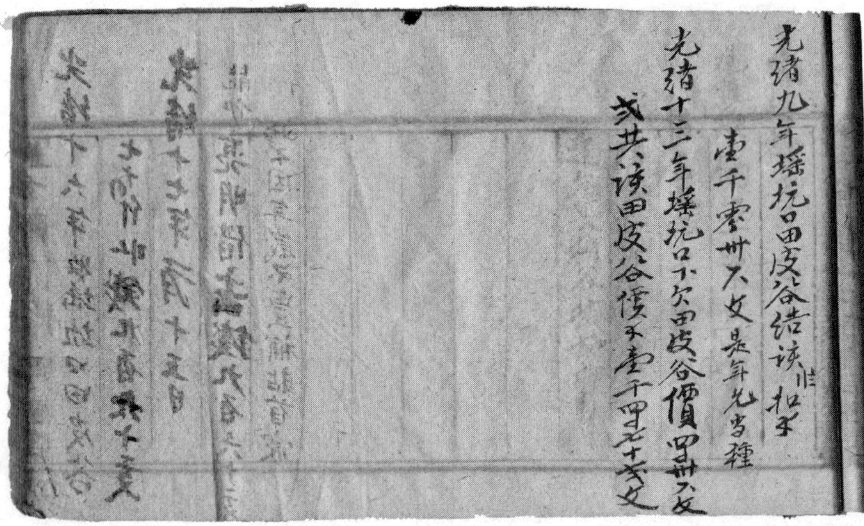

段莘乡大汜村 B 15-22 · 光绪四年至宣统元年 · 流水账 · 再兴众

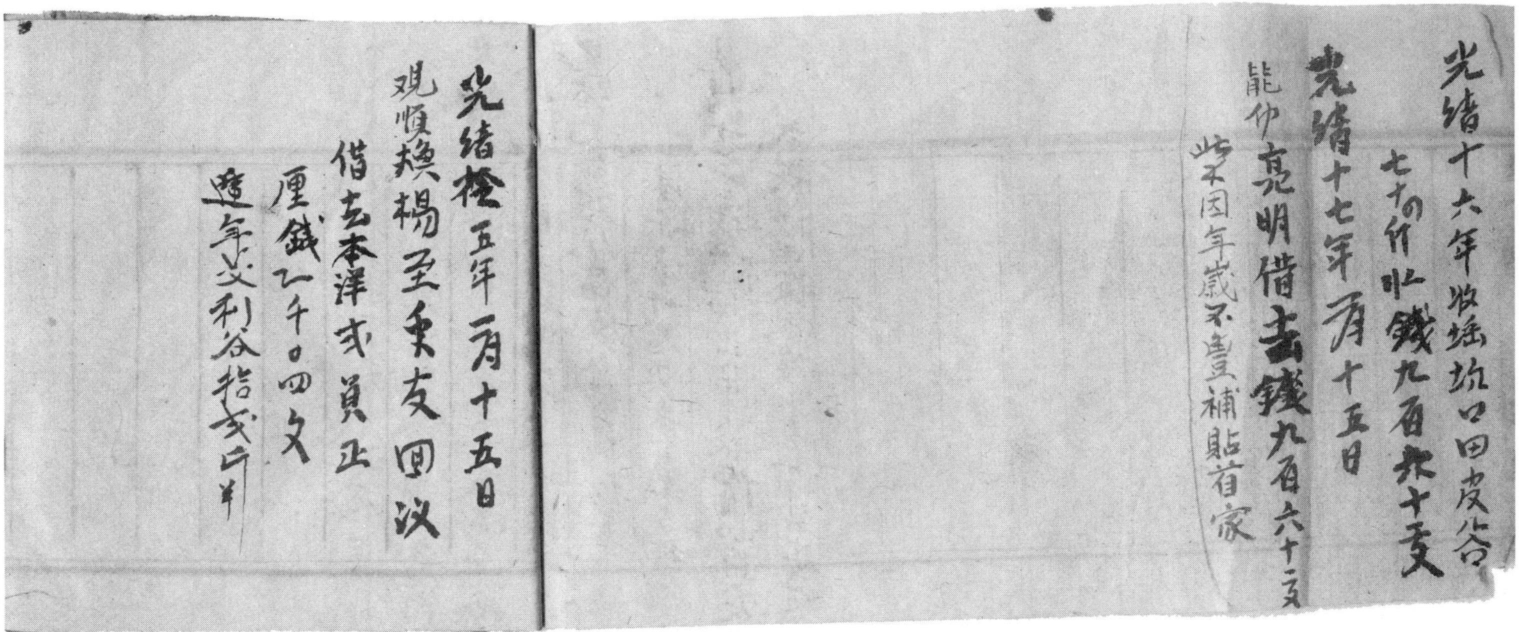

段莘乡大汜村 B 15-23 · 光绪四年至宣统元年 · 流水账 · 再兴众

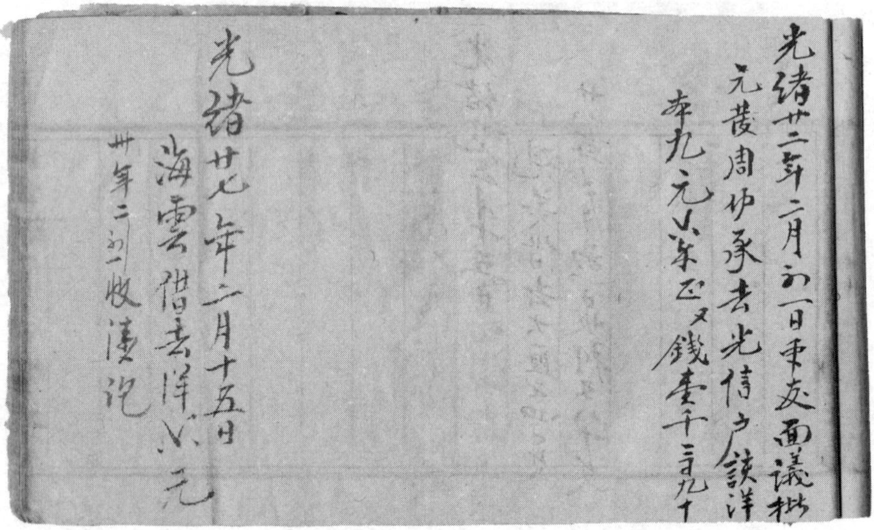

段莘乡大汜村 B 15-24 · 光绪四年至宣统元年 · 流水账 · 再兴众

光绪廿二月十五日
观美借去大匣钱四千文
廿六年二月初一日收利钱八十文

光绪三十三年 八未
观美借去洋五钱正

观美谈木林白田皮谷进年
己手共该八钱，计生利计
至
宣统元年

段莘乡大汜村 B 15-25 · 光绪四年至宣统元年 · 流水账 · 再兴众

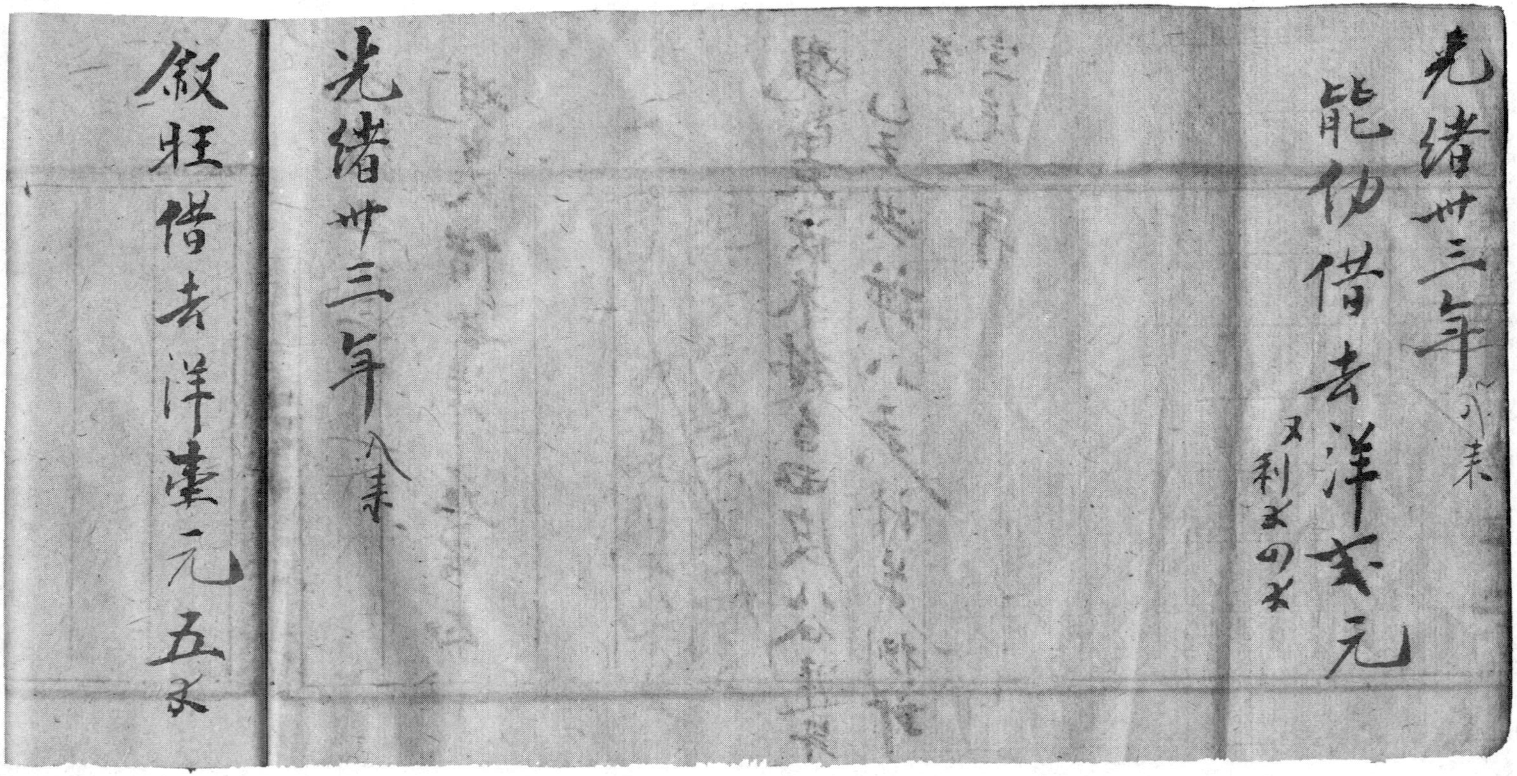
光绪卅三年八来
能仂借去洋贰元
又利洋四角
光绪卅三年八来
叙旺借去洋壹元五角

段莘乡大汜村 B 15-26 · 光绪四年至宣统元年 · 流水账 · 再兴众

光绪卅一年二月初一日

能仂借去洋叁元正

卅三年收洋乙元罗碗

段莘乡大汜村 B 15-27 · 光绪四年至宣统元年 · 流水账 · 再兴众

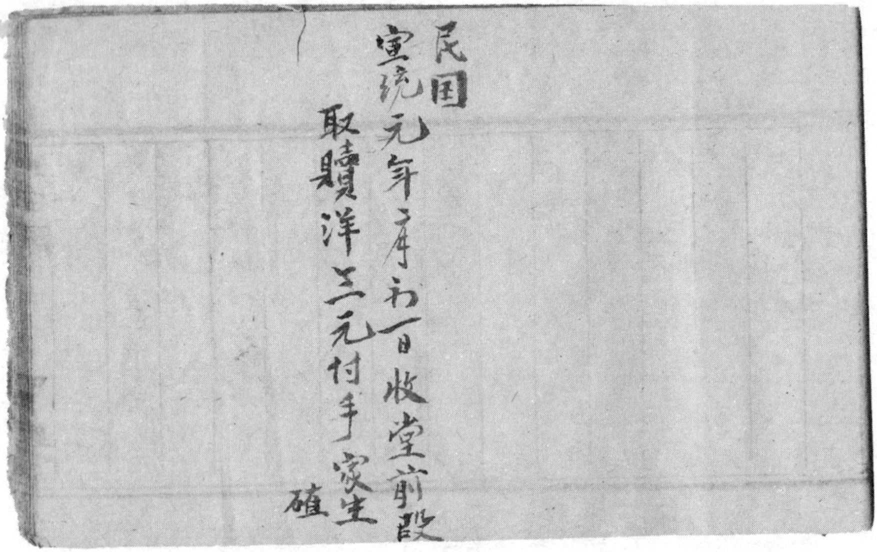
民国
宣统元年二月初一日收堂前段
取赎洋三元付手家生
碓

段莘乡大汜村 B 15-28 · 光绪四年至宣统元年 · 流水账 · 再兴众

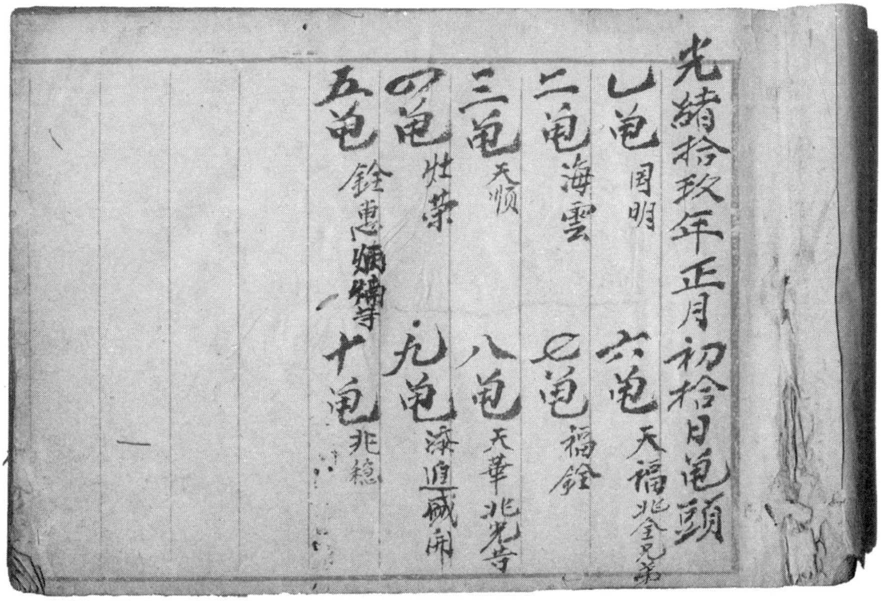

段莘乡大汜村 B 9-1 · 光绪十九年至民国三十六年 · 会簿 · 国明等

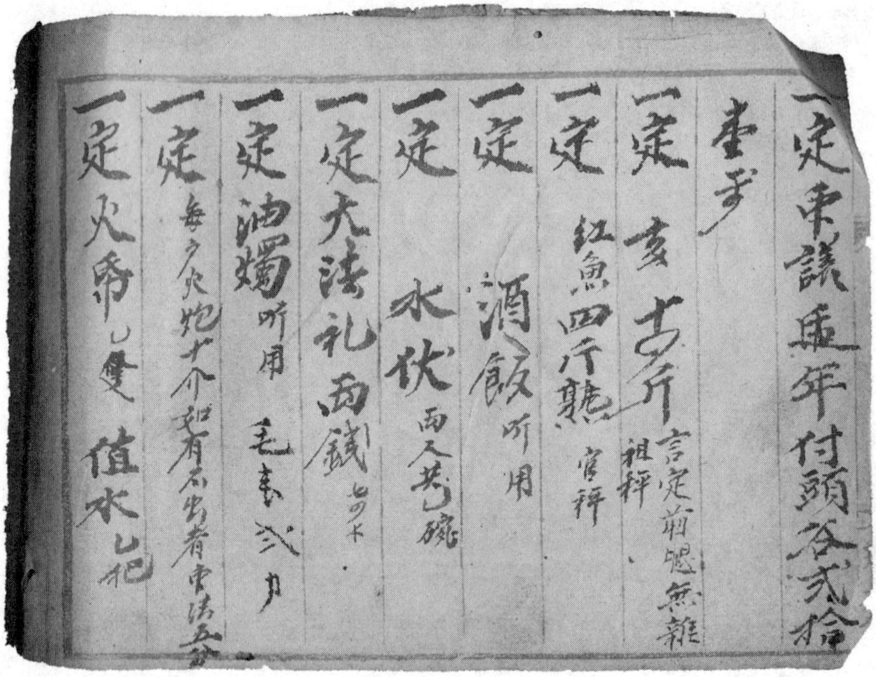

段莘乡大汜村 B 9-2 · 光绪十九年至民国三十六年 · 会簿 · 国明等

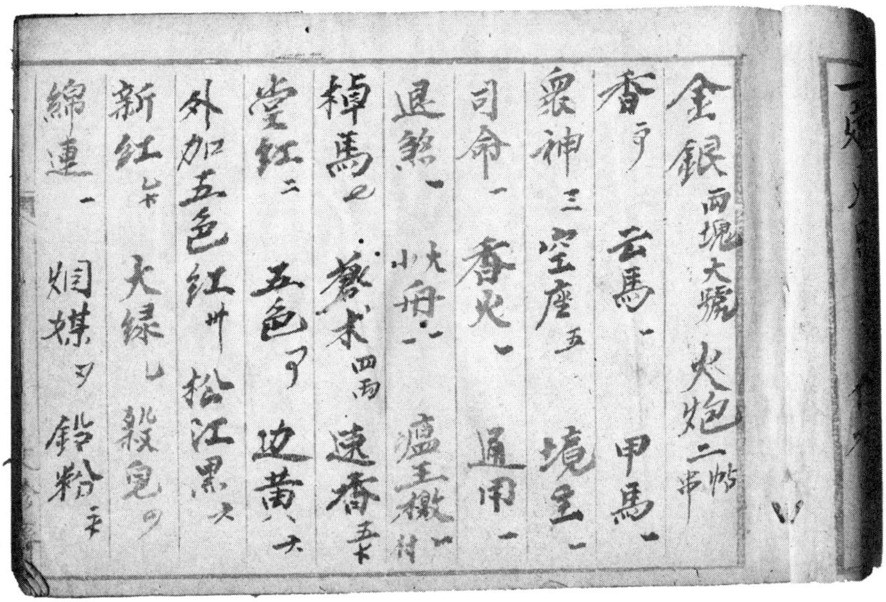

金銀两塊大號　火炮二串
香〆　云馬一　甲馬一
衆神三　堂座五　境主一
司命一　香火一　通用一
退煞一　大舟〻　小舟一　爐王襯一付
轎馬〻　藝术四両　速香五卞
堂紅二　五色〆　边黄〻大
外加五色紅卅　松江黒〻大
新紅〻　大綠〻　穀皂〻
綿連一　烟媒〆　鉛粉〻

段莘乡大汜村 B 9-3 · 光绪十九年至民国三十六年 · 会簿 · 国明等

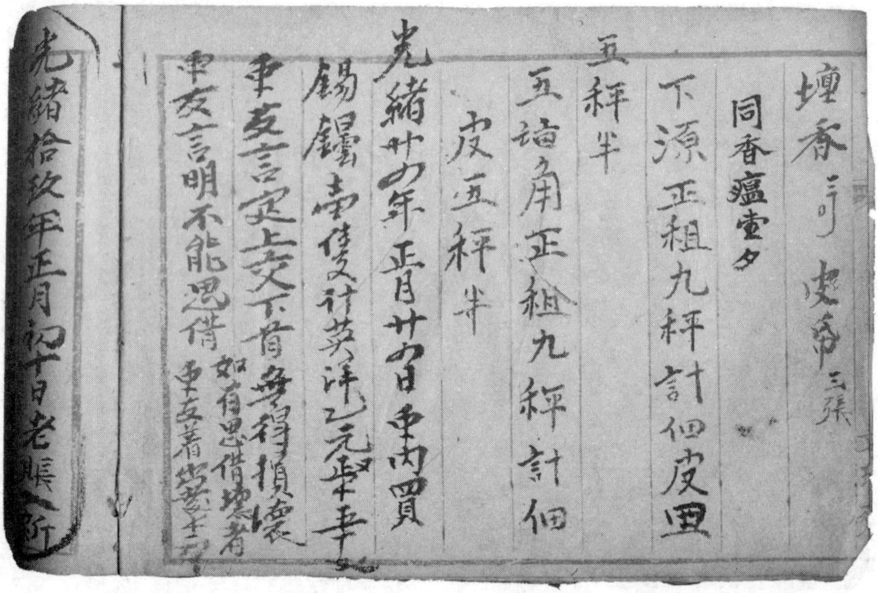

段莘乡大汜村 B 9-4 · 光绪十九年至民国三十六年 · 会簿 · 国明等

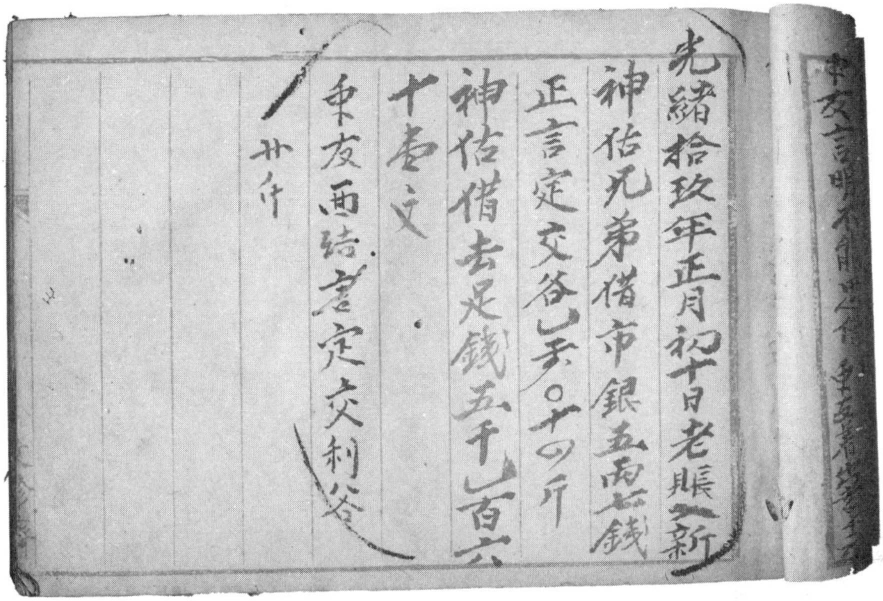

段莘乡大汜村 B 9-5 · 光绪十九年至民国三十六年 · 会簿 · 国明等

規株兄弟借去市銀三元九
錢乚分言定交谷乚秀三斤半
規林借去足卡五千八百〇弍
十文

段莘乡大汜村 B 9-6 · 光绪十九年至民国三十六年 · 会簿 · 国明等

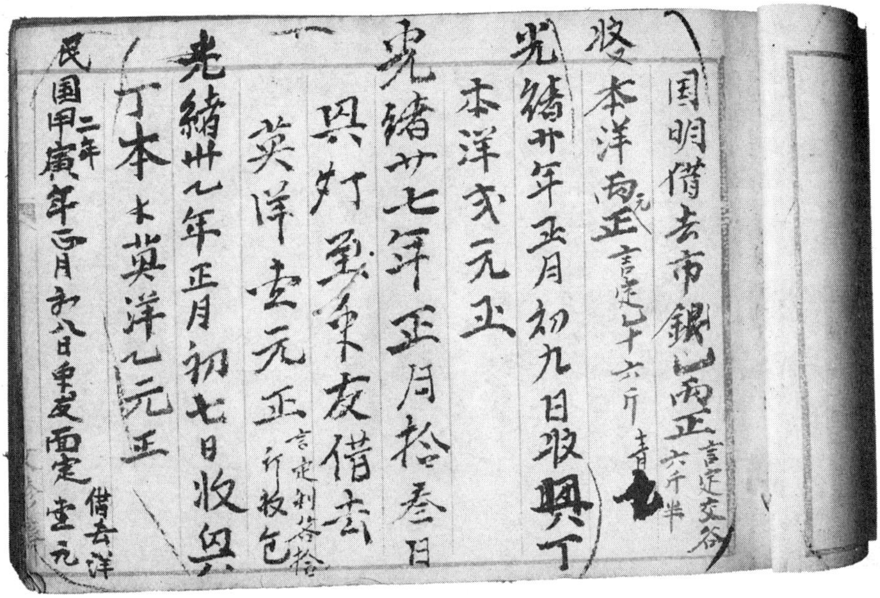

段莘乡大汜村 B 9-7 · 光绪十九年至民国三十六年 · 会簿 · 国明等

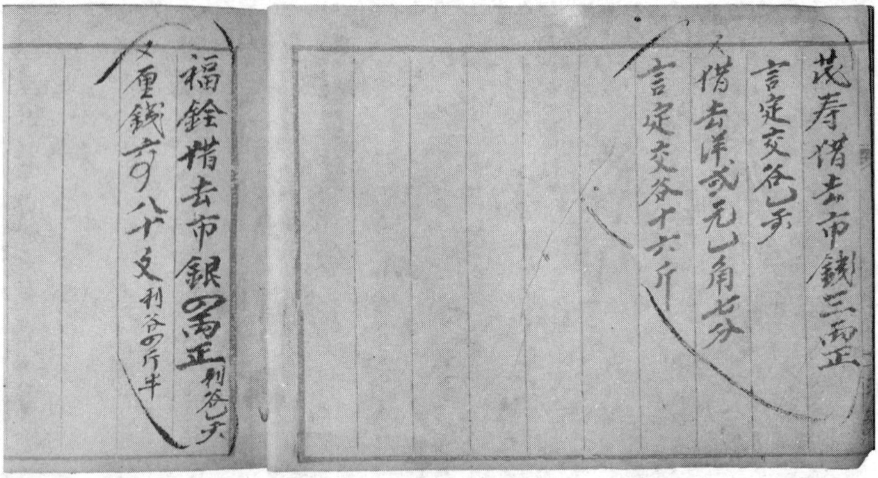

段莘乡大汜村 B 9-8 · 光绪十九年至民国三十六年 · 会簿 · 国明等

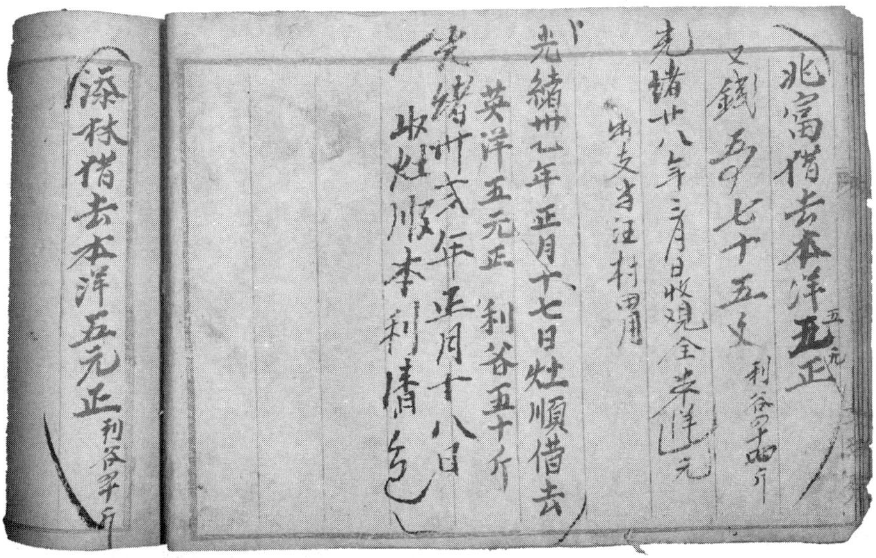

段莘乡大汜村 B 9-9 · 光绪十九年至民国三十六年 · 会簿 · 国明等

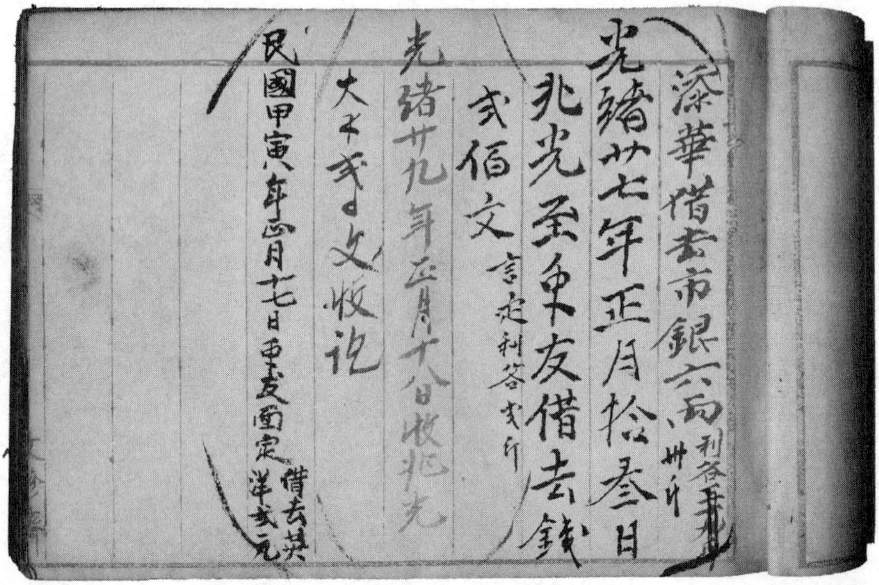

段莘乡大汜村 B 9-10 · 光绪十九年至民国三十六年 · 会簿 · 国明等

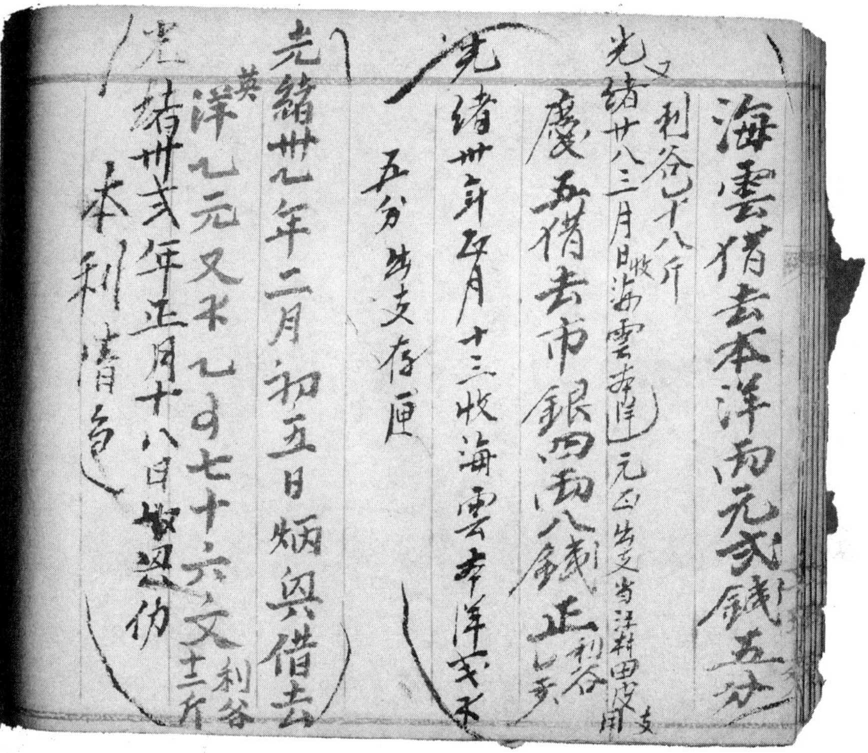
海雲借去本洋兩元弍錢五分
利谷一十八斤
光緒廿八三月日收海雲本洋元正出支当抵耕田皮用支
慶五借去市銀四兩八錢正
利谷十斤
光緒卅年正月十三收海雲本洋一元
五分出支存匣
光緒廿九年二月初五日炳興借去
英洋乙元又米乙斗七十六文
利谷十二斤
光緒卅弍年正月十八日收恩仂
本利清白

段莘乡大汜村 B 9-11 · 光绪十九年至民国三十六年 · 会簿 · 国明等

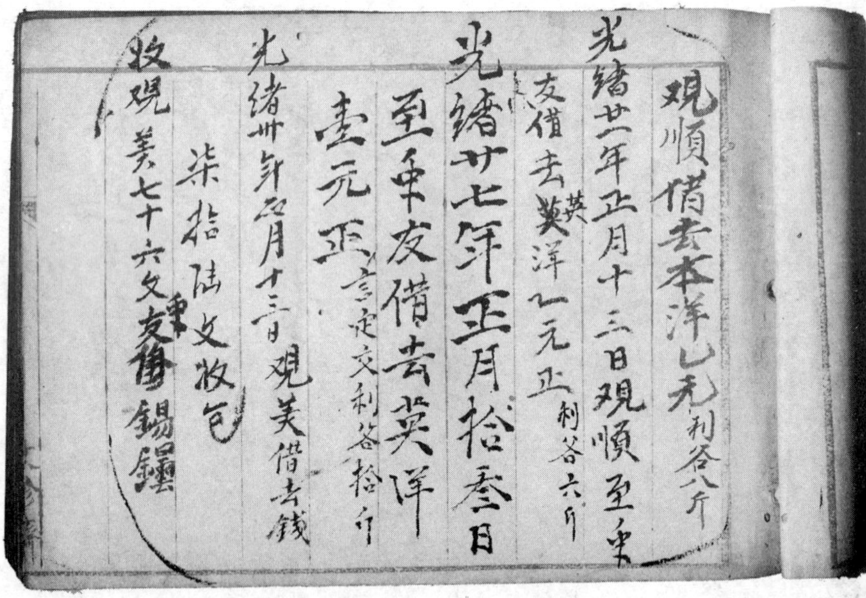

段莘乡大汜村 B 9-12 · 光绪十九年至民国三十六年 · 会簿 · 国明等

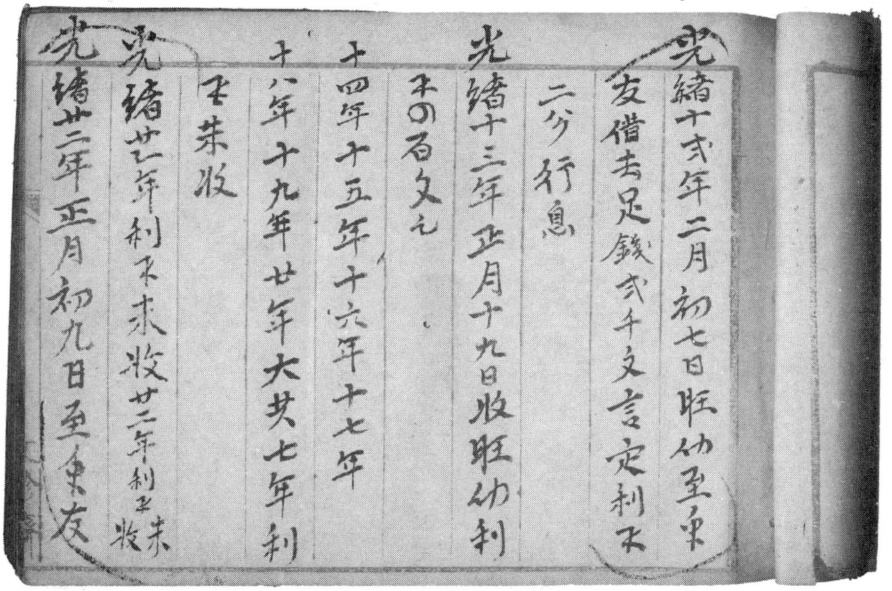
光緒十弍年二月初七日旺仂至東
友借去足錢弍千文言定利下
二分行息
光緒十三年正月十九日收旺仂利
本四百文正
十四年十五年十六年十七年
十八年十九年廿年大共七年利
下未收
光緒廿一年利下未收廿二年利下未收
光緒廿二年正月初九日至東友

段莘乡大汜村 B 9-13 · 光绪十九年至民国三十六年 · 会簿 · 国明等

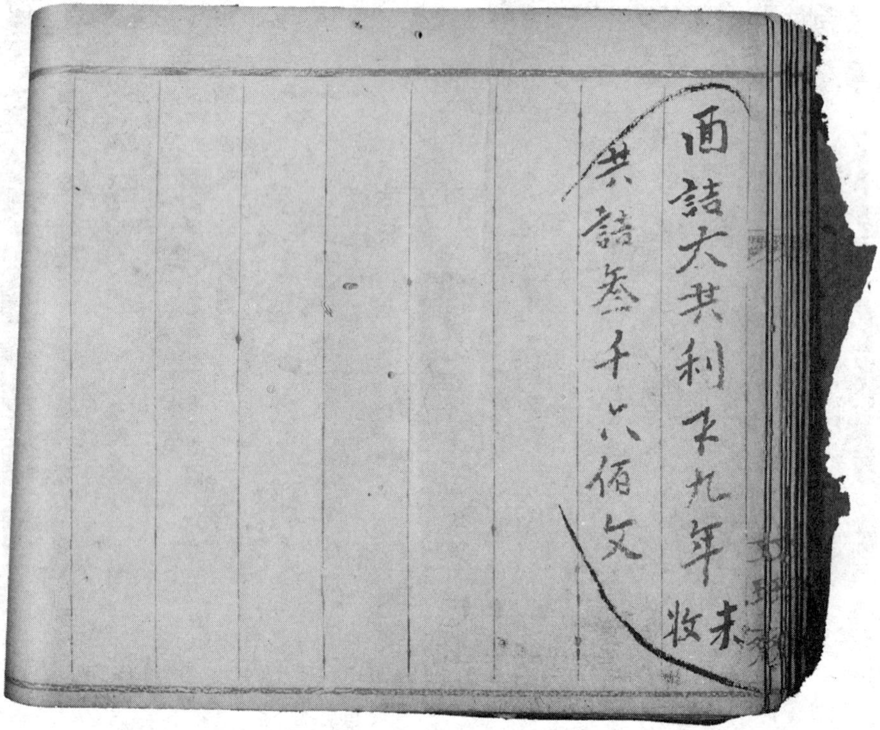

段莘乡大汜村 B 9-14 · 光绪十九年至民国三十六年 · 会簿 · 国明等

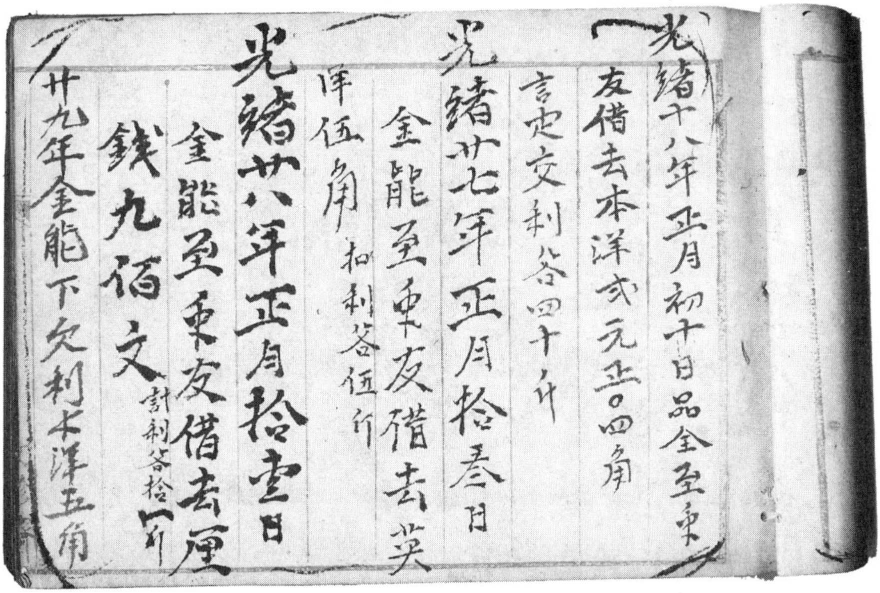
光緒十八年正月初十日品全至東
友借去本洋弍元正○四角
言定交利谷四十八斤
光緒廿七年正月拾叁日
金能至東友借去英
洋伍角 扣利谷伍斤
光緒廿八年正月拾壹日
金能至東友借去便
錢九佰文 討利谷拾一斤
廿九年金能下欠利本洋五角

段莘乡大汜村 B 9-15 · 光绪十九年至民国三十六年 · 会簿 · 国明等

光绪卅年四月十三日秉友面議大
是年共計交利谷六拾斤
光绪廿三年正月初九日丁九垒
表賬又辦
秉友借去厘钱捌佰文

段莘乡大汜村 B 9-16 · 光绪十九年至民国三十六年 · 会簿 · 国明等

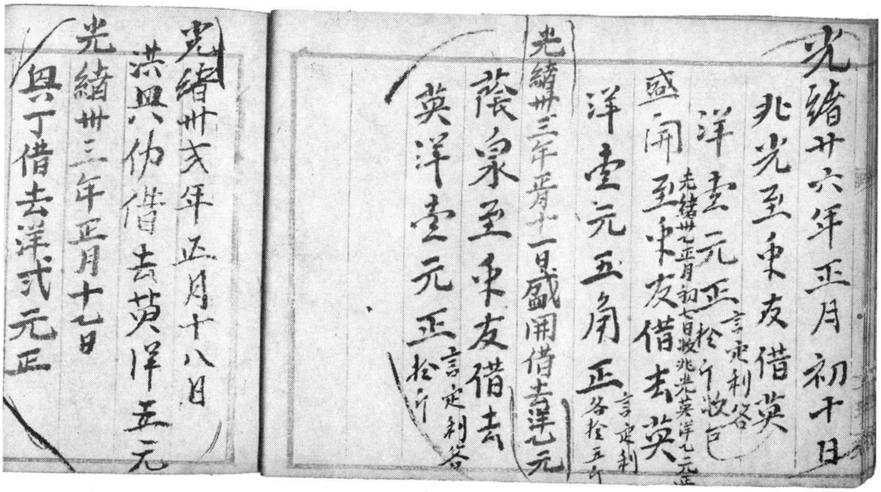

光绪廿六年正月初十日
兆光至东友借英
洋壹元正 言定利谷拾斤收
盛開至东友借去英
光绪廿九年正月初七日收兆光英洋乙元正
洋壹元五角正 言定利各拾五斤
光緒卅三年正月十一日盛開借去洋乙元
蔭泉至东友借去
英洋壹元正 言定利谷拾斤
光绪卅弍年正月十八日
洪興仍借去英洋五元
光緒卅三年正月十七日
興丁借去洋弍元正

段莘乡大汜村 B 9-17 · 光绪十九年至民国三十六年 · 会簿 · 国明等

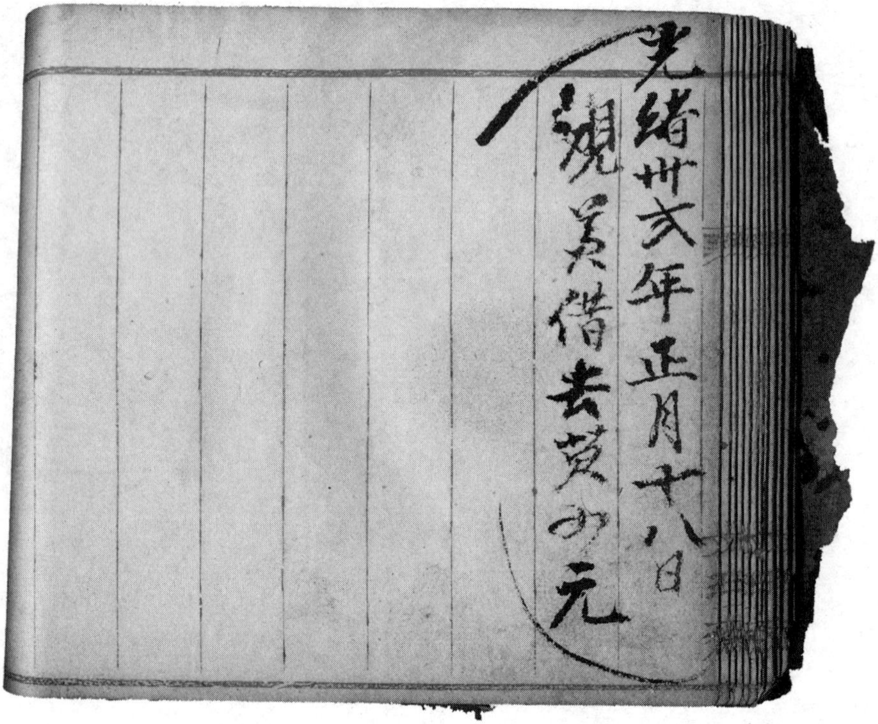

段莘乡大汜村 B 9-18 · 光绪十九年至民国三十六年 · 会簿 · 国明等

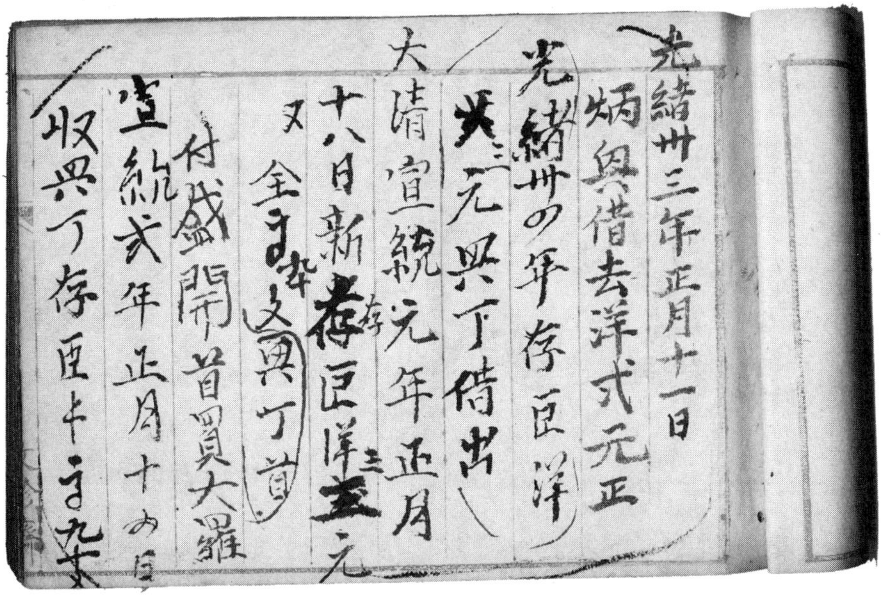

光緒卅三年正月十一日
炳與借去洋弍元正
光緒卅四年存巨洋
叁元興丁借出
大清宣統元年正月
十八日新存巨洋叁元
又全手卆文與丁首
付戲錢開首買與大羅
宣統弍年正月十四日
收興丁存巨乍手九文

段莘乡大汜村 B 9-19 · 光绪十九年至民国三十六年 · 会簿 · 国明等

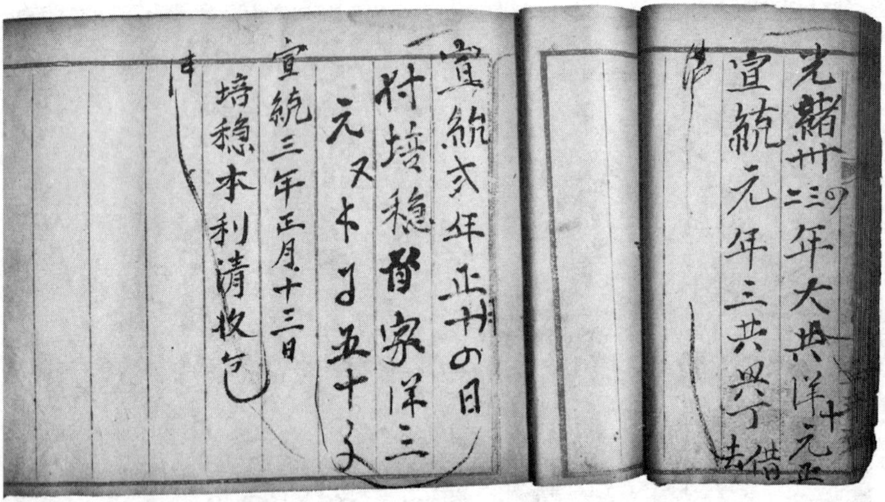
宣統三年正月十三日
培穗本利清收訖

段莘乡大汜村 B 9-20 · 光绪十九年至民国三十六年 · 会簿 · 国明等

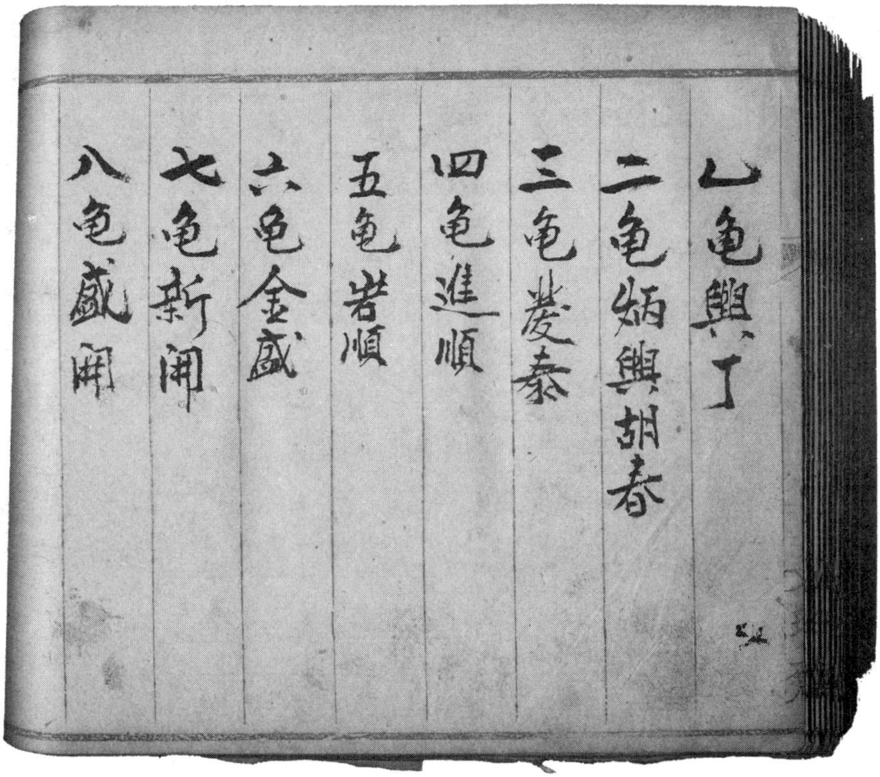

乙龟興丁
二龟炳興胡春
三龟發泰
四龟進順
五龟岩順
六龟金盛
七龟新開
八龟盛開

段莘乡大汜村 B 9-21 · 光绪十九年至民国三十六年 · 会簿 · 国明等

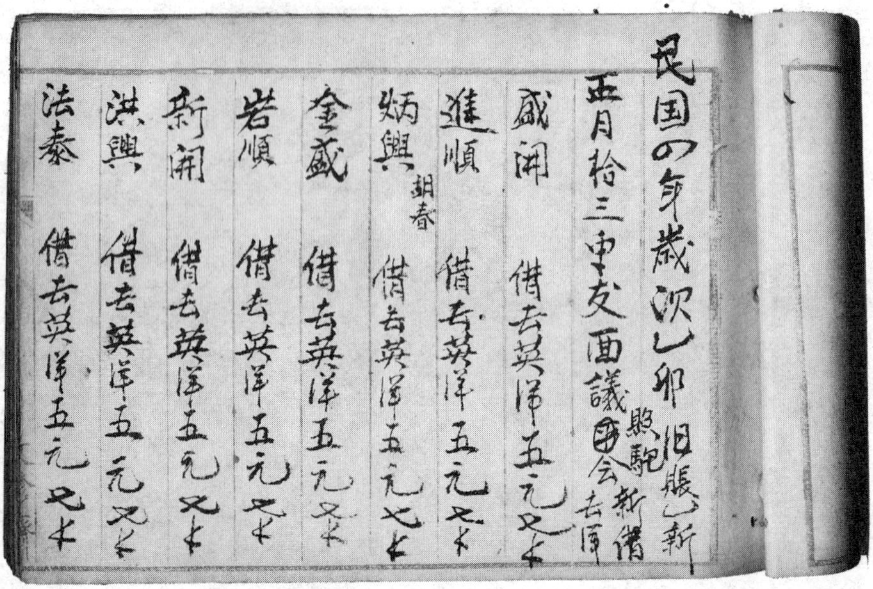

段莘乡大汜村 B 9-22 · 光绪十九年至民国三十六年 · 会簿 · 国明等

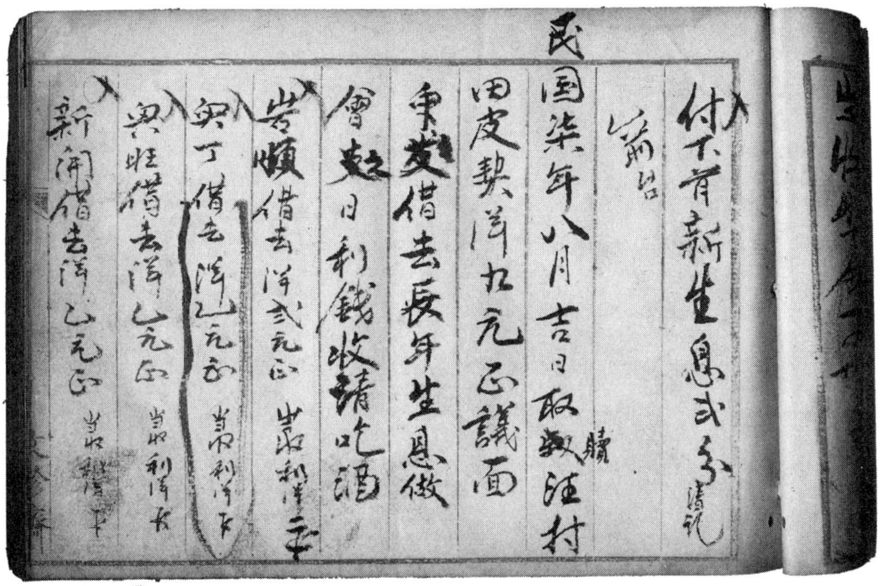

段莘乡大汜村 B 9-23 · 光绪十九年至民国三十六年 · 会簿 · 国明等

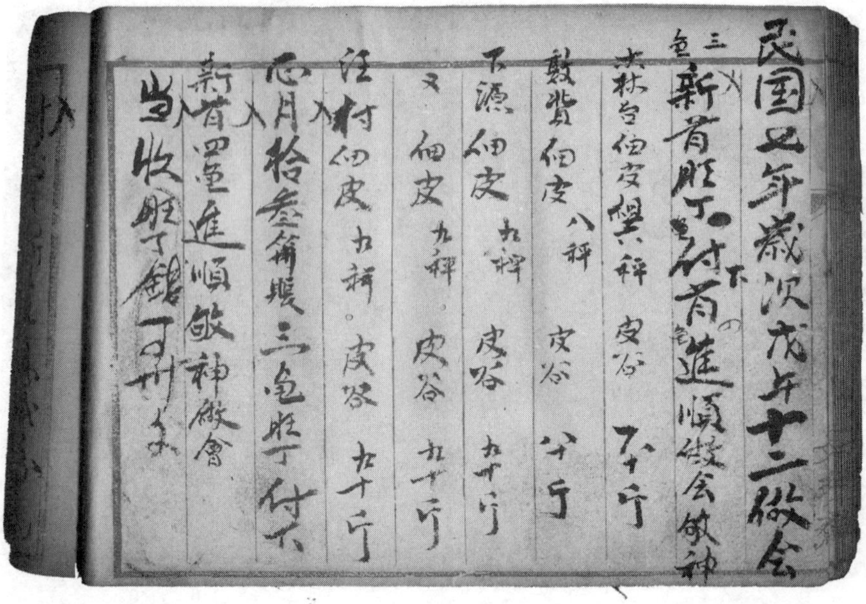

段莘乡大汜村 B 9-24 · 光绪十九年至民国三十六年 · 会簿 · 国明等

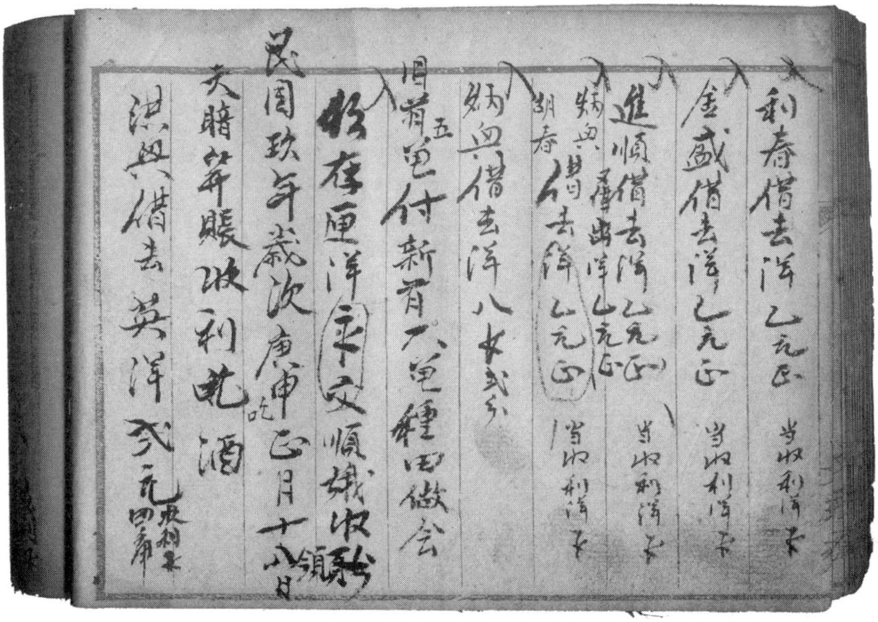

段莘乡大汜村 B 9-25 · 光绪十九年至民国三十六年 · 会簿 · 国明等

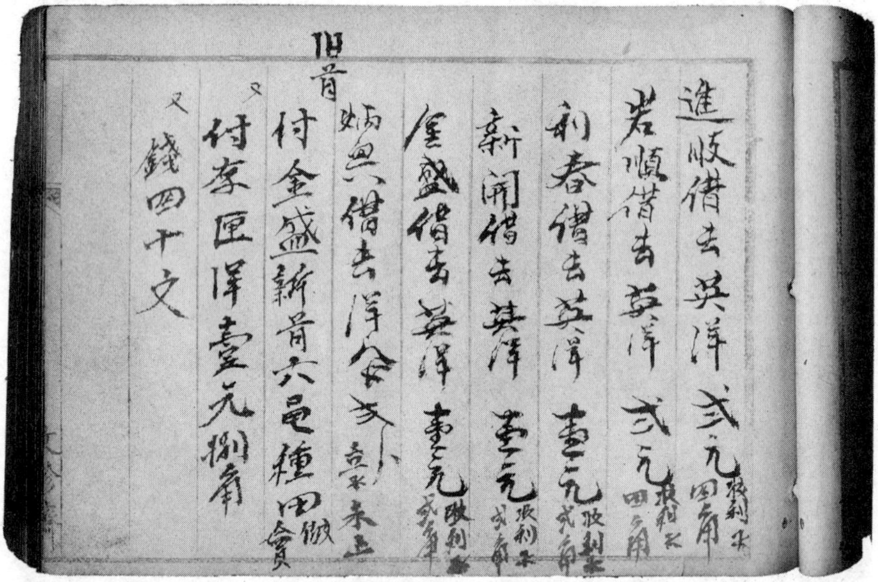
旧管
進股借去英洋弍元 取利水四角
若順借去英洋弍元 取利水四角
利春借去英洋壹元 取利水弍角
新開借去英洋壹元 取利水弍角
金盛借去英洋壹元 取利水弍角
炳無借去洋合文 [illegible] 未上
付金盛新管六邑種田做會貫
又 付家匡洋壹元捌角
又 錢四十文

段莘乡大汜村 B 9-26 · 光绪十九年至民国三十六年 · 会簿 · 国明等

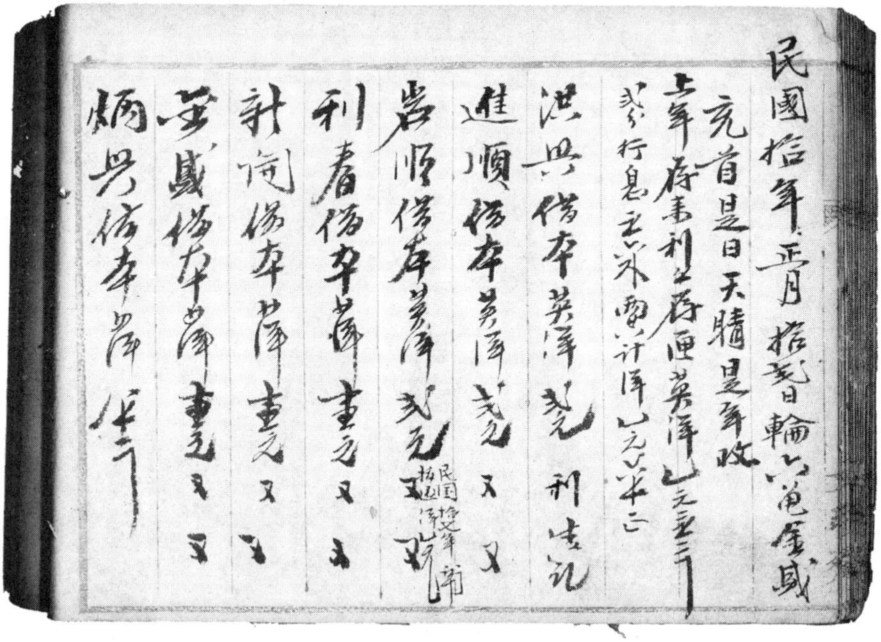

段莘乡大汜村 B 9-27 · 光绪十九年至民国三十六年 · 会簿 · 国明等

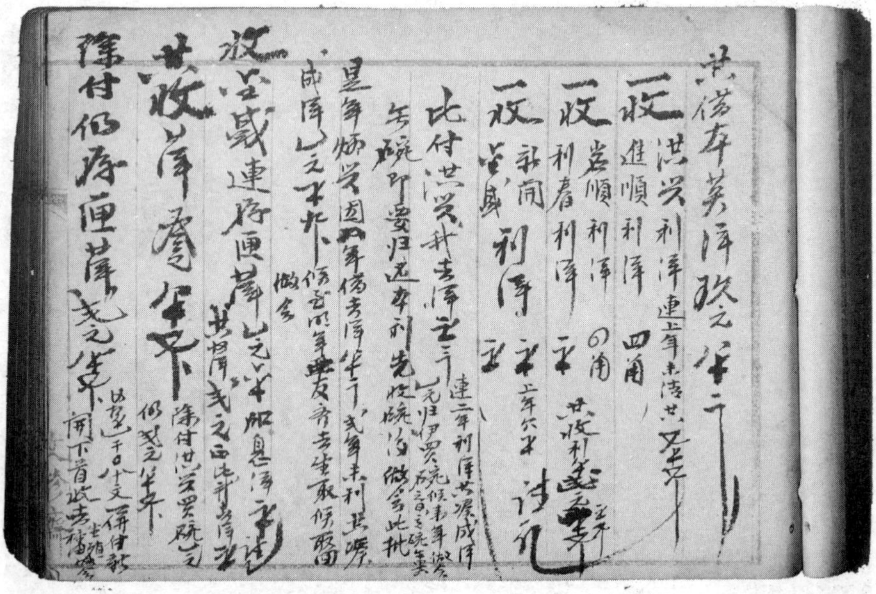

段莘乡大汜村 B 9-28 · 光绪十九年至民国三十六年 · 会簿 · 国明等

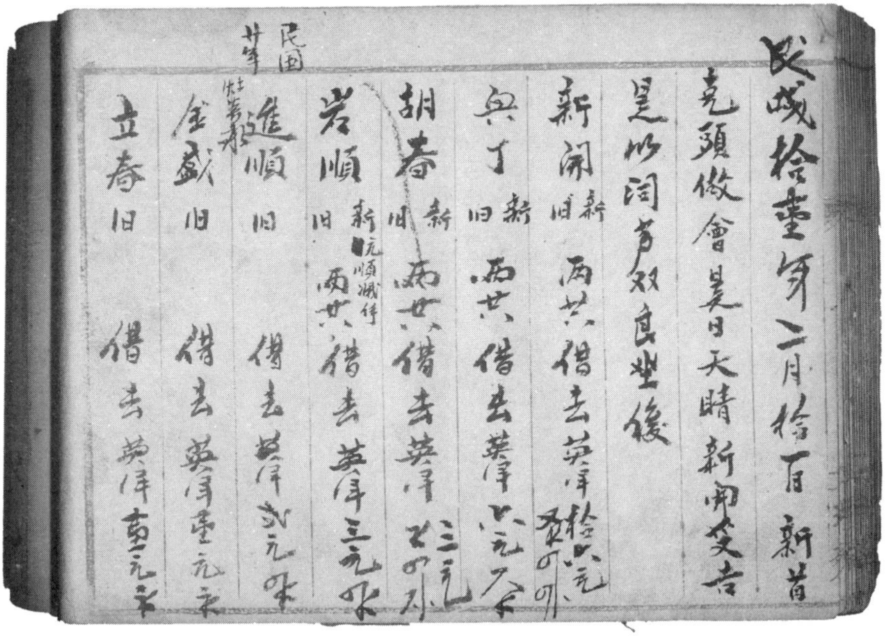

段莘乡大汜村 B 9-29 · 光绪十九年至民国三十六年 · 会簿 · 国明等

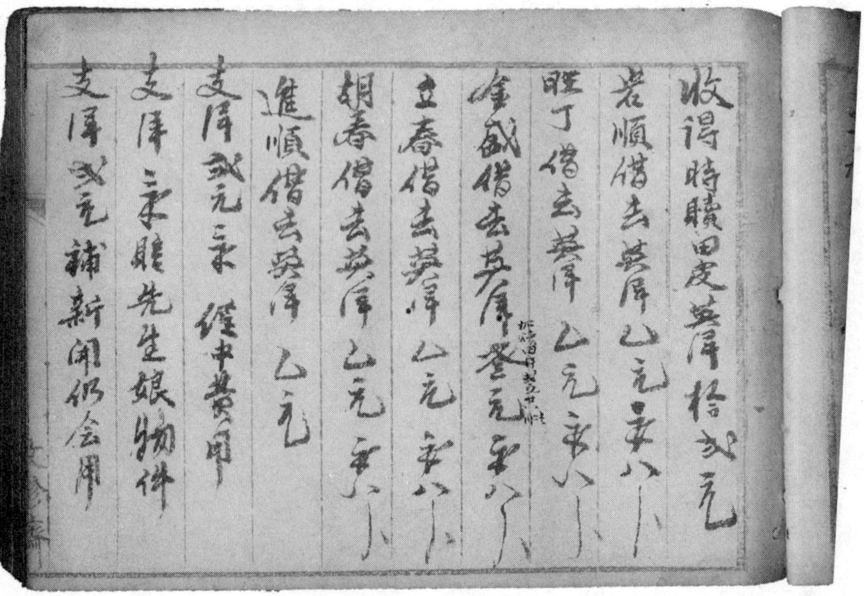
收得時贖田皮英洋拾弍元
君順借去英洋乙元
旺丁借去英洋乙元
金盛借去英洋叁元
立春借去英洋乙元
胡春借去英洋乙元
進順借去英洋乙元
支洋弍元二分 經手黃開
支洋二分賠先生娘物件
支洋弍元補新開仍会用

段莘乡大汜村 B 9-30 · 光绪十九年至民国三十六年 · 会簿 · 国明寺

段莘乡大汜村 B 9-31 · 光绪十九年至民国三十六年 · 会簿 · 国明等

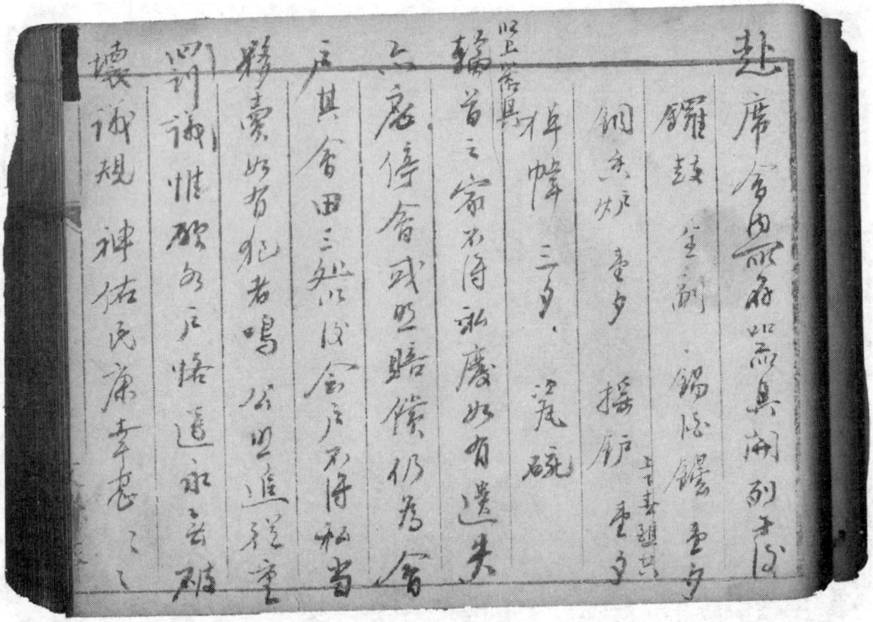

段莘乡大汜村 B 9-32 · 光绪十九年至民国三十六年 · 会簿 · 国明等

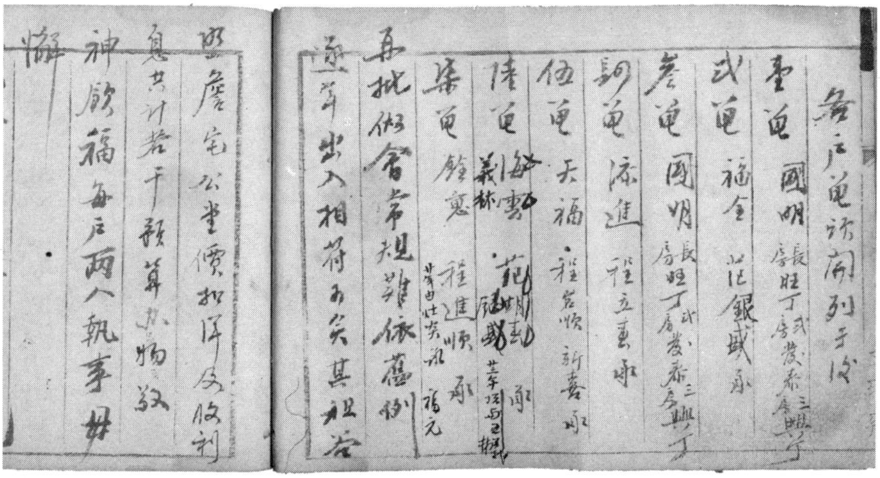

段莘乡大汜村 B 9-33 · 光绪十九年至民国三十六年 · 会簿 · 国明等

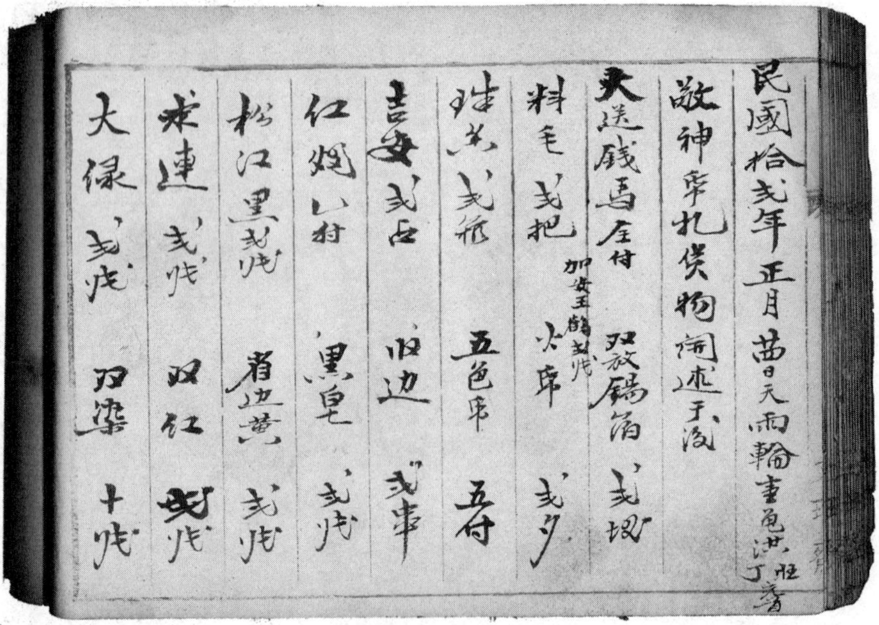

段莘乡大汜村 B 9-34 · 光绪十九年至民国三十六年 · 会簿 · 国明等

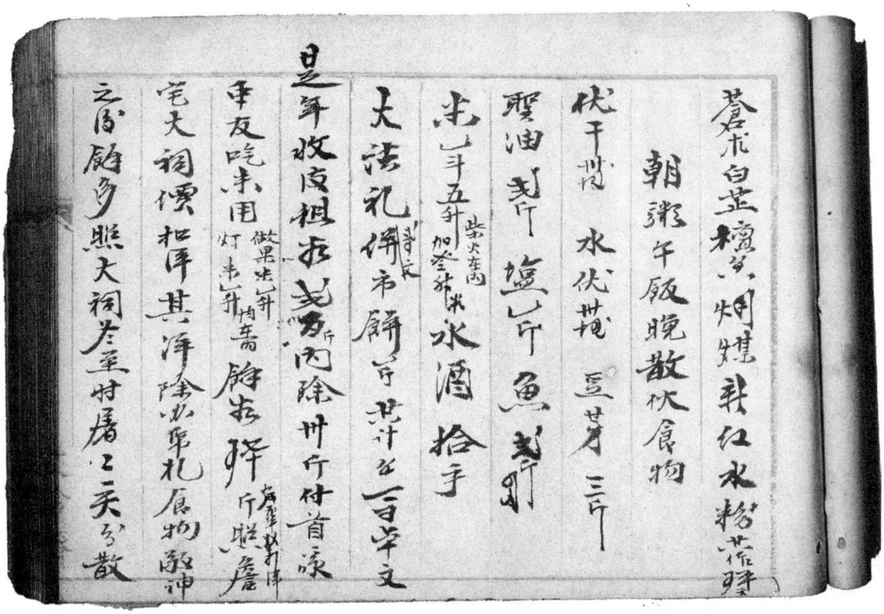

段莘乡大汜村 B 9-35 · 光绪十九年至民国三十六年 · 会簿 · 国明等

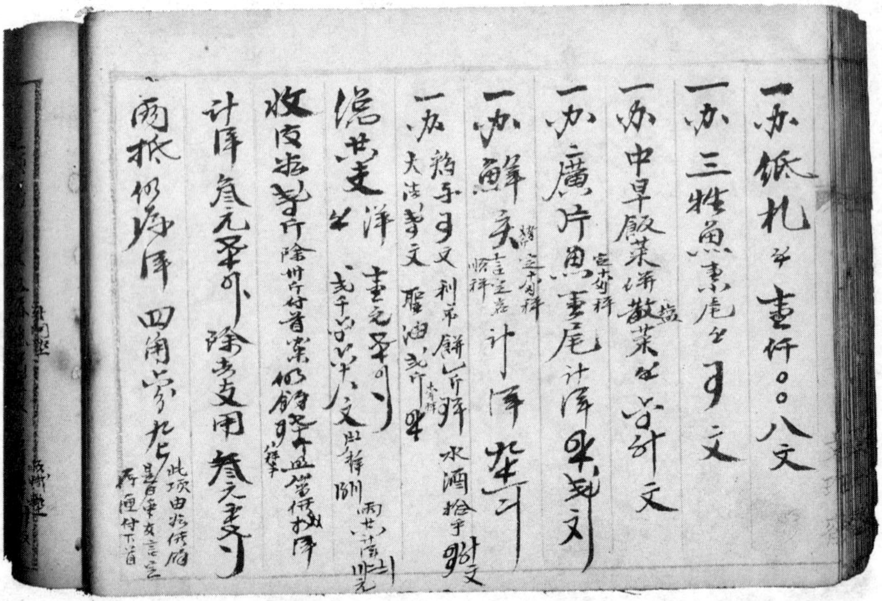

段莘乡大汜村 B 9-36 · 光绪十九年至民国三十六年 · 会簿 · 国明等

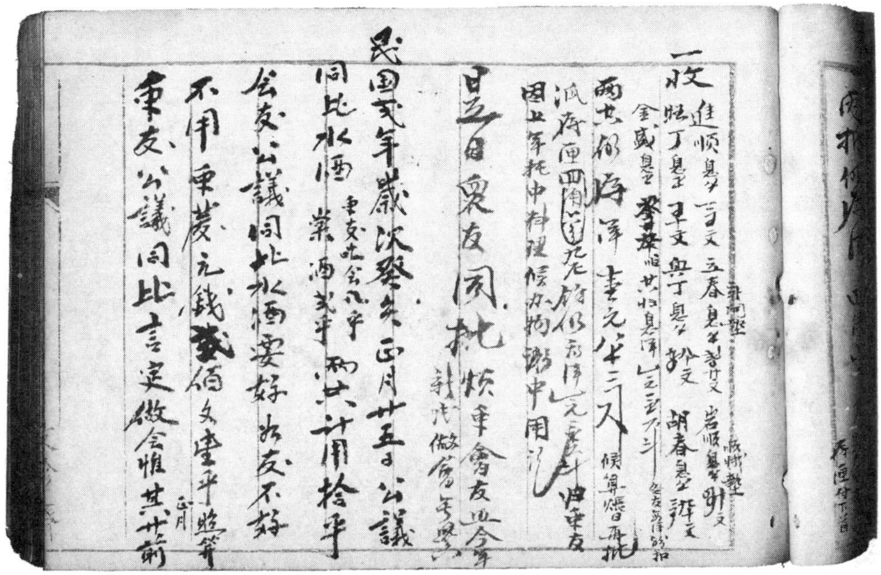

民国贰年岁次癸丑正月廿五日公议
同此水酒
公友公议同此水酒要好
不用东友元钱贰佰文
东友公议同此言定做会

段莘乡大汜村 B 9-37 · 光绪十九年至民国三十六年 · 会簿 · 国明等

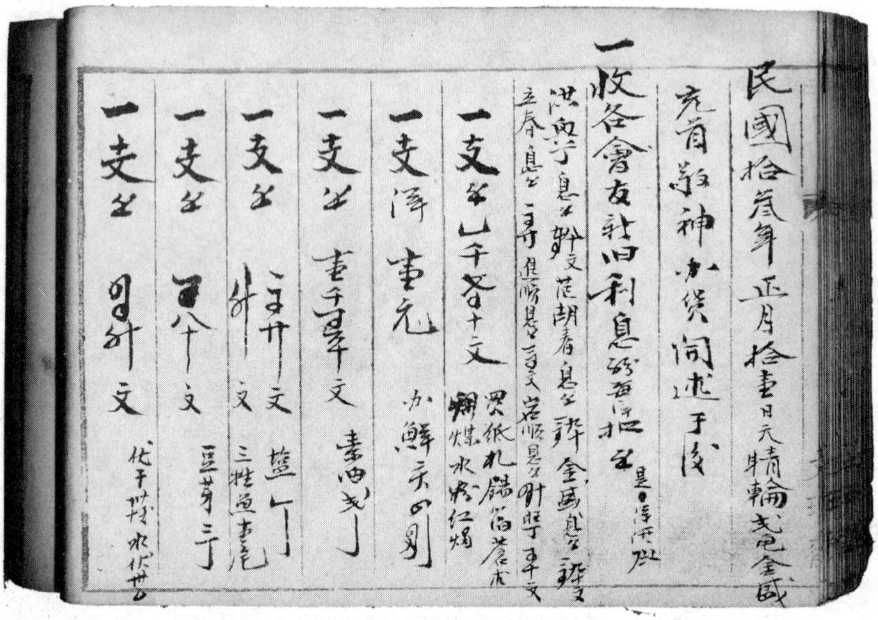

段莘乡大汜村 B 9-38 · 光绪十九年至民国三十六年 · 会簿 · 国明等

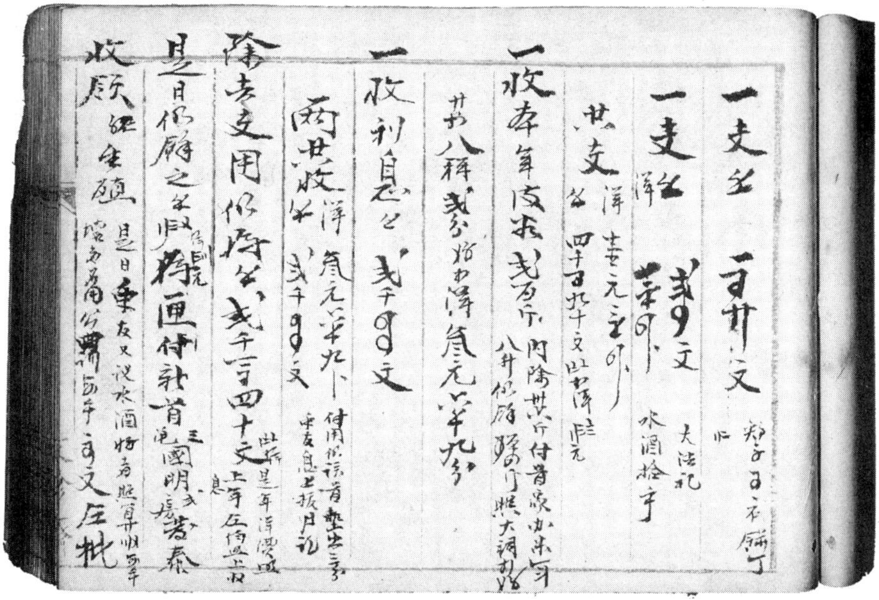

段莘乡大汜村 B 9-39 · 光绪十九年至民国三十六年 · 会簿 · 国明等

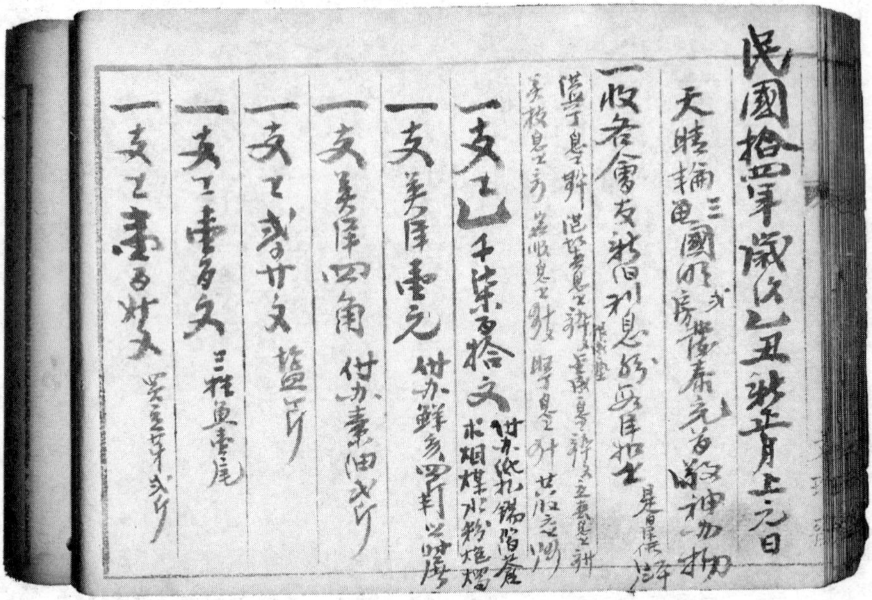

段莘乡大汜村 B 9-40 · 光绪十九年至民国三十六年 · 会簿 · 国明等

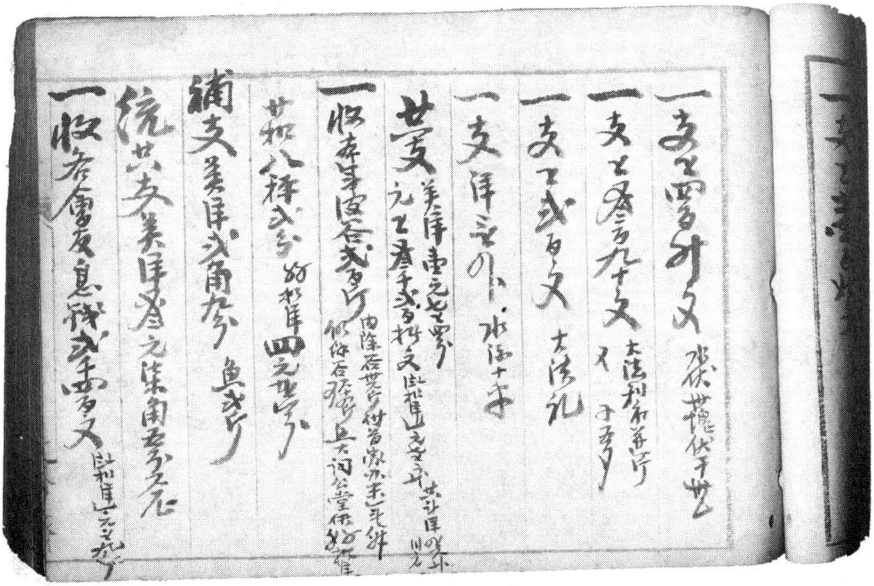

段莘乡大汜村 B 9-41 · 光绪十九年至民国三十六年 · 会簿 · 国明等

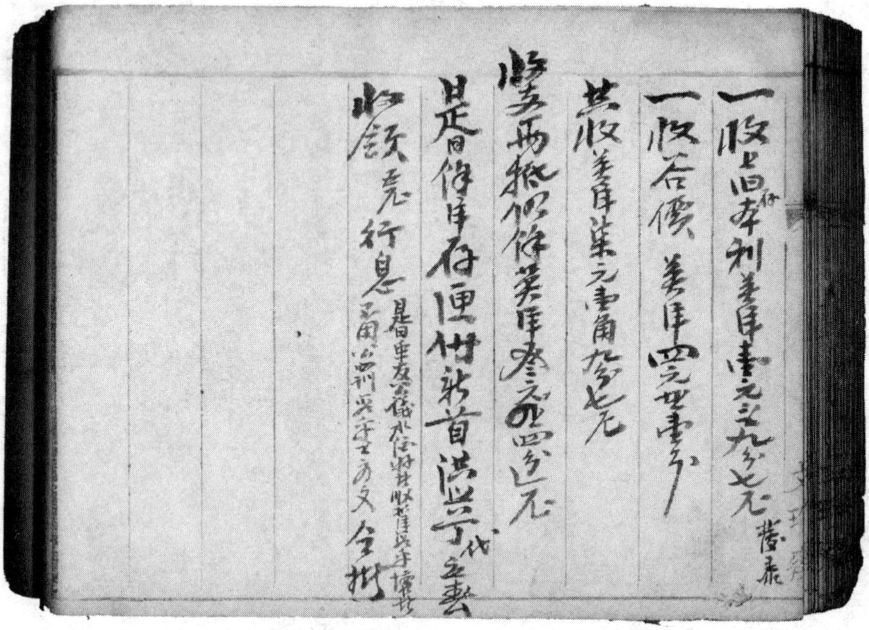

段莘乡大汜村 B 9-42 · 光绪十九年至民国三十六年 · 会簿 · 国明等

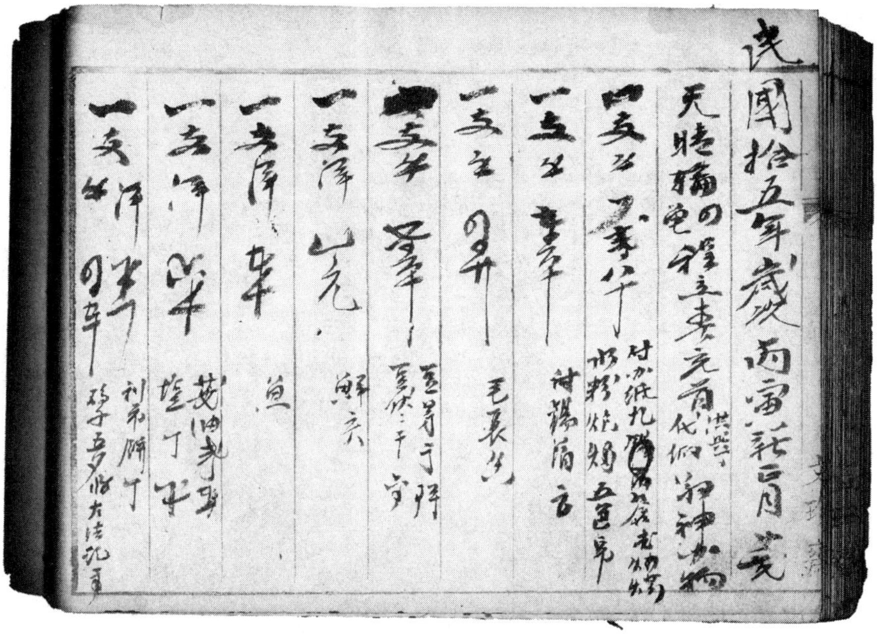

段莘乡大汜村 B 9-43 · 光绪十九年至民国三十六年 · 会簿 · 国明等

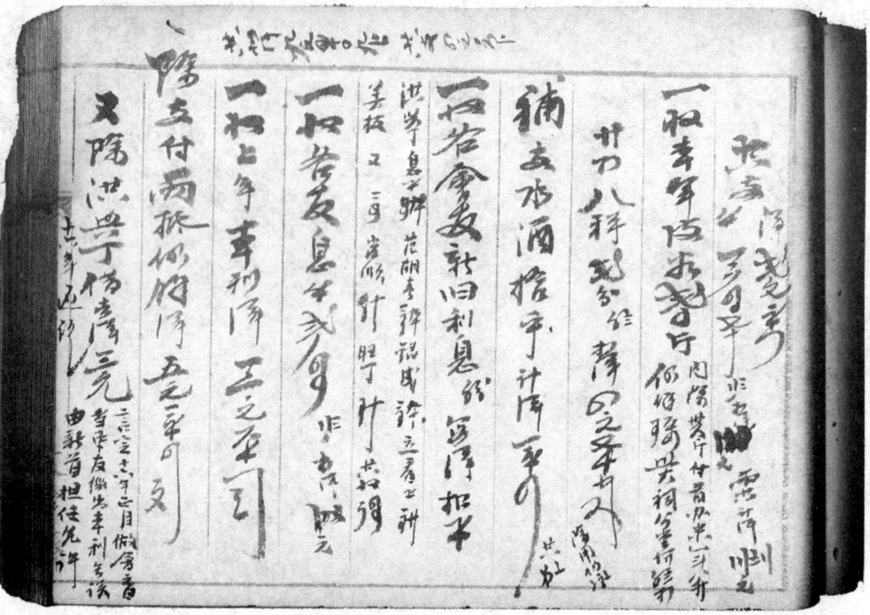

段莘乡大汜村 B 9-44 · 光绪十九年至民国三十六年 · 会簿 · 国明等

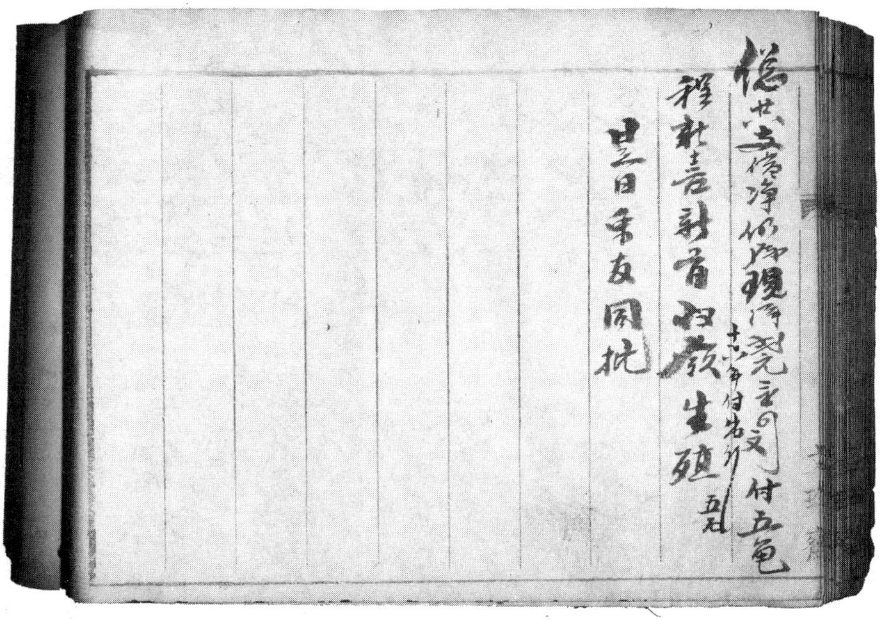

德廿六五德净收抑现洋□元正□文 付五角

程新喜 封首扣款生殖 十六年付老洋五角

廿六日秉友同批

段莘乡大汜村 B 9-45 · 光绪十九年至民国三十六年 · 会簿 · 国明等

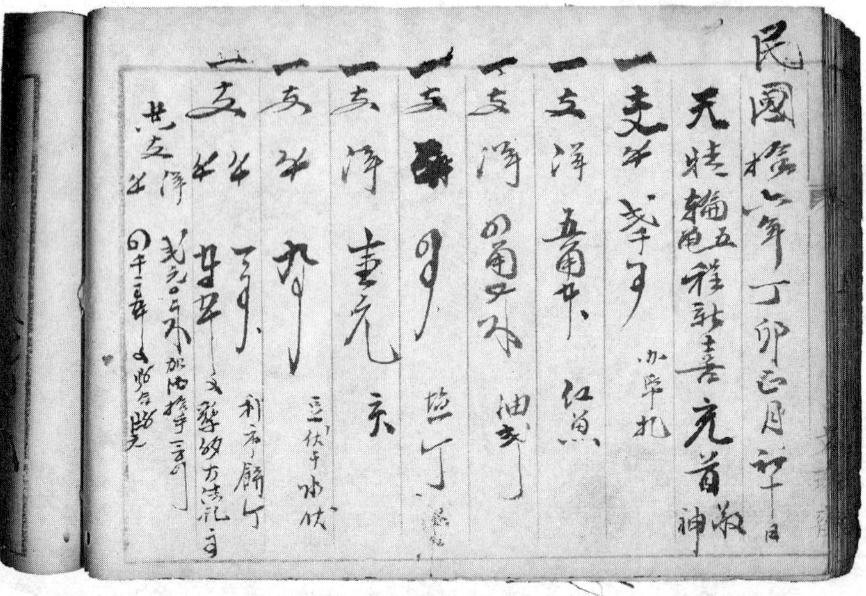

段莘乡大汜村 B 9-46 · 光绪十九年至民国三十六年 · 会簿 · 国明等

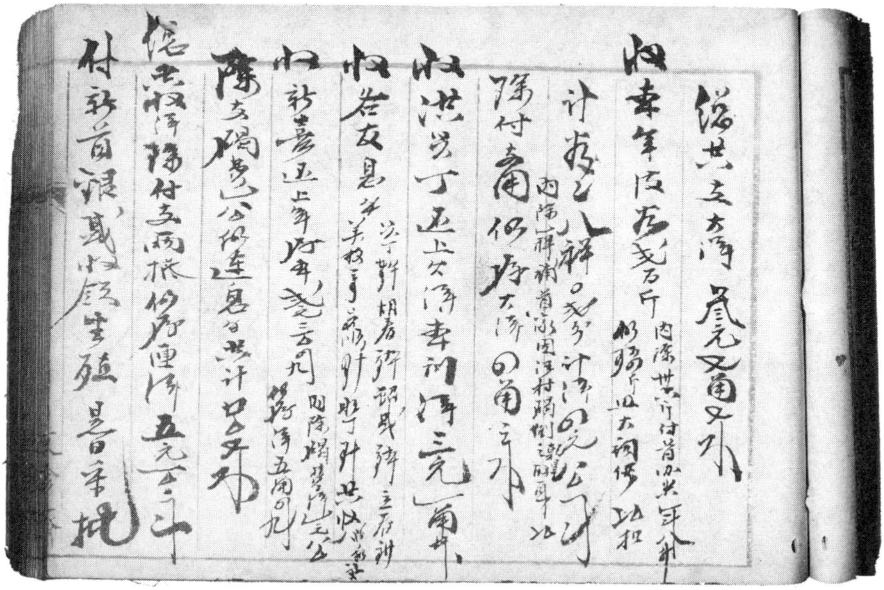

段莘乡大汜村 B 9-47 · 光绪十九年至民国三十六年 · 会簿 · 国明等

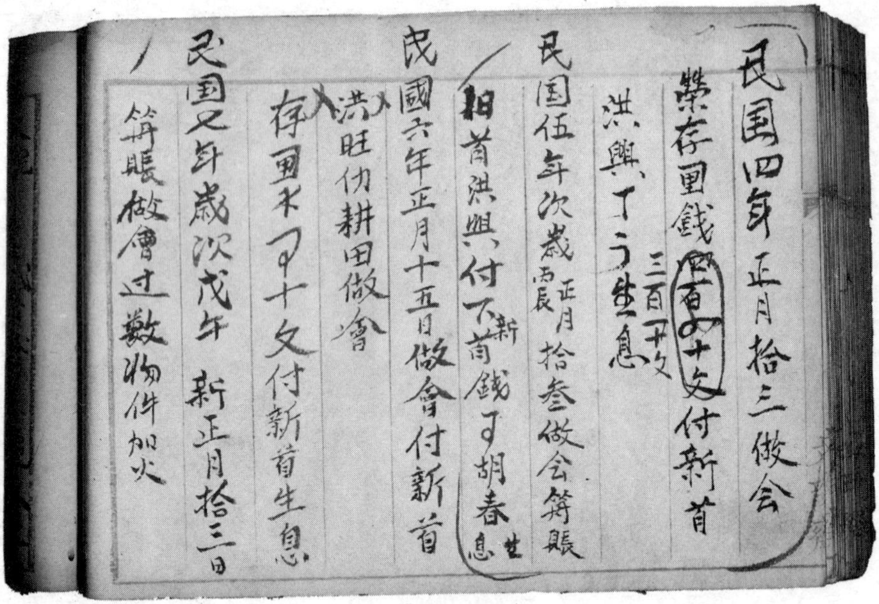

段莘乡大汜村 B 9-48 · 光绪十九年至民国三十六年 · 会簿 · 国明等

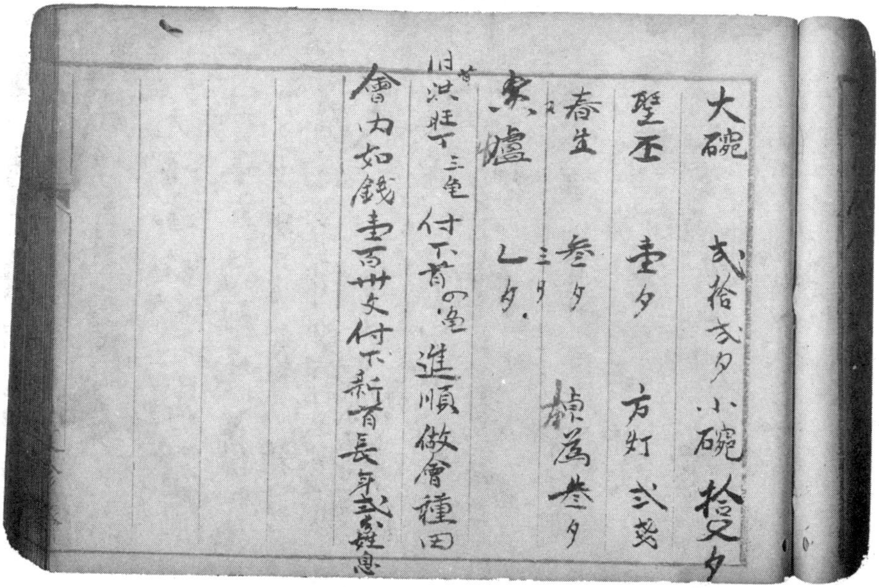

大碗 弍拾弍夕 小碗 拾叁夕
壁壺 壹夕 方灯 弍盏
春生 叁夕 棟為 叁夕
東爐 乙夕
旧廿 洪旺丁 三色 付下首の色 進順做會種田
會内如錢壹百卅文付下新首長年弍分起息

段莘乡大汜村 B 9-49 · 光绪十九年至民国三十六年 · 会簿 · 国明等

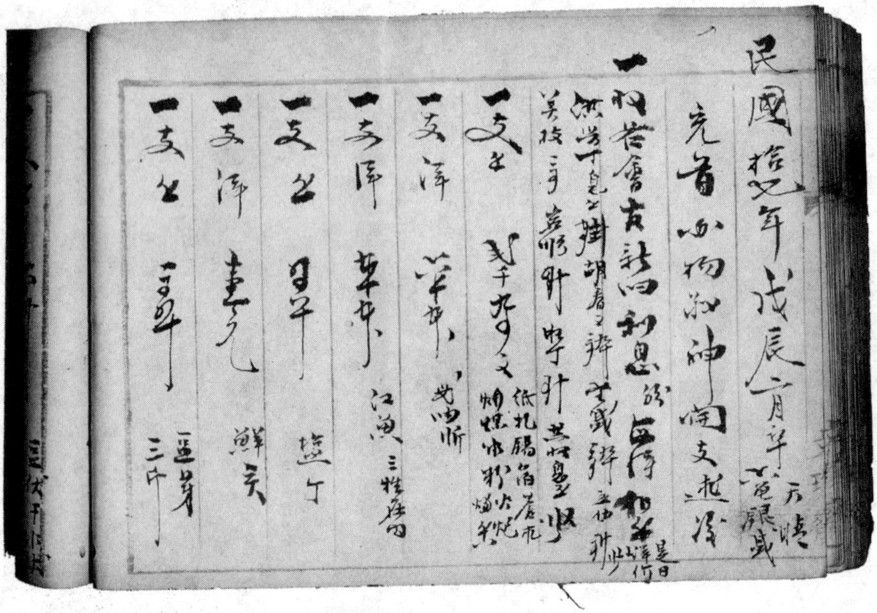

段莘乡大汜村 B 9-50 · 光绪十九年至民国三十六年 · 会簿 · 国明等

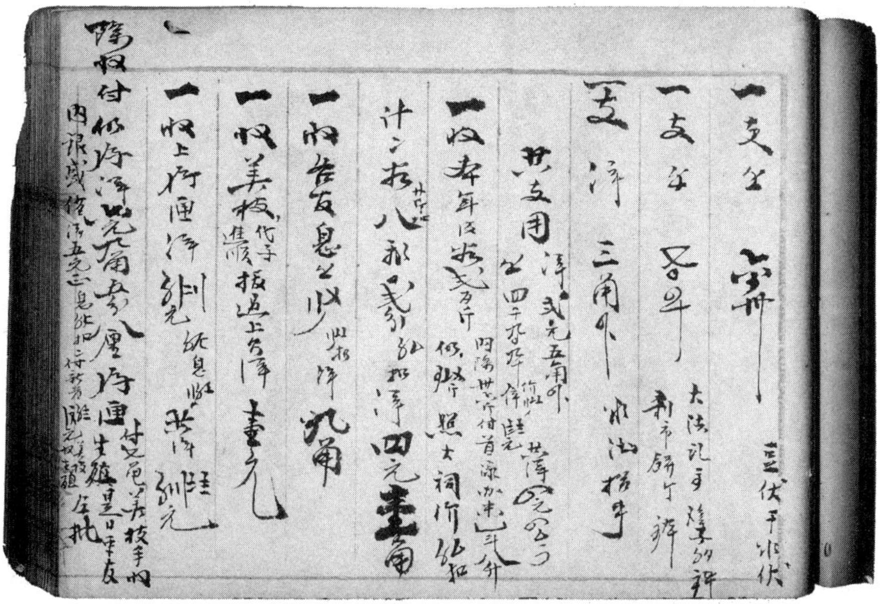

段莘乡大汜村 B 9-51 · 光绪十九年至民国三十六年 · 会簿 · 国明等

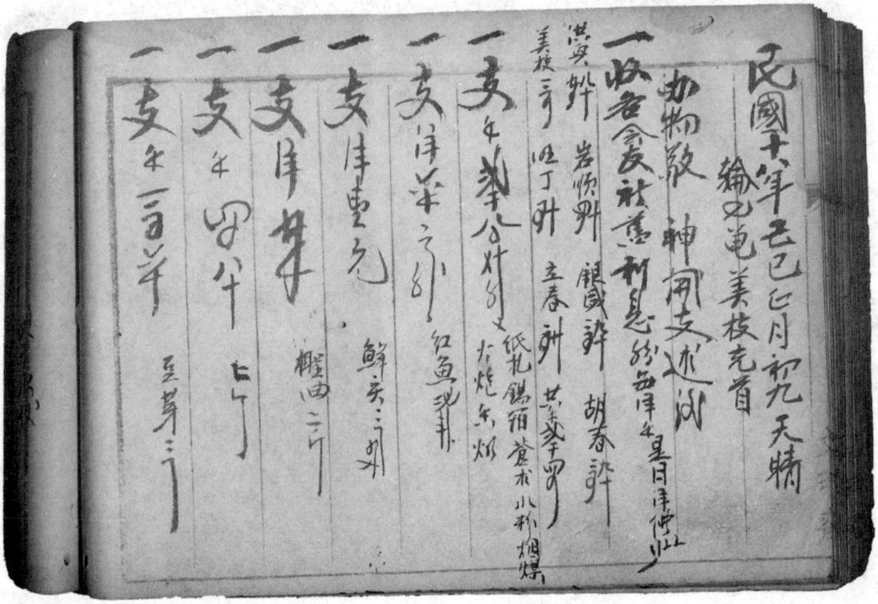

段莘乡大汜村 B 9-52 · 光绪十九年至民国三十六年 · 会簿 · 国明等

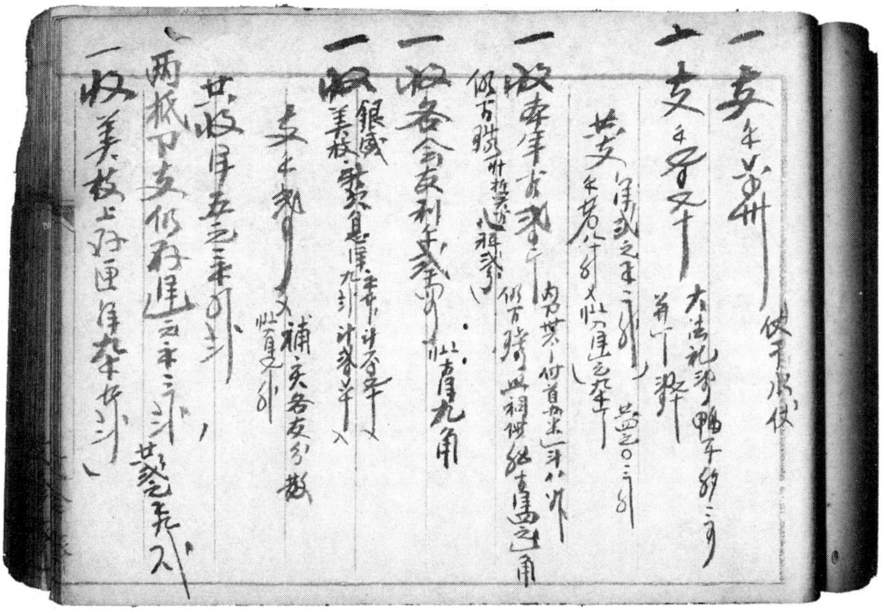

段莘乡大汜村 B 9-53 · 光绪十九年至民国三十六年 · 会簿 · 国明等

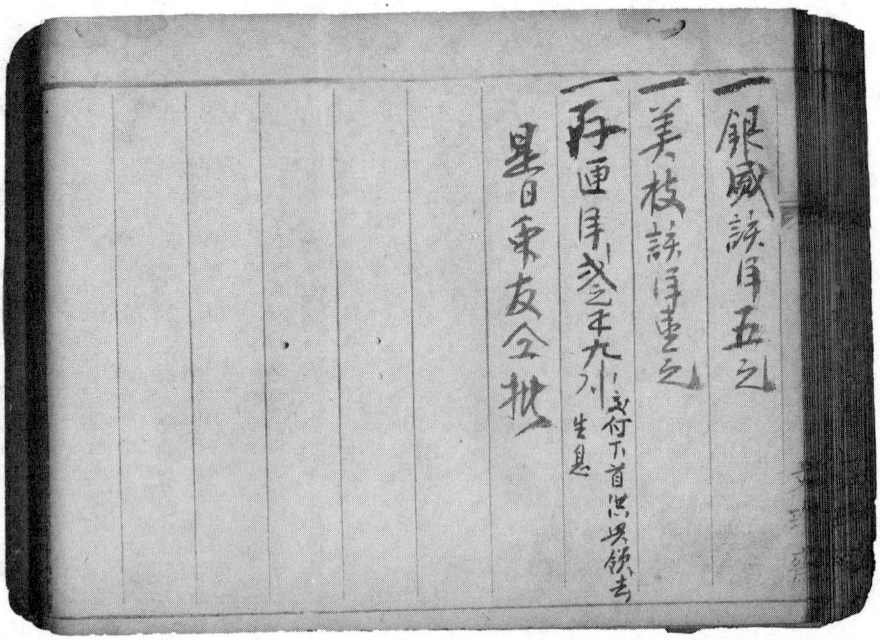
一銀威該洋五元
一美枝該洋壹元
一存匯洋貳叁千九小元付下首洪興領去 生息
是日衆友仝批

段莘乡大汜村 B 9-54 · 光绪十九年至民国三十六年 · 会簿 · 国明等

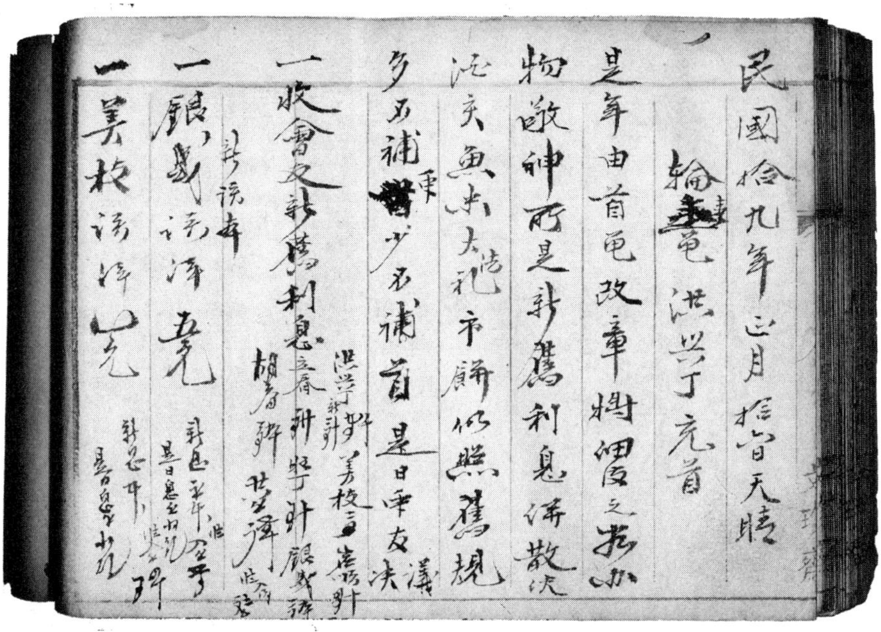

段莘乡大汜村 B 9-55 · 光绪十九年至民国三十六年 · 会簿 · 国明等

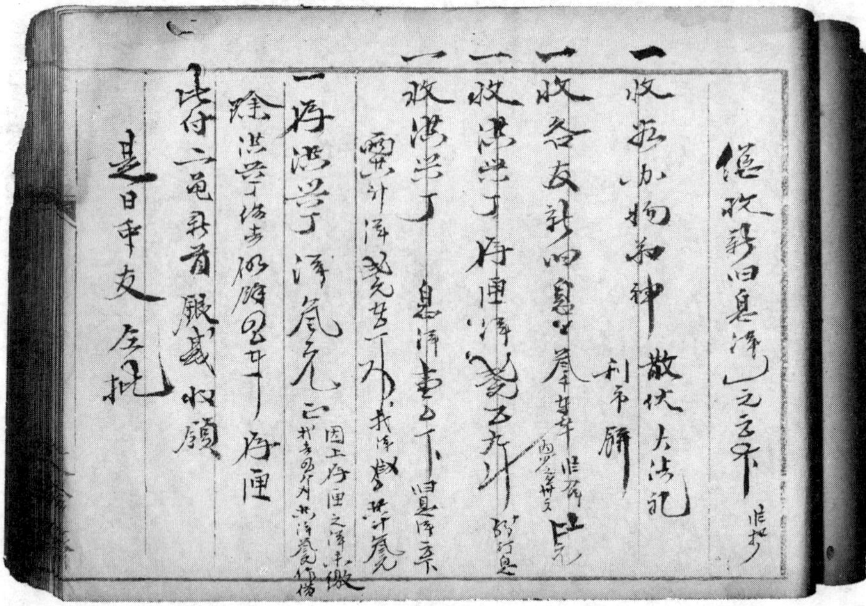

段莘乡大汜村 B 9-56 · 光绪十九年至民国三十六年 · 会簿 · 国明等

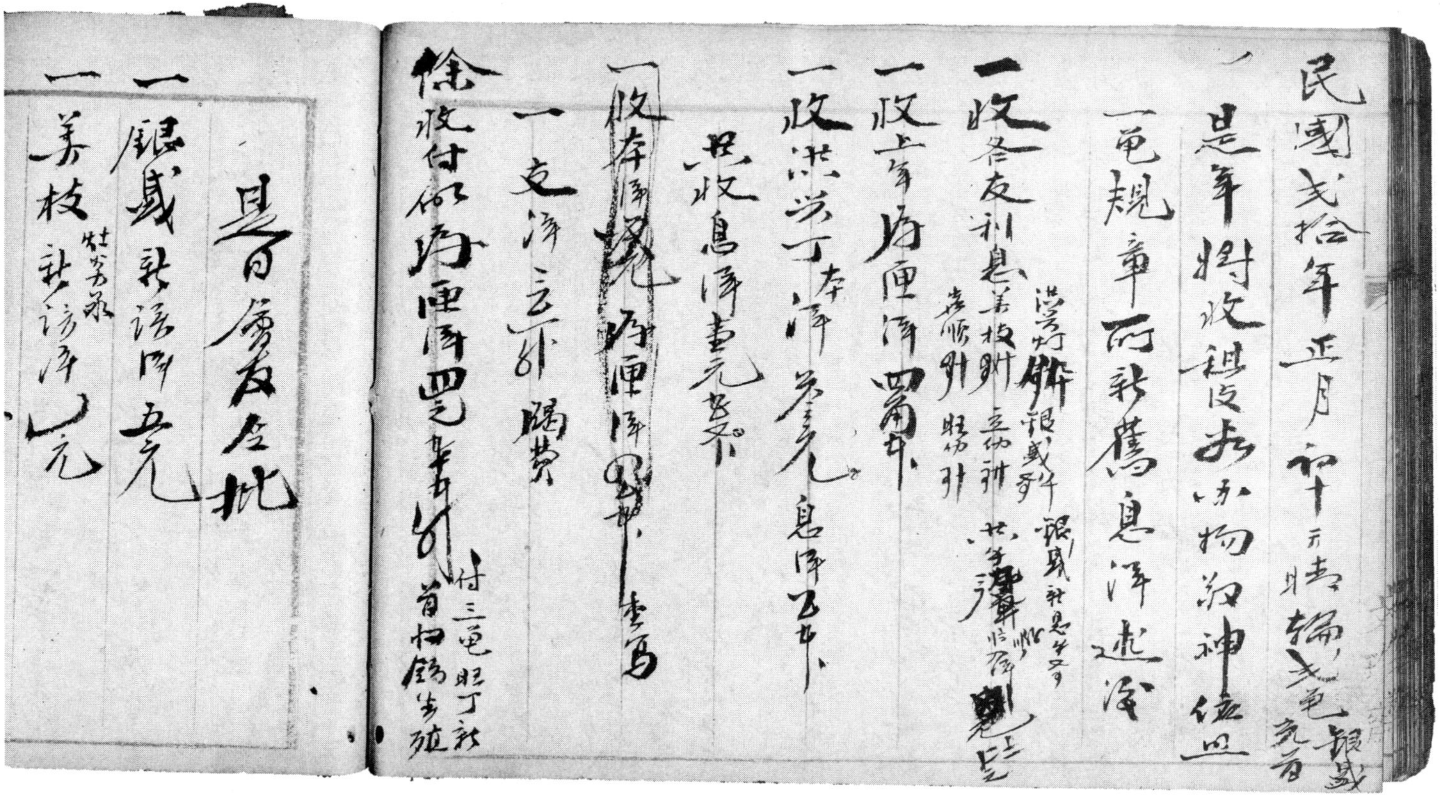

民國弍拾年正月初十日 輪 戈邑 銀盛 元吉

一 是年將收租谷并物約神位四

一 邑規章所我舊息洋述

一 收各友利息

一 收上年存申洋

一 收洪兴丁奉洋

思收息洋

一 收存洋

一 支洋

除收付仍存申洋

是日會友在批

一 銀盛

一 美枝

段莘乡大汜村 B 9-57 · 光绪十九年至民国三十六年 · 会簿 · 国明等

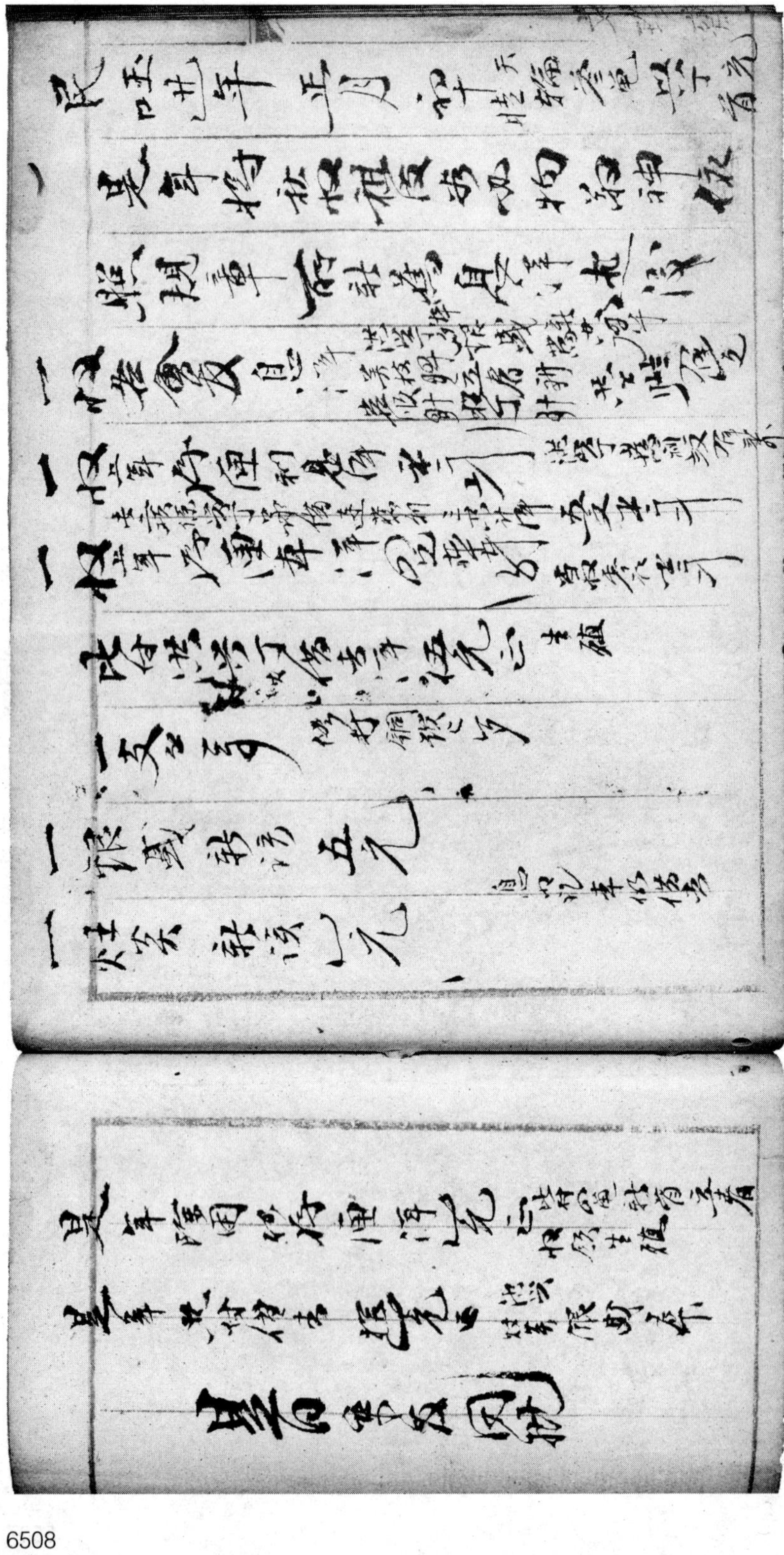

段莘乡大汜村 B 9-58 · 光绪十九年至民国三十六年 · 会簿 · 国明等

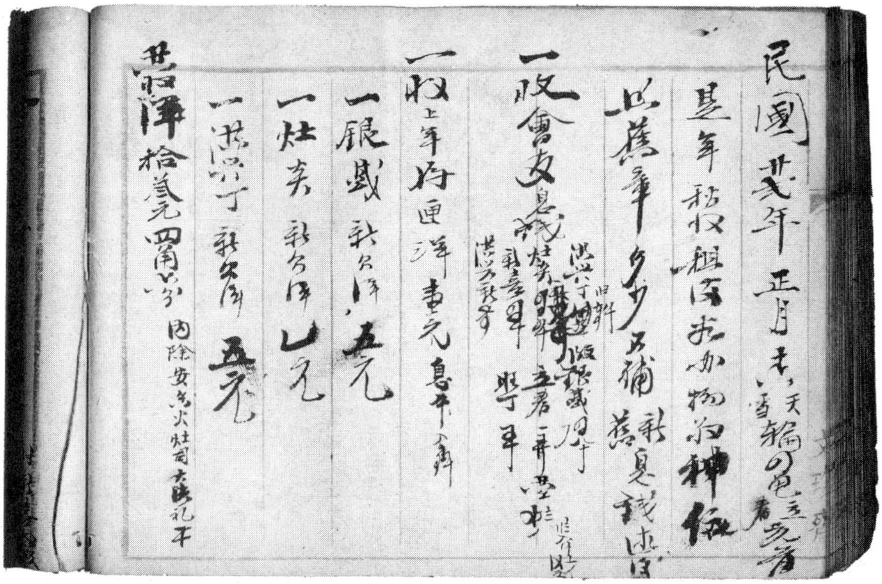

段莘乡大汜村 B 9-59 · 光绪十九年至民国三十六年 · 会簿 · 国明等

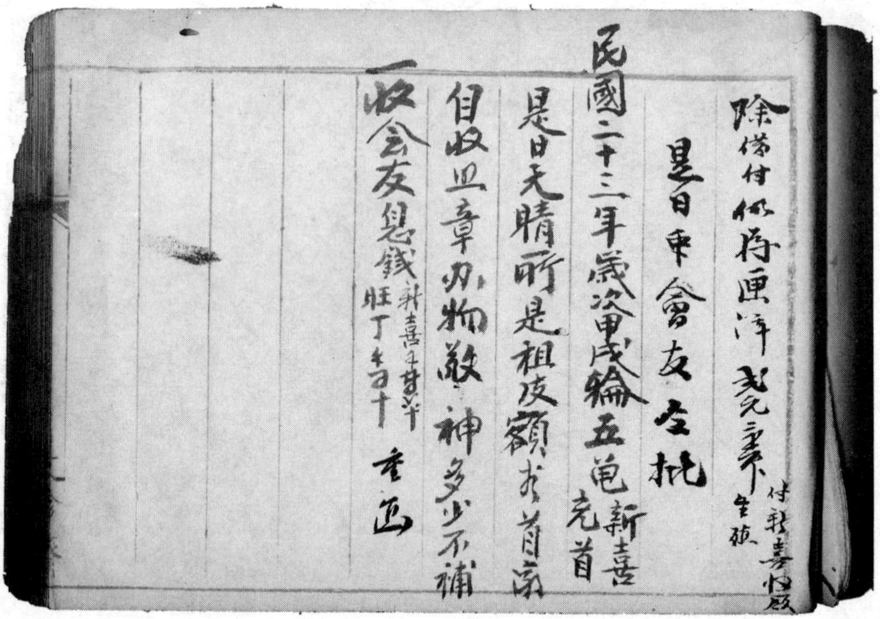

段莘乡大汜村 B 9-60 · 光绪十九年至民国三十六年 · 会簿 · 国明等

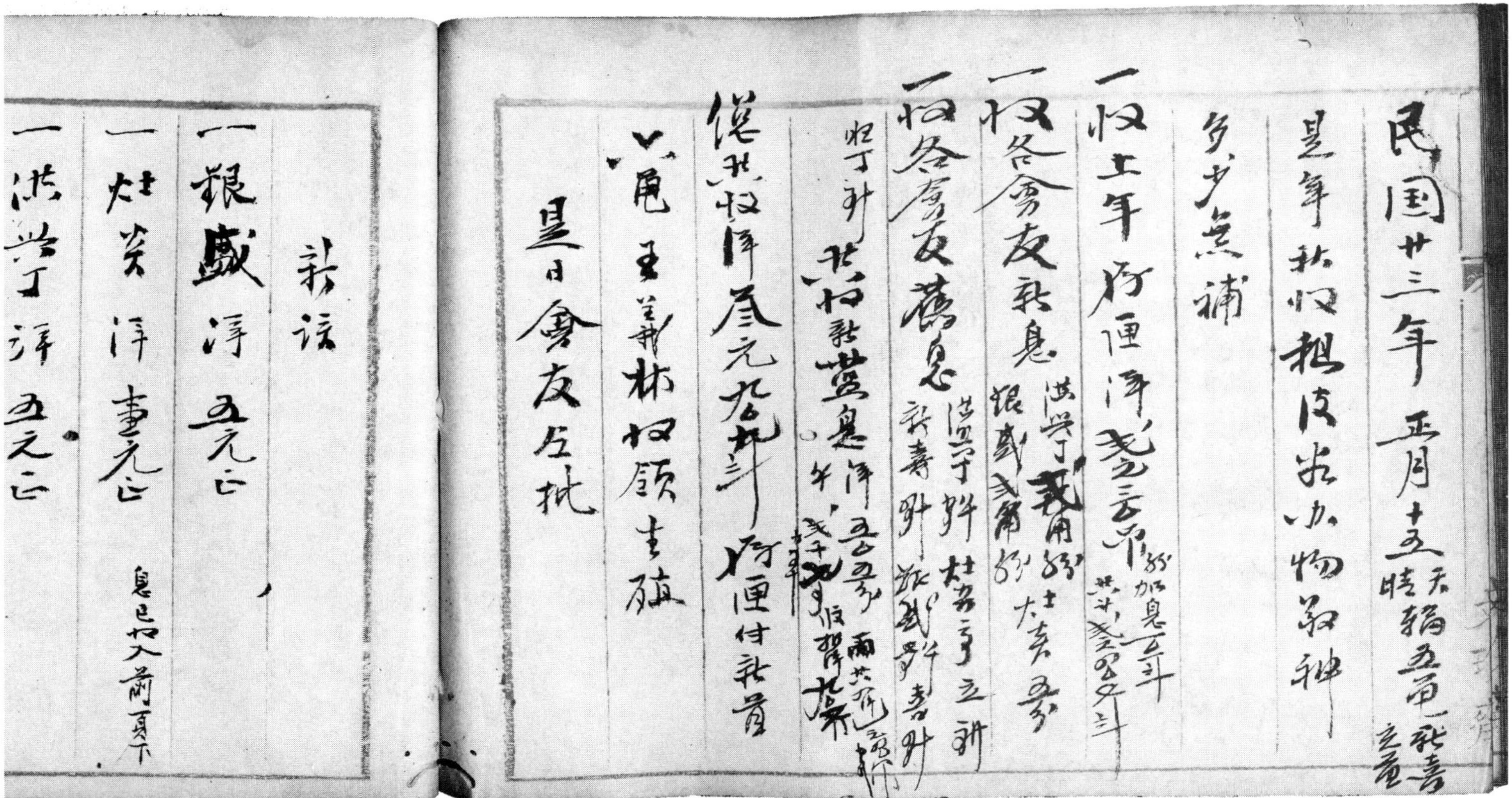

段莘乡大汜村 B 9-61 · 光绪十九年至民国三十六年 · 会簿 · 国明等

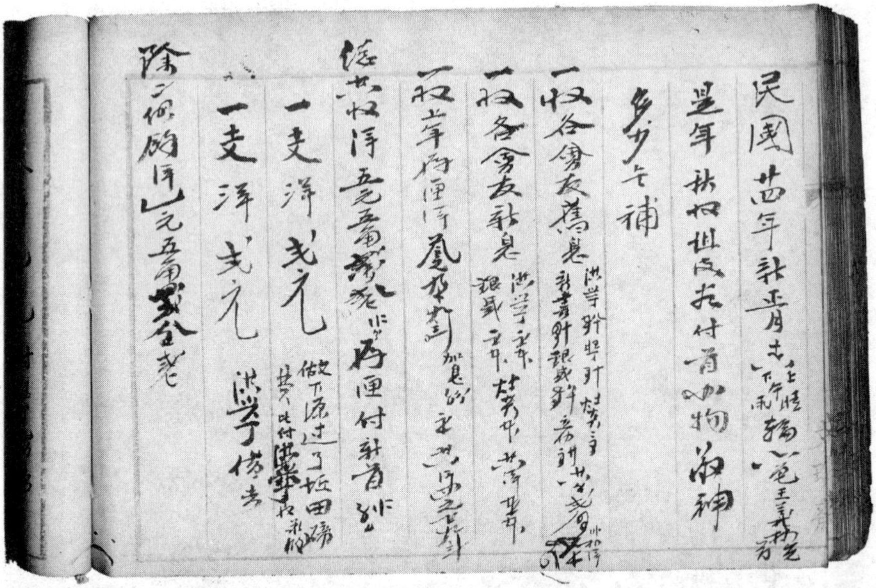

段莘乡大汜村 B 9-62 · 光绪十九年至民国三十六年 · 会簿 · 国明等

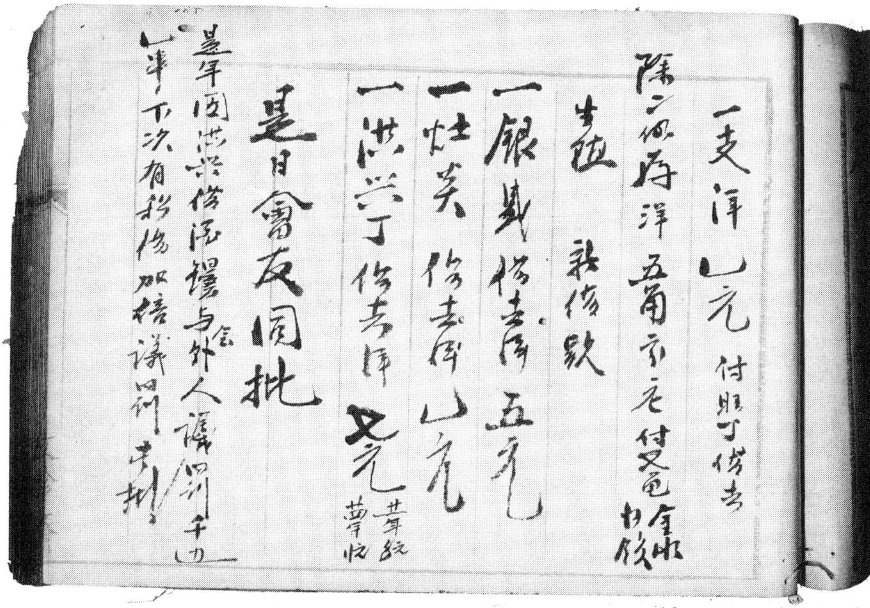

段莘乡大汜村 B 9-63 · 光绪十九年至民国三十六年 · 会簿 · 国明等

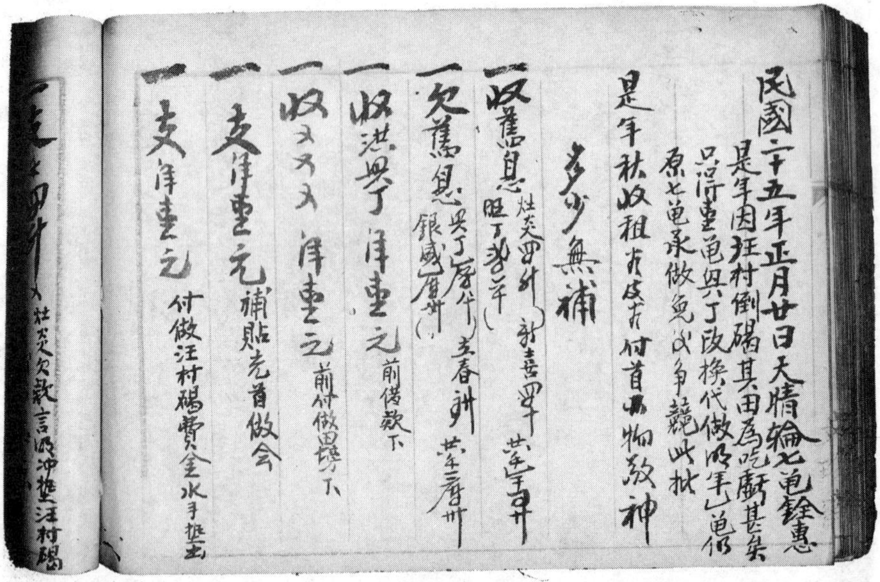

段莘乡大汜村 B 9-64 · 光绪十九年至民国三十六年 · 会簿 · 国明等

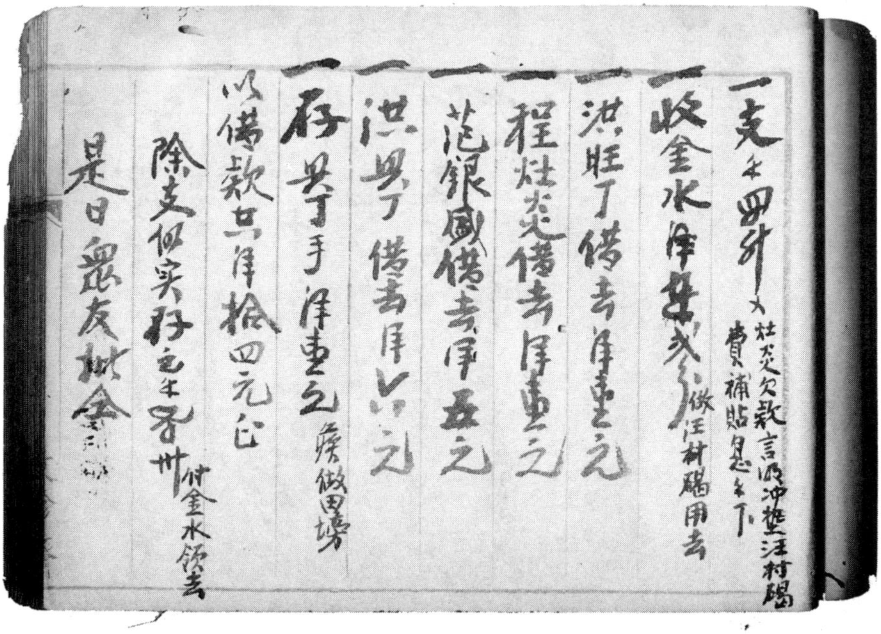

段莘乡大汜村 B 9-65 · 光绪十九年至民国三十六年 · 会簿 · 国明等

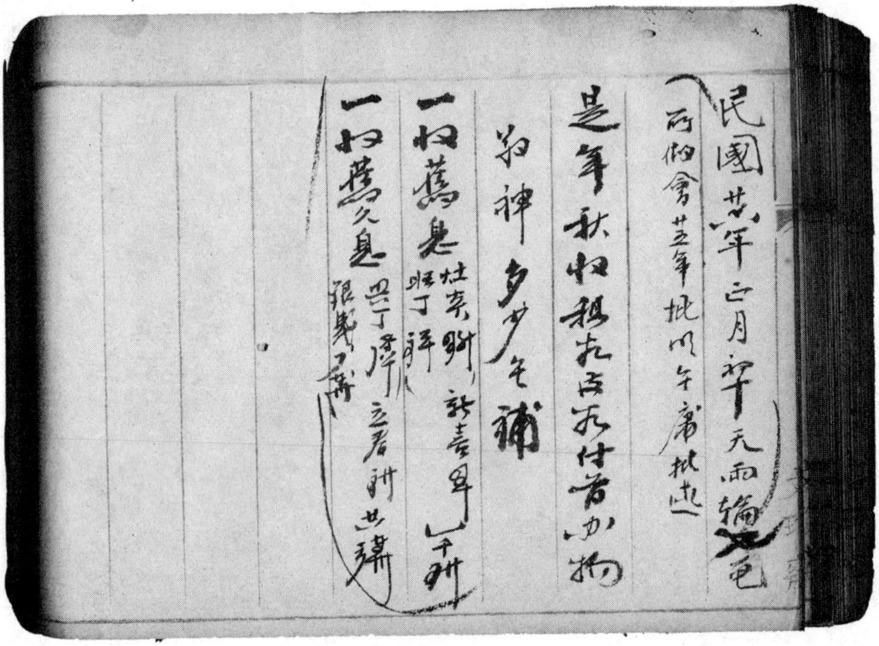

段莘乡大汜村 B 9-66 · 光绪十九年至民国三十六年 · 会簿 · 国明等

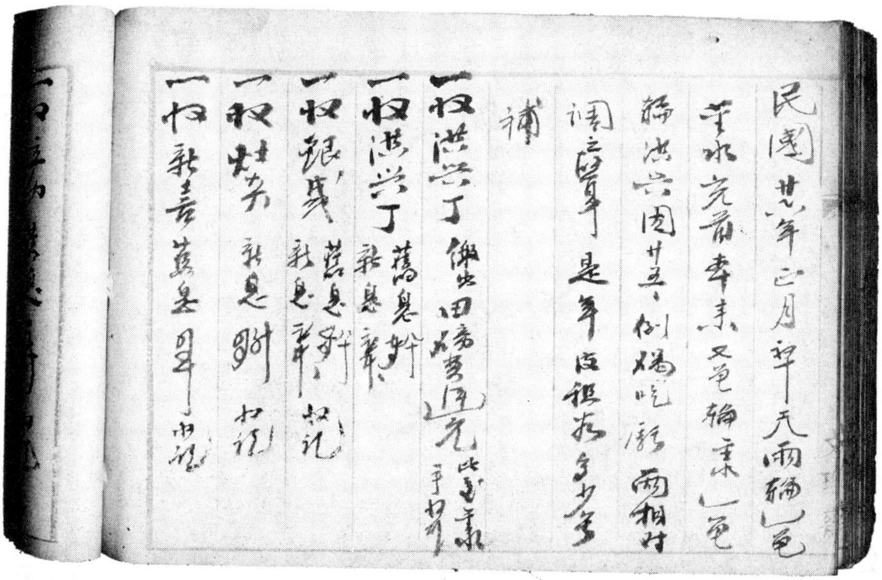

民國卅年正月[illegible]
[illegible]
[illegible]
[illegible]
補
一收洪興丁 [illegible]
一收洪興丁 舊息[illegible]
一收銀[illegible] 舊息[illegible]
一收[illegible] 新息[illegible]
一收新[illegible] 舊息[illegible]

段莘乡大汜村 B 9-67 · 光绪十九年至民国三十六年 · 会簿 · 国明等

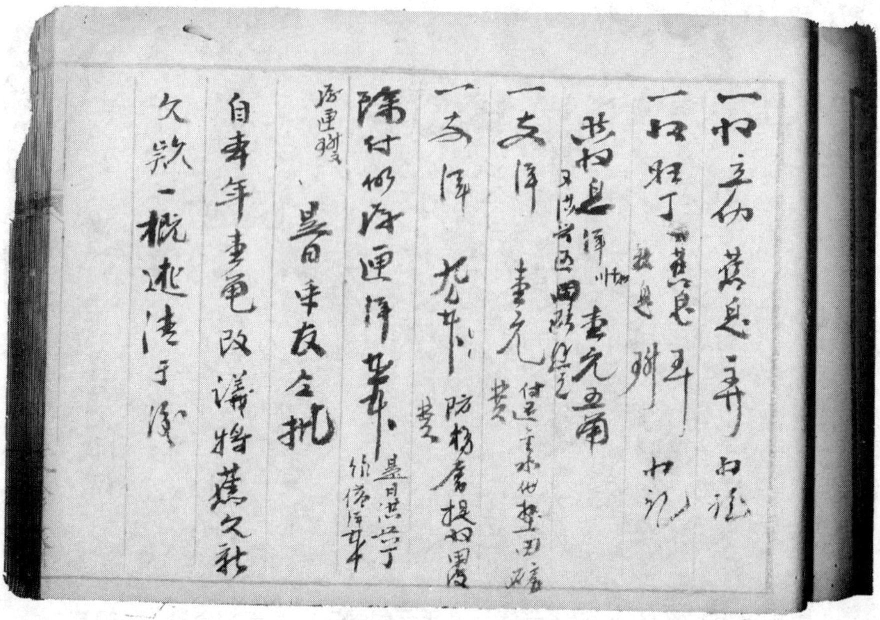

段莘乡大汜村 B 9-68 · 光绪十九年至民国三十六年 · 会簿 · 国明等

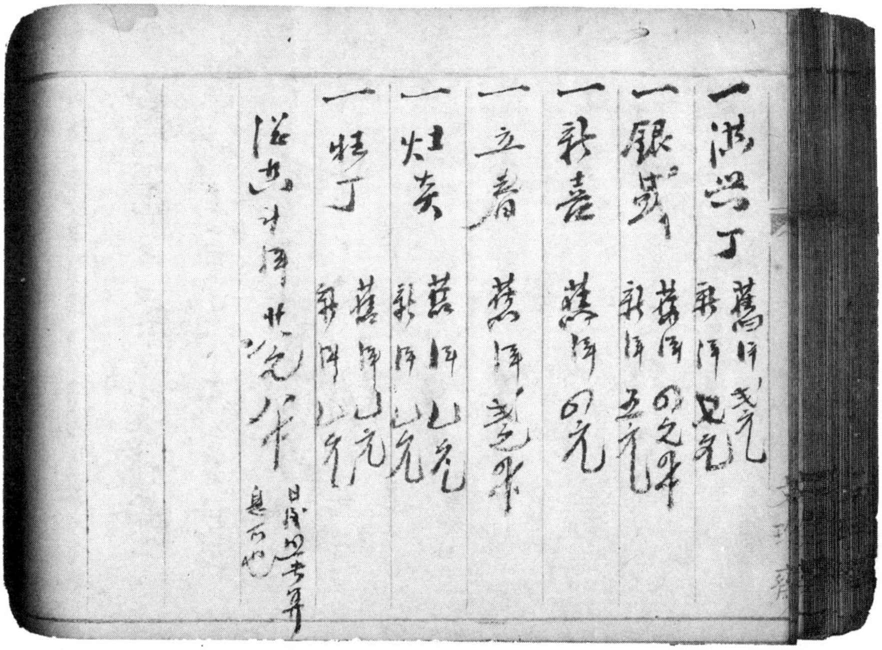
一洪兴丁 旧洋 新洋
一银发 旧洋 新洋
一新喜 旧洋
一立春 旧洋
一灶奏 旧洋 新洋
一桂丁 旧洋 新洋

段莘乡大汜村 B 9-69 · 光绪十九年至民国三十六年 · 会簿 · 国明等

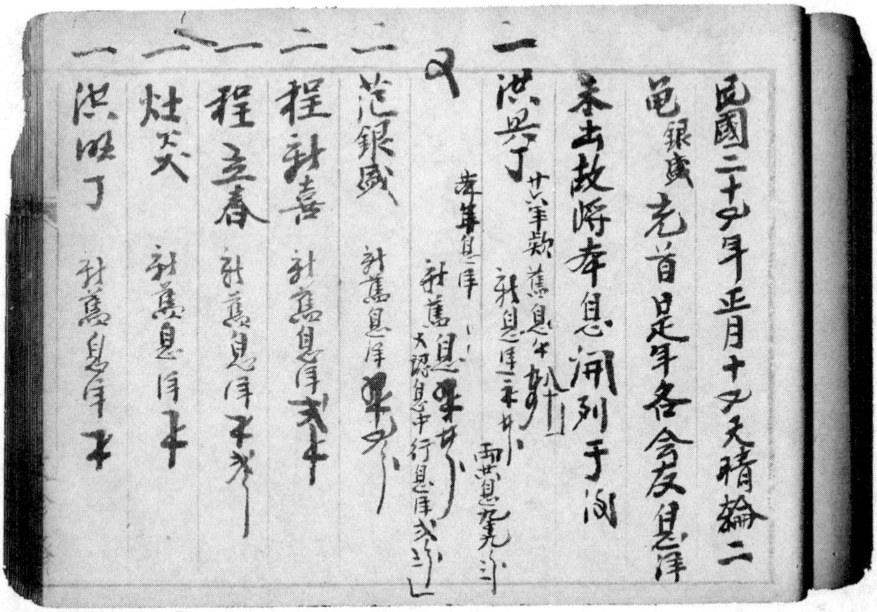

段莘乡大汜村 B 9-70 · 光绪十九年至民国三十六年 · 会簿 · 国明等

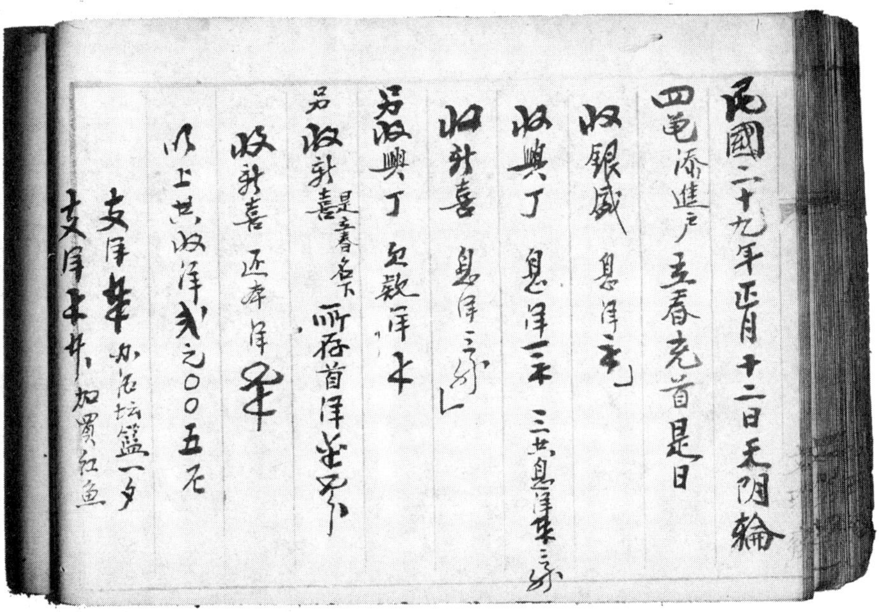

段莘乡大汜村 B 9-71 · 光绪十九年至民国三十六年 · 会簿 · 国明等

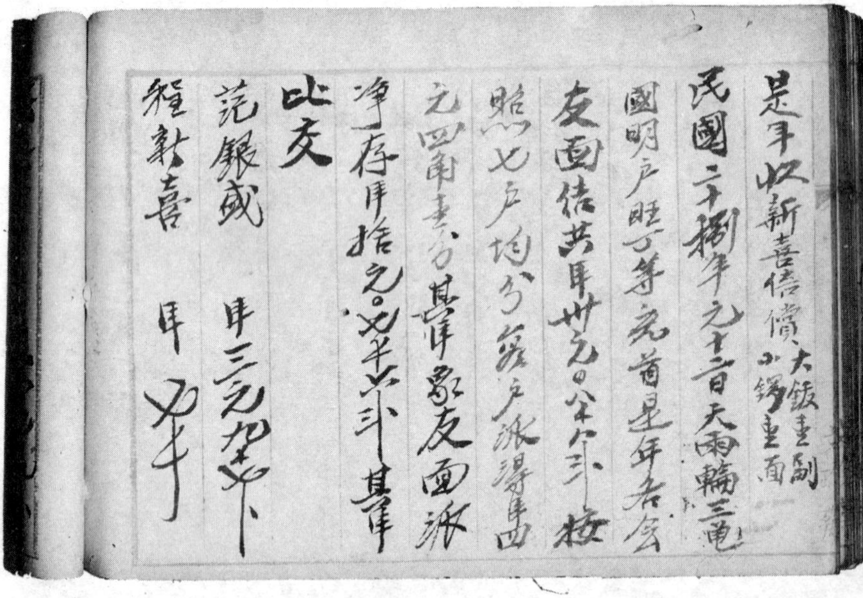

段莘乡大汜村 B 9-72 · 光绪十九年至民国三十六年 · 会簿 · 国明等

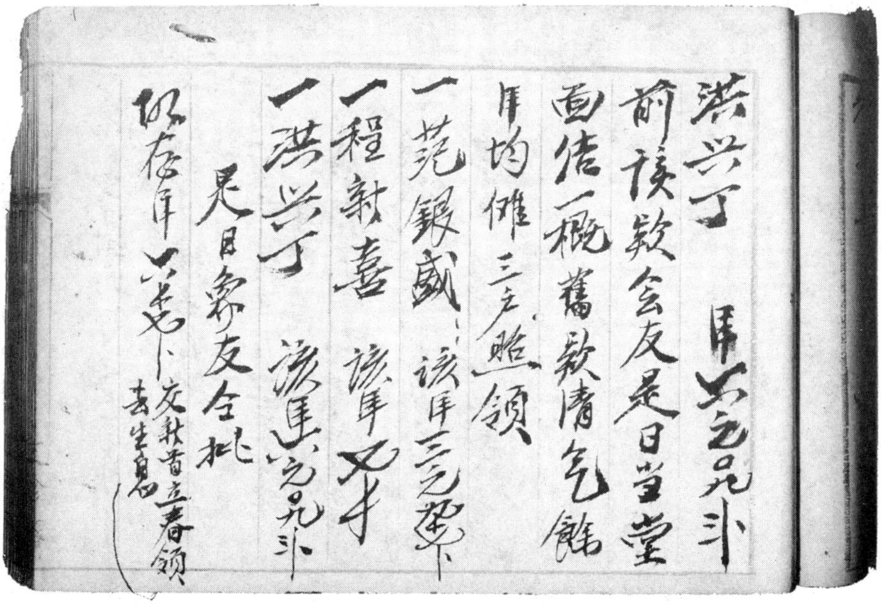

洪兴丁 [illegible]
前该款会友是日当堂
面结一概旧款清讫
年均摊 三户照领
一范银盛、该年[illegible]
一程新喜 该年[illegible]
一洪兴丁 该年[illegible]
是日众友全批
收存年[illegible]交秋香立春领
[illegible]

段莘乡大汜村 B 9-73 · 光绪十九年至民国三十六年 · 会簿 · 国明等

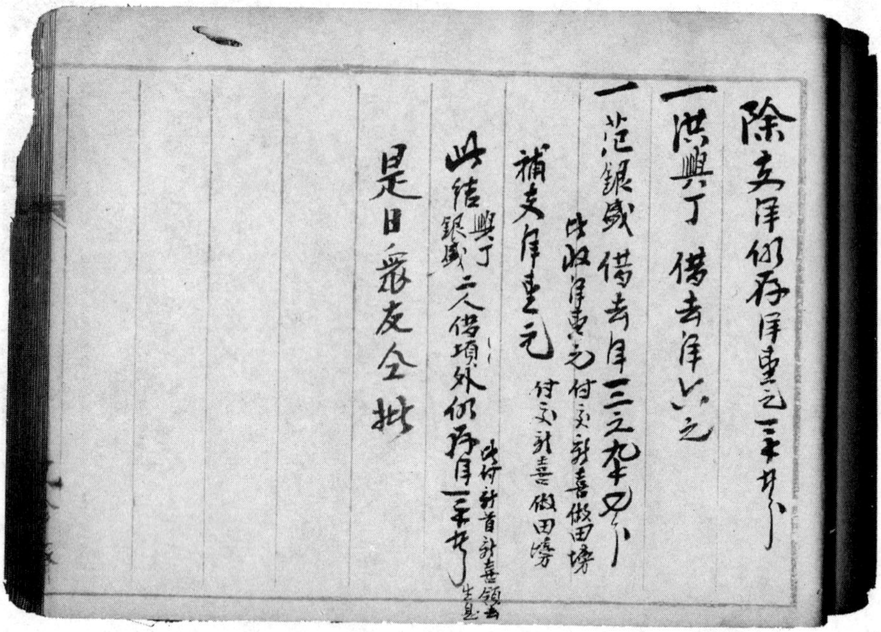
除支洋仍存洋壹元一角廿文
一洪興丁 借去洋六元
一范銀盛 借去洋三元九角五文
除收洋壹元 付交新喜做田塝
補支洋壹元
付交新喜做田塝
此結興丁、銀盛二人借項外仍存洋一角廿文
此付新首新喜領去生息
是日眾友全批

段莘乡大汜村 B 9-74 · 光绪十九年至民国三十六年 · 会簿 · 国明等

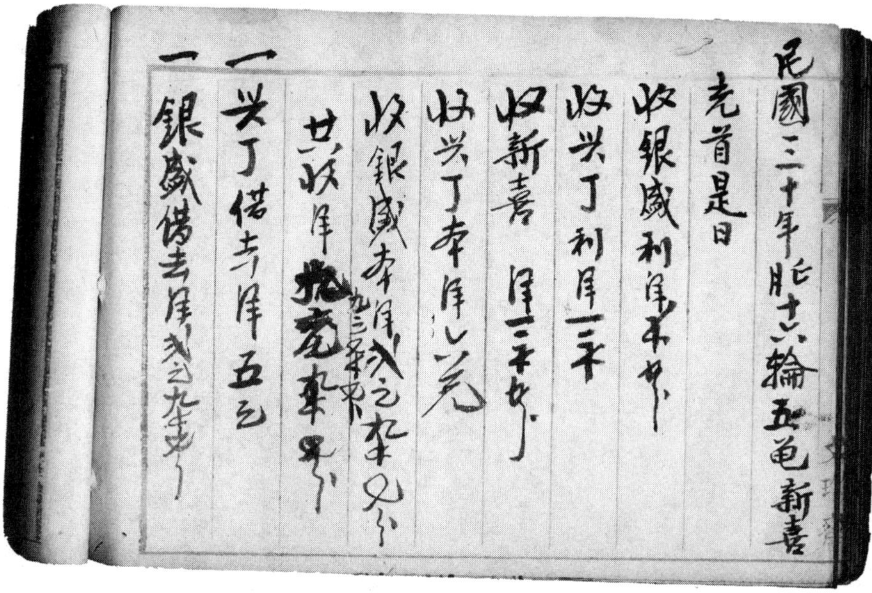
民國三十年臘十六輪值新喜
老首是日
收銀盛利洋[illegible]
收兴丁利洋一元
收新喜 洋[illegible]
收兴丁本洋[illegible]
收銀盛本洋[illegible]
共收洋[illegible]
一兴丁借去洋五元
一銀盛借去洋[illegible]

段莘乡大汜村 B 9-75 · 光绪十九年至民国三十六年 · 会簿 · 国明等

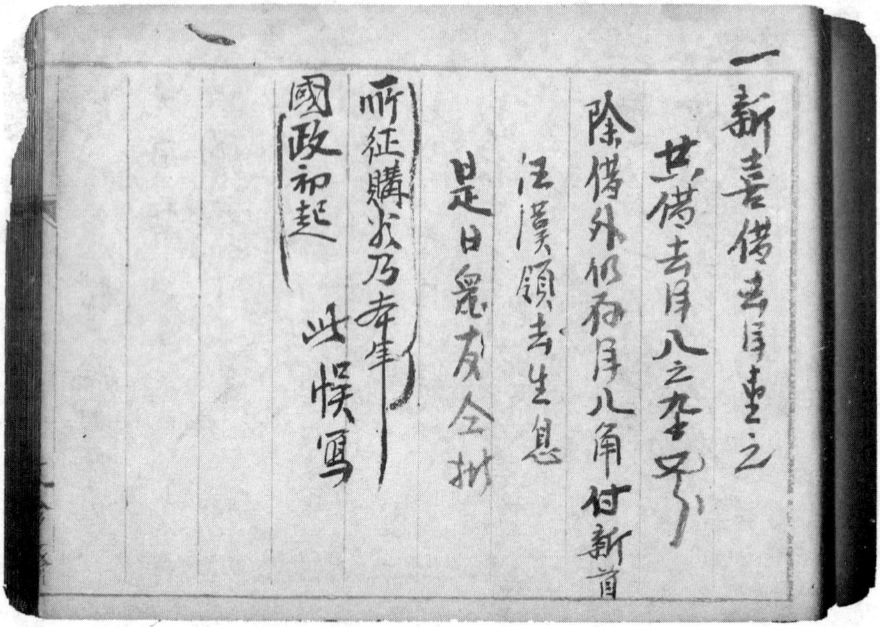
一新喜借去洋壹元之
共借去洋八元[illegible]兄
除借外仍存洋八角付新首
汪漢領去生息
是日邀友合[illegible]
所征購米乃本年
國政初起
此條[illegible]

段莘乡大汜村 B 9-76 · 光绪十九年至民国三十六年 · 会簿 · 国明等

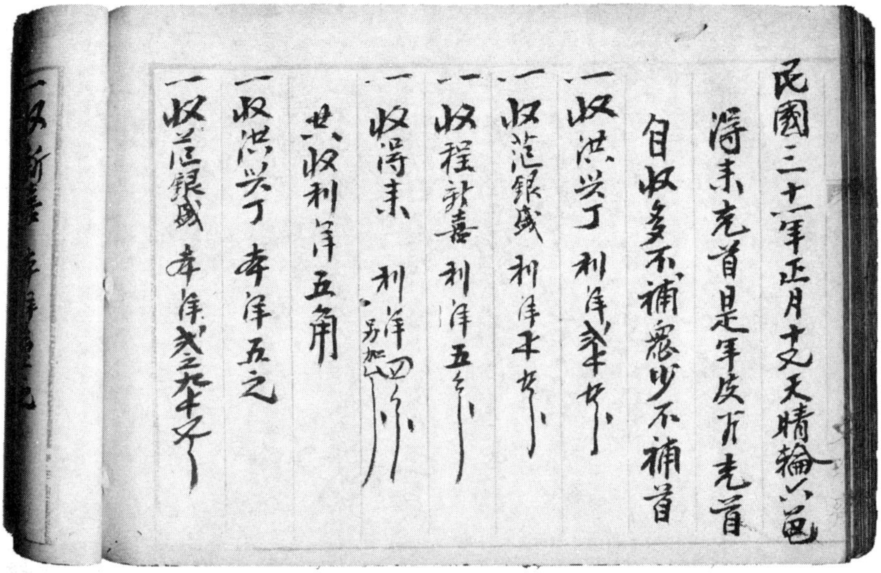
民國三十一年正月十九天晴輪六邑
得来光首是年皮下光首
自收多不補衆少不補首
一收洪兴丁　利洋贰千
一收范银盛　利洋千
一收程新喜　利洋五
一收得来　利洋四　另加
共收利洋五角
一收洪兴丁　本洋五元
一收范银盛　本洋贰
一收新喜　本洋

段莘乡大汜村 B 9-77 · 光绪十九年至民国三十六年 · 会簿 · 国明等

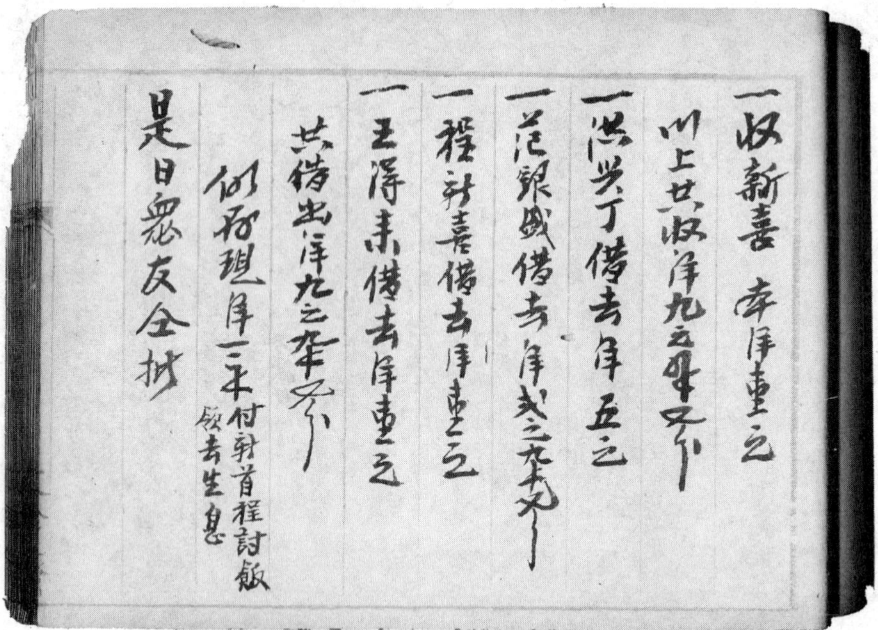

一收新喜　来洋壹元
以上共收洋九元九角五分
一洪兴丁借去洋五元
一花银盛借去洋贰元九角五分
一程财喜借去洋壹元
一王得来借去洋壹元
共借出洋九元九角五分
何聘理洋一元付财首程讨饭收去生息
是日众友全批

段莘乡大汜村 B 9–78 · 光绪十九年至民国三十六年 · 会簿 · 国明等

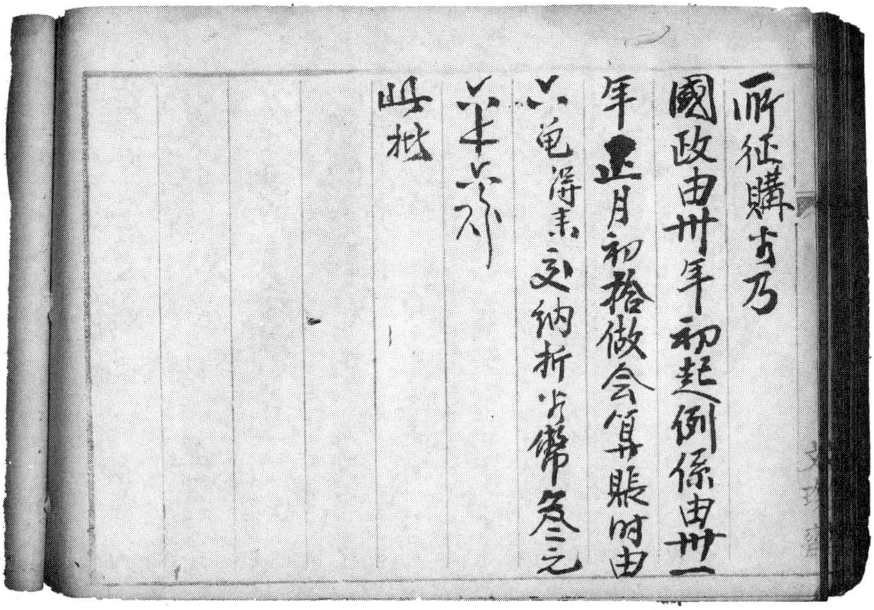

一所征購出乃
國政由卅年初起例係由卅一
年正月初拾做会算賬时由
只㐌得來交納折当幣叁之
莘茶亦
此批

段莘乡大汜村 B 9-79 · 光绪十九年至民国三十六年 · 会簿 · 国明等

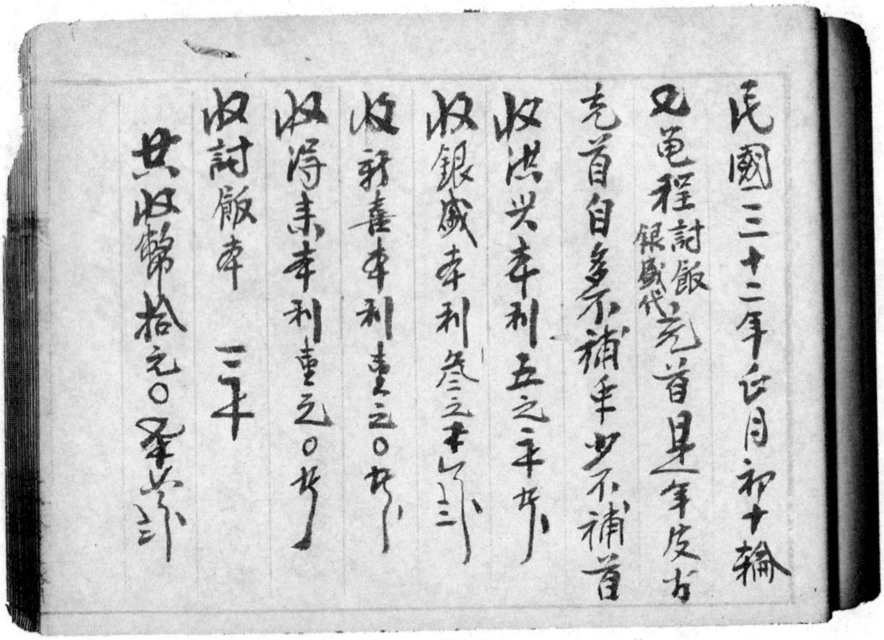

民國三十二年正月初十輪
又菴程討飯銀盛代充首是年度古
充首自多不補年少不補首
收洪兴本利五元二角
收銀盛本利叁元七角三
收新春本利壹元〇五角
收得来本利壹元〇五角
收討飯本 三千
共收幣拾元〇零五角三

段莘乡大汜村 B 9-80 · 光绪十九年至民国三十六年 · 会簿 · 国明等

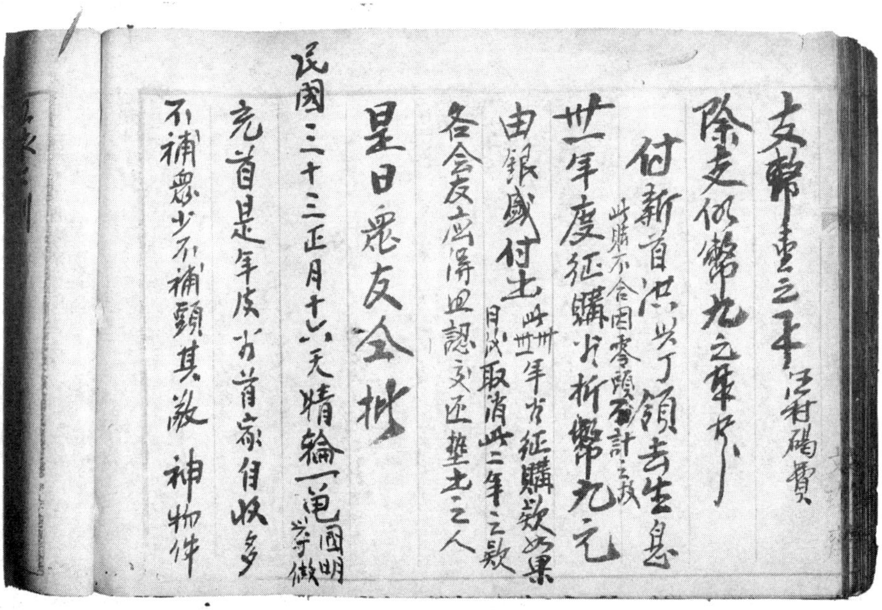

段莘乡大汜村 B 9-81 · 光绪十九年至民国三十六年 · 会簿 · 国明等

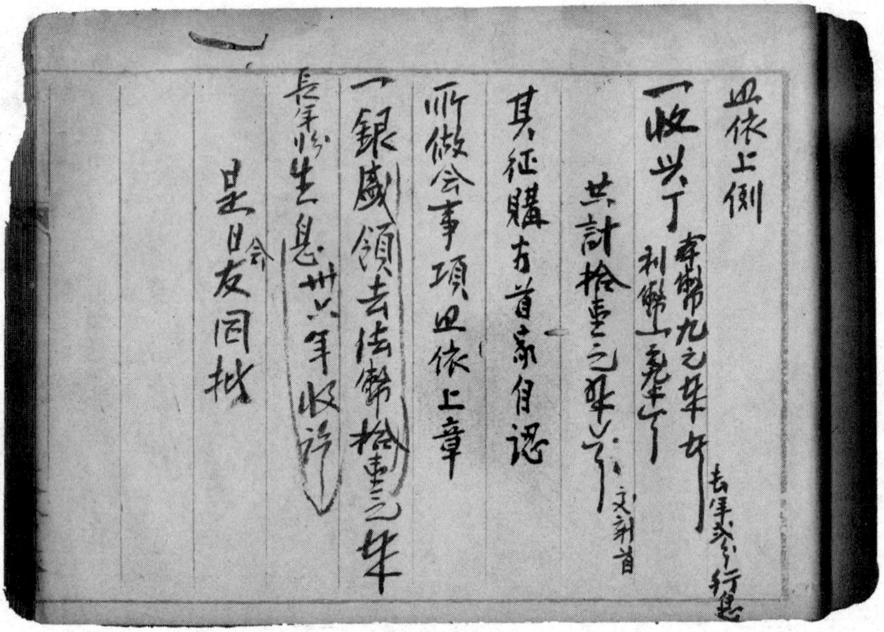

段莘乡大汜村 B 9-82 · 光绪十九年至民国三十六年 · 会簿 · 国明等

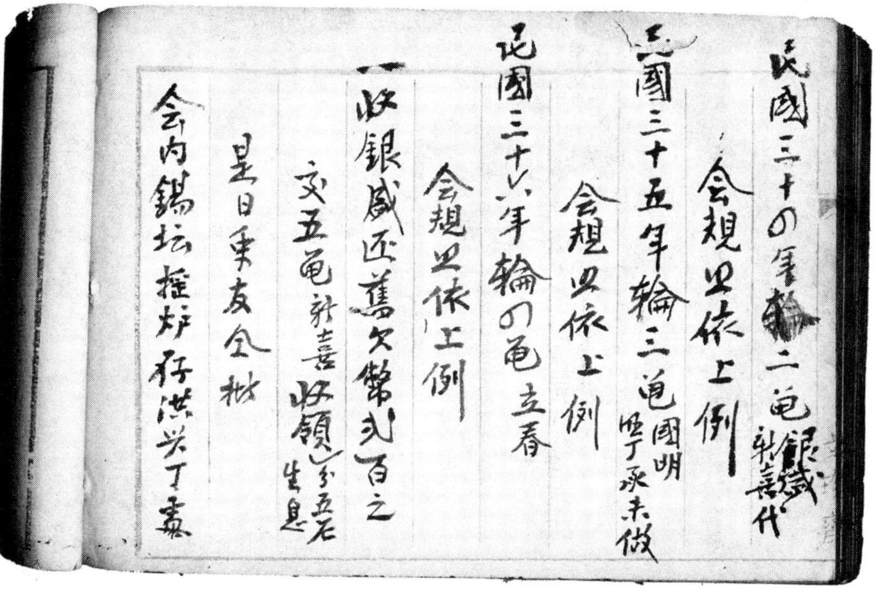

段莘乡大汜村 B 9-83 · 光绪十九年至民国三十六年 · 会簿 · 国明等

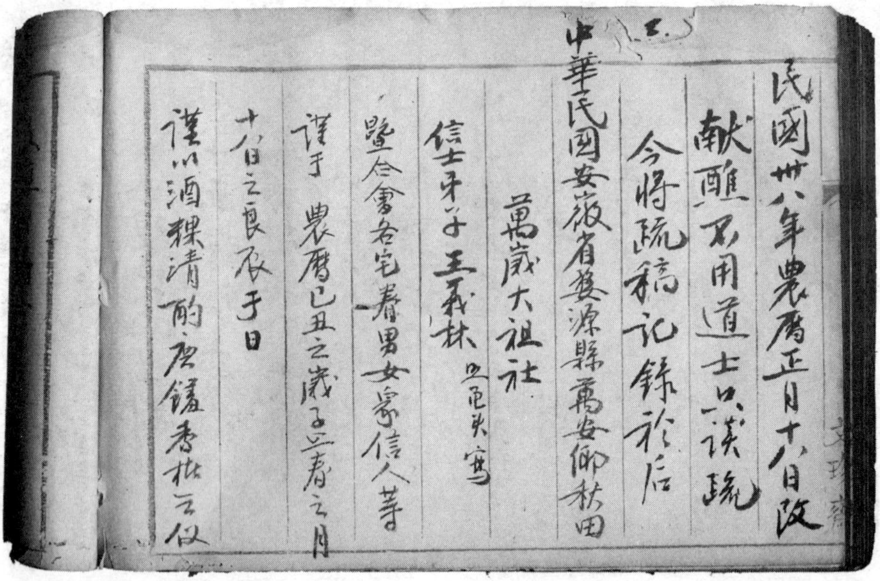
民國卅六年農曆正月十八日改
献醮不用道士只诵疏
今將疏稿記録於后
中華民国安徽省婺源縣萬安鄉秋田
萬歲大祖社
信士弟子 王義林
暨合會各宅眷男女家信人等
謹于 農曆己丑之歲子正春之月
十八日之良辰吉日
謹以酒粿清酌香燭香楮之儀

段莘乡大汜村 B 9-84 · 光绪十九年至民国三十六年 · 会簿 · 国明等

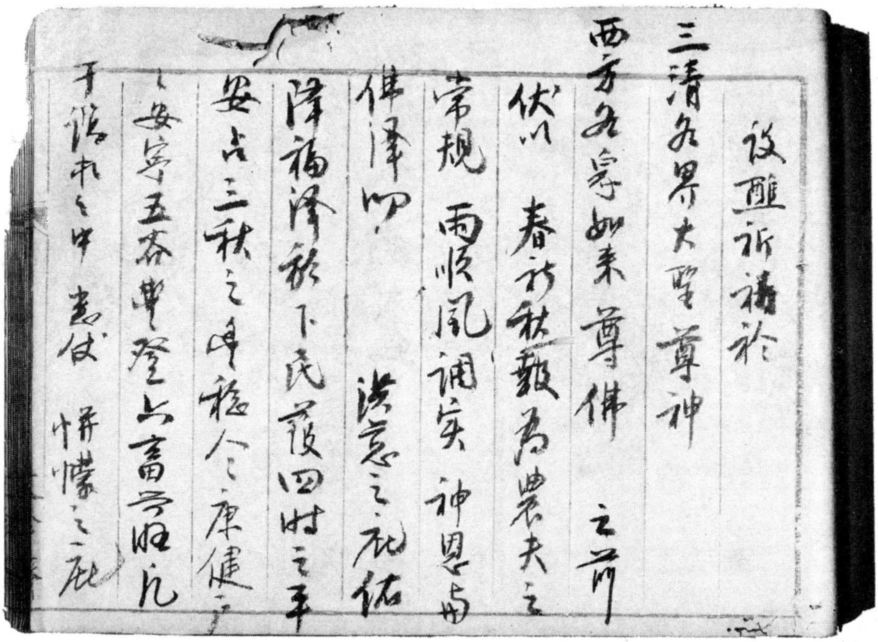

設醮祈禱於
三清無界大聖尊神
西方無字如來尊佛 之前
伏以 春祈秋報爲農夫之
常規 雨順風調實 神恩而
佛澤也 洪恩之庇佑
降福澤於下民 獲四時之平
安占三秋之豐稔人人康健人
人安寧五谷豐登六畜興旺凡
于禧札々中 忠仗 憐憫之庇

段莘乡大汜村 B 9-85 · 光绪十九年至民国三十六年 · 会簿 · 国明等

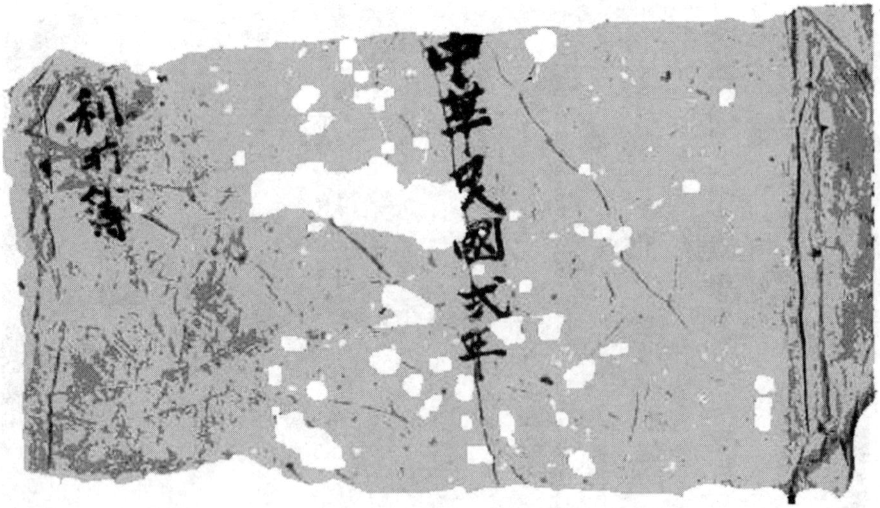

段莘乡大汜村 B 14-1 · 民国二年至四年 · 流水账 · 利□簿

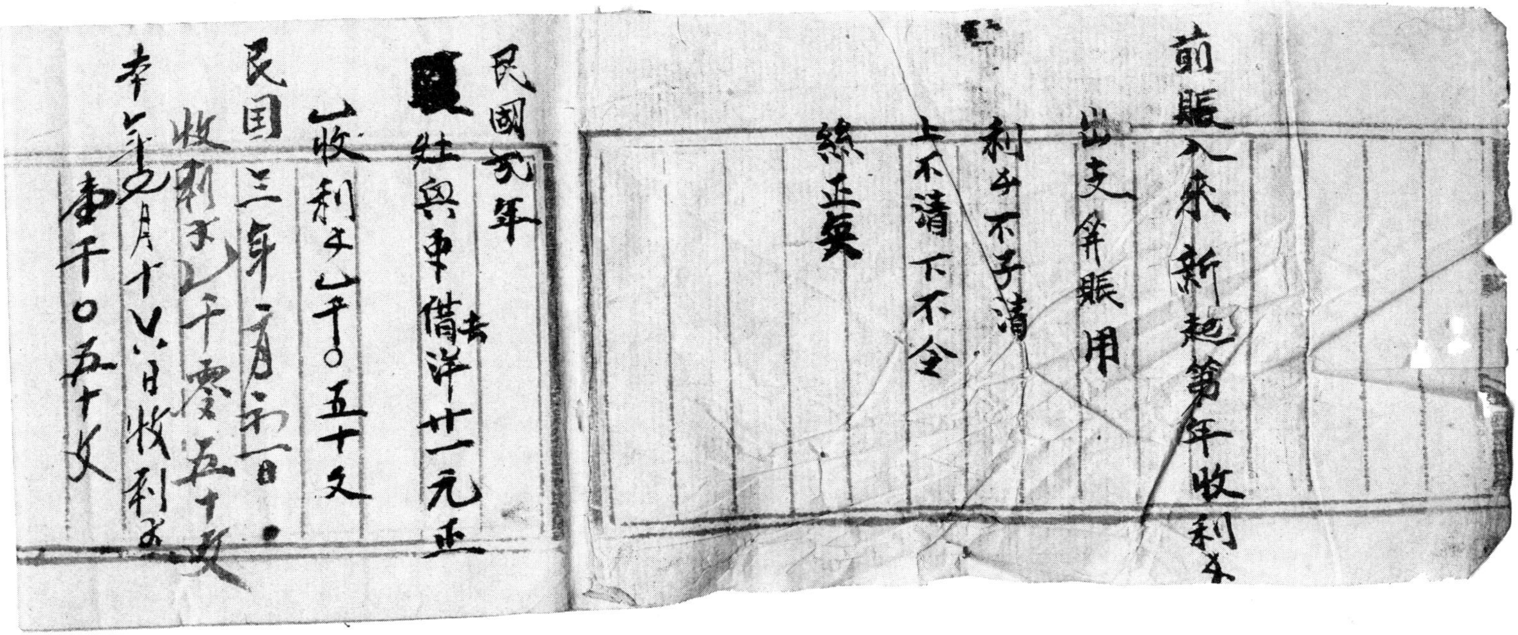
前賬入來新起第年收利文
出支并賬用
利ㄙ不子清
上不清下不全
総正矣
民國貳年
灶與重借洋廿一元正
收利ㄙ山千〇五十文
民国三年二月初一日
收利ㄙ山千零五十文
本年九月十八日收利ㄙ
壹千〇五十文

段莘乡大汜村 B 14-2・民国二年至四年・流水账・利口簿

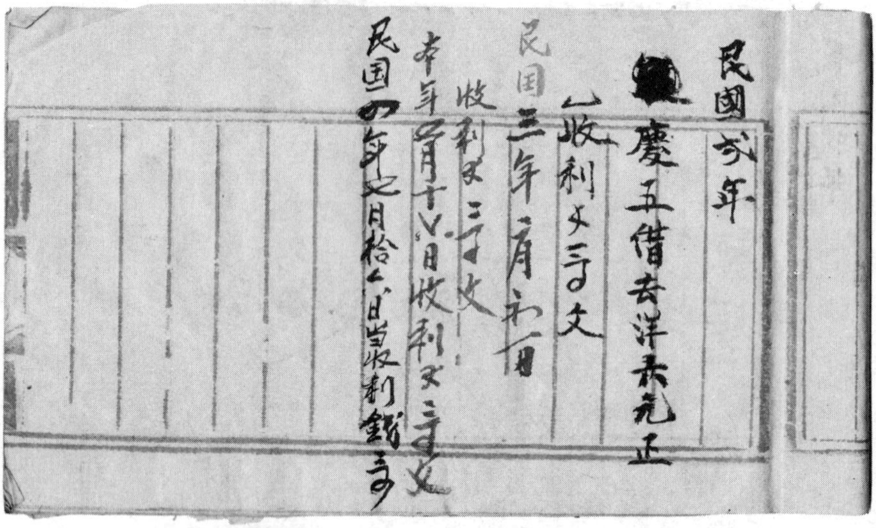

段莘乡大汜村 B 14-3 · 民国二年至四年 · 流水账 · 利□簿

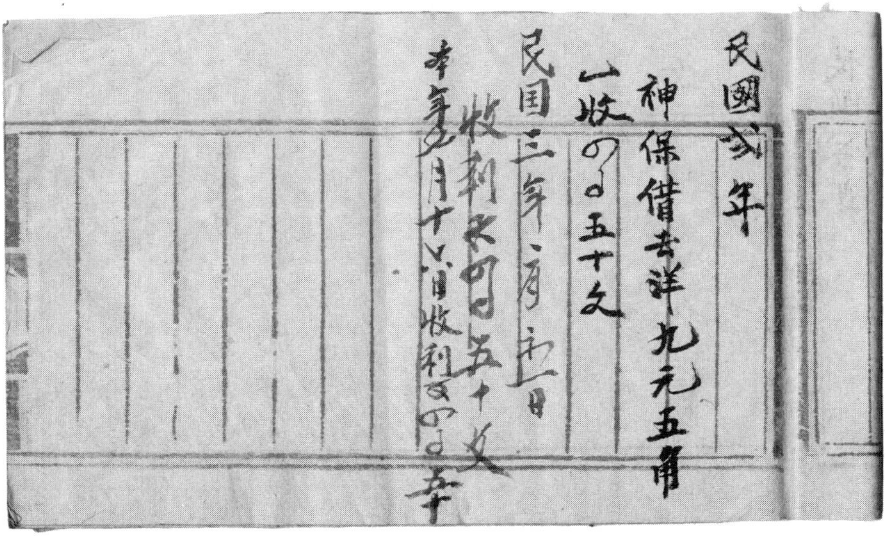

段莘乡大汜村 B 14-4 · 民国二年至四年 · 流水账 · 利□簿

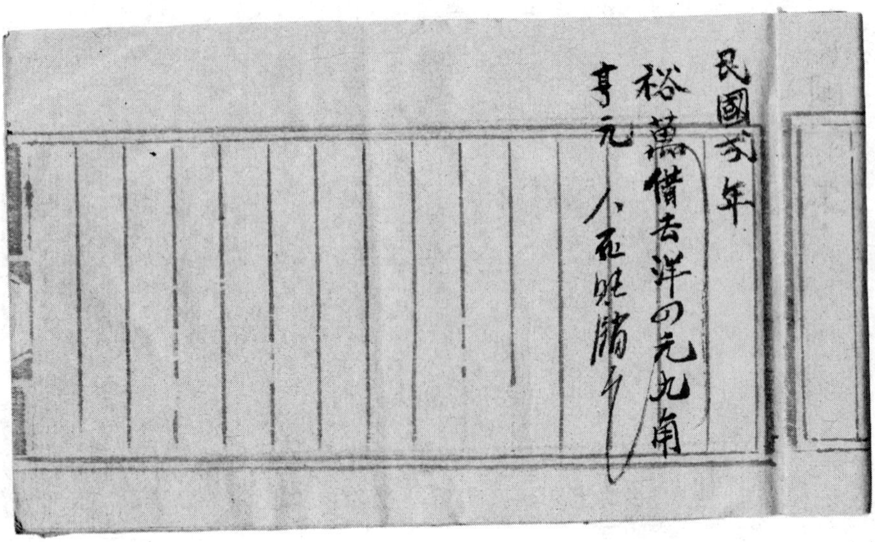
民國弍年
裕萬借去洋の元九角
事元 小在此賬

段莘乡大汜村 B 14-5 · 民国二年至四年 · 流水账 · 利口簿

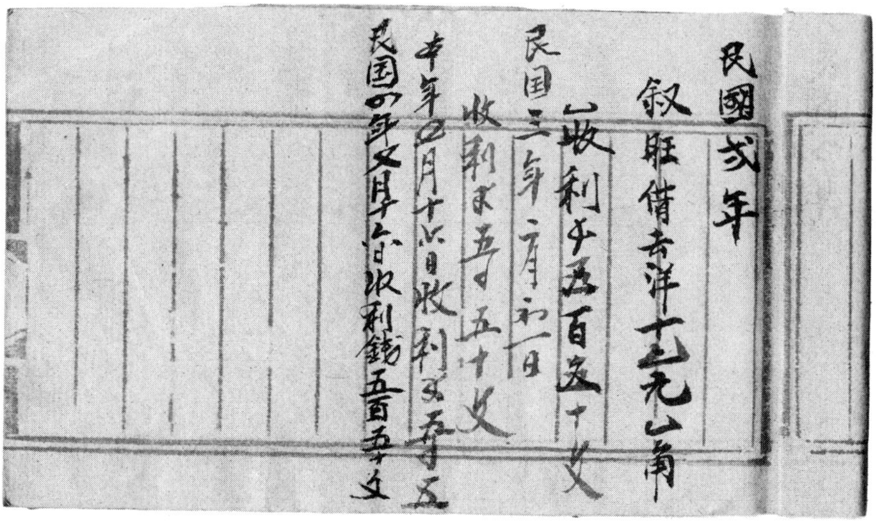

段莘乡大汜村 B 14-6 · 民国二年至四年 · 流水账 · 利口簿

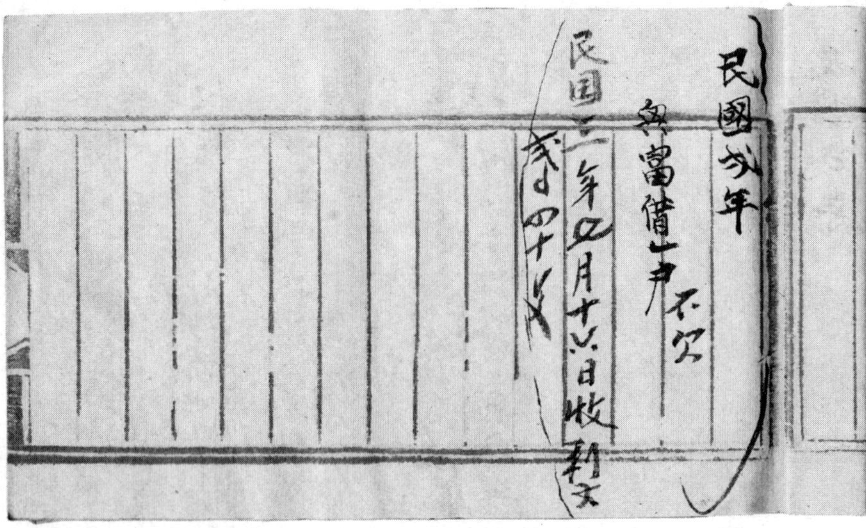

段莘乡大汜村 B 14-7 · 民国二年至四年 · 流水账 · 利□簿

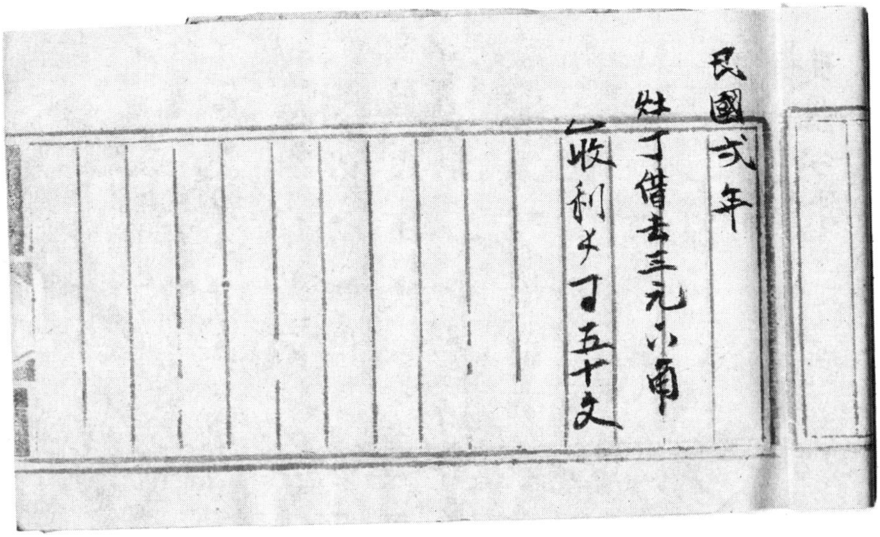
民國弍年
灶丁借去三元小角
收利〤丁五十文

段莘乡大汜村 B 14-8 · 民国二年至四年 · 流水账 · 利口簿

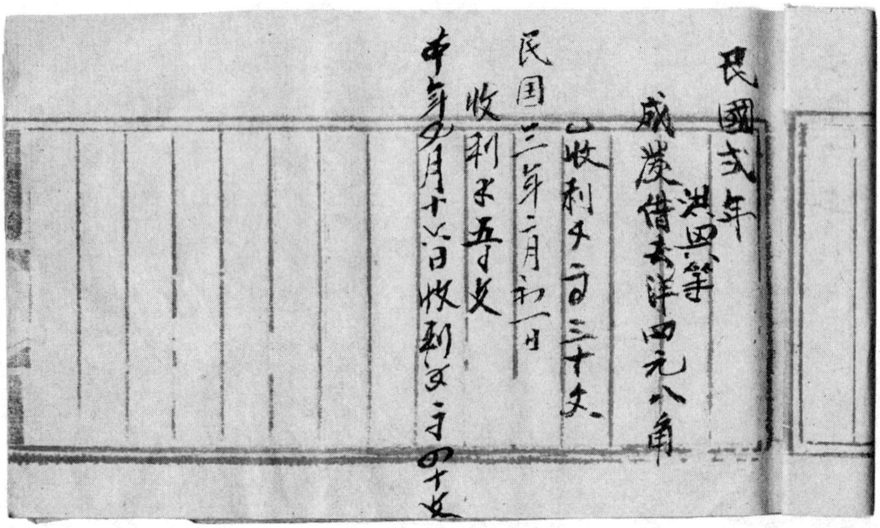

段莘乡大汜村 B 14-9 · 民国二年至四年 · 流水账 · 利口簿

段莘乡大汜村 B 14-10 · 民国二年至四年 · 流水账 · 利口簿

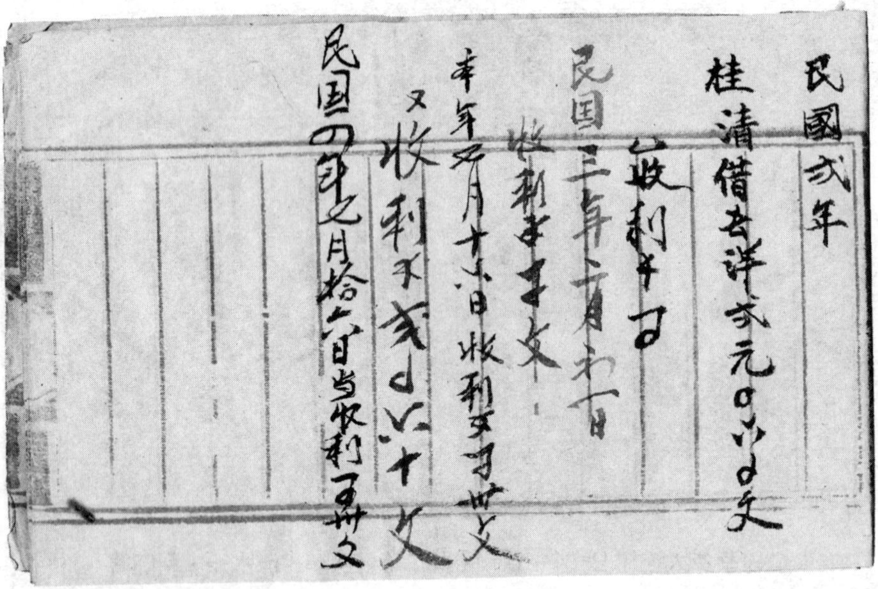
民國弍年
桂清借去洋弍元[illegible]文
收利[illegible]
民国三年十月初十日
收利[illegible]文
本年五月十六日收利[illegible]文
又收利[illegible]十文
民国四年七月拾六日当收利[illegible]文

段莘乡大汜村 B 14-11 · 民国二年至四年 · 流水账 · 利口簿

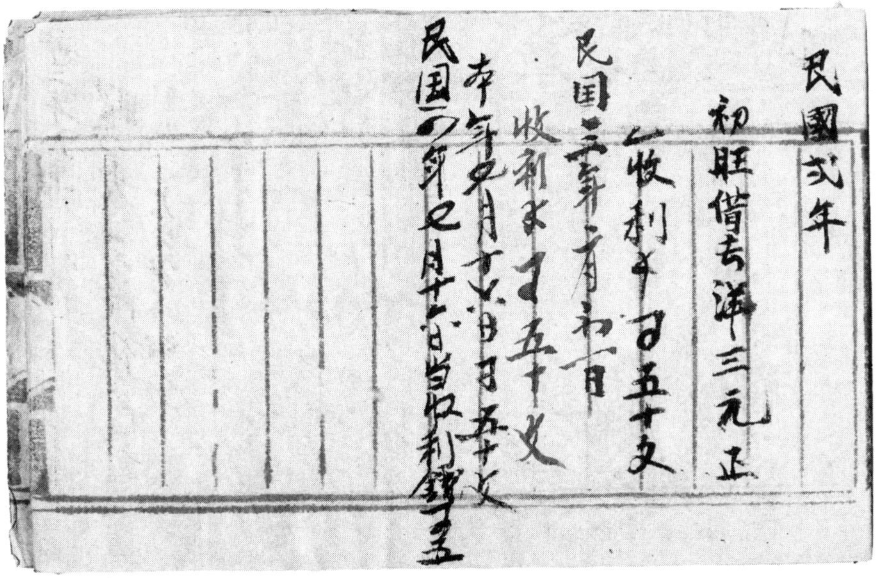

民國弍年

初旺借去洋三元正

收利[illegible][illegible]五十文

民国三年二月初一日

收利米[illegible]五十文

本年五月十六日[illegible]五十文

民国四年五月十六日当收利钱[illegible]

段莘乡大汜村 B 14-12 · 民国二年至四年 · 流水账 · 利口簿

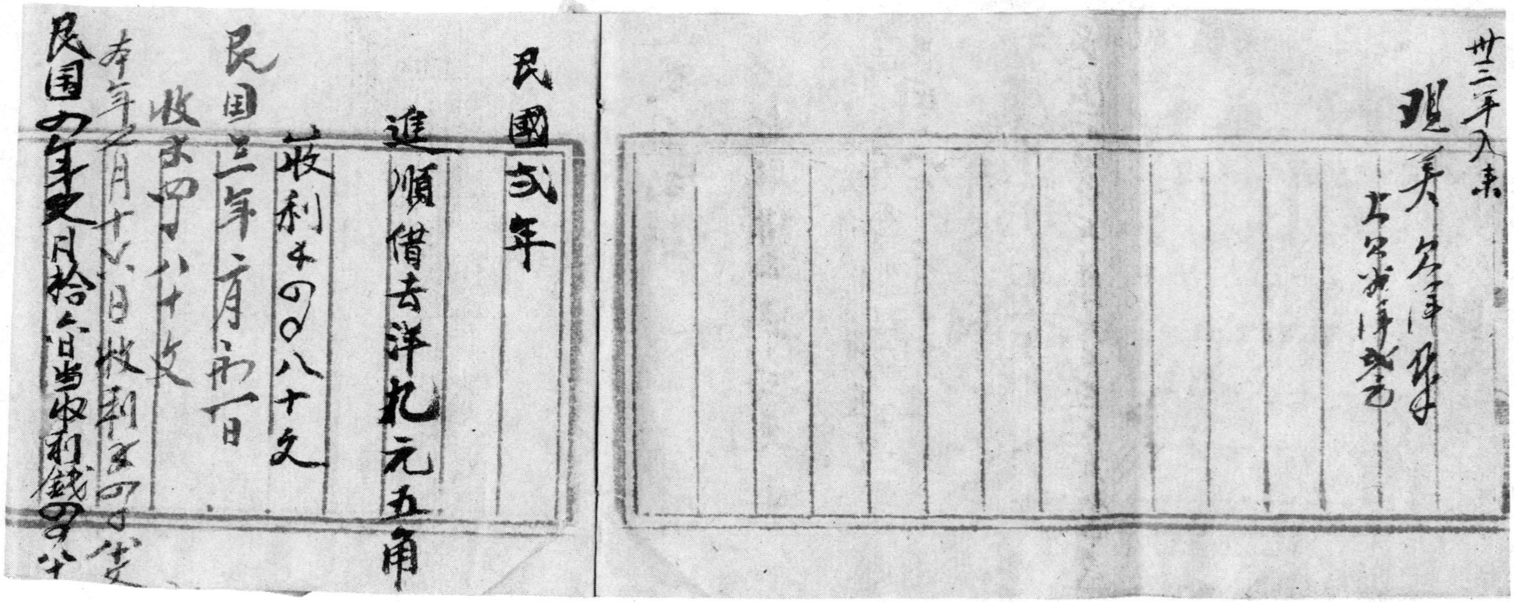

民國弍年

進順借去洋九元五角

段莘乡大汜村 B 14-13 · 民国二年至四年 · 流水账 · 利口簿

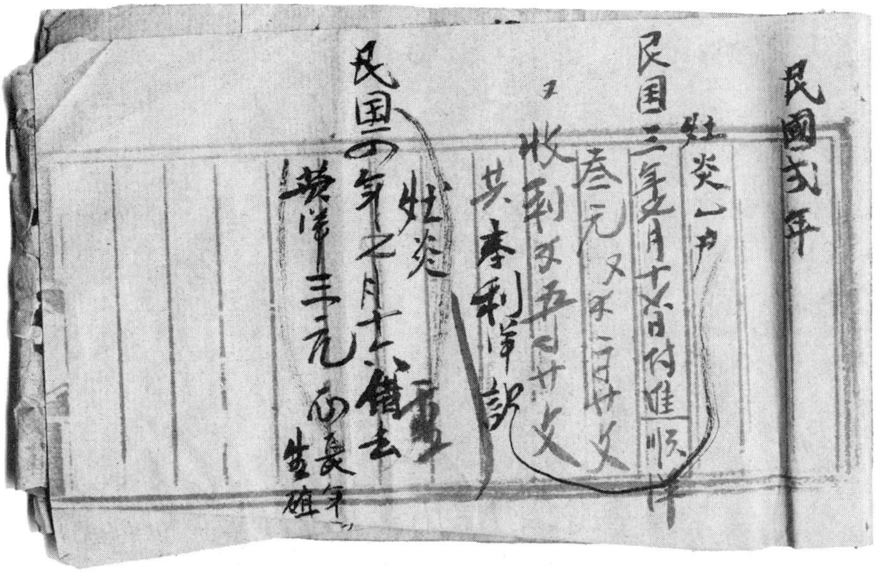

段莘乡大汜村 B 14-14 · 民国二年至四年 · 流水账 · 利口簿

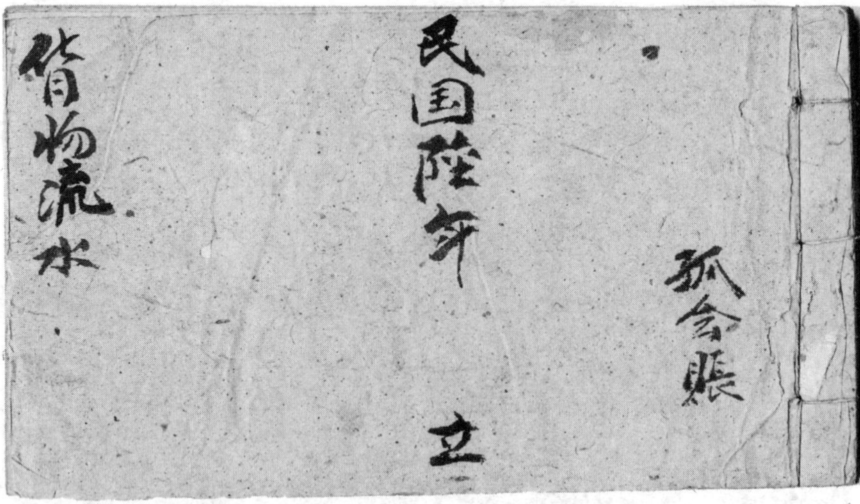

段莘乡大汜村 B 8-1 · 民国六年至三十二年 · 货物流水账 · 孤会账

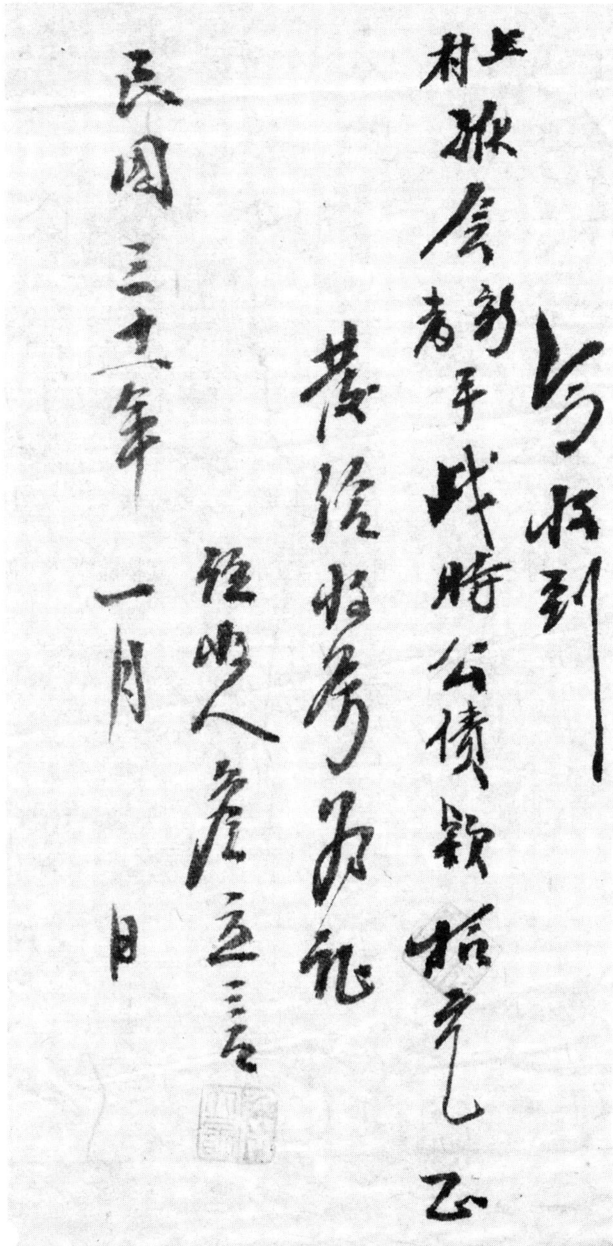

今收到
上村張辰青新手戰時公債款拾元正
黃經收存為憑
經收人詹立三
民國三十二年一月　日

段莘乡大汜村 B 8-2 · 民国六年至三十二年 · 货物流水账 · 孤会账

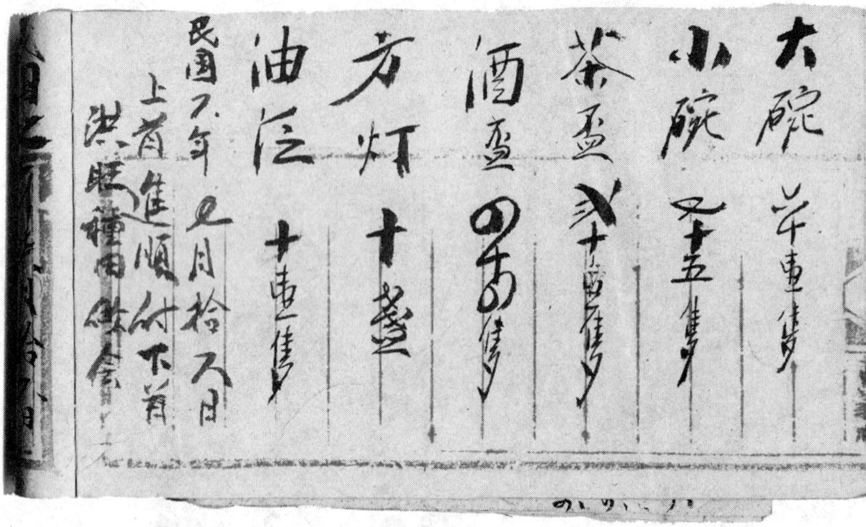

段莘乡大汜村 B 8-3 · 民国六年至三十二年 · 货物流水账 · 孤会账

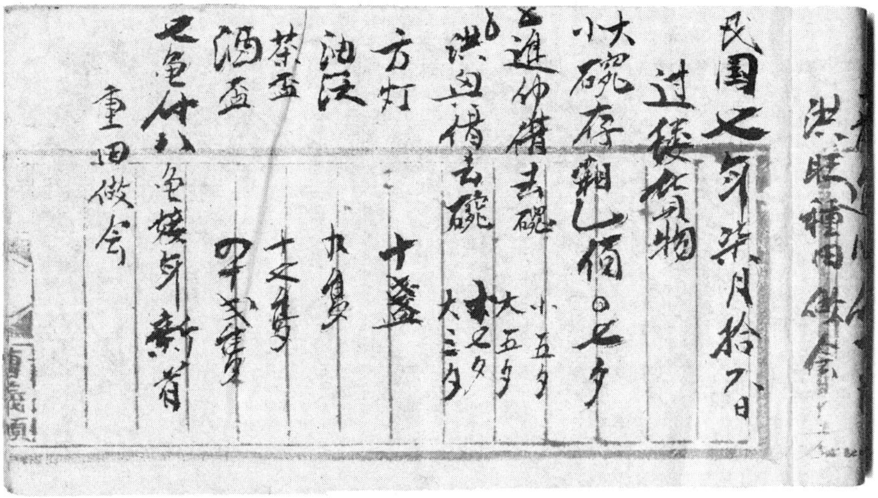

段莘乡大汜村 B 8-4 · 民国六年至三十二年 · 货物流水账 · 孤会账

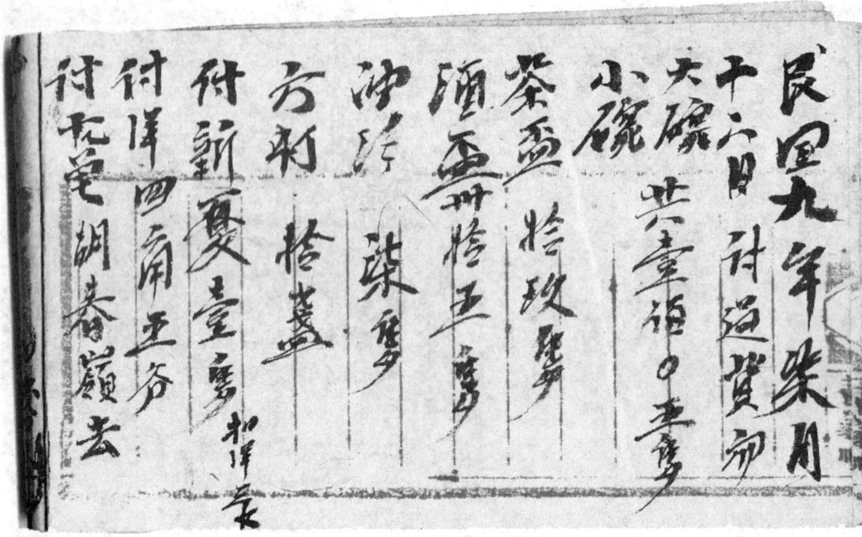

段莘乡大汜村 B 8-5 · 民国六年至三十二年 · 货物流水账 · 孤会账

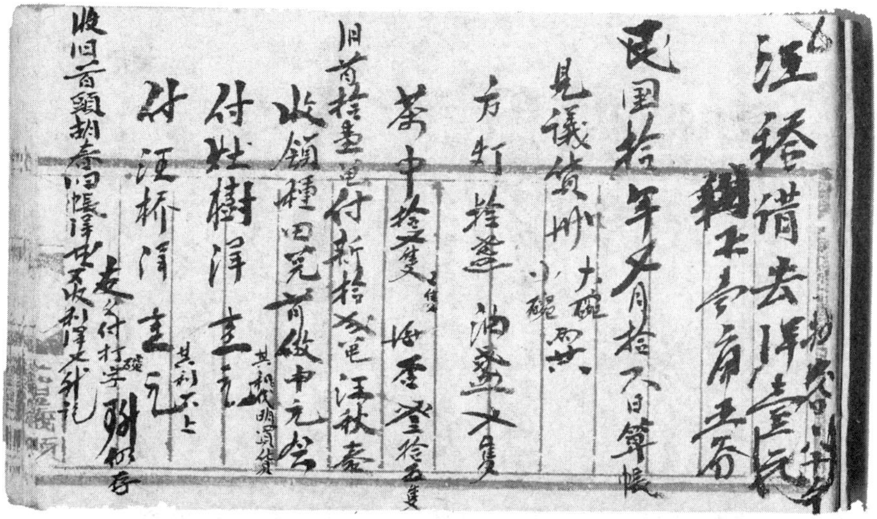

段莘乡大汜村 B 8-6 · 民国六年至三十二年 · 货物流水账 · 孤会账

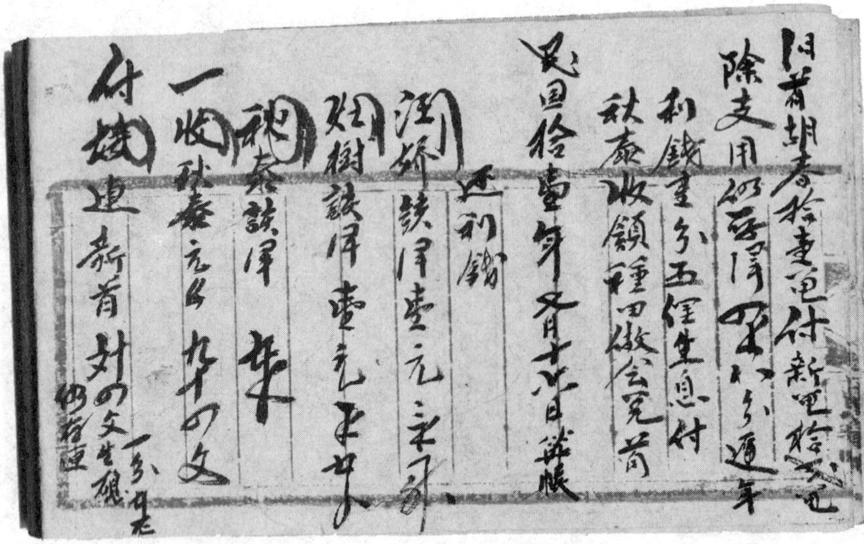

段莘乡大汜村 B 8-7 · 民国六年至三十二年 · 货物流水账 · 孤会账

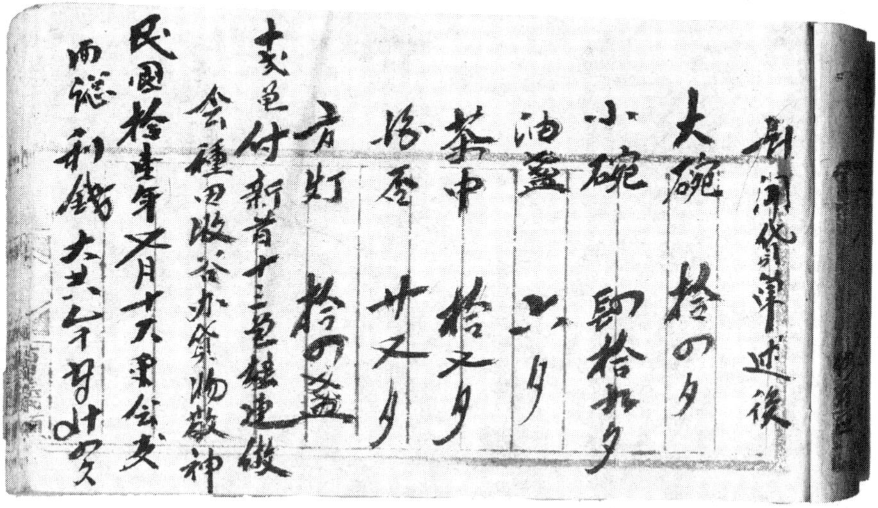

段莘乡大汜村 B 8-8 · 民国六年至三十二年 · 货物流水账 · 孤会账

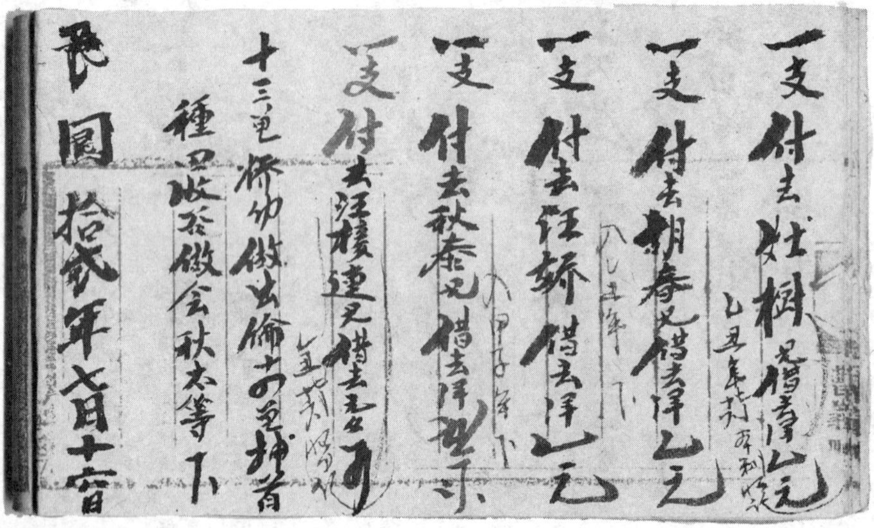

段莘乡大汜村 B 8-9 · 民国六年至三十二年 · 货物流水账 · 孤会账

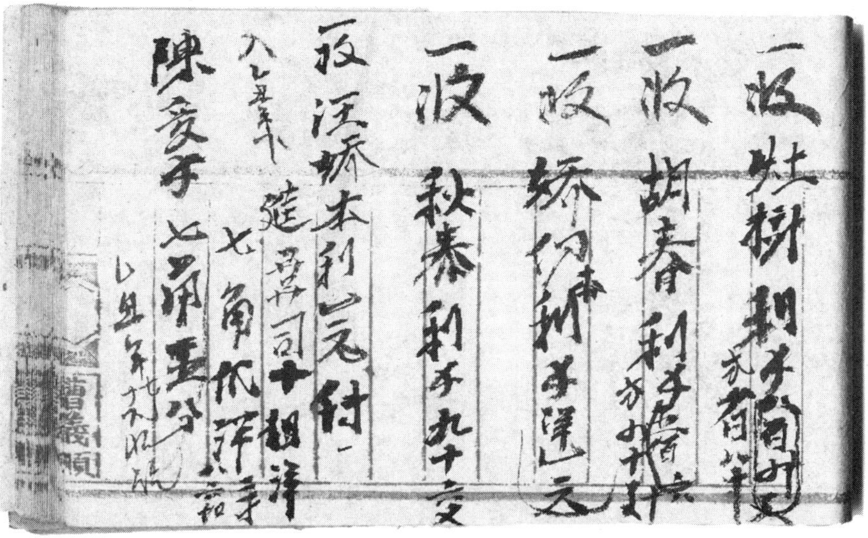

段莘乡大汜村 B 8-10 · 民国六年至三十二年 · 货物流水账 · 孤会账

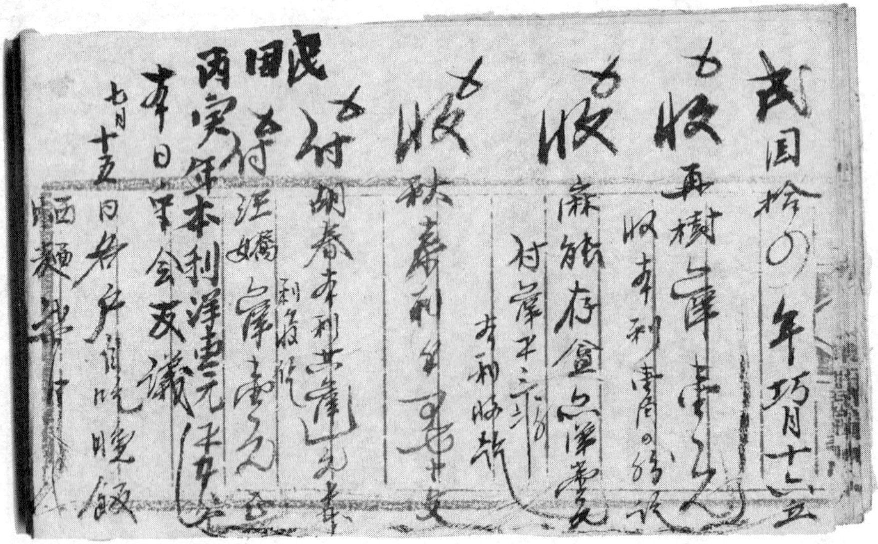

段莘乡大汜村 B 8-11 · 民国六年至三十二年 · 货物流水账 · 孤会账

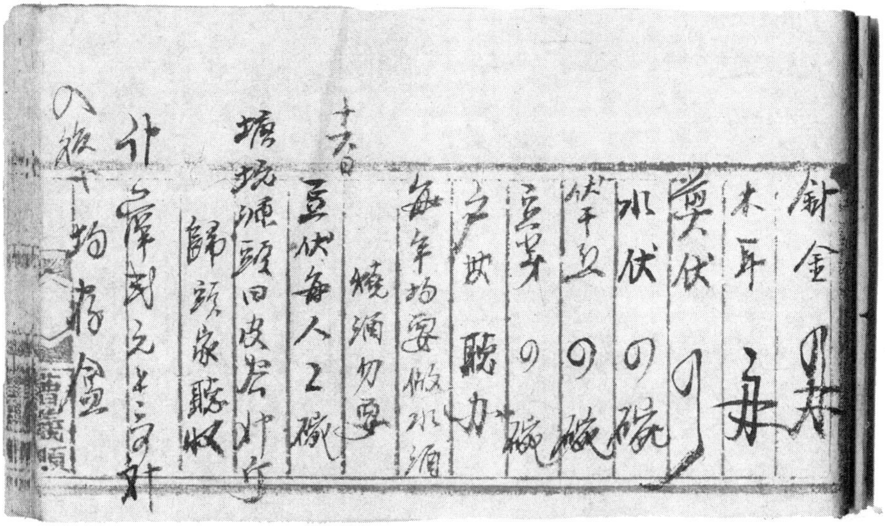

段莘乡大汜村 B 8-12 · 民国六年至三十二年 · 货物流水账 · 孤会账

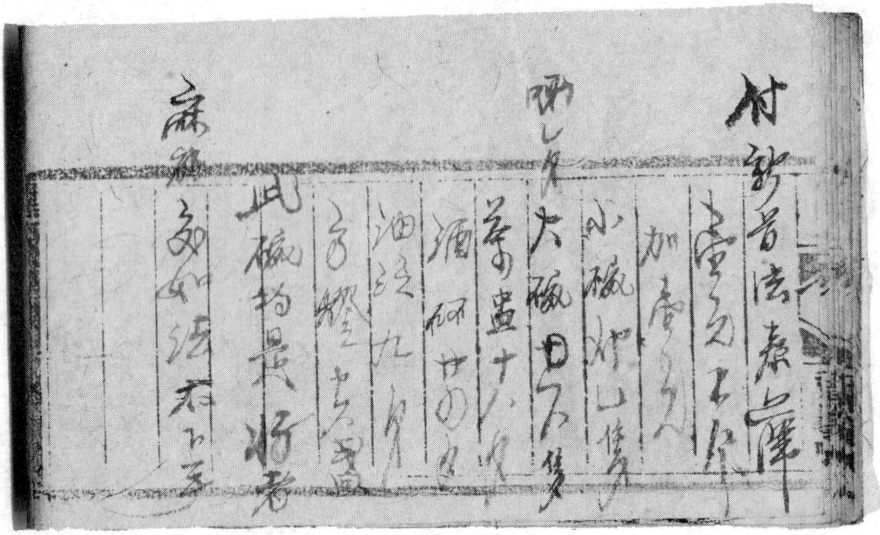

段莘乡大汜村 B 8-13 · 民国六年至三十二年 · 货物流水账 · 孤会账

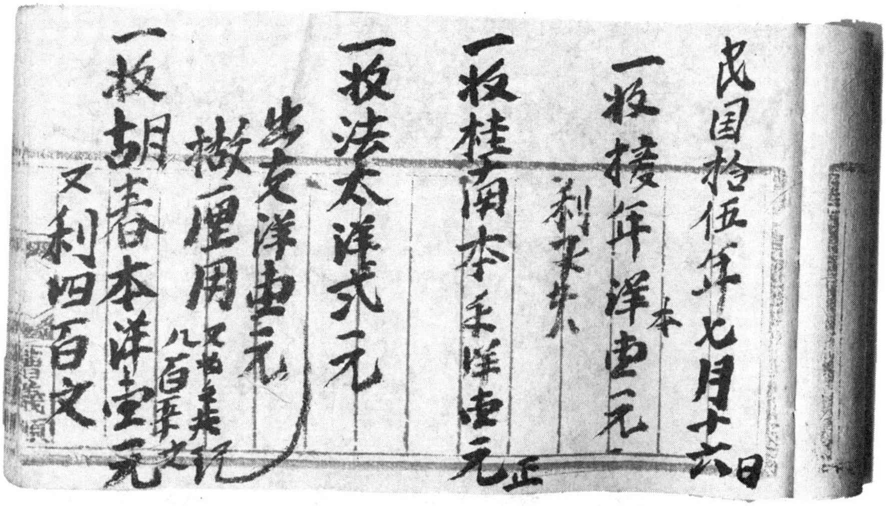

段莘乡大汜村 B 8-14 · 民国六年至三十二年 · 货物流水账 · 孤会账

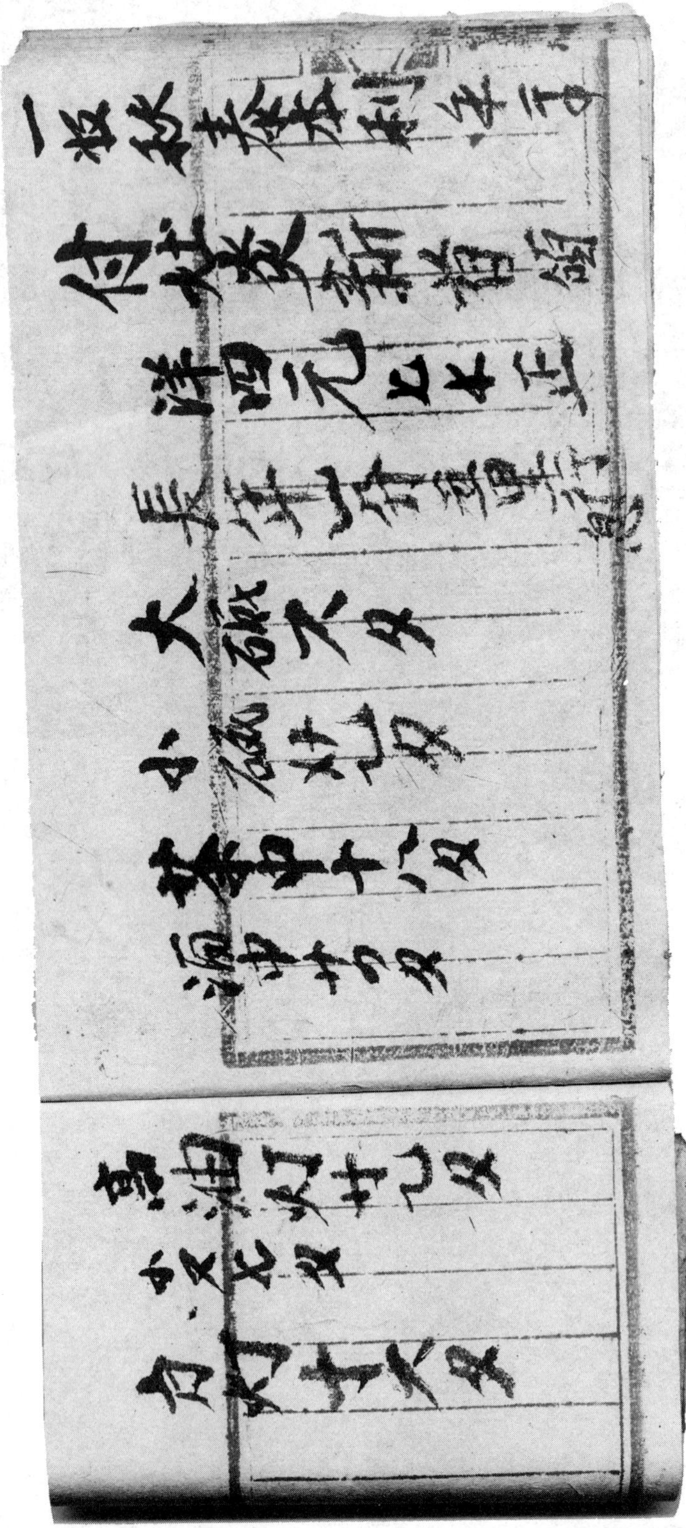

段莘乡大汜村 B 8-15 · 民国六年至三十二年 · 货物流水账 · 孤会账

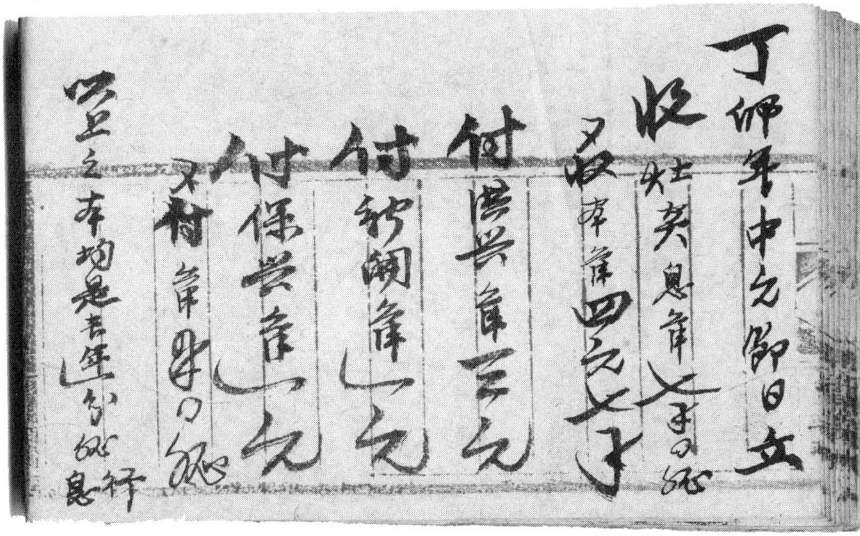

段莘乡大汜村 B 8-16 · 民国六年至三十二年 · 货物流水账 · 孤会账

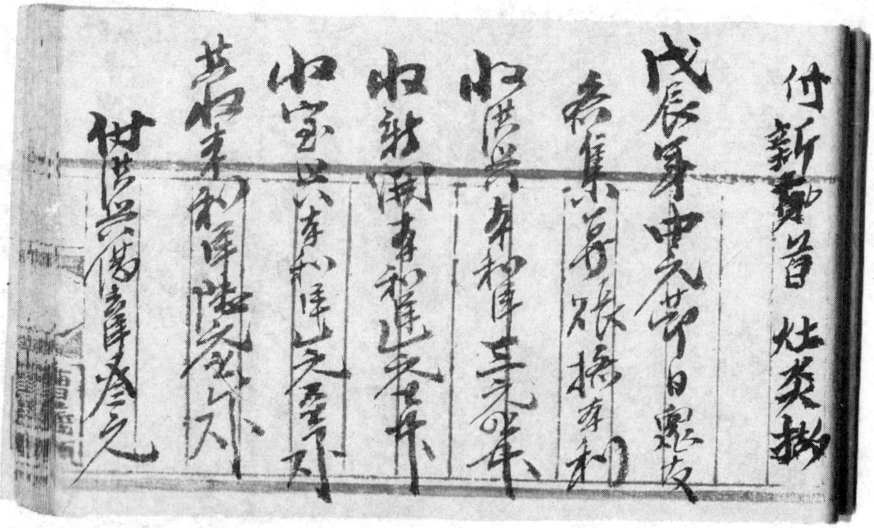

段莘乡大汜村 B 8-17 · 民国六年至三十二年 · 货物流水账 · 孤会账

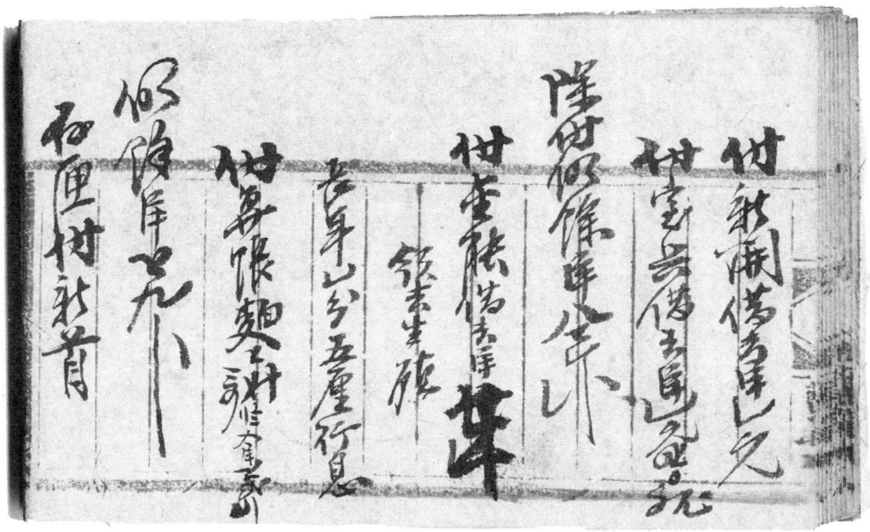

段莘乡大汜村 B 8-18 · 民国六年至三十二年 · 货物流水账 · 孤会账

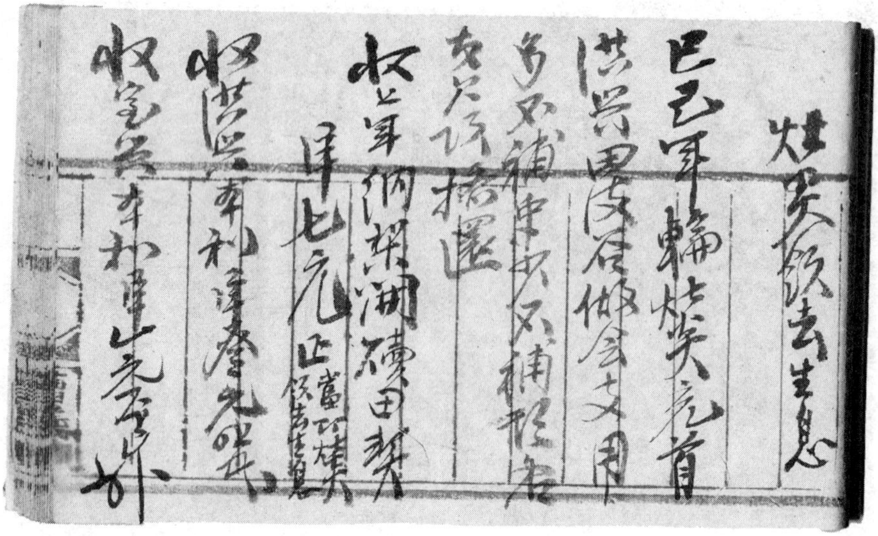

段莘乡大汜村 B 8-19 · 民国六年至三十二年 · 货物流水账 · 孤会账

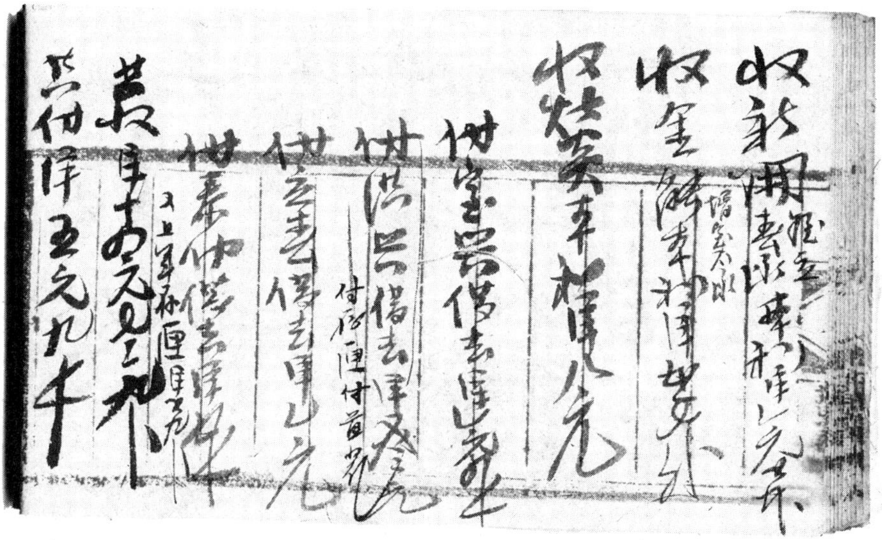

段莘乡大汜村 B 8-20 · 民国六年至三十二年 · 货物流水账 · 孤会账

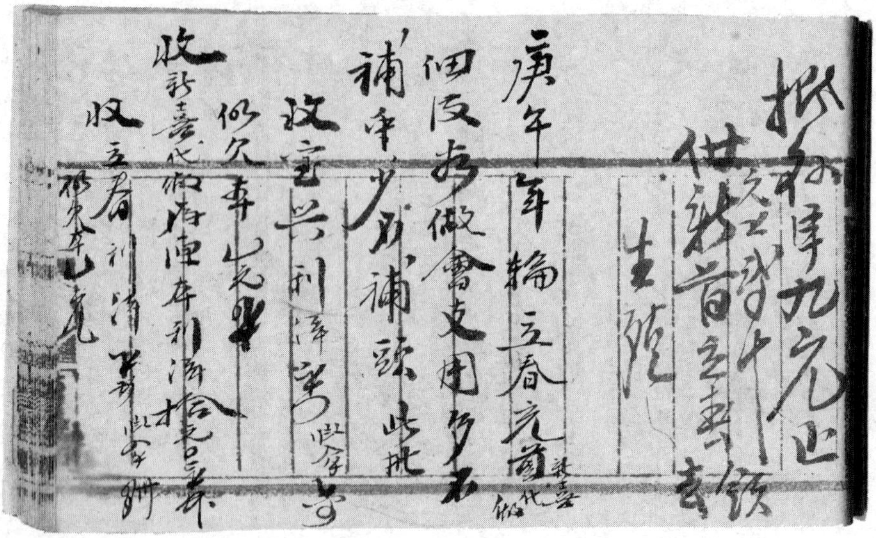

段莘乡大汜村 B 8-21 · 民国六年至三十二年 · 货物流水账 · 孤会账

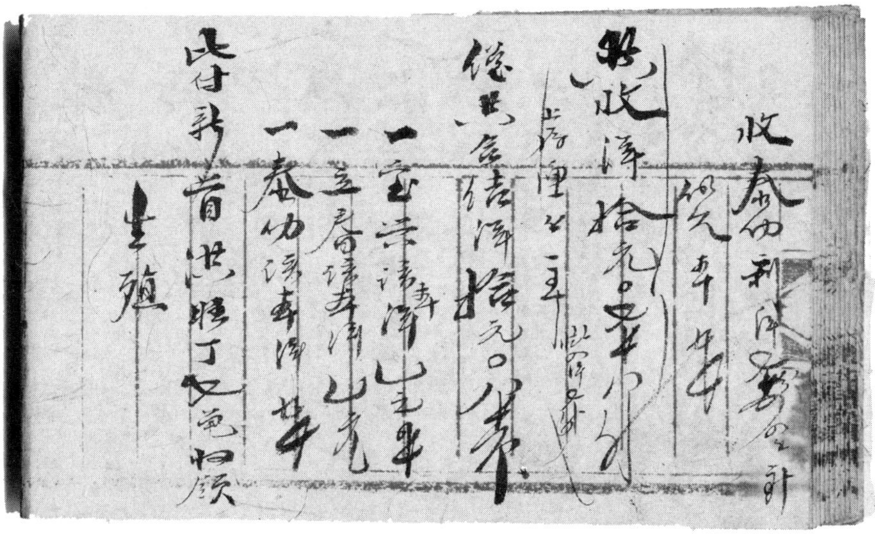

段莘乡大汜村 B 8-22・民国六年至三十二年・货物流水账・孤会账

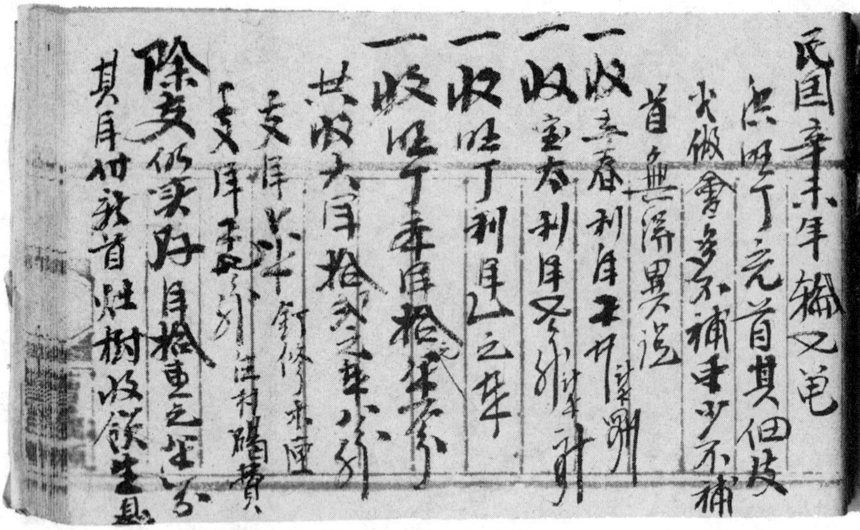

段莘乡大汜村 B 8-23 · 民国六年至三十二年 · 货物流水账 · 孤会账

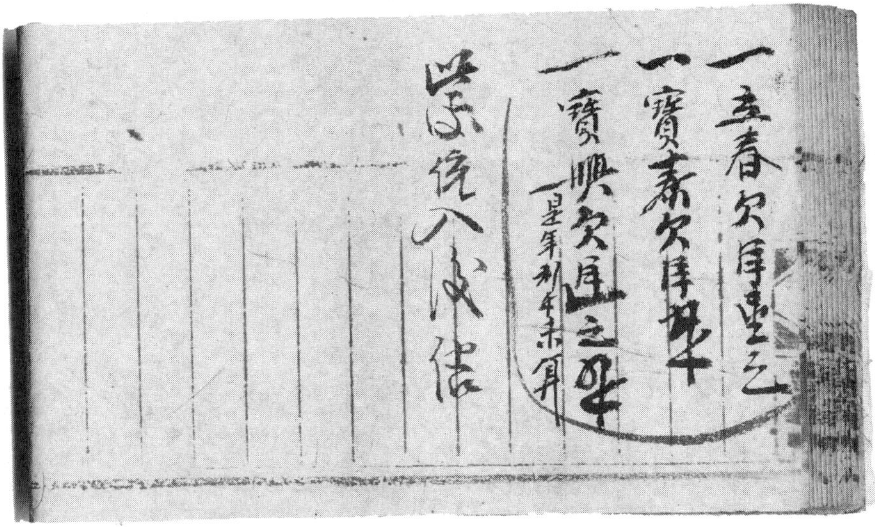

段莘乡大汜村 B 8-24 · 民国六年至三十二年 · 货物流水账 · 孤会账

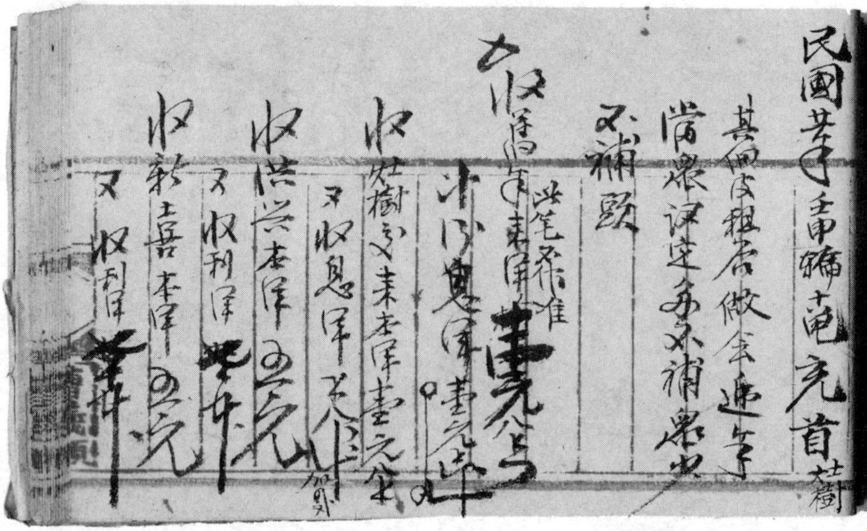

段莘乡大汜村 B 8-25 · 民国六年至三十二年 · 货物流水账 · 孤会账

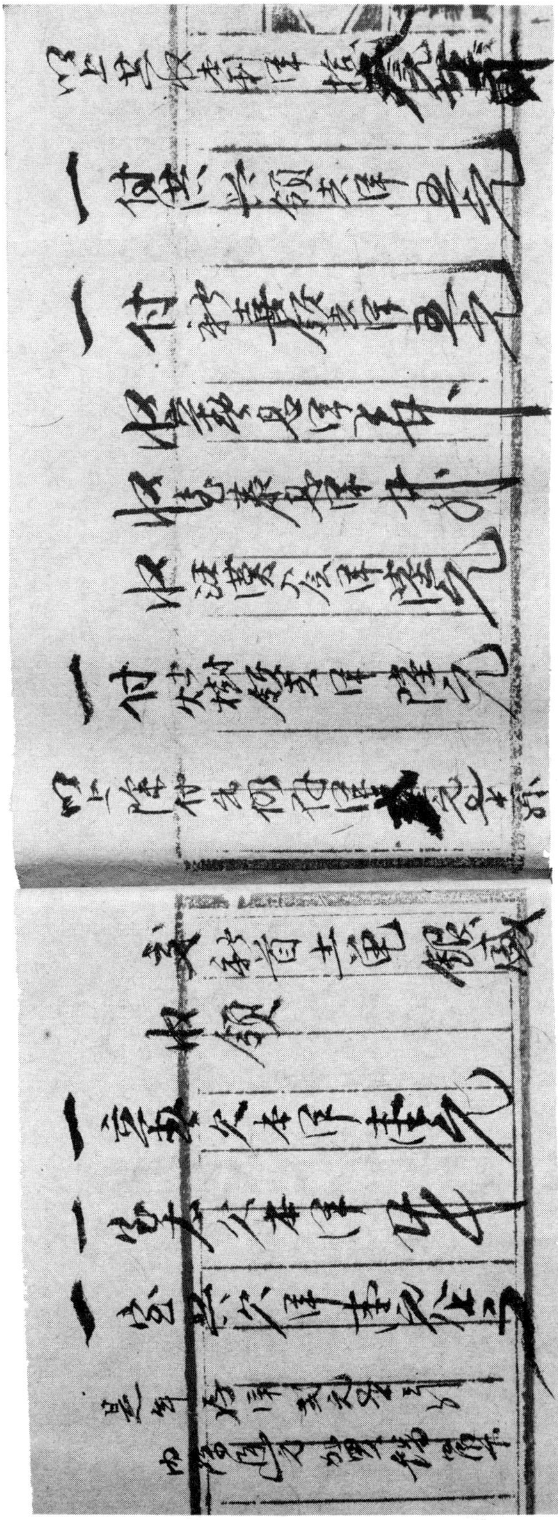

段莘乡大汜村 B 8-26 · 民国六年至三十二年 · 货物流水账 · 孤会账

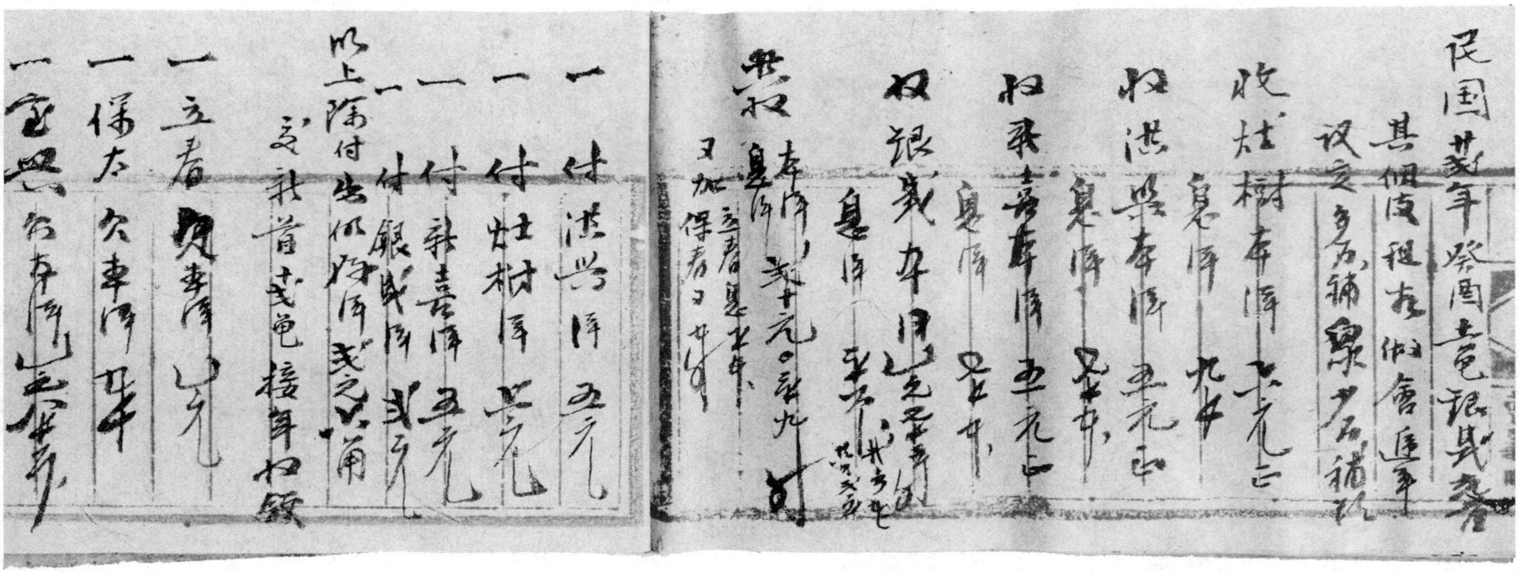

段莘乡大汜村 B 8-27 · 民国六年至三十二年 · 货物流水账 · 孤会账

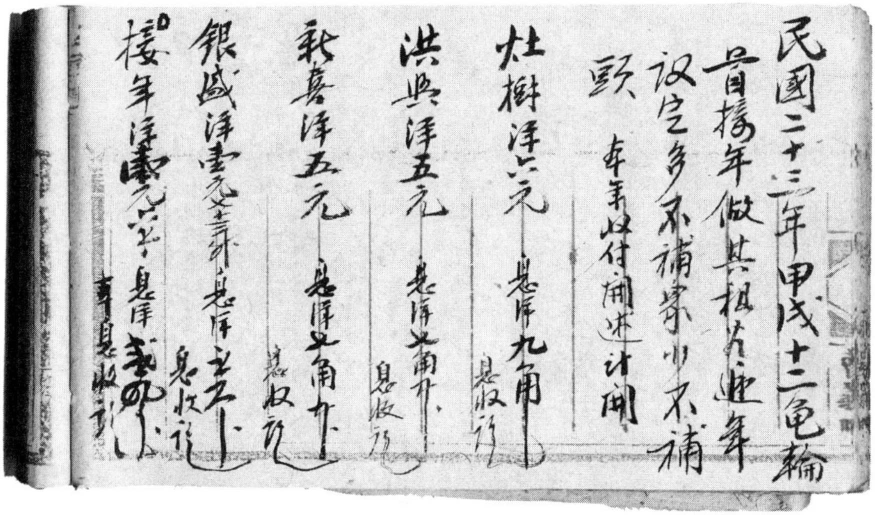

段莘乡大汜村 B 8-28 · 民国六年至三十二年 · 货物流水账 · 孤会账

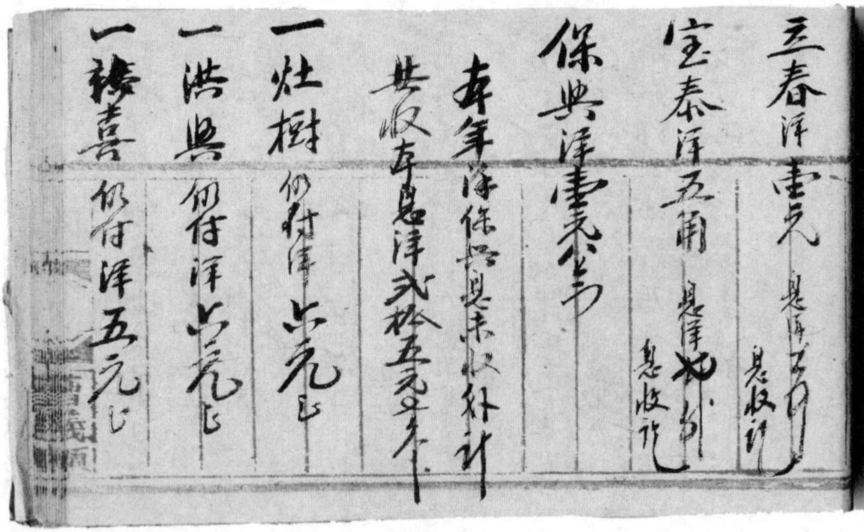

段莘乡大汜村 B 8-29 · 民国六年至三十二年 · 货物流水账 · 孤会账

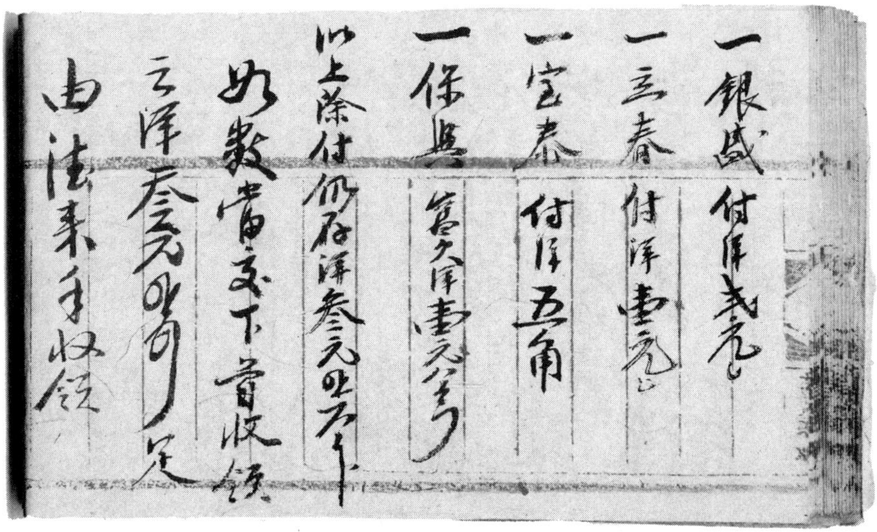
一银盛 付洋贰元
一立春 付洋壹元
一宝泰 付洋五角
一保兴 该欠洋壹元八角
以上除付仍存洋叁元四角
此数当交下首收领
云洋叁元四角足
由法来手收领

段莘乡大汜村 B 8-30 · 民国六年至三十二年 · 货物流水账 · 孤会账

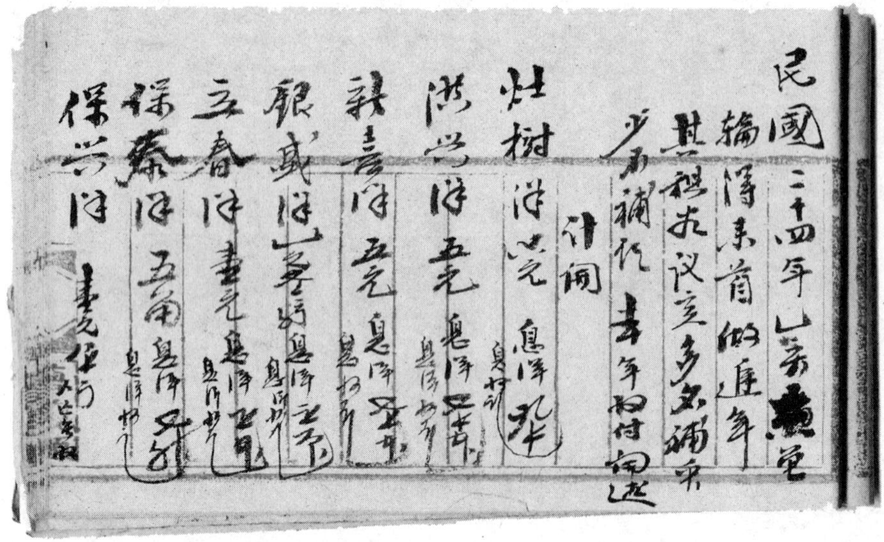

段莘乡大汜村 B 8-31 · 民国六年至三十二年 · 货物流水账 · 孤会账

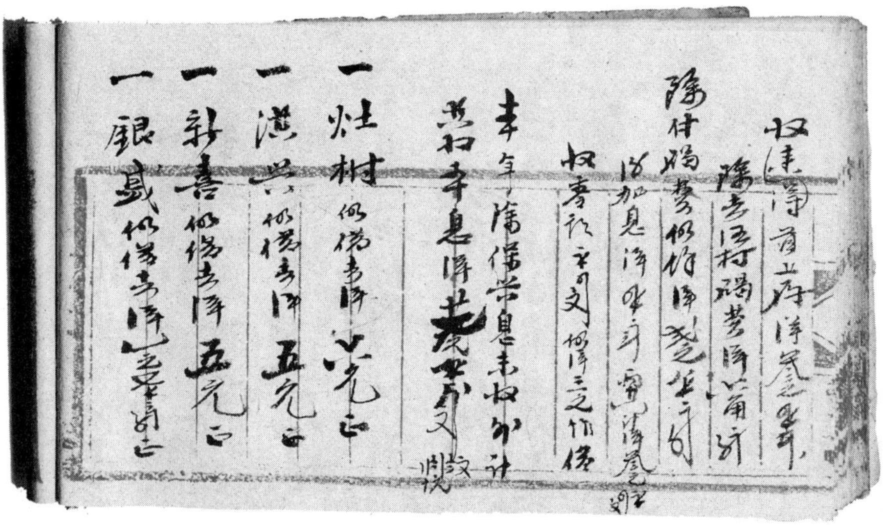

段莘乡大汜村 B 8-32 · 民国六年至三十二年 · 货物流水账 · 孤会账

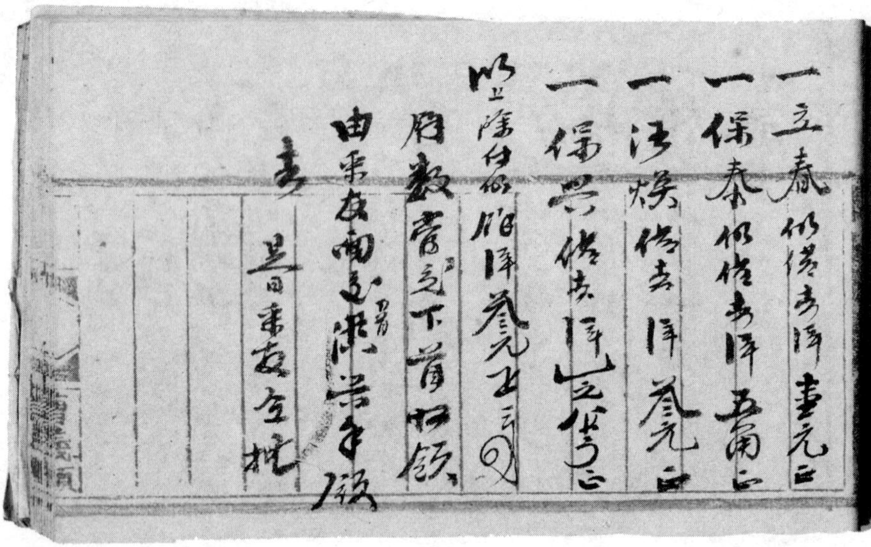

段莘乡大汜村 B 8-33 · 民国六年至三十二年 · 货物流水账 · 孤会账

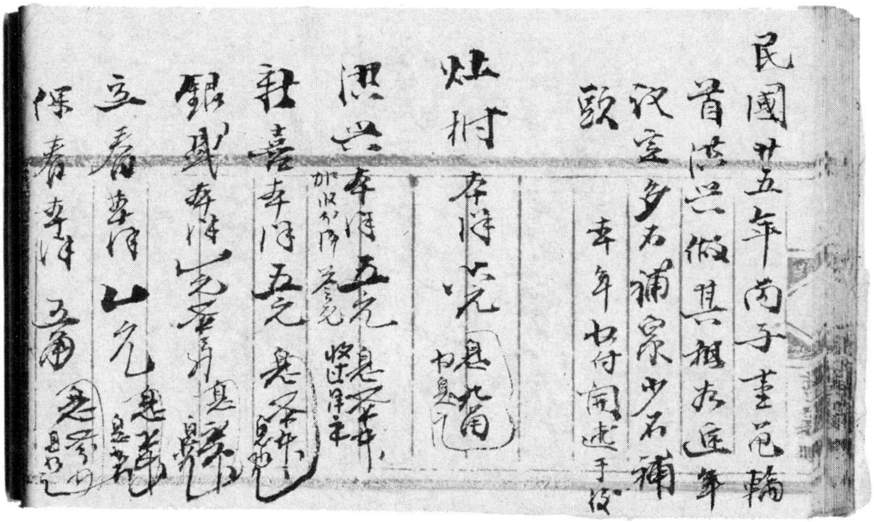

段莘乡大汜村 B 8-34 · 民国六年至三十二年 · 货物流水账 · 孤会账

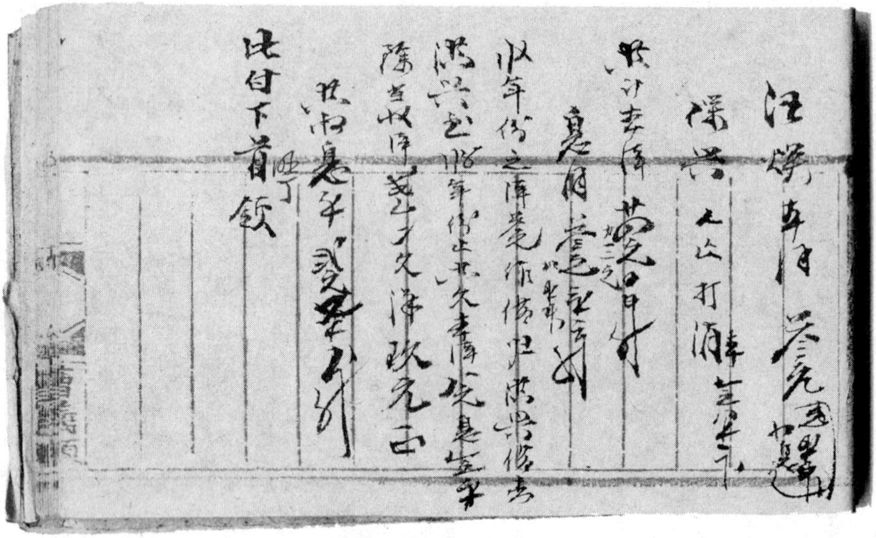

段莘乡大汜村 B 8-35 · 民国六年至三十二年 · 货物流水账 · 孤会账

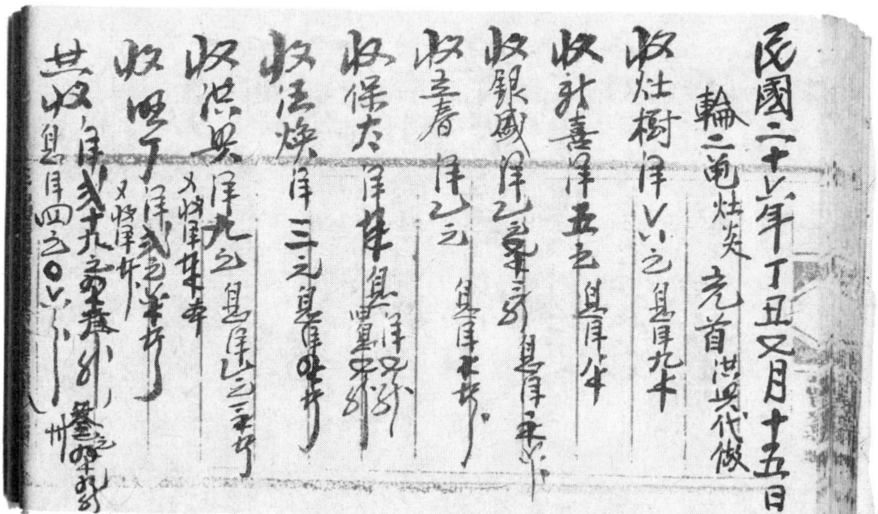

段莘乡大汜村 B 8-36 · 民国六年至三十二年 · 货物流水账 · 孤会账

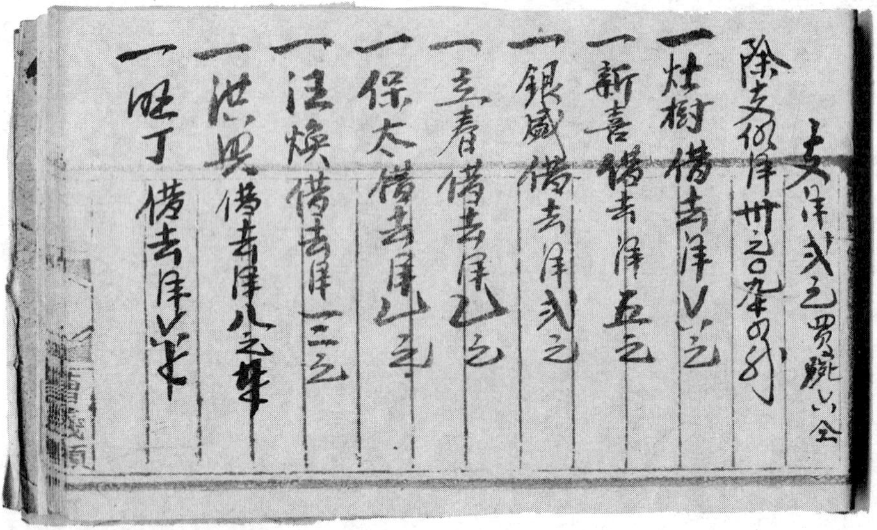

段莘乡大汜村 B 8-37 · 民国六年至三十二年 · 货物流水账 · 孤会账

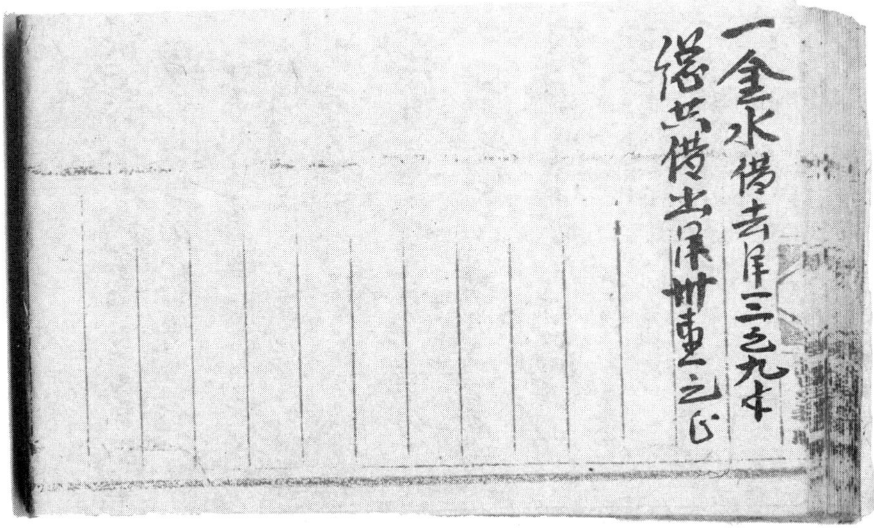
一全水借去洋三元九角
總共借出洋卅壹元正

段莘乡大汜村 B 8-38 · 民国六年至三十二年 · 货物流水账 · 孤会账

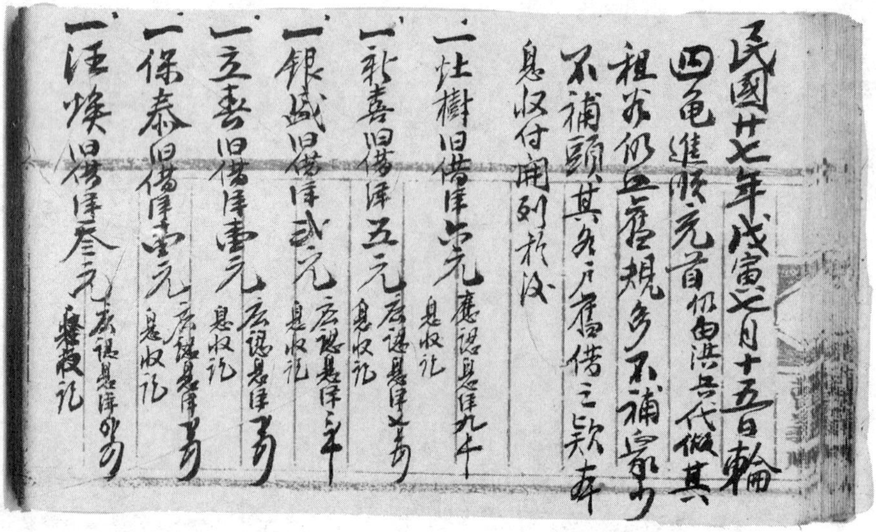

段莘乡大汜村 B 8-39 · 民国六年至三十二年 · 货物流水账 · 孤会账

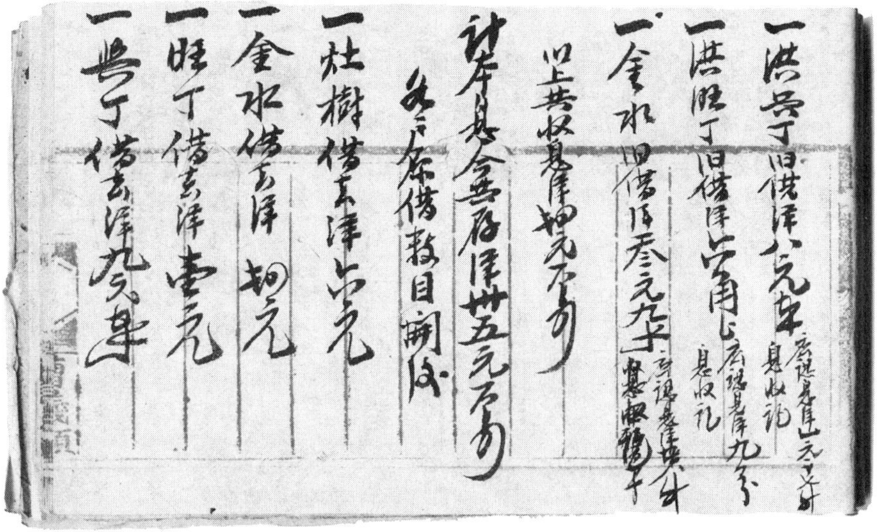
一洪兴丁旧借洋八元半
一洪旺丁旧借洋六角正
一金水旧借洋叁元九角
以上共收息洋捌元五分
计本息合共存洋卅五元五分
各丁存借数目开后
一杜树借去洋六元
一金水借去洋捌元
一旺丁借去洋壹元
一兴丁借去洋九元半

段莘乡大汜村 B 8-40 · 民国六年至三十二年 · 货物流水账 · 孤会账

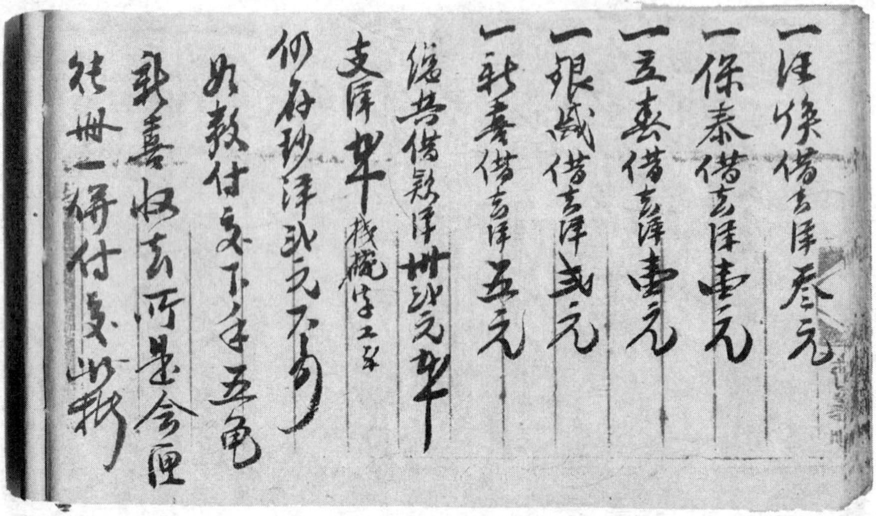

段莘乡大汜村 B 8-41 · 民国六年至三十二年 · 货物流水账 · 孤会账

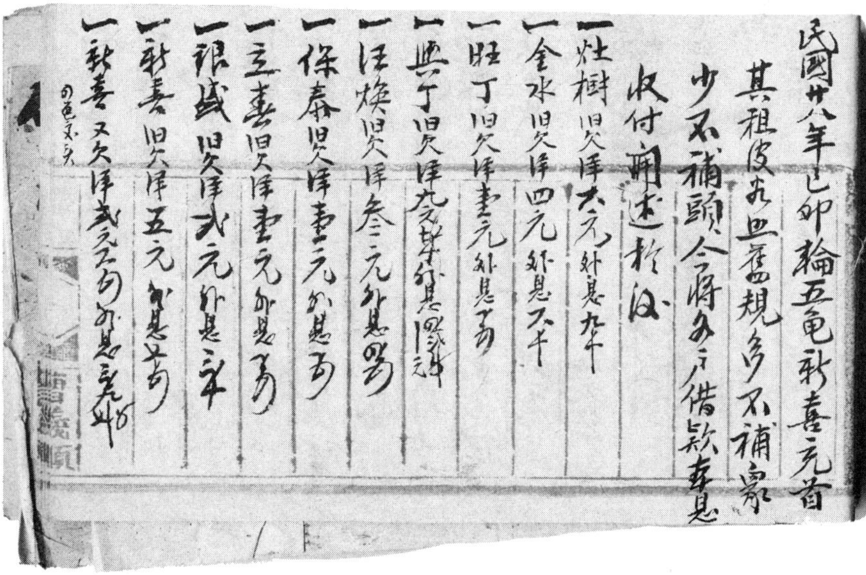

段莘乡大汜村 B 8-42 · 民国六年至三十二年 · 货物流水账 · 孤会账

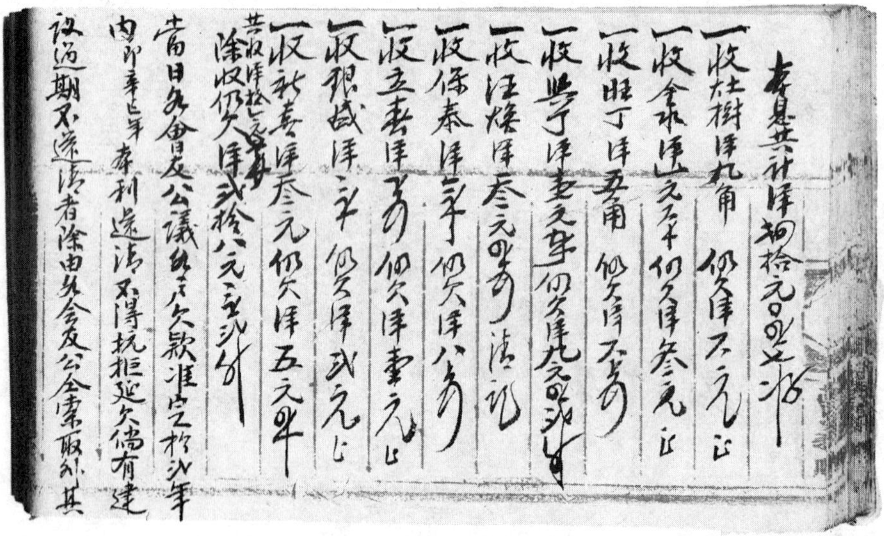
本息共计洋捌拾元[illegible]
一收杜树洋九角 仍欠洋[illegible]元正
一收金水运[illegible] 仍欠洋叁元正
一收旺丁洋五角 仍欠洋[illegible]
一收兴子洋壹元[illegible] 仍欠洋九元[illegible]
一收汪燦洋叁元[illegible] 清讫
一收保泰洋[illegible] 仍欠洋八[illegible]
一收立春洋[illegible] 仍欠洋壹元正
一收银岁洋[illegible] 仍欠洋贰元正
一收新春洋叁元 仍欠洋五元[illegible]
共收洋拾七元[illegible]
除收仍欠洋贰拾八元[illegible]
當日众会友公議所[illegible]欠款准定於次年
[illegible]年[illegible] 本利还清不得抗拒延欠倘有违
设过期不还清者除由众会友公全禀取外其

段莘乡大汜村 B 8-43 · 民国六年至三十二年 · 货物流水账 · 孤会账

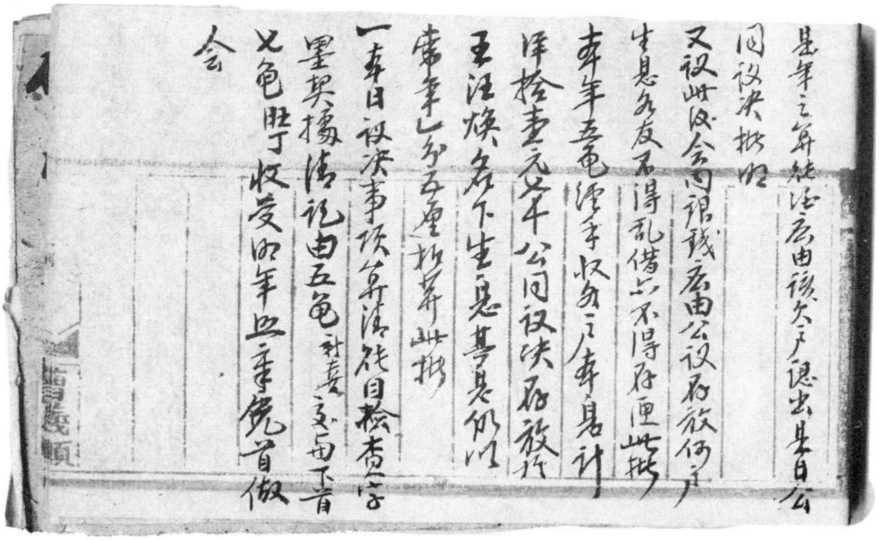

段莘乡大汜村 B 8-44 · 民国六年至三十二年 · 货物流水账 · 孤会账

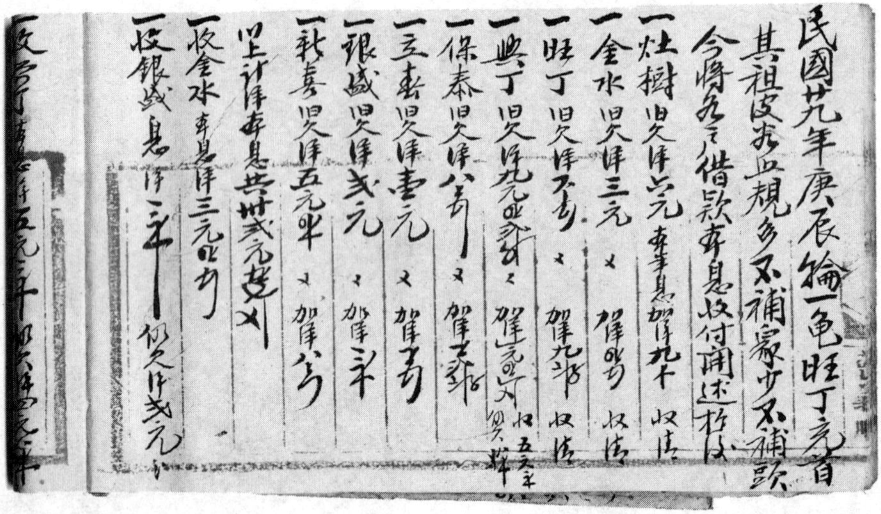

段莘乡大汜村 B 8-45 · 民国六年至三十二年 · 货物流水账 · 孤会账

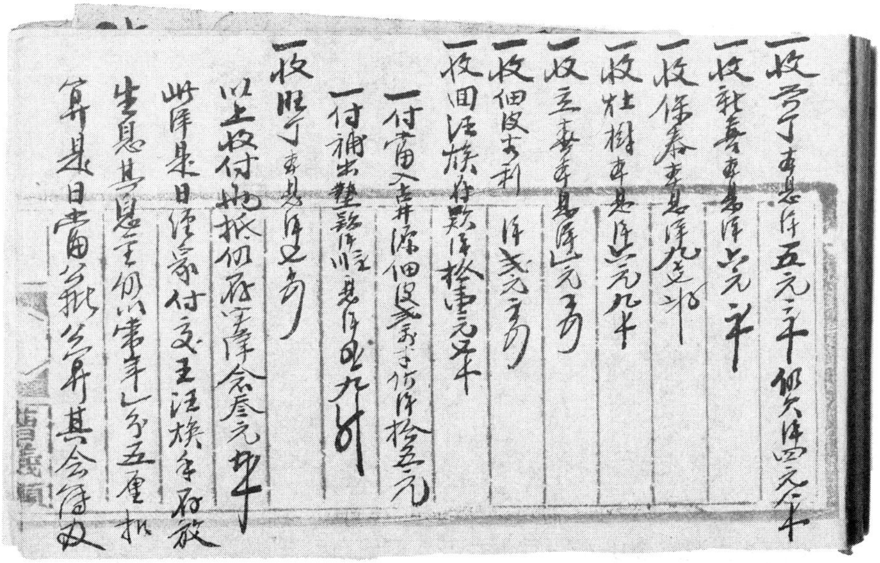

一收学丁本息洋五元二千 钞大洋四元八千
一收新喜本息洋六元二千
一收伟春本息洋九元八千
一收壮树本息洋六元九千
一收三喜本息洋四元五分
一收佃役本利 洋二元二分
一收回汪族存款洋拾四元八千
一付当大吉井项佃役本利洋拾五元
一付补出堂账洋川元 息洋九千
一收照丁本息洋五分
以上收付两抵仍存实洋念叁元四千
此洋是日经众付交王汪族手存放
生息其息言明以常年二分五厘执
算是日当众批出算其会停收

段莘乡大汜村 B 8-46 · 民国六年至三十二年 · 货物流水账 · 孤会账

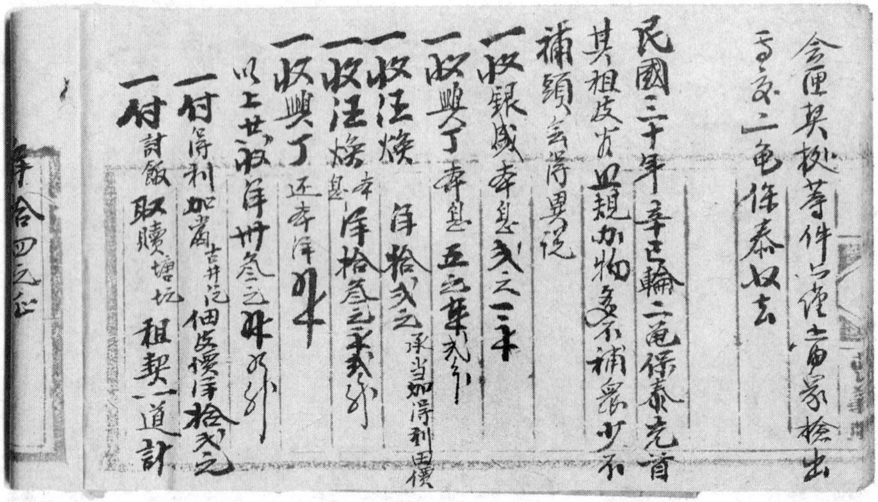

段莘乡大汜村 B 8-47 · 民国六年至三十二年 · 货物流水账 · 孤会账

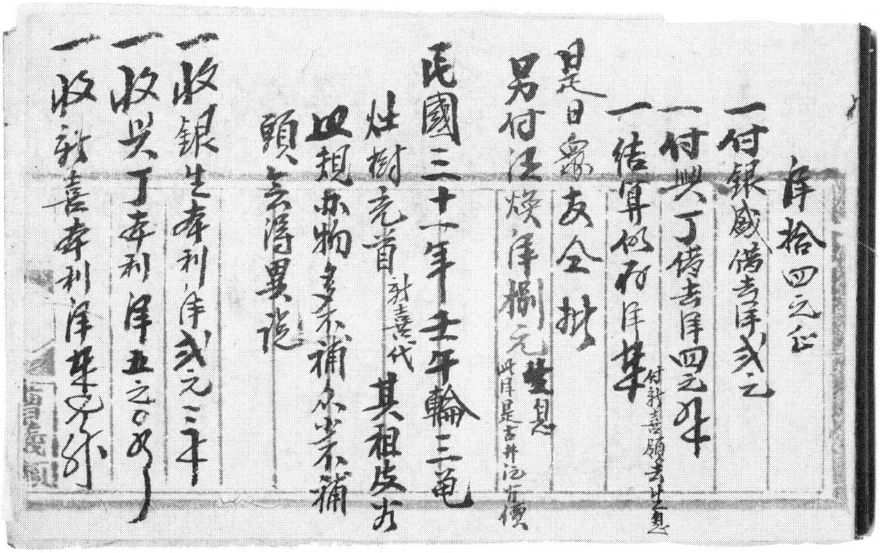

段莘乡大汜村 B 8-48 · 民国六年至三十二年 · 货物流水账 · 孤会账

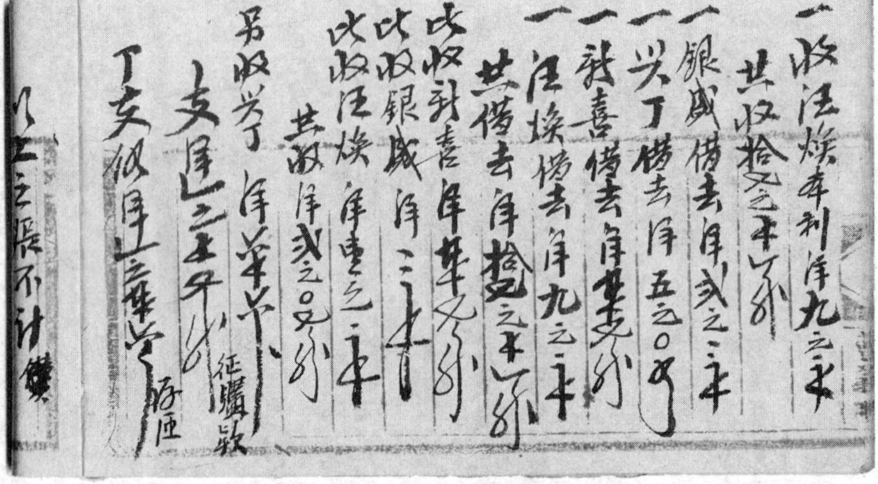

段莘乡大汜村 B 8-49 · 民国六年至三十二年 · 货物流水账 · 孤会账

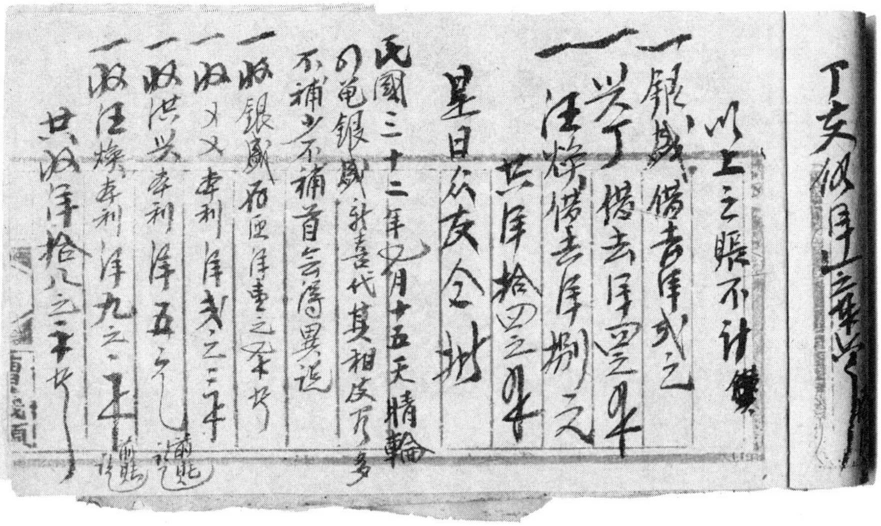

段莘乡大汜村 B 8-50 · 民国六年至三十二年 · 货物流水账 · 孤会账

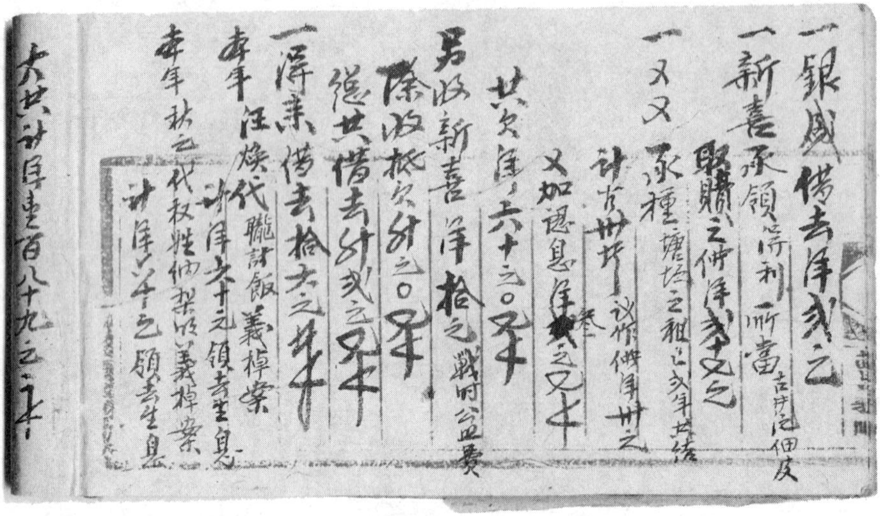

段莘乡大汜村 B 8-51 · 民国六年至三十二年 · 货物流水账 · 孤会账

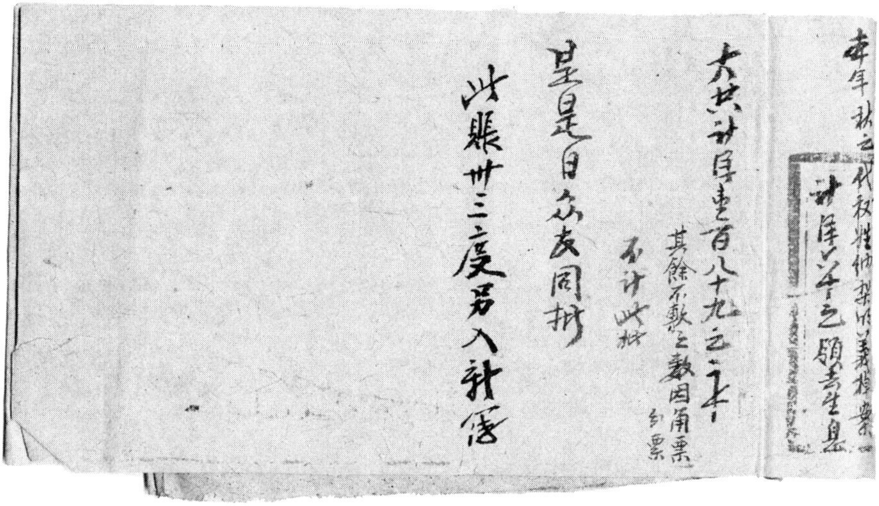
本年秋之代收粮伙梨收义桂业
计洋六千之头去生息
大共计洋壹百八十九元三角
其餘不数之数因角票
钞票
不计此帐
是日众友同拼
此账廿三度另入新簿

段莘乡大汜村 B 8-52 · 民国六年至三十二年 · 货物流水账 · 孤会账

段莘乡大汜村 B 8-53 · 民国六年至三十二年 · 货物流水账 · 孤会账

段莘乡大汜村 B 11-1 · 民国三十八年至三十九年 · 家支流水账

五月二十二借去糧市秤[illegible]百五十斤
劉乞人借來穀□二七斤

段莘乡大汜村 B 11-2 · 民国三十八年至三十九年 · 家支流水账

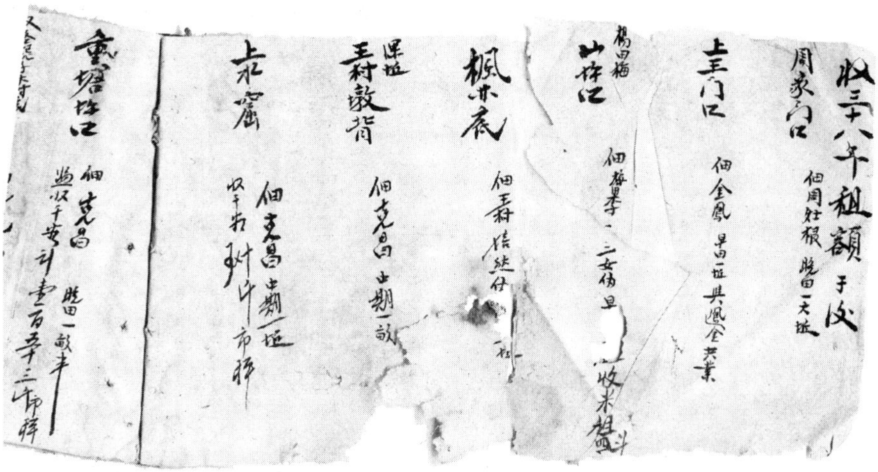

收三十八年租額 子皮

周家门口 佃周灶根 晚田一丈坵

上王门口 佃金鳳 早田一坵 與鳳金共業

楊田梅 山硃口 佃梅李 二女傍早 收米

楓木底 佃王森信然仔 一坵

保坵 王村墩背 佃克昌 中期一畝

上永窟 佃克昌 中期一坵 收干谷 斤 市秤

熏塘硃口 佃克昌 晚田一畝半 照收干谷壹百五十三斤市秤

段莘乡大汜村 B 11-3 · 民国三十八年至三十九年 · 家支流水账

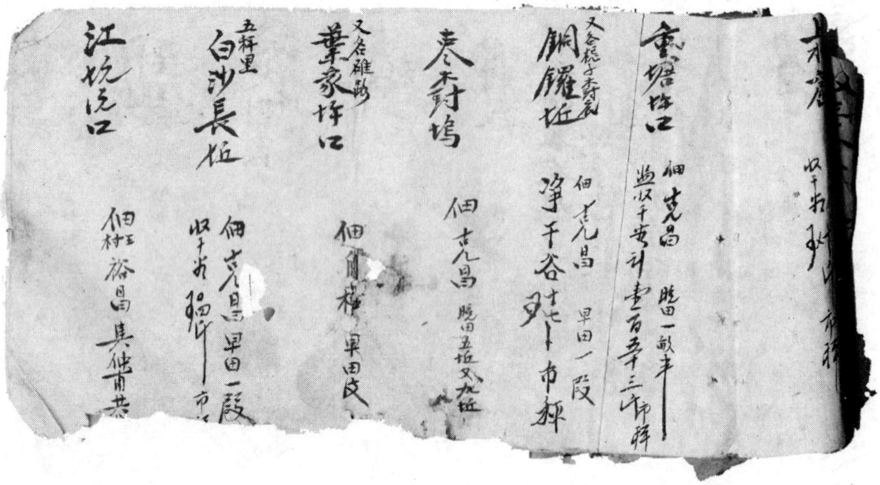

段莘乡大汜村 B 11-4 · 民国三十八年至三十九年 · 家支流水账

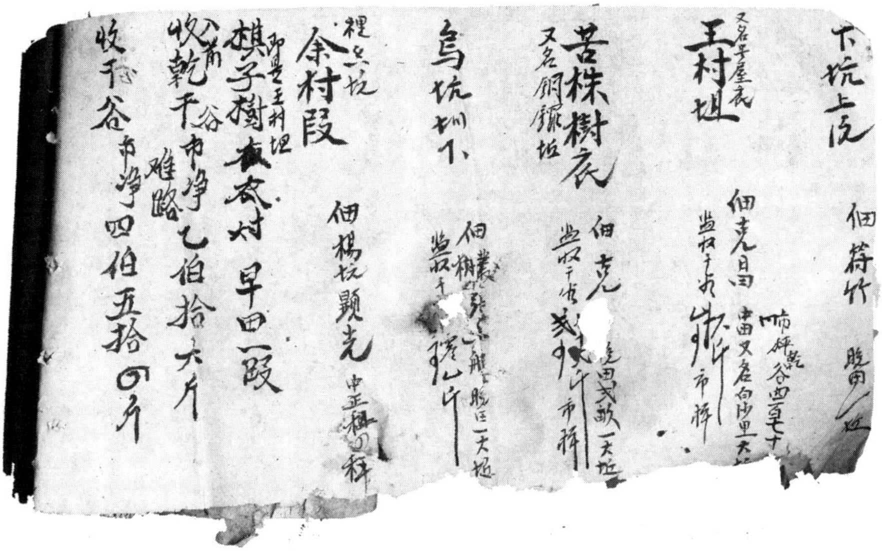

下坑上茂　佃蒋竹

王村坦　又名□屋底　佃克昌　当收干谷□斤市秤

菩株树底　又名铜锣坵　佃克□　当收干谷□斤市秤　田弍亩一大坵

乌坑圳下　佃□□　当收干谷□斤　股田一大坵

余村段　佃杨坑显光

棋子树底对　早田一段

收乾干谷市净乙伯拾六斤　难路

收干谷市净四伯五拾四斤

段莘乡大汜村 B 11-5 · 民国三十八年至三十九年 · 家支流水账

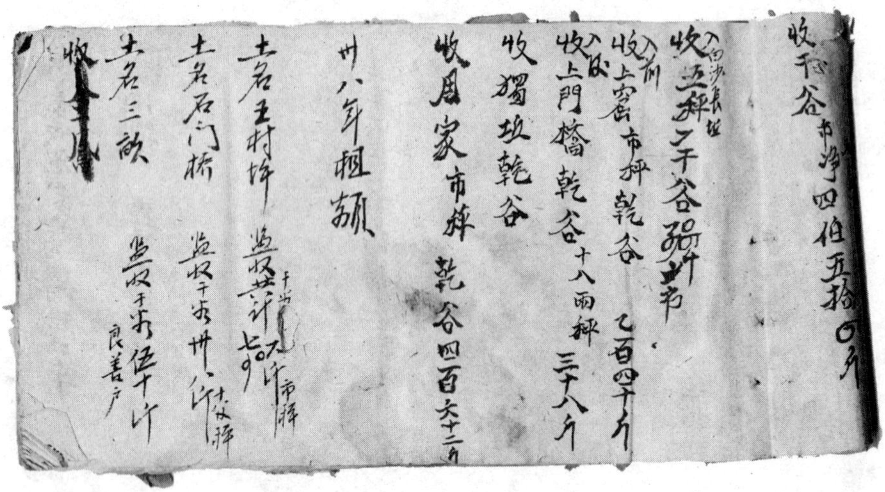

段莘乡大汜村 B 11-6 · 民国三十八年至三十九年 · 家支流水账

良善收池田谷市秤十二斤
土名坼頭 [illegible]

段莘乡大汜村 B 11-7 · 民国三十八年至三十九年 · 家支流水账

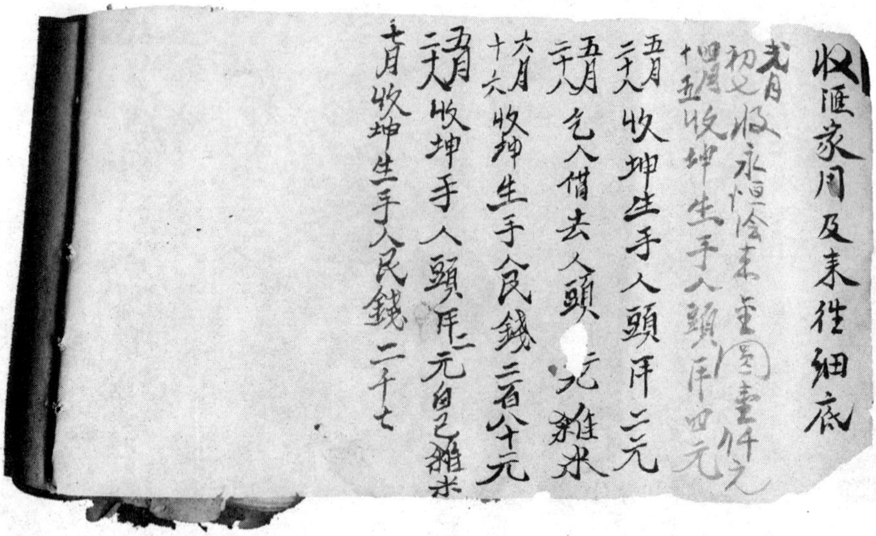

收匯家用及來往細底
弍月初七 收永恒除来金圓壹仟元
四月十五 收坤生手入頭仟四元
五月二十八 收坤生手入頭仟二元
五月二十八 乞人借去人頭元雜米
六月十六 收坤生手人民錢二百八十元
五月二十八 收坤手入頭仟二元自己雜米
十一月 收坤生手人民錢二千七

段莘乡大汜村 B 11-8 · 民国三十八年至三十九年 · 家支流水账

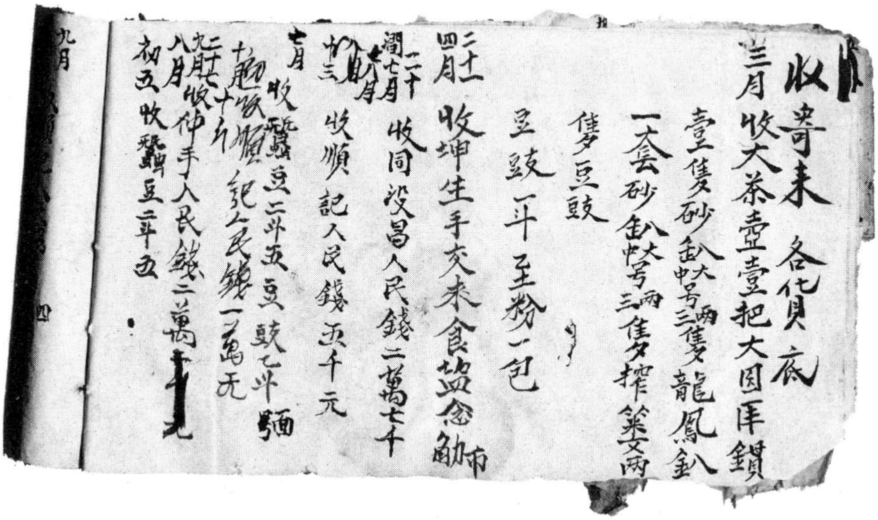
收寄来 各代貨底
三月 收大茶壶壹把 大国犀鎖
壹隻 砂釸 大中号 三两 三隻 龍鳳釸八
一大套 砂釸 大号 三两 三隻 榨菜 文两
隻 豆豉
豆豉一斗 至粉一包
四月二十一日 收坤生手交来食盐念斤 市
閏七月二十日 收同兴昌人民錢二萬七千
七月廿三日 收順記人民錢五千元
七月 收發毓豆二斗五 豆豉七斗 麵
十月十一日 收順記人民錢一萬元
八月二十七日 收仲手人民錢二萬元
初五 收發毓豆二斗五

段莘乡大汜村 B 11-9 · 民国三十八年至三十九年 · 家支流水账

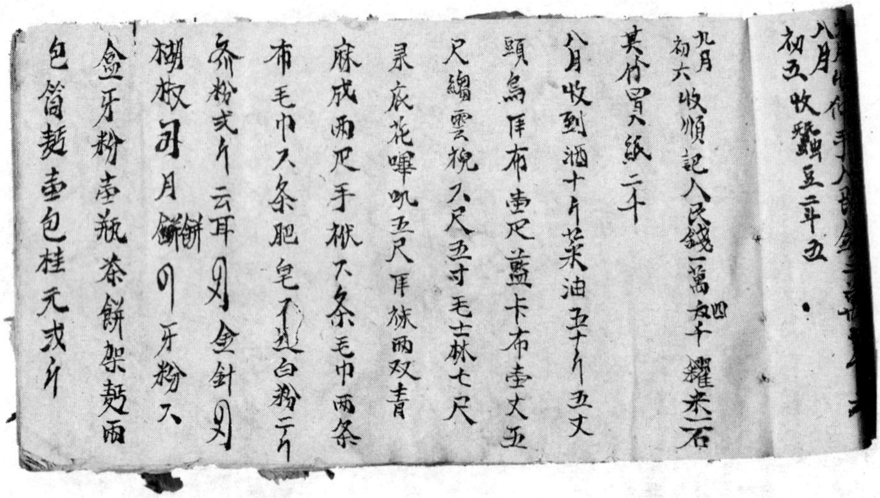
八月初五收蠶豆二斗五
九月初六收順記人民錢一萬五千四 糴米二石
其付買紙二千
八月收到酒十斤菜油五十斤五丈
頭烏洋布壹尺藍卡布壹丈五
尺縐雲梘八尺五寸毛士林七尺
录床花嗶叽五尺洋袜两双青
麻成两尺手帕八条毛巾两条
布毛巾八条肥皂不過白粉二斤
斋粉弍斤云耳刄金針刄
棚椒刄月餅刃牙粉八
盒牙粉壹瓶茶餅架麪两
包筒麪壹包桂元弍斤

段莘乡大汜村 B 11-10 · 民国三十八年至三十九年 · 家支流水账

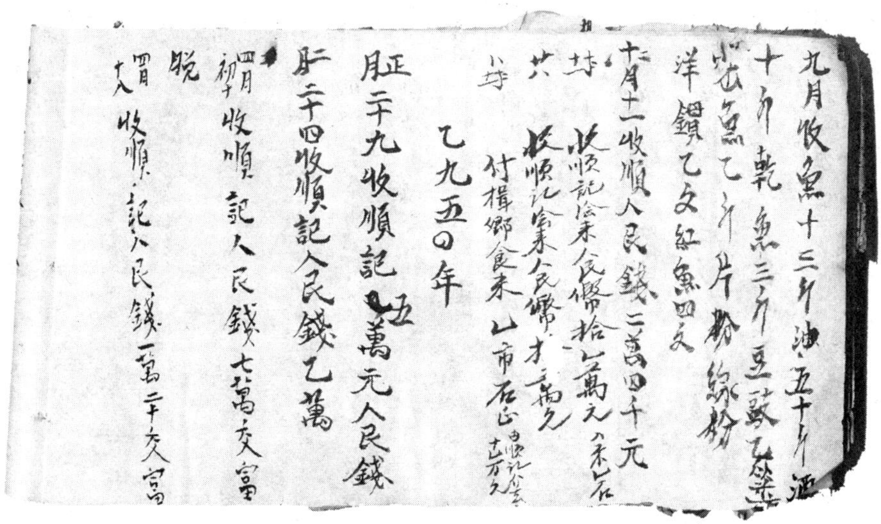

九月收魚十二斤油五十斤酒
十斤乾魚三斤豆豉乙[illegible]
鮮魚乙斤片粉綠粉
洋鏍乙丈紅魚四丈
十二月十一收順人民錢二萬四千元
共收順記谷米人民幣拾二萬元 八米山店
共收順記谷米人民幣才二萬元
八年 付楫鄉食米 山市店 順記谷米 十二万元

乙九五〇年
正月二十九收順記五萬元人民錢
正月二十四收順記人民錢乙萬
四月初十收順記人民錢七萬交富
脫
四月十八收順記人民錢一萬二千交富

段莘乡大汜村 B 11-11 · 民国三十八年至三十九年 · 家支流水账

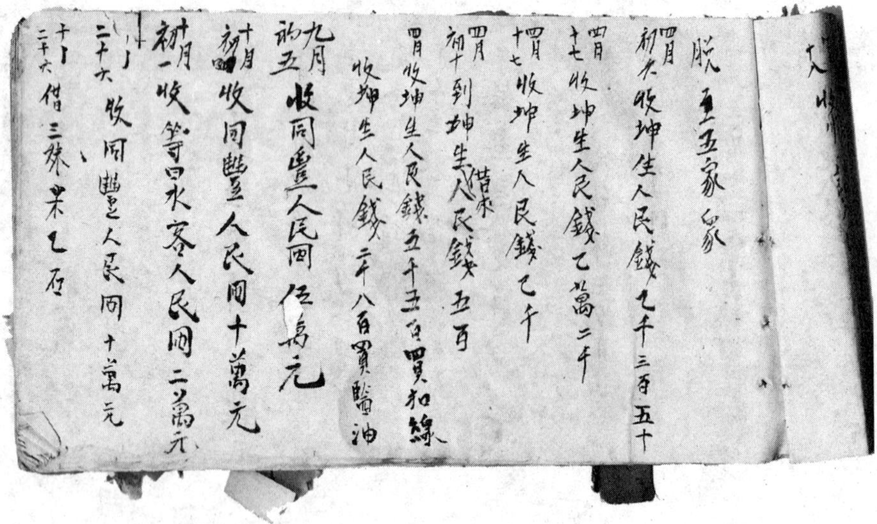

段莘乡大汜村 B 11-12 · 民国三十八年至三十九年 · 家支流水账

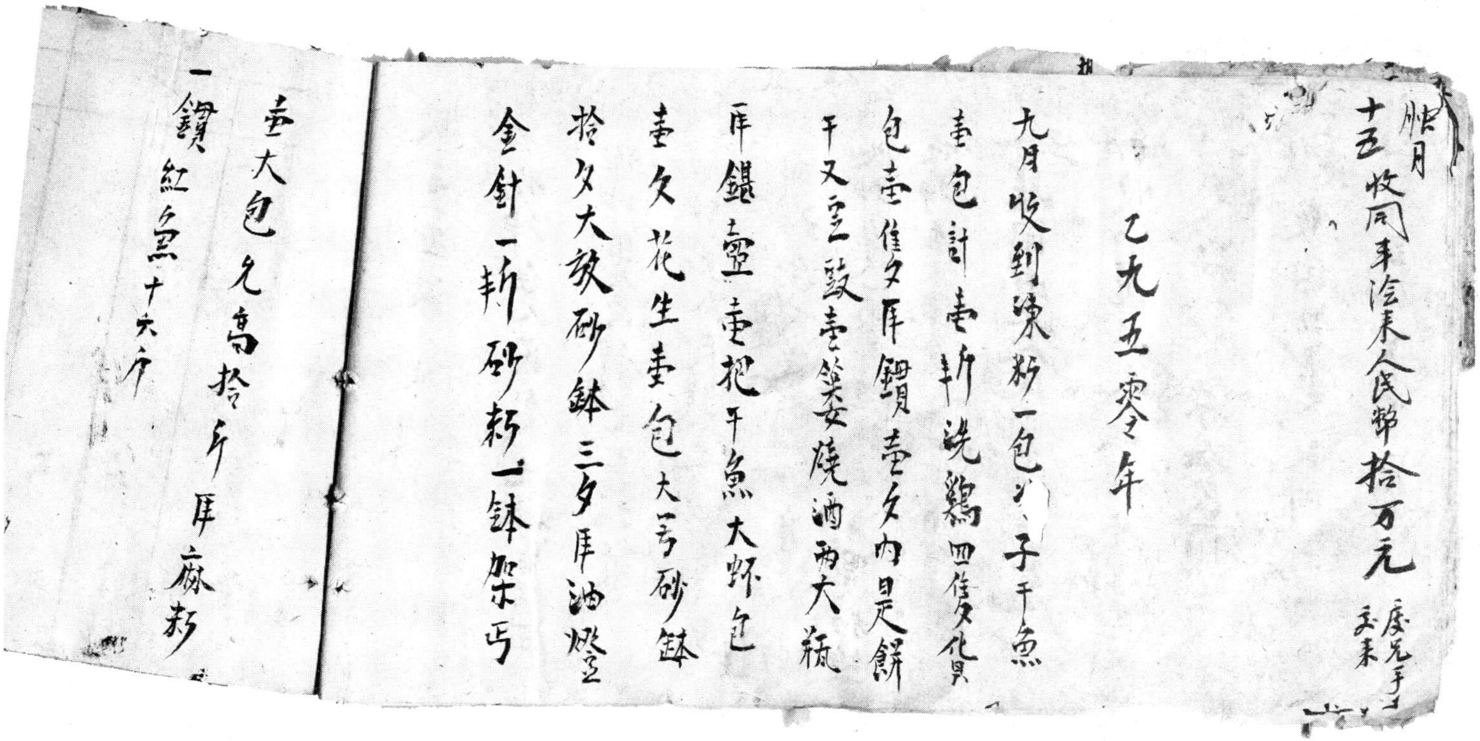

段莘乡大汜村 B 11-13 · 民国三十八年至三十九年 · 家支流水账

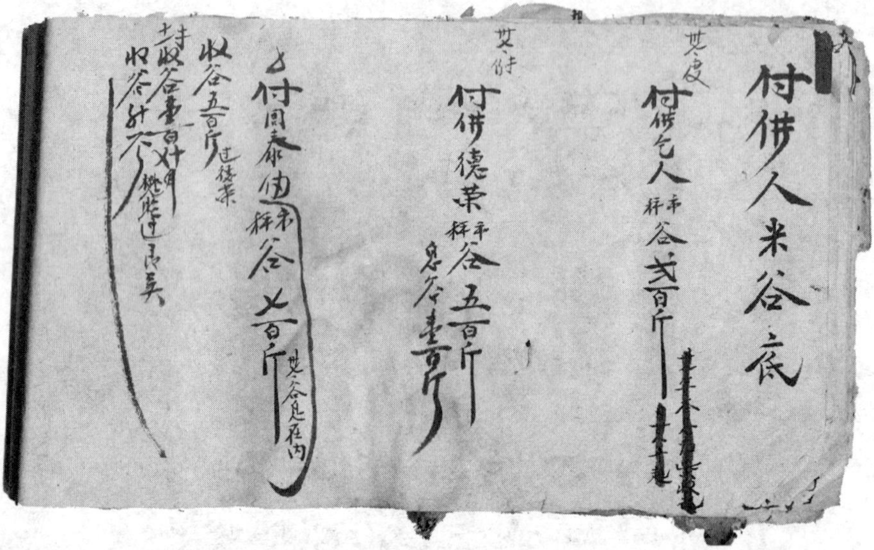

段莘乡大汜村 B 11-14 · 民国三十八年至三十九年 · 家支流水账

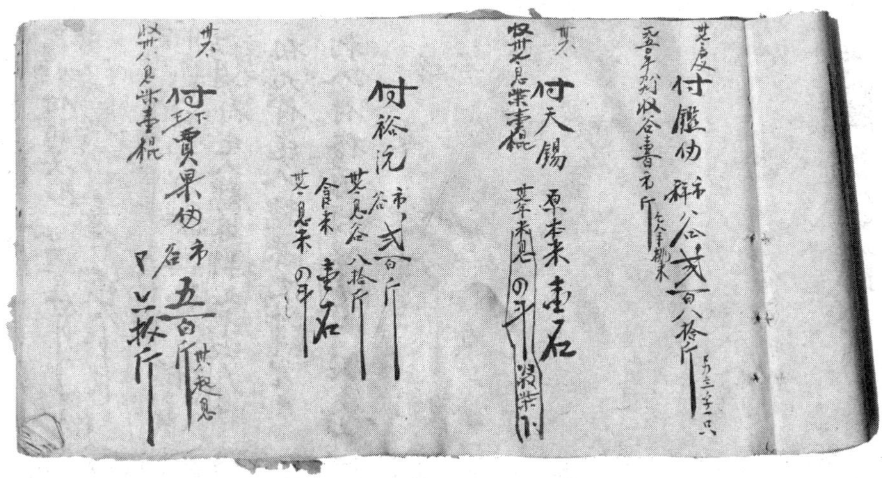

段莘乡大汜村 B 11-15 · 民国三十八年至三十九年 · 家支流水账

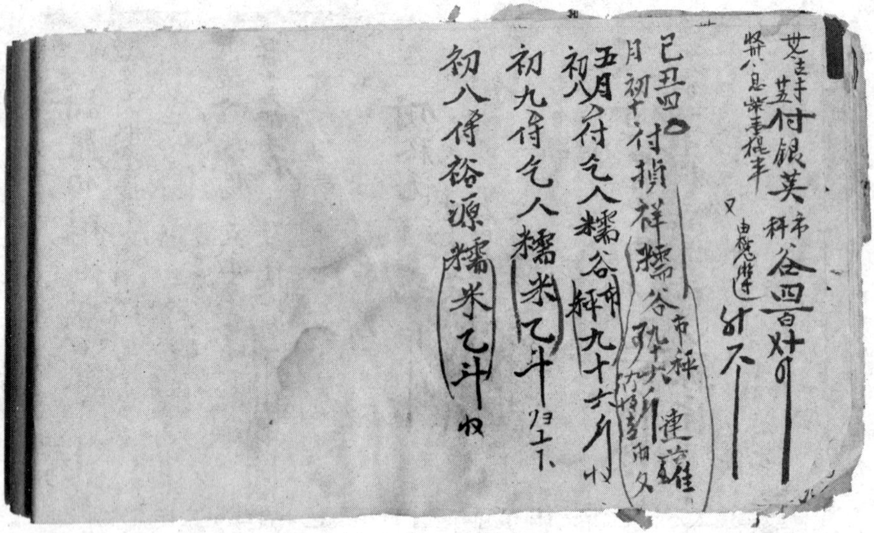

段莘乡大汜村 B 11-16 · 民国三十八年至三十九年 · 家支流水账

段莘乡大汜村 B 11-17 · 民国三十八年至三十九年 · 家支流水账

一九五〇年
三一 乞人借去菜油 五市斤
乞人借去菜油 四市斤

段莘乡大汜村 B 11-18 · 民国三十八年至三十九年 · 家支流水账

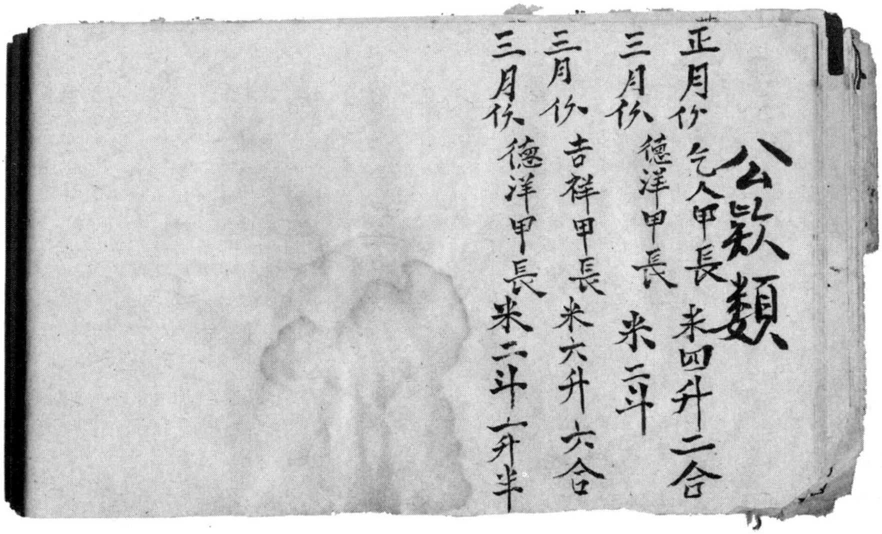

公款類

正月份 乞人甲長 米四升二合

三月份 德洋甲長 米二斗

三月份 吉祥甲長 米六升六合

三月份 德洋甲長 米二斗一升半

段莘乡大汜村 B 11-19 · 民国三十八年至三十九年 · 家支流水账

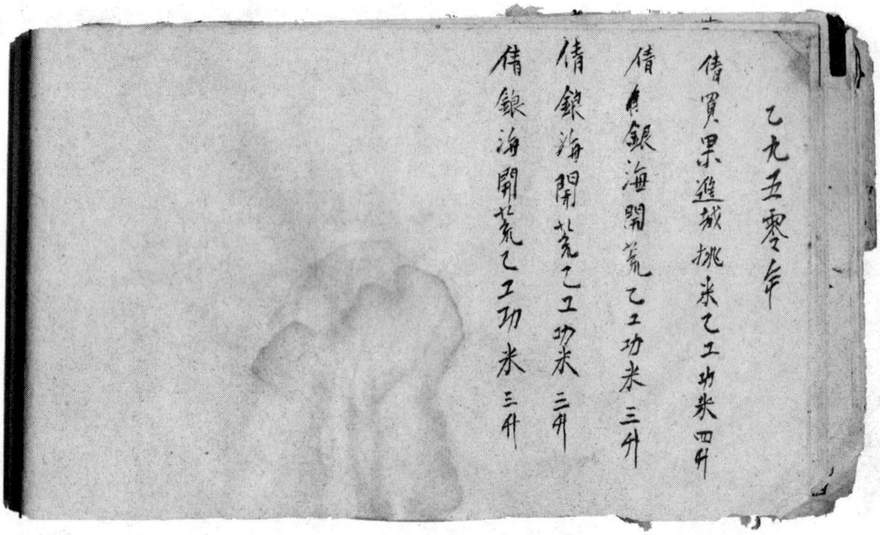

乙九五零年
倩買果進敍挑米乙工功米四升
倩有銀海開荒乙工功米三升
倩銀海開荒乙工功米三升
倩銀海開荒乙工功米三升

段莘乡大汜村 B 11-20 · 民国三十八年至三十九年 · 家支流水账

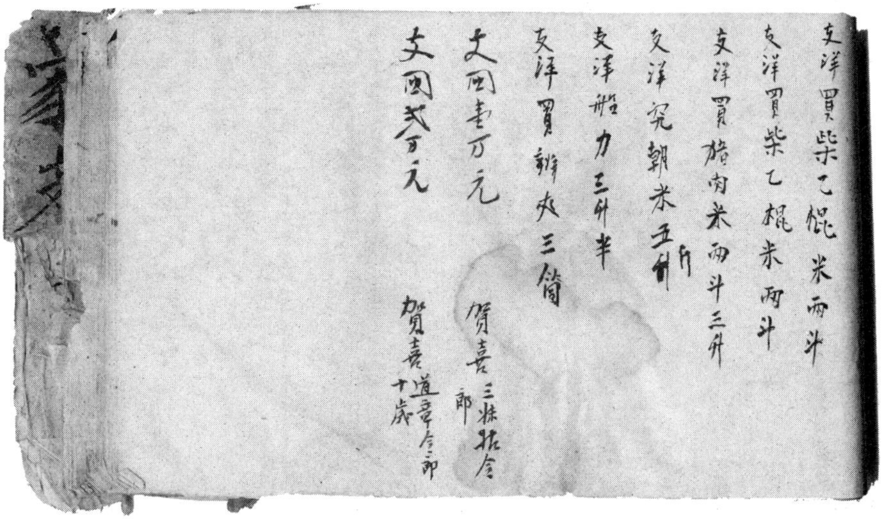

段莘乡大汜村 B 11-21 · 民国三十八年至三十九年 · 家支流水账

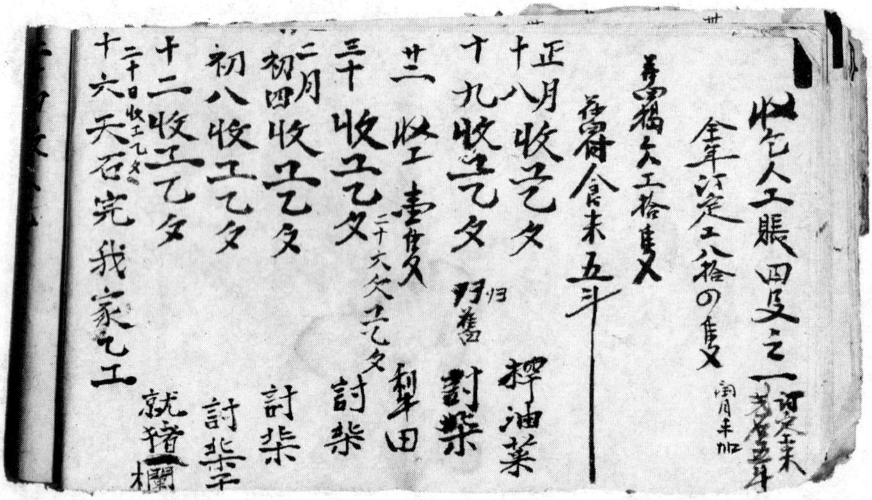

收乞人工賬四夏之一
全年訂定工八拾の隻 閏月未加
舊存欠工拾隻
存舊食米五斗
正月 十八 收乞乙夕 榨油菜
十九 收乞乙夕 歸舊 討柴
廿二 收工壹隻 二十六欠工乙夕 犁田
三十 收工乙夕 討柴
二月 初四 收工乙夕 討柴
初八 收工乙夕 討柴
十二 收工乙夕 二十日收工乙夕 就猪欄
十六 天石完 我家乞工

段莘乡大汜村 B 11-22 · 民国三十八年至三十九年 · 家支流水账

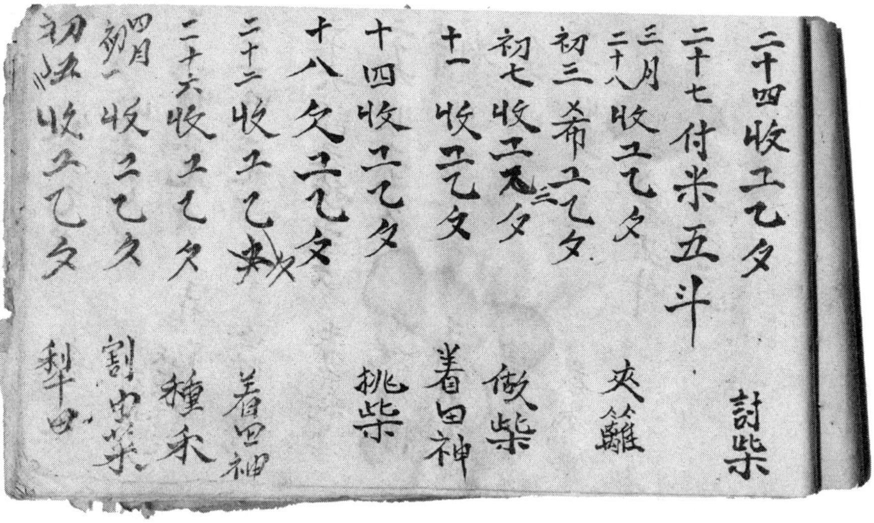

段莘乡大汜村 B 11-23 · 民国三十八年至三十九年 · 家支流水账

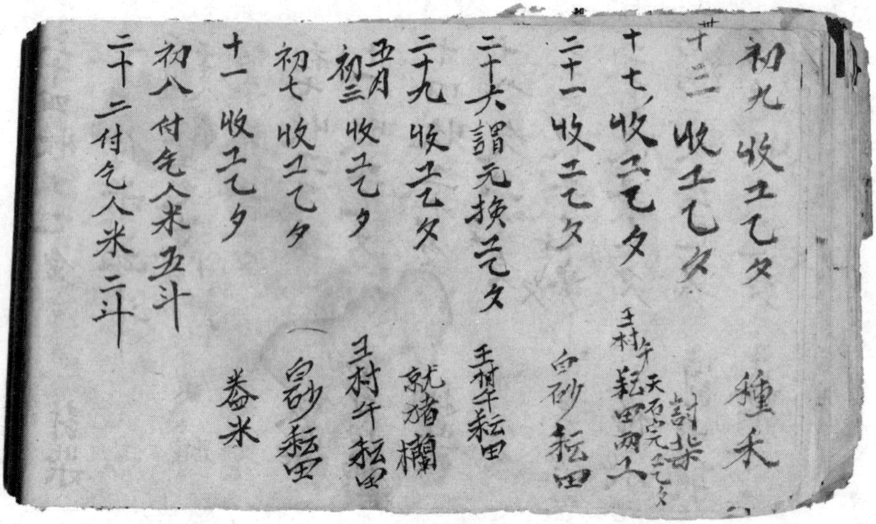

段莘乡大汜村 B 11-24 · 民国三十八年至三十九年 · 家支流水账

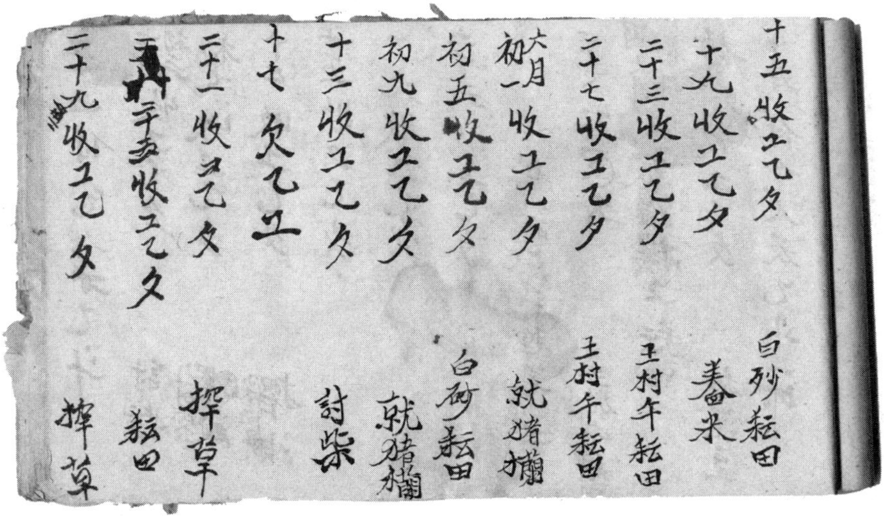

十五收工乙夕　白砂耘田
十九收工乙夕　舂米
二十三收工乙夕　王村午耘田
二十七收工乙夕　王村午耘田
六月初一收工乙夕　就猪欄
初五收工乙夕　白砂耘田
初九收工乙夕　就猪欄
十三收工乙夕　討柴
十七欠乙工
二十一收工乙夕　捽草
二十五收工乙夕　耘田
二十九收工乙夕　捽草

段莘乡大汜村 B 11-25 · 民国三十八年至三十九年 · 家支流水账

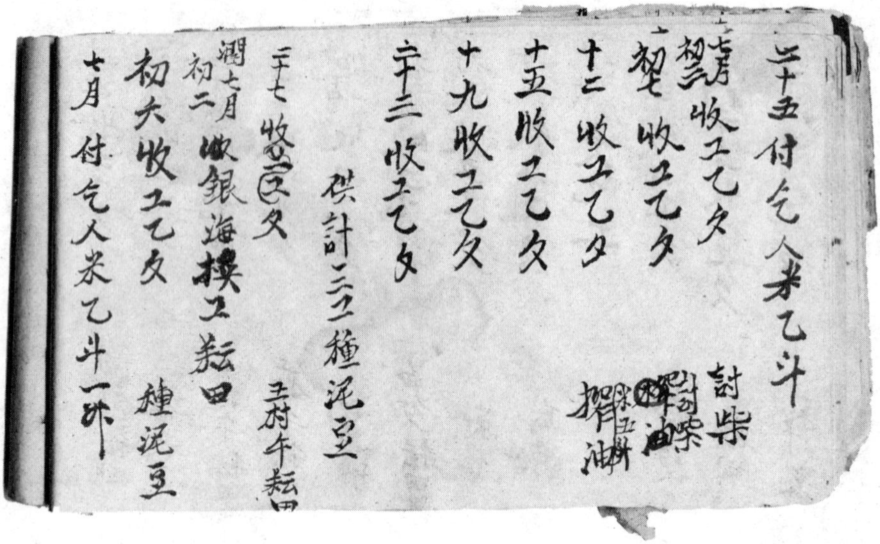

二十五 付乞人米乙斗
初二 收工乙夕
初七 收工乙夕
十二 收工乙夕
十五 收工乙夕
十九 收工乙夕
廿三 收工乙夕
共計二二工 種泥豆
二十七 收工乙夕
閏七月 初二 收銀海摸工耘田
初六 收工乙夕 種泥豆
七月 付乞人米乙斗一升

段莘乡大汜村 B 11-26 · 民国三十八年至三十九年 · 家支流水账

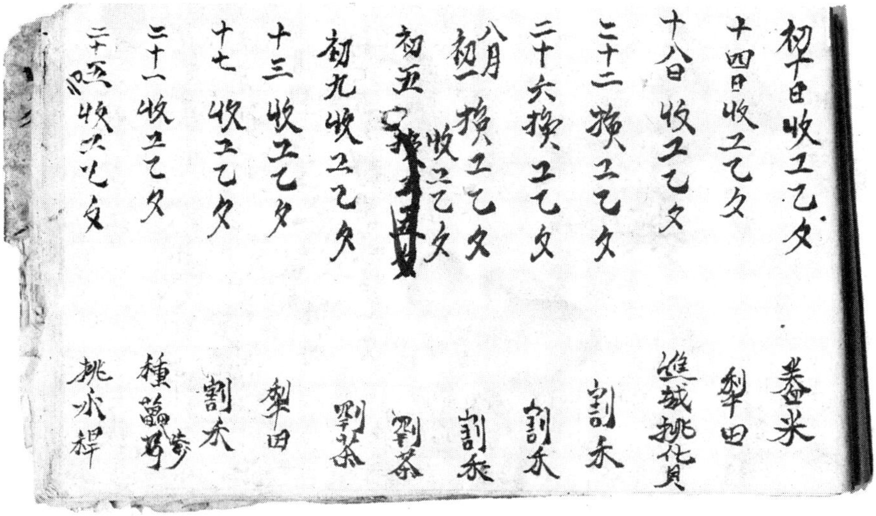
初十日收工乙夕
十四日收工乙夕
十八日收工乙夕
二十二换工乙夕
二十六换工乙夕
八月初一换工乙夕
收工乙夕
初五
初九收工乙夕
十三收工乙夕
十七收工乙夕
二十一收工乙夕
二十五收大乙夕

舂米
犁田
進城挑貨
割禾
割禾
割禾
割茶
割茶
犁田
割禾
種蕎麥
挑水桿

段莘乡大汜村 B 11-27 · 民国三十八年至三十九年 · 家支流水账

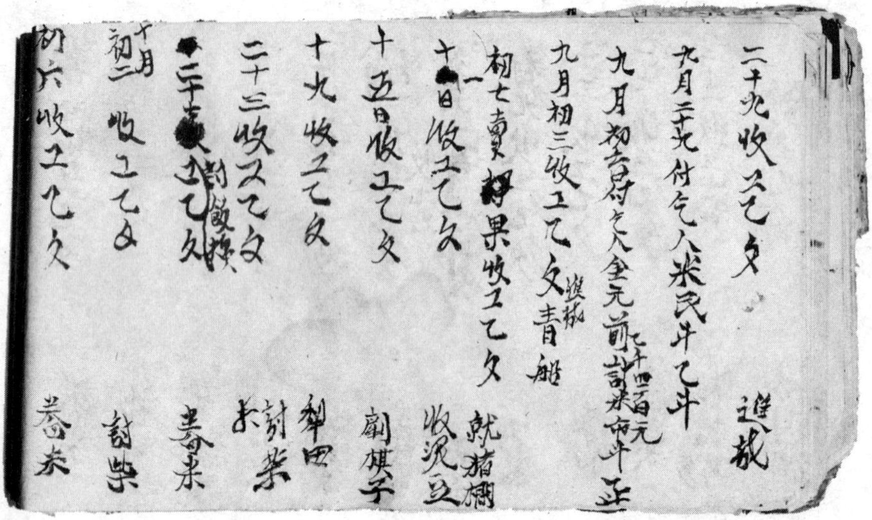

段莘乡大汜村 B 11-28 · 民国三十八年至三十九年 · 家支流水账

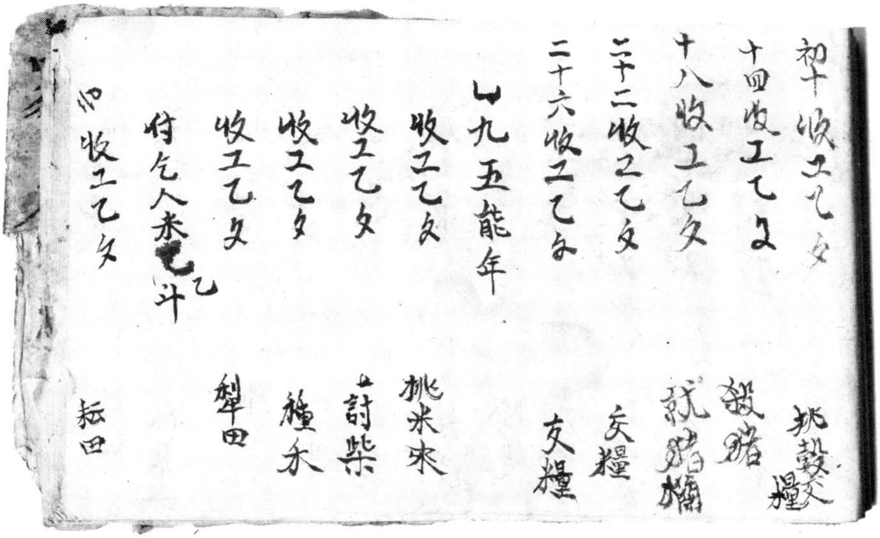
初十收工乙夕　挑穀交糧
十四收工乙夕　殺猪
十八收工乙夕　就猪欄
二十二收工乙夕　交糧
二十六收工乙夕　交糧
廿九五能年
收工乙夕　挑米來
收工乙夕　討柴
收工乙夕　種禾
收工乙夕　犁田
付乞人米乙斗
卯　收工乙夕　耘田

段莘乡大汜村 B 11-29 · 民国三十八年至三十九年 · 家支流水账

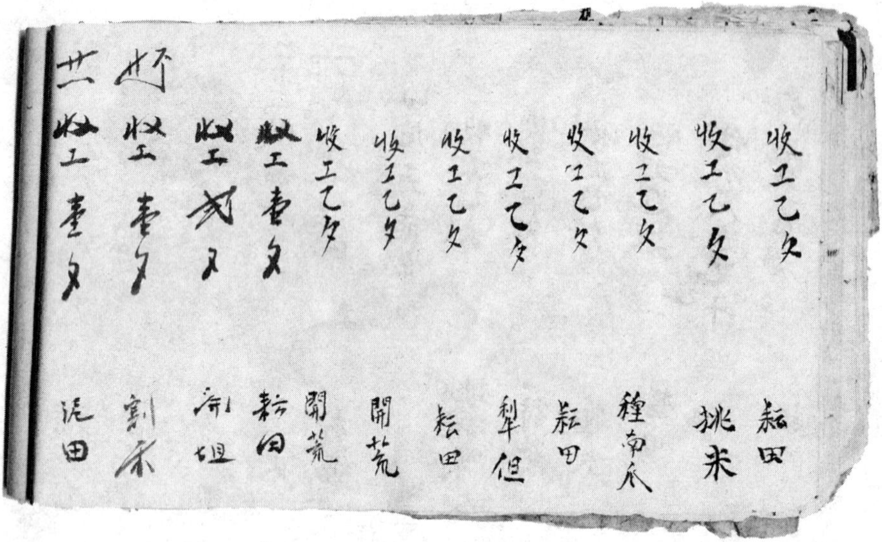

段莘乡大汜村 B 11-30 · 民国三十八年至三十九年 · 家支流水账

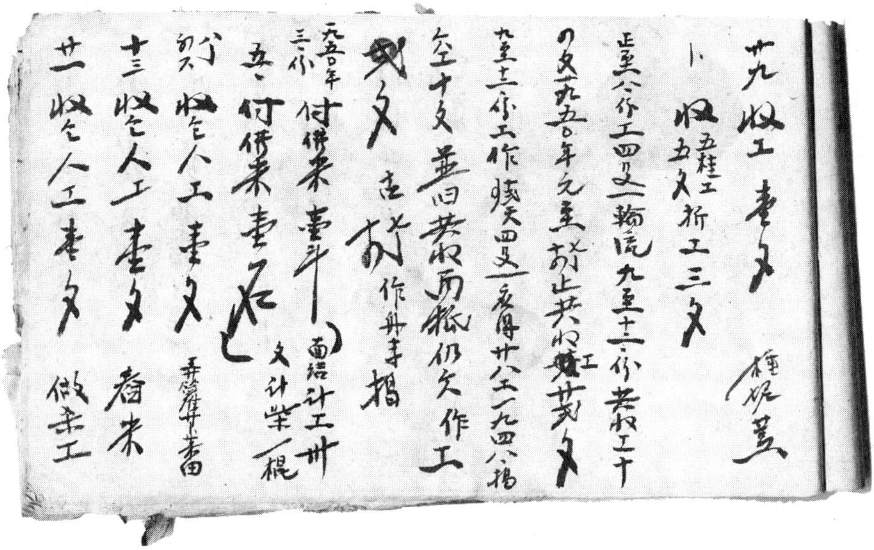

段莘乡大汜村 B 11-31 · 民国三十八年至三十九年 · 家支流水账

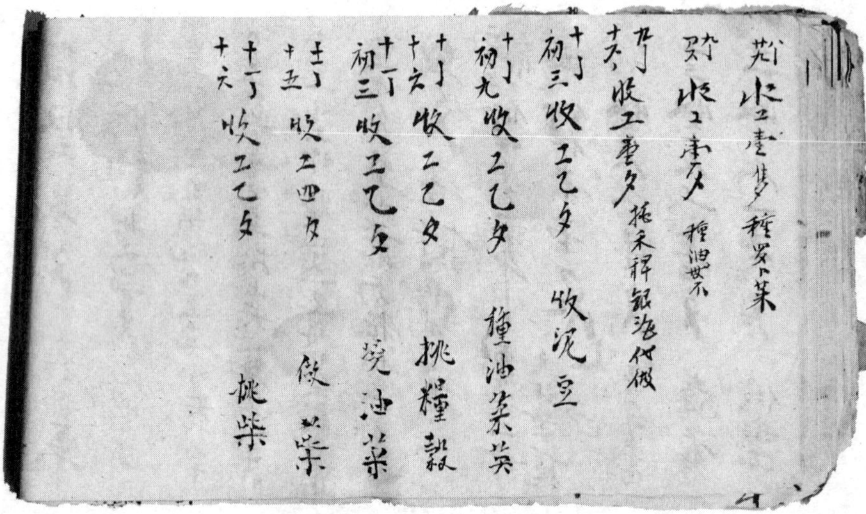

收工壹步 種羅卜菜
收工壹步 種油菜
九月十六 收工壹步 挑禾稈
十月初三 收工乙步 收泥豆
十月初九 收工乙步 種油菜菜
十月十六 收工乙步 挑糧穀
十一月初三 收工乙步 澆油菜
十一月十五 收工四步 做菜
十一月十六 收工乙步 挑柴

段莘乡大汜村 B 11-32 · 民国三十八年至三十九年 · 家支流水账

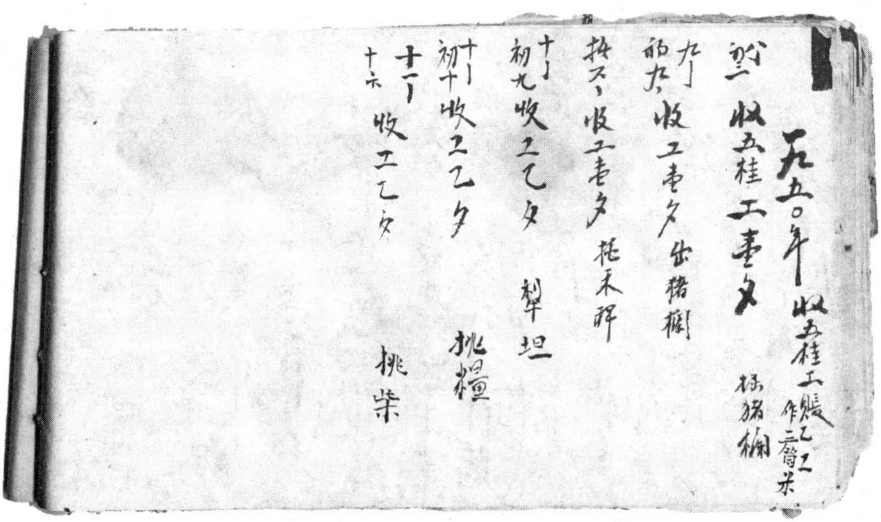

段莘乡大汜村 B 11-33 · 民国三十八年至三十九年 · 家支流水账

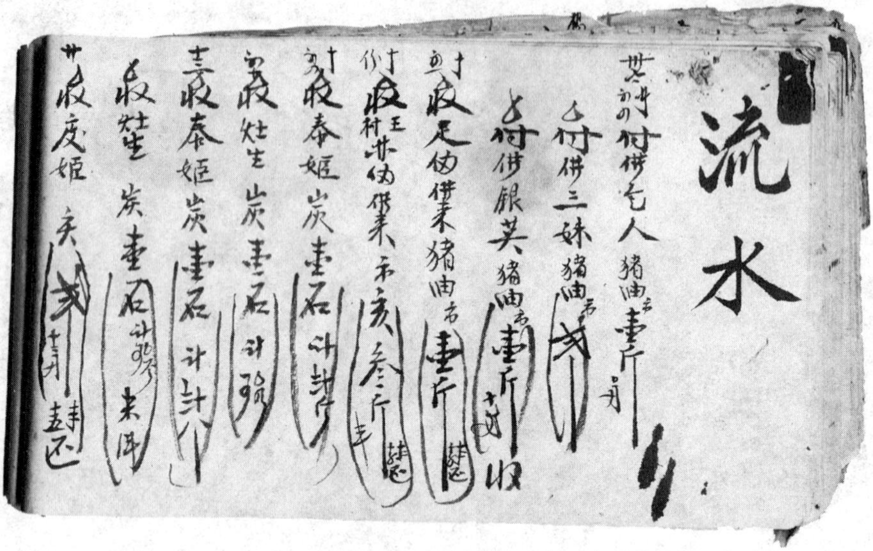

段莘乡大汜村 B 11-34 · 民国三十八年至三十九年 · 家支流水账

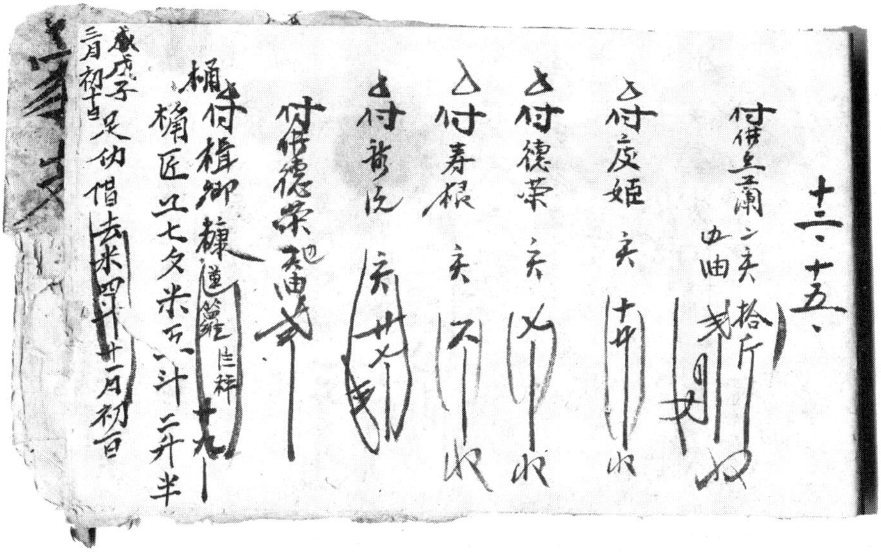

段莘乡大汜村 B 11-35 · 民国三十八年至三十九年 · 家支流水账

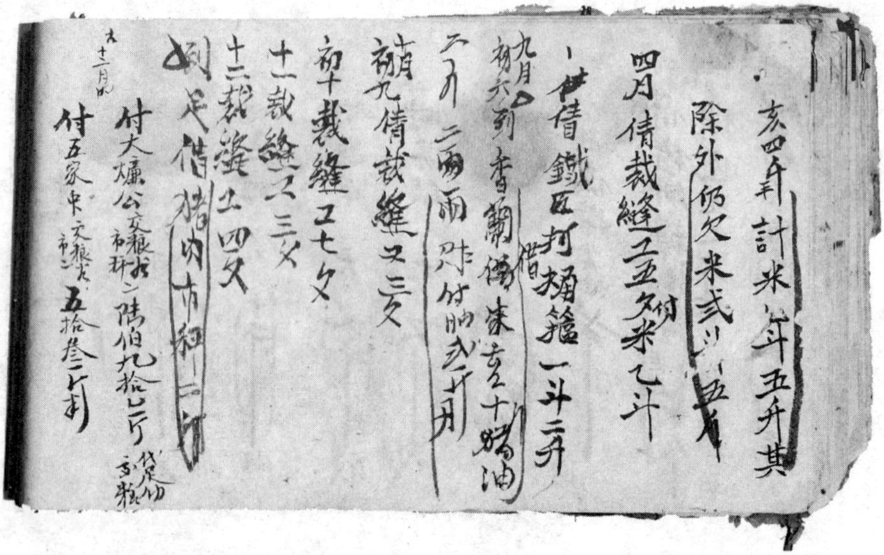

段莘乡大汜村 B 11-36 · 民国三十八年至三十九年 · 家支流水账

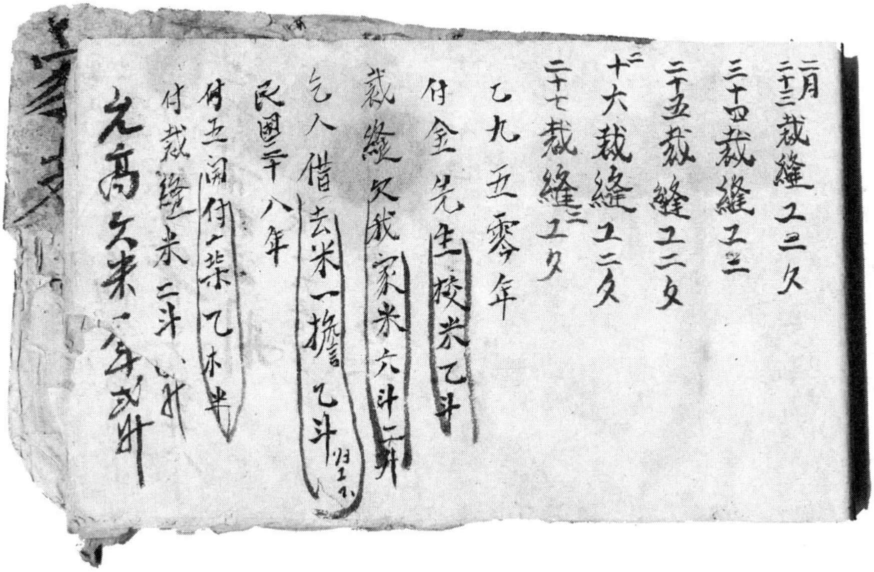

二月二十三裁縫工三夕
二十四裁縫工三
二十五裁縫工二夕
二十六裁縫工二夕
二十七裁縫三工夕
乙九五零年
付金先生校米乙斗
裁縫欠我家米六斗二升
乙八借去米一挑三 乙斗 [illegible]
民国三十八年
付五润付一柴乙木斗
付裁縫米二斗、一升
光高欠米一斗式升

段莘乡大汜村 B 11-37 · 民国三十八年至三十九年 · 家支流水账

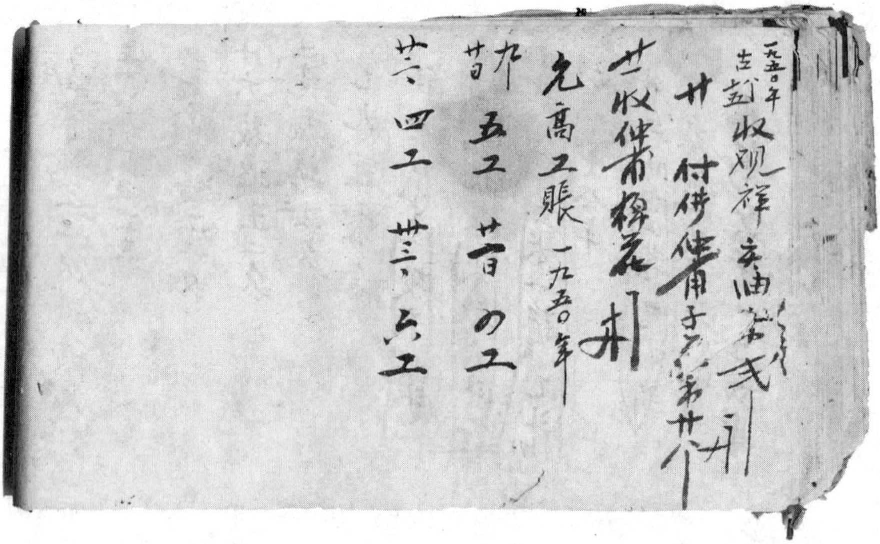

段莘乡大汜村 B 11-38 · 民国三十八年至三十九年 · 家支流水账

段莘乡大汜村 B 11-39 · 民国三十八年至三十九年 · 家支流水账

作梅交糧五十斤 [illegible] 收底糧上
十六斤米 作梅交穀 [illegible] 斤
作舟二百壹十九斤十二两
替討飯 完糧乙百斤

民國三十八年
收五開些乙

段莘乡大汜村 B 11-40 · 民国三十八年至三十九年 · 家支流水账

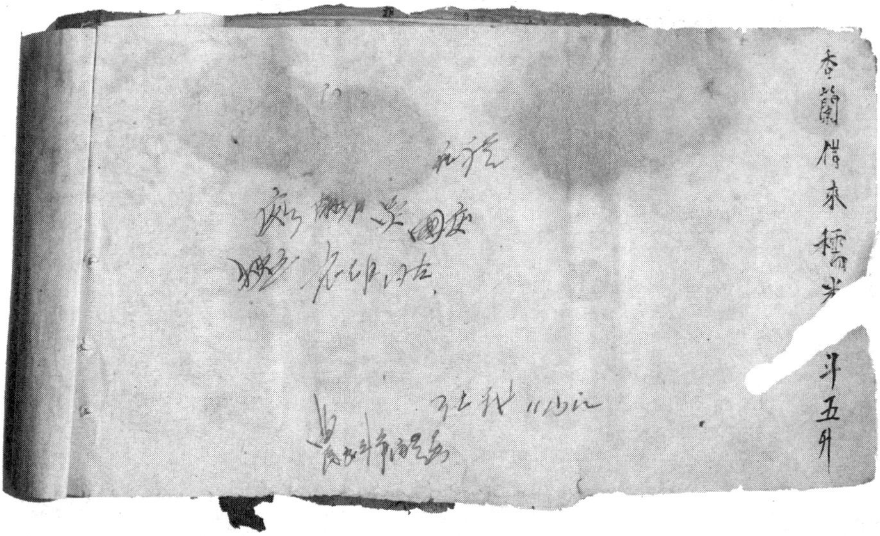

段莘乡大汜村 B 11-41 · 民国三十八年至三十九年 · 家支流水账

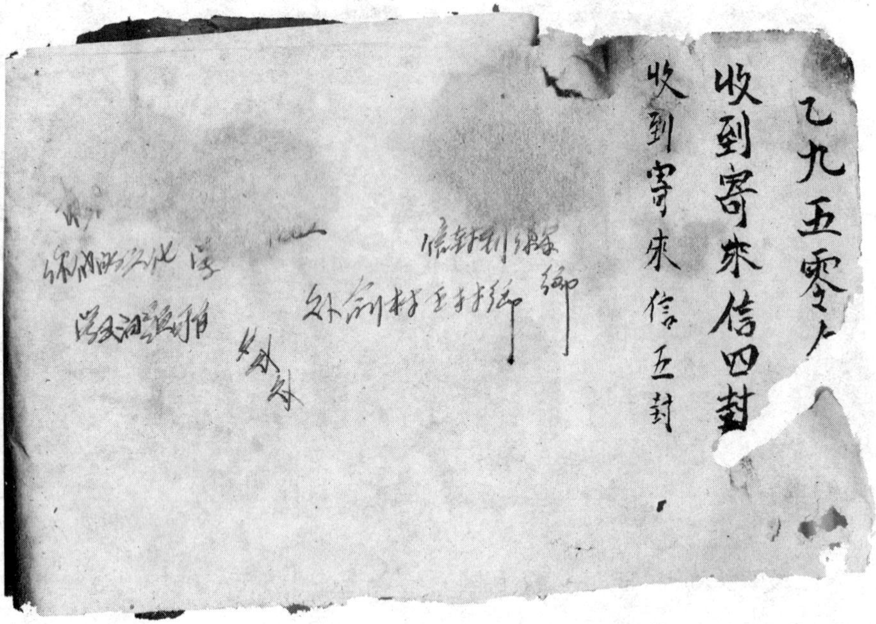

段莘乡大汜村 B 11-42 · 民国三十八年至三十九年 · 家支流水账

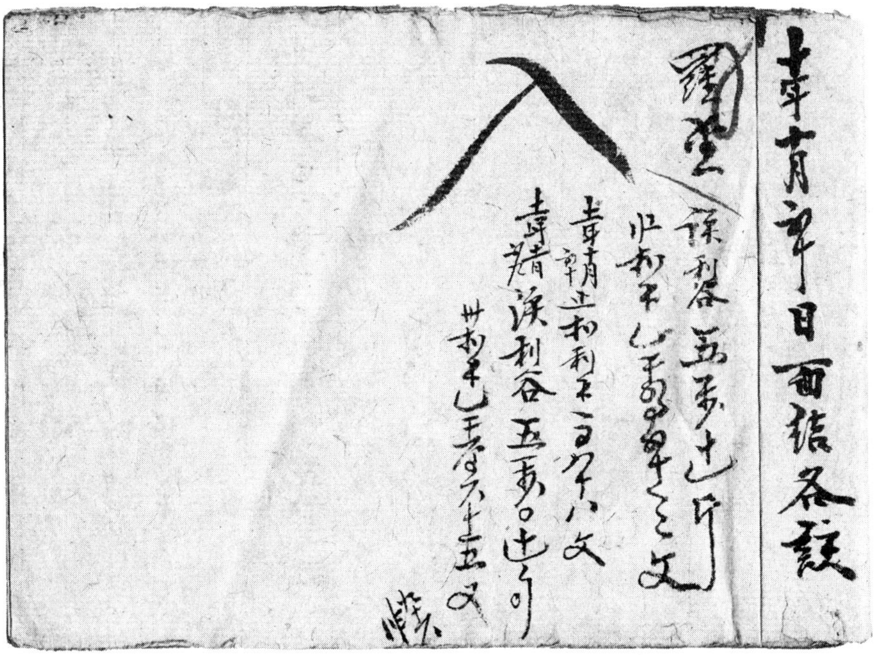

段莘乡大汜村 B 12-1 · 流水账

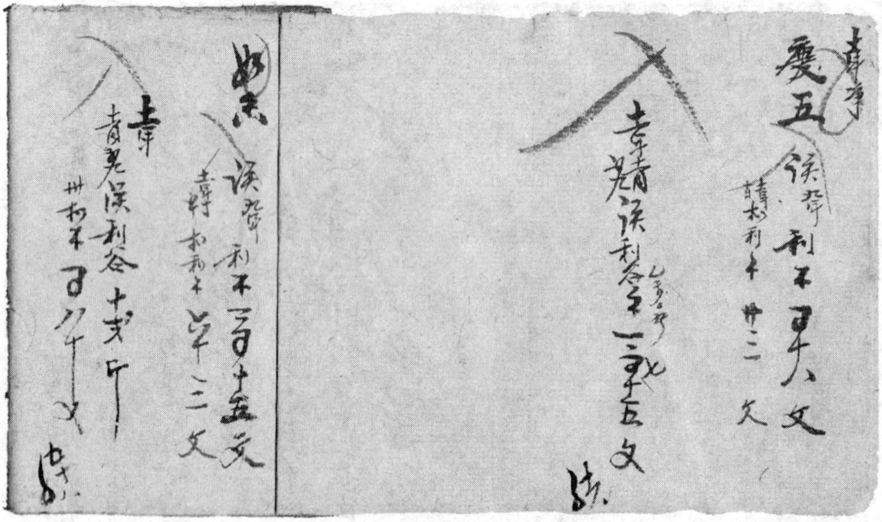

段莘乡大汜村 B 12–2 · 流水账

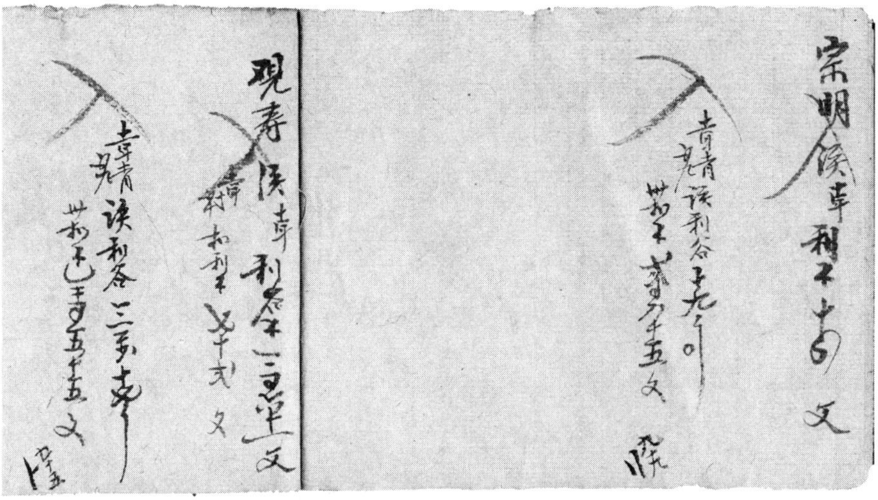

段莘乡大汜村 B 12-3 · 流水账

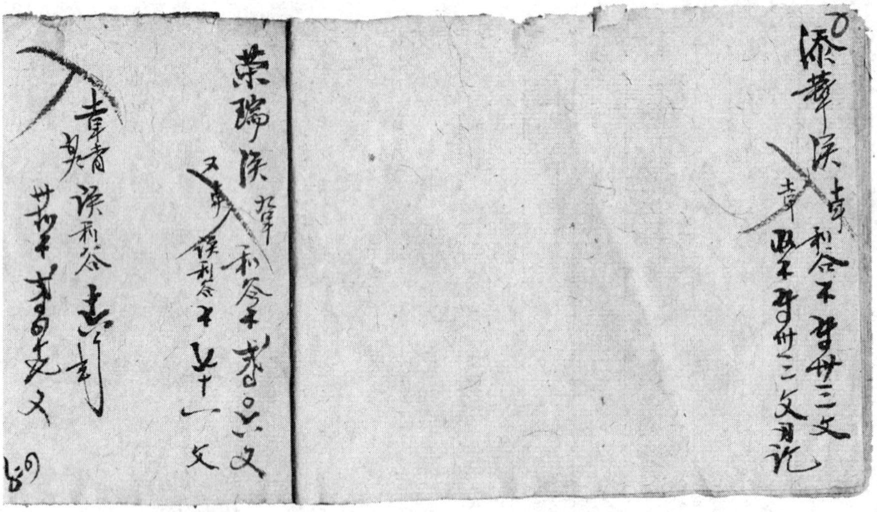

段莘乡大汜村 B 12-4 · 流水账

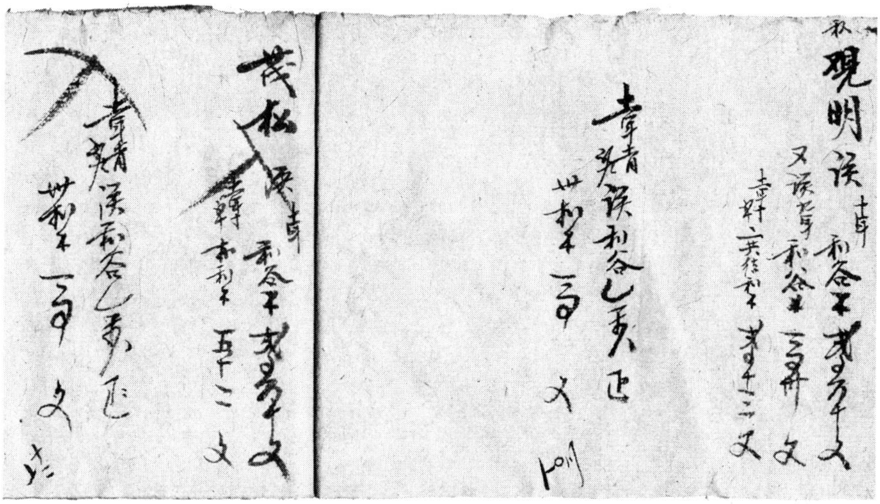

段莘乡大汜村 B 12-5 · 流水账

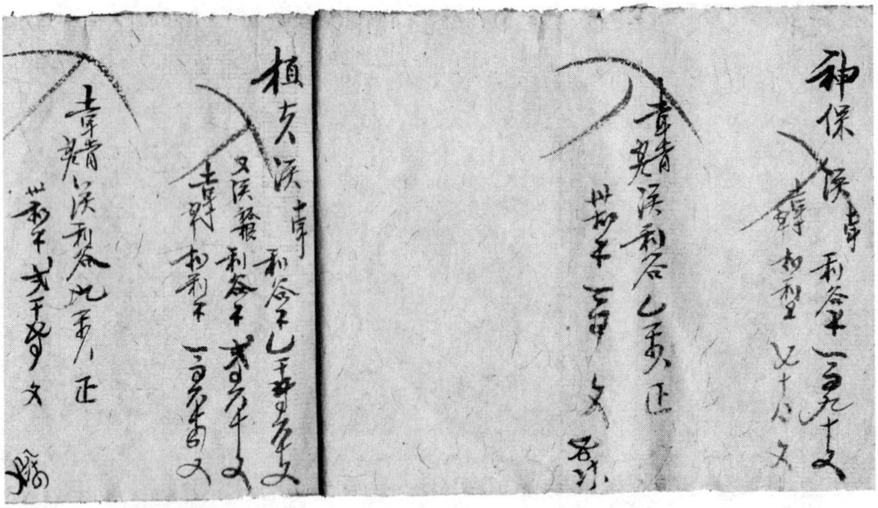

段莘乡大汜村 B 12-6 · 流水账

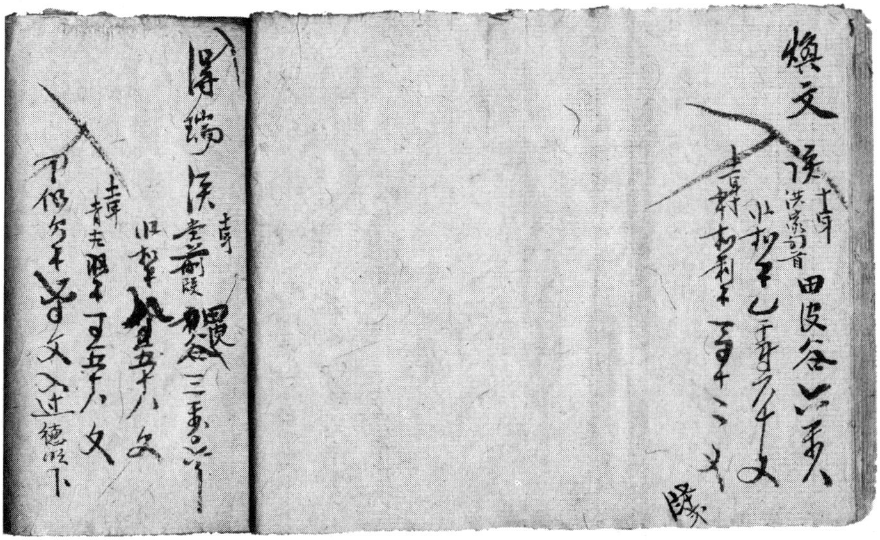

段莘乡大汜村 B 12-7 · 流水账

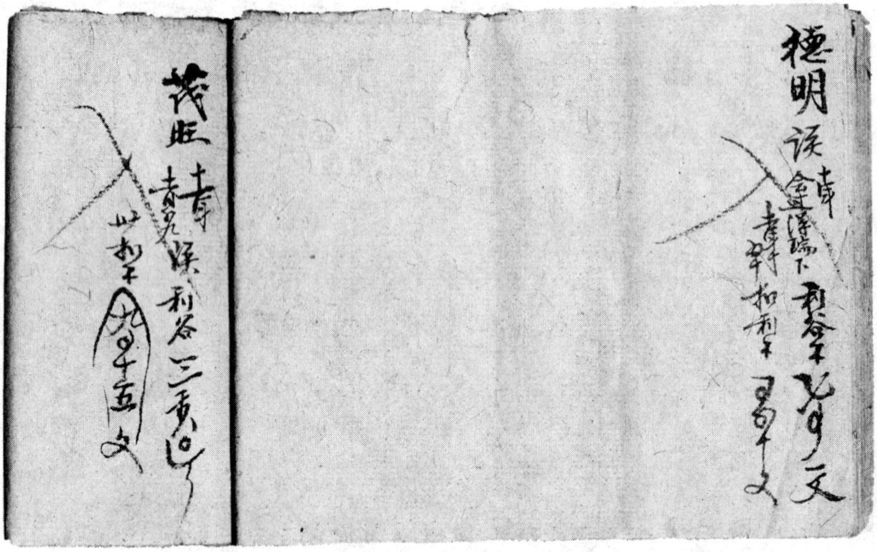

段莘乡大汜村 B 12-8 · 流水账

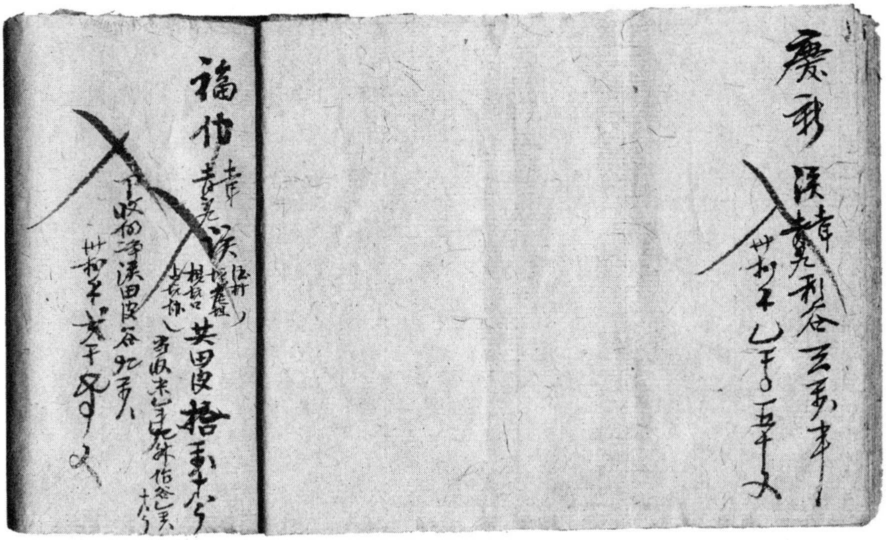

段莘乡大汜村 B 12-9 · 流水账

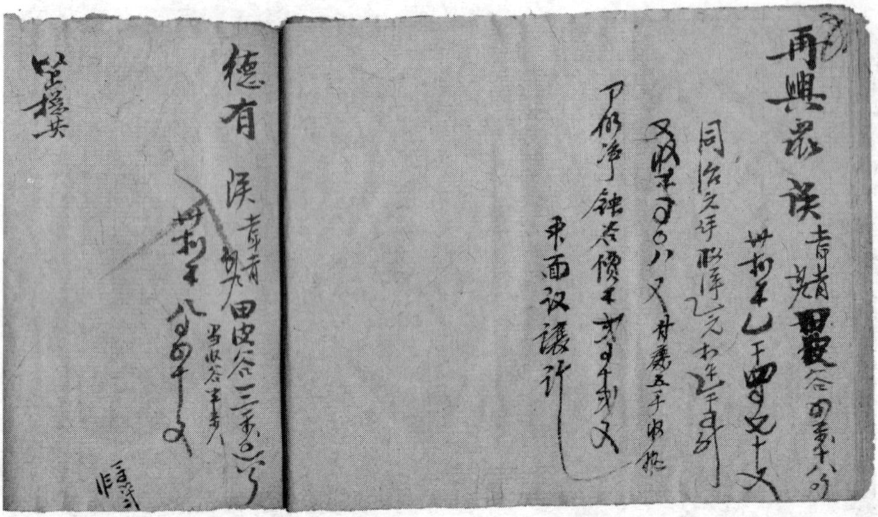

段莘乡大汜村 B 12-10 · 流水账

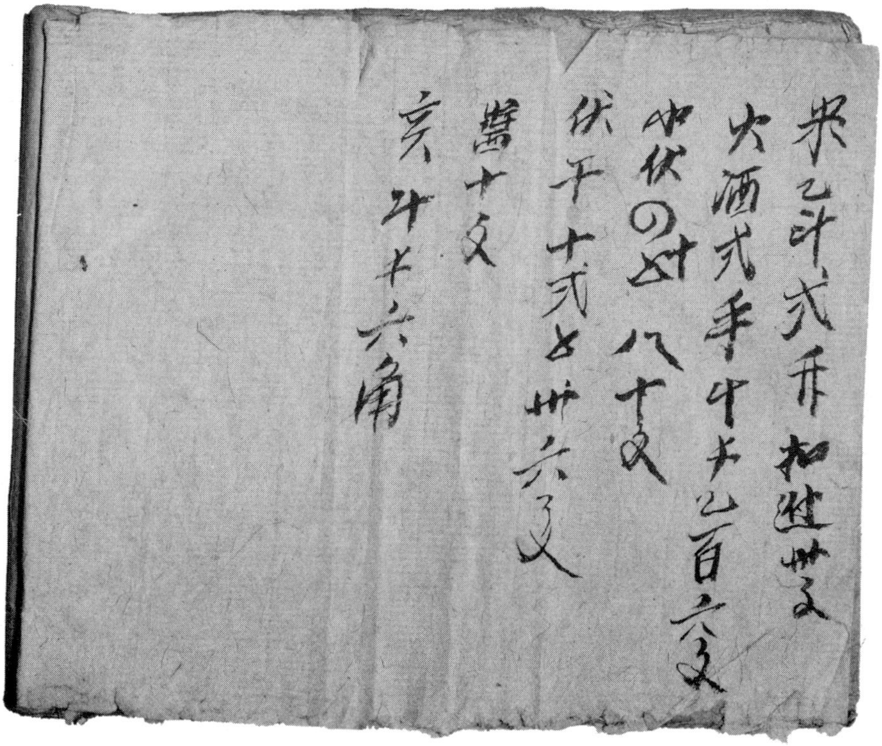

段莘乡大汜村 B 12-11 · 流水账

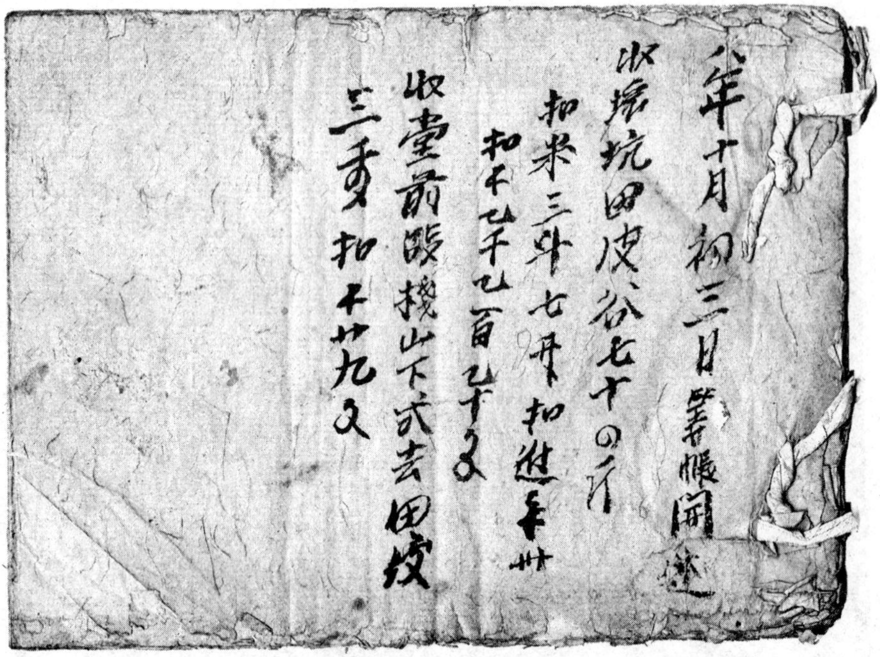

段莘乡大汜村 B 12-12 · 流水账